安徽 调查年鉴

ANHUI SURVEY YEARBOOK

2019

国家统计局安徽调查总队 编

全国百佳图书出版单位
APGTIME 时代出版
时代出版传媒股份有限公司
安徽人民出版社

图书在版编目(CIP)数据

安徽调查年鉴2019/国家统计局安徽调查总队编.—合肥:安徽人民出版社,2019.12

ISBN 978-7-212-10668-3

Ⅰ.①安… Ⅱ.①国… Ⅲ.①统计资料—安徽—2019—年鉴 Ⅳ.①C832.54-54

中国版本图书馆CIP数据核字(2019)第246533号

安徽调查年鉴2019

ANHUI DIAOCHA NIANJIAN 2019

国家统计局安徽调查总队 编

出 版 人:徐 敏　　责任编辑:胡小薇

装帧设计:宋文岚　　责任印制:董 亮

出版发行:时代出版传媒股份有限公司 http://www.press-mart.com

安徽人民出版社 http://www.ahpeople.com

合肥市政务文化新区翡翠路1118号出版传媒广场八楼

邮编:230071

营销部电话:0551-63533258　0551-63533292(传真)

印　制:安徽联众印刷有限公司

(如发现印装质量问题,影响阅读,请与印刷厂商联系调换)

开本:880×1230　1/16　印张:19　插页:88面　字数:1000千

版次:2019年12月第1版　2019年12月第1次印刷

标准书号:ISBN 978-7-212-10668-3　定价:320.00元

编 辑 委 员 会

Editorial Board

编　辑　说　明

一、《安徽调查年鉴2019》由国家统计局安徽调查总队独立编辑出版，是一部全面反映安徽省农村社会经济、城市社会经济、企业发展情况的资料性年刊。本书收录了全省和市、县（区）2018年经济和社会发展各有关方面的调查统计数据，以及全国和各省（市、区）重要历史年份主要统计调查数据。

二、本年鉴统计调查数据分为五个篇章，即：1.综合；2.农业调查；3.人民生活；4.价格调查；5.专项。为方便读者理解和使用有关数据，各篇章前设有《简要说明》，对本篇章的主要内容、资料来源、统计范围、统计方法以及历史变动情况予以简要概述，篇末附有《主要统计指标解读》，介绍了统计指标的含义、统计范围和统计方法。

三、资料中所使用的度量衡单位均采用国际统一标准计量单位。

四、本年鉴部分数据合计数或相对数，由于单位取舍不同产生的计算误差未作机械调整。

五、本书凡带有续表的资料，有关注解均列在最后一张续表的下方。

六、本书符号使用说明："…"表示该数据不足本表最小计量单位数；"空格"表示该项无统计数据；"#"表示其中的主要项；"*"或"①"表示本表下有注解。

Editor's Notes

I. *Anhui Survey Yearbook 2019* is an annual statistical publication, which reflects comprehensively the rural and urban economic and social development of Anhui. It covers data for 2018 and key statistical and survey data in recent years and some historically important years at provincial, city and county level and the local levels of province, atutonomous region and municipality directly under the Central Government.

II. The yearbook contains five chapters: 1. General Survey; 2. Agricultural Survey; 3. People's Living Conditions; 4. Price Survey; 5. Special Survey. To facilitate readers understanding of the contents, "the Brief Introduction" at the beginning of each chapter provides a summary of the main contents of the chapter, data sources, statistical scope, statistical methods and historical changes. At the end of each chapter, "Explanatory Notes on Main Statistical Indicators" are included.

III. The units of measurement used in this yearbook are internationally standard measurement units.

IV. Statistical discrepancies on totals and relative figures due to rounding are not adjusted in this yearbook.

V. All tables with continued ones, the footnotes are at the bottom of the last continued table.

VI. Notations used in the yearbook: "…" indicates that the figure is not large enough to be measured with the smallest unit in the table; "blank space" indicates that data are unknown, or are not available; "#" indicates a major breakdown of the total; and "*" or "①" indicates footnotes at the end of the table.

深化改革创新　提升能力水平
为高质量发展提供有力统计调查保障

——在2019年安徽调查工作会议上的讲话

（2019年2月20日）

国家统计局安徽调查总队党组书记、总队长　刘文峰

同志们：

这次全省调查工作会议的主要任务是，深入学习贯彻习近平新时代中国特色社会主义思想，深入贯彻落实党的十九大和十九届二中、三中全会精神，传达贯彻李克强总理、韩正副总理对统计工作的重要批示精神和全国统计工作会议精神，总结回顾2018年工作，研究部署2019年重点任务。

一、2018年工作回顾

2018年，安徽调查队系统在国家统计局党组的正确领导下，在地方各级党委和政府的关心支持下，坚持以习近平新时代中国特色社会主义思想为指导，全面贯彻落实党的十九大精神及十九届二中、三中全会精神、习近平总书记关于统计工作的重要讲话指示批示精神和党中央、国务院关于统计工作的重大决策部署，深入推进全面从严治党，认真落实中央巡视整改，扎实推动统计改革创新发展，着力夯实基层基础，努力提高数据质量和资政服务水平，较好地完成了全年各项工作任务。

（一）扎实推进全面从严治党向纵深发展。

全系统认真贯彻新时代党的建设总要求，切实肩负起管党治党主体责任，全面加强党的“六大建设”，着力提升党建工作水平。强化政治理论学习，充分发挥党组中心组和党支部的学习引领作用，深入开展习近平新时代中国特色社会主义思想和党的十九大精神再学习大讨论。总队领导带头宣讲，进一步提高政治站位。举行了副处以上干部集中轮训，组织了学习党的十九大精神测试，开展了“不忘初心使命，精彩调查人生”征文活动，努力在学深悟透上狠下功夫。扎实推进“两学一做”学习教育常态化制度化，组织开展党建和党廉知识竞赛，举办了党务干部业务知识培训班，进一步强化

党章党规党纪教育，切实打牢思想理论基础。强化党对意识形态工作的领导，成立领导小组，明确职责分工，出台《关于加强安徽调查队系统意识形态工作的意见》，及时开展党员和干部职工思想动态分析。深入推进基层党组织标准化建设，严格落实“三会一课”、民主（组织）生活会、党支部书记述职评议、党员民主评议、党员领导干部参加双重组织生活制度。总队党支部的标准化建设实现全达标，大部分市县队党支部也已达标。

（二）认真贯彻落实《意见》《办法》《规定》。

总队把贯彻落实党中央关于统计工作的决策部署和习近平总书记关于统计工作重要讲话指示批示精神以及中办国办《意见》《办法》《规定》精神，作为重要政治任务。通过全省调查工作会议、市县队长会议、网络视频会议等形式，在全系统进行传达学习，开展集中研讨，不断将学习引向深入。研究制定了《统计违法举报工作实施办法》《统计执法“双随机”抽查办法》《统计数据质量管理责任规定》《统计执法检查规范》等规章，建立起领导干部违规干预统计工作记录台账制度和季报机制，防范统计造假、弄虚作假责任制和问责制初步形成。加大统计执法力度，力行“双随机”抽查，全力推动依法治统向基层延伸。全系统全年共抽查企业280多家，向12家问题企业发送了《责令整改通知书》。认真落实全国人大执法检查《统计法》实施情况反馈意见整改。开展“七五”普法中期督导检查，认真盘点普法完成情况，全方位开展法治宣教，努力营造良好的法治环境。

（三）深入落实中央巡视国家统计局整改。

充分认识落实中央巡视整改工作重要性、必要性、紧迫性，对表聚焦，举一反三，深查细究，扎实推进整改任务的落实。一是加强领导，明确责任。成立落实中央巡视整改工作领导小组及其办公室，总队党组牵头抓总、各市县队和各处室各负其责、守土尽责，扎实推进整改。二是精心部署，强化措施。结合全系统实际，制发了《整改工作方案》《整改问题清单、任务清单和责任清单》《整改工作进度表》，实施挂图作战、精准施策、销号整改。三是强化督办，细化落实。多次召开党组会、整改领导小组会、整改办例会，有序推进整改工作落实落细。及时上报党建工作整改情况报告以及选人用人、对外提供数据情况等报告。建立了整改台账，按照任务表单督促检查各队各处室如期完成整改任务。同时，开好专题民主生活会，抓好“以数谋私、数字腐败”的全面排查和专项整治以及纪检监察等自查整改工作。经过集中整改，全系统党员干部对全面从严治党的认识更深、作风建设的要求更严、推进工作的干劲更足，巡视整改工作在全系统取得了阶段性成效。

（四）积极稳妥地做好局队业务分工调整。

认真贯彻落实国家统计局关于局队业务分工调整优化部署，将其作为“一把手”工程，抓好全面落实。一是高度重视。深刻认识到局队业务分工调整优化对于完善统计体制、充分发挥调查队“轻骑兵”优势、提高统计效能的作用，及时成立领导小组抓落实。二是加强交流。主动与省统计局进行联系，就有关问题进行反复磋商沟通。联合制定了分专业局队分工调整工作实施方案。三是注重协同。与省统计局联合召开工作交接联席会或业务培训会，共同进行部署。对“交出去”专业，安排专人提供业务指导；对“接过来”专业，指派业务骨干跟班学习。所涉及的专业，均在规定时间内完成了移交工作，做到了衔接有序、无缝对接。随着局队业务分工调整优化，一些市县局承担的价格调查和农业调查，也移交给市县队负责，调查工作机制更加顺畅。

（五）高效圆满地完成各项常规调查任务。

一是农业畜牧业调查扎实开展。在组织实施好农作物播种面积、农作物产品产量、畜禽监测、退耕还林等调查的同时，认真做好粮食、畜禽数据与“三农普”衔接工作。二是居民收支调查稳步推进。加强调查培训，推行数据质量检查全覆盖，利用电话回访、入户核查、网上辅导等消除风险隐患。实施多维评估模式，强化了收支调查大样本轮换后数据评估衔接。三是住户专项调查顺利完成。深入开展农村贫困监测、农民工监测和农民工市民化动态监测，保证新旧样本顺利过渡，数据质量稳步提升。四是价格调查平稳有序进行。科学核算调查权数，核对新老数据，补充缺失数据，稳妥推进固定资产投资价格统计改革。加强重点商品价格跟踪监测，开展房租和自有住房价格专项调研，完成房地产价格月度紧急核查，实施 ICP 调查工作。五是企业调查紧跟热点展开。组织实施 PMI、小微企业固定资产投资、小微企业创新、营商环境等调查，加强与企业沟通，及时发现问题，做好解释指导。六是劳动力调查进一步严实。强化了陪调检查、换户管理、电话核查等重点环节监督，按时直报率和验收合格率均达到 100%。样本优化调整和样本摸底及新问卷、新程序测试高效完成。七是专项调查更加多元化。顺利完成了全面从严治党民意调查、全省城镇建设管理提升行动第三方评估和全省居民阅读状况调查。部分市县队积极承接有关委托调查，为地方经济社会发展服务。有的队还使用微信小程序“问卷星”开展快速调查。

（六）积极探索统计调查的新手段新方法。

全系统批量采购了无人机设备，培训了合格操作员，开展了基于空天地一体化的农产量调查研究，遥感技术运用走在全国前列。争取省政府发文支持居民收支调查，全面推广住户电子记账，覆盖率达到 76%，居全国第 5 位。积极推进“E 调查”数据采集系统在农村贫困监测、农民工监测和农民工市民化动态监测中的运用，推广率居全国前列。消费价格调查利用商超线上平台访问量等数据选定备用调查点，试点利用商超后台数据库进行数据采集，利用扫描数据采集医疗等服务价格。运用“四经普”矢量图、卫星地图和无人机航拍图绘制劳动力调查样本示意图，顺利完成 65 万个住宅调查样本摸底工作，实现了精准识别定位。不少市县队不等不靠抓创新，有的开发“双基管理平台”，随时查询“双基”信息及各专业数据；有的开发电脑客户端和手机 APP，以“过桥”方式实现畜禽生产企业、规模户调查数据的联网直报，展示了安徽调查人的智慧。

（七）坚持不懈地强化调查基层基础工作。

一是加强业务制度建设。先后出台《统计调查基础工作规范化管理办法》《分专业抽样调查数据评估制度》等，严格调查工作全流程的质量标准。开展了全系统基层基础工作现状调查，为强化“双基”工作提供基础信息。二是从严管理调查样本。做好《调查样本信息库》《辅助调查员信息库》《专业人员信息库》的维护，为管理和动态评估调查样本打好基础。三是进行考评激励。认真开展全省住户记账考核，评选模范记账代表，奖励积极配合的记账户，启动了“百名最美调查员”评选，激发了辅调员和调查对象的积极性。四是持续开展信息化建设。积极推进住户调查应用系统的运用，服务电子记账推广。完成移动采集终端管理系统平台（MDM）建设，为有关专业调查顺利开展提供技术保障支撑。进一步扩大视频会议系统使用范围，工作效率显著提升。

（八）切实提高决策咨询服务能力和水平。

积极落实李国英省长指示精神，建立报送省政府办公厅的信息“直通车”机制。优化调查资料编发，提升编发效率，确保编辑质量。全年向省“两办”报送信息282条，采用42条，被省领导批示17篇，被评为省直机关信息报送先进单位，在中央驻皖单位中名列第二。围绕改革发展热点难点，增加专题约稿要点发布频次，不断提升专题研究的针对性、有效性。全年共编发各类分析报告135篇，被国家统计局《每日调查》采用13篇，其中单篇采用数居全国第3位；被中办国办采用12篇，被中央领导同志批示3篇，被国家统计局领导批示9篇。加强与信息主管部门的联系沟通，提高信息报送精准度，工作信息和经济信息被国家统计局内网采用300余篇，居全国第5位。围绕高质量发展、农作物估产等，加强系统内外合作，形成科研合力。强化信息共享，收支调查、农业调查在全省五大发展行动、文明创建、粮食安全考评等领域发挥积极作用，围绕脱贫攻坚、农民工欠薪等热点开展调研，提供数据和分析100多篇次。市县队积极发挥信息“风向标”“晴雨表”作用，不少单位荣获信息工作先进单位或服务发展贡献突出单位称号。

（九）从严从紧强化党风廉政和作风建设。

认真贯彻落实党风廉政建设责任制，形成各司其职、齐抓共管、层层推进的工作格局。编印《落实党风廉政建设责任工作手册》，确保“两个责任”落实有据可查。紧盯“四风”新表现新动向，集中整治形式主义、官僚主义。完善了《巡察工作办法》，推动党内监督向基层延伸。对3个市队及所辖县队进行巡察，坚持问题导向，督促整改落实。注重巡察结果的运用，对个别县队主要负责人进行了组织调整。认真落实国家统计局函询，严肃查处2名违纪干部，分别给予党纪政务处理，并在全系统进行通报。选好配强市队纪检组长，配齐县队纪检监察员，理顺职责分工，不断巩固风清气正的政治生态。开展经常性党风廉政教育，做到警钟长鸣。纪检监察部门认真履行监督职责，做好干部廉政谈话和“三重一大”决策事项、年度考核、公务员招录、招标采购等监督工作。

（十）努力打造德才兼备高素质干部队伍。

在干部培养方面，通过“上挂下派”等方式提高干部履职能力。全年选派14名优秀年轻干部赴基层队、西藏局、贫困村等艰苦环境锻炼，通过严格日常管理，强化培养效果。积极参加国家统计局和地方各类教育培训活动，通过举办系统新录用人员初任培训、“皖调讲习堂”、青年党团员走基层调研等，丰富教育形式。在干部选拔任用方面，执行《党政领导干部选拔任用工作条例》，全年选拔8名市队处级干部、11名县队科级干部，优化了市县队领导班子结构。在干部监督方面，认真落实“一报告两评议”，建立《干部选拔任用工作全程纪实档案》，做好领导干部个人事项报告工作，开展到龄退休队长离任检查。不少队以“青年论坛”“双师带徒”“优质服务文明岗”等形式，积极营造创先争优氛围，发挥老同志传帮带作用。

与此同时，扶贫工作成效显著，总队派驻马河村第一书记获省委组织部、省扶贫办的联合表彰，驻栗树村的工作队获裕安区先进，一批市县队扶贫工作获得表彰。

过去一年里，全系统围绕中心、服务大局，改革创新、善作善成，调查数据真实可靠，服务质量稳步提升，政务财务保障有力，文明创建、效能建设、机要保密、档案管理、政务公开、后勤服务、老干部工作等，均取得新成绩，工青妇等群团组织作用得到较好发挥。总队再次被评为省级文明单位和省直文明单位、效能建设先进单位。不少市县队也被评为地方文明单位，有的还晋级为省级文明单位。

同志们！2018年安徽调查工作成果丰硕，也来之不易。上述成绩的取得，是国家统计局党组正确领导的结果，是各级党委、政府和社会各界关心支持的结果，更是全系统干部职工奋发进取真抓实干的结果。在此，我代表总队党组向辛勤工作在全省调查战线上的同志们，表示衷心的感谢并致以崇高的敬意！

在此，我们也清醒地认识到，前进道路上仍面临诸多困难和挑战。全系统的创新意识还不强，拼搏奋进精气神还不旺；法治建设还比较单薄，信息技术应用与调查事业发展需要还有差距。这些问题都有待在今后工作中切实解决。

二、认清新形势新要求，准确把握统计调查改革发展方向

时代潮流浩浩汤汤，岁月不居眷顾善谋。面对当今世界百年未有之大变局，中国特色社会主义进入新时代，统计调查的环境正发生广泛而深刻的变化。面向新形势新任务新未来，全国统计工作会议要求我们，善于学习运用辩证唯物主义和历史唯物主义的世界观和方法论，从时代发展的要求审视和把握统计调查工作阶段性特征，正确认识统计调查改革创新发展的“时”与“势”，清醒地看待“艰”与“难”。同时做出“我国正处于并长期处于重要战略机遇期，统计改革发展也正处于前所未有的黄金机遇期”的重大判断，深刻阐述了“党中央国务院对统计工作重视程度之高前所未有”“新时代中国特色社会主义事业为统计工作提供的发展空间前所未有”“现代信息网络技术迅速变革为统计改革创新提供的手段前所未有”“国际交流合作不断加深为提升中国统计能力提供的机会前所未有”等四大机遇，冷静分析了我国经济社会发展加快转型、市场经济主体大幅增加、长期积累的一些深层次矛盾仍然存在、复杂多变的国际环境给统计调查工作带来的深刻影响，明确提出了“四个适应、四个着力”的新要求，即在“适应健全党和国家监督体系、推进国家治理能力和治理体系现代化的要求，着力在完善统计体制上取得新进展；适应贯彻新发展理念、建设现代化经济体系的任务，着力在统计服务推动高质量发展上取得新进展；适应现代信息技术迅猛发展、数字经济日新月异的时代潮流，着力在推动大数据运用上取得新进展；适应统计工作快速变化发展、夯实源头数据质量的需要，着力在统计基层基础建设上取得新进展”上狠下功夫，强调做到“坚持围绕中心服务大局，更好发挥统计的基础性综合性作用”“坚持以提高数据质量为中心，确保统计数据真实准确全面及时”“坚持以构建现代化统计调查体系为目标，切实提高统计工作能力和水平”“坚持走改革开放之路，不断增强统计工作动力和活力”“坚持依法统计依法治统，营造有利于统计事业持续健康发展的环境”“坚持加强统计系统党的建设，保障和促进各项统计工作”等“六个坚持”。对此，我们必须认真学习领会，抓好全面贯彻落实。与此同时，联系安徽调查工作实际，我们还必须正视以下现实：

（一）必须深刻认识全面从严治党的新形势。

全面从严治党是十八大以来以习近平同志为核心的党中央抓党建工作的鲜明主题，全面从严治党将向纵深推进，反腐倡廉和作风建设永远在路上。党的十八大以来，全系统政治生态明显好转，党风廉政建设成效显著，但少数基层党组织建设依然薄弱，“四风”痼疾没有完全根除，财务违规问题屡禁不绝，地方对数据生产的影响似无还有。表面看是外部环境、体制机制造成的，深层次是党员干部的思想、作风、纪律和担当问题。为此，我们要以习近平新时代中国特色社会主义思想为指导，时刻牢记统计部门首先是政治机关，按照新时代党的建设总要求，以党的政治建设为统领，全面落实管党治党政治责任，扎实推进党风廉政建设，以永远在路上的决心和韧劲，坚定不移把全面从严治党引向深入。

（二）必须深入把握依法依规治统的新要求。

党的十八大以来，以习近平同志为核心的党中央高度重视依法治统、依规治数，先后出台《意见》《办法》《规定》等7个事关统计事业发展和确保数据真实性的重要文件。习近平总书记就防范和惩治统计造假、弄虚作假发表了系列重要讲话，做出了许多重要指示批示。为深入贯彻落实习近平总书记关于统计工作的重要讲话指示批示精神和党中央国务院防范和惩治统计造假弄虚作假的决策部署，国家统计局修订颁布了4部统计规章，印发16部统计规范性文件，开展统计执法“双随机”抽查，统计立法、检查处理、追责问责力度空前加强，统计执法利剑作用更加彰显。2019年将开展首次统计督察和新一轮巡视，进一步推动统计违纪违法问题整治。当前，统计督察风暴正在酝酿，巡视利剑已经高悬，不能有半点侥幸麻痹。要坚持深入普法、严格执法，对外强化法治监督的执行力和震慑力，保障依法行使统计调查、报告、监督职权，提升统计法律法规的权威性和严肃性；对内自觉运用法治方式开展统计调查，严格执行国家统计调查制度方法，形成风清气正的良好环境。

（三）必须切实认清服务高质量发展新使命。

党的十九大提出贯彻新发展理念、建设现代化经济体系、推动高质量发展和深化供给侧结构性改革、加快建设创新型国家、实施乡村振兴战略等重要战略任务，这些都为调查工作服务高质量发展提供了舞台。推动经济转型升级，满足人民日益增长的美好生活需要，需要质量更高、范围更广、分组更细的居民收支、市场价格、农产品产量、采购经理等方面的数据作支撑。我们每年汇集3TB量级的农产量调查遥感信息数据，3000万条的住户调查记录，都是可发掘可再生的数据“金矿”。抽样调查经济性好、时效性强、适应面广，是现代统计的主要手段，农产量调查、住户调查、价格调查、劳动力调查、采购经理调查都是国际通用调查。没有理由不抓住难得的机遇期，发挥调查职能作用，利用拥有海量数据资源优势、科学调查方法优势和垂直管理的体制优势，加强对经济运行的跟踪分析，对政策效果的评估监测，提供更加真实准确、及时完整的调查数据和信息产品，在服务经济高质量发展大局中发挥更大作用。

（四）必须担当构建现代化调查体系新任务。

新一轮科技革命和产业变革正在深刻影响着经济社会发展和人民生活。统计调查作为反映经济社会发展和人民生活变化的度量衡，前有经济社会剧烈变动的阻拦，后有大数据、云计算为代表的现代信息技术“追兵”，必须加快构建现代化统计调查体系。面对新形势新任务新变化，我们必须进一步解放思想、更新观念，积极应变、主动作为，进一步加大统计调查改革创新力度，不断提高数据采集能力、分析研究能力以及现代信息技术应用能力，打造高素质、专业化的统计调查队伍，在统计制度现代化、统计指标现代化、统计方法现代化、统计手段现代化和统计产品现代化等方面，不折不扣地贯彻落实好国家统计局的决策部署，传承改革基因，抢占创新制高点。

三、2019 年重点任务

2019 年安徽调查工作的总体思路是：以习近平新时代中国特色社会主义思想为指导，深入贯彻落实党的十九大及十九届二中、三中全会精神，认真贯彻落实中央领导同志关于统计工作重要讲话指示批示精神和党中央关于深化统计改革的重大决策部署，坚持以加强党的建设为统领，以提高数据质量为中心，以改革创新为动力，以服务和推动高质量发展为目标，在国家统计局党组的坚强领导下，认真落实全国统计工作会议部署，着力深化全面从严治党，增强创新发展能力，夯实基层基础工作，提升调查服务水平，强化统计执法监督，从严规范内部管理，以优异成绩迎接中华人民共和国成立 70 周年。重点抓好以下几个方面的工作：

（一）从严从实，接续加强党的各项建设。

全系统必须高度重视党建工作，认真落实上级党组织各项决策部署，坚定不移地推进全面从严治党。各级党组织要认真贯彻落实新时代党的建设总要求，切实肩负起从严治党的政治责任，不断提高全系统党建工作水平。

1. 将党的政治建设摆在首位。旗帜鲜明地讲政治、讲忠诚、讲党性，开展好“不忘初心、牢记使命”主题教育活动，教育广大党员始终树牢“四个意识”、不断坚定“四个自信”、切实践行“两个维护”，始终做到政治信仰纯洁、政治立场坚定、政治方向明确、政治纪律严明、政治生活规范。

2. 继续加强党员干部思想建设。要深学细悟习近平新时代中国特色社会主义思想，进一步强化政治理论武装，切实做到党组中心组每月学、党支部经常学、处室队随时学，党员领导干部带头学，干部职工自觉学，不断推进政治理论学习往深里走、往心里走、往实里走，内化于心、外化于行、学用相长。

3. 深入推进基层党组织标准化建设。要高标准、严要求，对标对表，巩固完善提高党支部达标工作。要以规范落实党支部“三会一课”为抓手，坚持党内民主集中制，加强支委会建设，规范开展支部工作，努力发挥好战斗堡垒作用。要在上党课上下功夫、见真章、求实效，打造安徽调查党建品牌。党员领导干部要率先垂范，严格落实上党课和廉政党课的有关规定，发挥示范引领作用。各级队领导每年要上一次公开党课，各党支部书记要上一次实训党课，各支部委员要上一次微党课。

4. 落实好“三严三实”作风建设。要认真贯彻落实习近平总书记关于坚决整治形式主义、官僚主义系列重要讲话批示精神，按照安徽省委《关于坚持“三严三实”整治形式主义官僚主义突出问题的意见》，结合全省“严规矩、强监督、转作风”集中整治形式主义官僚主义专项行动，认真落实好《安徽调查总队集中整治形式主义、官僚主义工作方案》。以此为契机，进一步优党风、良政风、转作风、反“四风”，力戒形式主义和官僚主义，以亲、清、常、长为着力点，积极营造风清气正的政治生态和务实高效的作风环境。

5. 进一步严明党的纪律和规矩。要以学党章、知党规、守党纪为根本，深入推进“两学一做”常态化制度化。要以学习遵守新修订的《中国共产党纪律处分条例》为重点，进一步严明政治纪律，做到在大是大非问题上立场坚定、旗帜鲜明，始终坚守对党忠诚的政治品格。进一步严明组织纪律，强化组织观念，始终把党放在心中最高位置，牢记自己第一身份是共产党员，第一职责是为党工作，任何时候都与党同心同德。进一步严明廉洁纪律，时刻牢记廉洁自律准则，筑牢“不想腐”的思想堤坝，巩固“不能腐”的自律防线，坚守“不敢腐”的行动自觉。进一步严明群众纪律，经常深入调查一线，密切联系群众，开展走访调研，虚心听取基层意见和建议。进一步严明工作纪律，多在谋事创业实干上下功夫，确保党的路线方针政策和上级各项决策部署得到全面落实。进一步严明生活纪律，自觉把社会公德、职业道德、家庭美德和个人品德落实到日常工作和生活中，培养健康的生活情趣，净化朋友圈、社交圈，树立良好家风。

6. 把制度建设贯穿党建工作始终。党的制度是维护党的团结统一的根本保证。全系统各级党组织要重视发挥党的制度对保障党的先进性、纯洁性的作用。首先，要严格遵循党内各项制度规定，加强学习领会，强化宣传解读，做到心中有戒、行有所止。其次，各级党组织要建立、健全、完善好自身的相关制度，做到因地制宜、结合实际。再次，要抓好各项党建制度的贯彻执行，并做好落实情况的监督检查。

（二）锐意进取，着力推进改革创新发展。要看银山拍天浪，开窗放入大江来。

改革创新是统计调查事业发展进步的不竭动力。全系统各级组织和干部职工要积极投身统计改革创新，自觉认同改革部署，善谋创新思路举措，勇做改革创新的实践者和推动者。

1. 着力推进数据科学“嫁接”应用。要对照《国家统计局大数据应用工作方案》拿出各专业的落实方案，做好贯彻落实。扩大消费价格网络采价、集中采价和使用商超后台数据、扫描数据范围。总结劳动力调查样本轮换中应用遥感测量、无人机影像数据资料的经验，做好推广和使用。完善移动数据处理平台建设，增加承载专业，推进数据采集即时化、移动化。

2. 着力推进分市劳动力调查。要切实做好新样本条件下国家点的劳动力调查工作，进一步提高全省调查失业率数据质量。在此基础上，组织实施好省里委托的分市劳动力调查。及早做好方案设计、报批和业务培训，把基础打牢、把督导抓实、把核查做深，确保全省和分市数据的衔接匹配。

3. 着力推进扩大房价调查城市范围。今年的房价调查城市从 3 个扩大到 9 个。各有关市队要严格执行房价调查方案和制度要求，建立与住建部门协调联动机制，实现数据资源共享。要认真审核网签数据，及时开展重点企业房价问卷调查，严把基础数据质量关，做好房价指数编制各项准备。

4. 着力推进无人机遥感估产研究。结合我省作物种植分布及物候的实际情况，以无人机数据为主要数据源结合遥感影像，开展苗情分级作物估产模型研究，为粮食作物生育期连续估产开拓新路径、探索新方法。

5. 着力推进住户调查应用系统。要高质量推进电子化数据采集，加强线上巡查、线上答疑等电子记账条件下的调查质量管理，探索利用“E记账”开展社情民意热点问题专题调查和快速调查。

6. 着力推进固定资产投资价格统计改革。固定资产投资价格的统计改革正式运行后，调查市由原来的16个减为3个，样本量也大幅减少，调查对象由项目改为企业，工作量虽有所减轻，但样本效率增强。要认真执行新调查方法，切实筑牢基础，有效提升质量。

（三）敬业作为，高效完成各项调查任务。

一要规范调查流程，严格调查管理，确保住户调查源头数据客观真实。稳步提高电子记账率，严禁为推广而换户，严禁代记行为。二要强化实割实测环节规范操作，以“一粟一世界”的调查工匠精神，统计好每粒粮食，减少人为误差。三要认真做好样本轮换后的畜禽监测，保证数据合理衔接，做好生猪调出大县统计监测。四要精心实施农村贫困监测、农民工监测，提升服务脱贫攻坚战的责任感，保证数据真实可靠。五要提前谋划新一轮消费价格调查基期工作，优化台账种类和格式，落实数据分级审核等机制，研究质量变化调整方法在采价中应用。六要做好服务零售结构调查这一新增常规调查，加强PMI调查，提高指数代表性和灵敏度。七要发挥好第三方评估的体制优势，周密组织党风廉政建设、文明城市、城镇规划管理、居民阅读状况等有影响力的专项调查工作。积极承接地方党委、政府委托的重大调查，提高调查设计水平，强化现场调查质量，改进数据分析和开发。

（四）强基固本，不断夯实调查基层基础。

提高数据质量，源头在基层，关键在基础。要在新的起点上，在体制机制上发力，进一步夯实统计调查基层基础。

首先要突出管理创新，发挥新体制新机制整体功能。总队新“三定”，成立了制度方法处、执法监督处，为强化全系统基层基础建设提供了体制保障。要构建制度方法处统筹组织协调基层基础建设工作机制。各专业、各市县队要条块结合，分领域耕耘好各自“责任田”，充分释放改革红利，增强对人财物数管理的协同聚合效应。

其次要突出精准发力，提高调查样本代表性。根据国家制度方法改革要求和实际情况，及时做好有关调查项目样本的轮换、调整、维护和整合，使抽选的调查样本更具代表性。加强对现有网点代表性的评估，坚决杜绝违反规定随意调换网点现象。要进一步强化居民收支调查分市县样本管理，积极推进管理权的上收。

其三要突出巩固基层，提高现场调查数据采集质量。市县队处在统计调查第一线，对保证调查数据质量起至关重要作用。在现场调查中，要严格执行制度方法，积极争取调查对象的支持与配合，督促辅调员严格执行数据采集操作规程，认真完成各项辅助调查任务。

（五）突出特色，切实提高调查服务水平。

要围绕需求、贴近决策，实施精品战略，打造优质服务“质量工程”，发挥资政为民智库作用。

1. 做好新发展理念和发展战略贯彻落实的调查分析，紧扣“巩固、增强、提升、畅通”八字方针，继续打好三大攻坚战，提高供给体系质量效率，增强微观主体活力这条主线，围绕中央和全省经济工作会议部署，针对保持经济运行在合理区间、供给侧结构性改革、乡村振兴战略、“精准脱贫”及中华人民共和国成立70周年等开展专题调研。

2. 发挥长期开展人民生活调查优势，以现有住户、价格、就业等调查为基础，整合教育、卫生等部门信息，做大做精民生调查拳头产品，探索编发安徽民生调查报告。聚焦民生热点和百姓关切，开展一批速度快、情况准、对策实的专题调研。

3. 增强数据解读能力，引导好社会预期。要深入发掘定期报表数据蕴含的丰富信息，深度解读居民收支、市场价格、就业失业、PMI和农业生产等指标变化情况，为党政部门调控管理经济，社会公众研判形势提供信息服务。

4. 强化咨询服务的调度管理，注重调查研究人才培养。建立选题推进、质量评价、审稿编发、反馈通报、信息发布等方面的标准规范，健全完善相关制度，优化服务供给体系。明晰信息分析工作任务，围绕目标责任采取措施，及时通报调度，适时排位亮相。用好用活全系统调查研究骨干人才库，推动内部数据信息共享，丰富分析研究人才培养途径，增强分析研究能力。

（六）多措并举，有效强化统计法治工作。

依法治统是依法治国的组成部分，是确保统计调查科学规范有序、数据真实可信的重要保障。全系统一定要坚持深入学法、广泛普法、严格执法，自觉运用法治思维和法治方式组织开展统计调查。

1. 贯彻法治精神。党中央、国务院对依法治统高度重视，要求坚决防范和惩治统计造假、弄虚作假这一顽症，先后出台了《意见》《办法》《规定》等法规性文件，为推进统计调查工作法治化提供了行动指南和尚方宝剑，我们必须深入贯彻和遵循。虽然有的文件带密不便公开，这更需要我们各级领导干部和法治工作者深入领会精神实质，熟记核心要义，用自己的理解和话语去宣传、解读，让广大干部职工深知熟记，让党政领导和社会公众也能知敬畏、守戒惧。

2. 切中薄弱环节。要做到调查环境海晏河清，调查数据源清流洁，必须善于运用法治思维来谋划工作，运用底线思维来思考依法治统、依规治数中的薄弱环节，坚持问题导向，做到心中有底，以此使我们的“七五”统计普法宣传更有针对性。当下，要加快改变普法工作“老一套”做法，在利用统计开放日、国家宪法日、《统计法》及其实施条例颁布日等重要时点普法外，还必须运用门户网站、政务微博微信等新载体，向社会广泛宣传。

3. 找准重点途径。要全面执行统计监督检查办法、统计违法举报工作制度、统计执法检查“双随机”抽查办法等，建立健全各专业数据质量核查制度，提升快速发现弄虚作假行为的能力。落实领导干部违规干预统计工作记录制度，做好统计执法检查处理信息和领导干部违规干预统计工作记录季度填报工作。进一步充实和优化执法队伍，提升执法人员素质和专业化水平，进一步提高执法实战能力。

（七）稳中求进，拓展现代信息技术应用。

今年信息化工作的重点是强化、应用和提高。总队将开展内外网网站改版升级，内网着力建成集“工作指导、调查数据、信息分析、文化阵地”为一体的综合性网站；外网着力建成集“数据解读、咨询服务、政务公开、信用公示”的宣传展示网站。要着眼未来，预留接口，实现网站与协同办公平台的共享互动。要按照统一要求承接系统建设，搭建平台做好测试，组织开展多层次培训辅导，缩短协同办公的适应期，实现相关管理的规范化电子化。同时，要做好财务管理软件升级后的培训和应用，紧紧跟上《政府会计制度》的要求。要加快新建县队主干网、视频会议系统及防火墙的建设和调试。通过政务协同办公系统、内外网站、视频会议系统、财务管理系统建设，推动系统管理整体性和有效性提档升级。

（八）凝聚合力，不断健全完善系统管理。

要打造学习型、创新型、效能型、文明型队伍，必须与时俱进地加强系统管理，切实提高系统的凝聚力、向心力和战斗力。

1. 加大统筹协调力度。全系统必须树牢“四个意识”，坚持围绕中心、服务大局，严明各项纪律规矩，自觉践行“四个服从”，这是做好统筹协调的前提。要以习近平新时代中国特色社会主义思想和党的十九大精神为统领，自觉把思想和行动统一到国家统计局党组和总队党组的决策部署上来，这是做好统筹协调的基础。要进一步加强督查督办，坚持直督快办、跟踪督办，及时通报进度，发挥鞭策作用，推动各项工作落实，这是做好统筹协调的关键。要完善请示报告机制，加强信息公开，畅通工作沟通渠道，发挥好上联下达的桥梁作用，这是做好统筹协调的保障。

2. 加大制度执行力度。近年来，全系统各项规章制度日益健全完善，适应新形势的系统管理“四梁八柱”制度框架已经成形，关键是要推动和督促制度的落实落细。要坚持按制度管人、按规矩办事，认真落实好系统政务管理、人事教育、党风廉政、效能建设、公文处理等制度，用好制度的红利。要深入监督检查制度的执行情况，对执行不力、变相打折的，将严肃问责。

3. 加大财务管理力度。要对照国家统计局内部审计通报指出的问题和不足，严格落实各项财务管理规定，把执行中央八项规定精神及其实施细则同加强内部控制和财务管理更加紧密结合起来，不折不扣地落实好各项财务规定，确保各单位账务处理正确，新旧会计制度顺利过渡，资产管理得到升级。要实施预算绩效管理，强化预算评审和预算执行监督检查，提升预算资金使用绩效。要保持各级财务人员的相对稳定，切实提高市县队理财能力和管财水平。总队将结合审计和巡察，有效强化系统财务监管，更好地发挥有限资金的使用效益。

四、突出政治引领，进一步强化队伍建设

万山磅礴，必有主峰。大江东去，总有潮头。深化改革创新，必须建设忠诚干净担当的统计调查队伍。要进一步提高政治站位，严明党的政治纪律和政治规矩，以实际行动诠释对党的绝对忠诚，坚决贯彻落实好国家统计局党组各项决策部署，努力发挥好统计“轻骑兵”的作用。

（一）加强思想建设，强化政治理论武装。

全系统各级党组织和领导班子，要充分认识思想理论建设的重要作用，切实把思想建设和政治理论武装责任扛在肩上、牢牢抓在手上，深入学习领会习近平新时代中国特色社会主义思想和党的十九大精神，着力在学原文、读原著、悟原理上下功夫，组织开展形式多样的学习教育，学用辩证唯物主义和历史唯物主义的世界观和方法论，不断提高理论联系实际、解决实际问题的能力。要创新学习方式，用好“学习强国”学习平台，发挥好“皖调讲习堂”载体作用，深入开展理想信念、党风廉政、统计职业道德、调查精神的教育。继续组织好总队读书沙龙“学思践悟半月谈”，适时开展全系统“不忘初心、牢记使命”演讲，做到理论学习和心得交流相得益彰。要深入落实《关于加强安徽调查队系统意识形态工作的意见》，做好党员和干部职工思想动态分析，强化意识形态工作责任制。

（二）加强党性锤炼，强化履职担当作为。

共产党员的党性锻炼，说到底是树立和坚持正确的政治立场和正确的世界观问题。要经过长期的磨炼，在学习马克思主义理论的过程中，在严格的党内政治生活中，自觉经受各种考验，成为一名合格的共产党员。要严格执行《关于新形势下党内政治生活的若干准则》，自觉地过好党内组织生活。要加强党章党规党纪的学习培训，认真履行党员义务，正确行使党员权利，摆正权利与义务的关系。要加强党的宗旨和作风教育，坚决贯彻落实中央八项规定精神，始终保持同人民群众的血肉联系。要深入开展社会主义核心价值观教育，加强对统计文化的研究、宣传和教育，提升干部职工特别是年轻同志对统计调查工作的认同感、归属感、荣誉感，切实强化建设现代化统计调查体系的使命和担当。

（三）加强廉政建设，强化“两个责任”落实。

要认真贯彻落实中央纪委十九届三次全会、省纪委十届四次全会和全国统计系统党风廉政建设工作会议精神，深入落实党风廉政建设责任制，及时谋划部署全年党风廉政建设工作。认真记录《党风廉政建设工作手册》，做到既留迹又留绩，既留痕又留心。坚持把纪律和规矩挺在前面，加强日常监督，运用好监督执纪“四种形态”，抓早抓小、防微杜渐，有效防控廉政风险。要完善全面从严治党主体责任和党风廉政建设报告制度，坚持每半年报告一次主体责任落实情况。加大执纪问责力度，坚决查处统计造假、以数谋私等腐败问题，强化典型案例通报曝光，以案促改，形成有力震慑。开展“双随机”检查抽查公务接待、公车使用、办公面积等规定执行情况，坚决反对“四风”，深入推进“形式主义、官僚主义”专项整治。加强纪检干部队伍建设，增强纪检干部的责任意识和担当精神，进一步提高监督执纪水平。继续开展对市县队的巡察，层层传导压力，切实解决管党治党宽松软问题。

（四）加强能力修为，强化创新争优本领。

干部修为是贯彻执行党的路线方略和各级决策部署的保证，能力本领是实现调查改革创新发展的基石。加强全系统干部队伍素质能力建设是一项系统工程，必须统筹兼顾、只争朝夕、久久为功。

首先，要精心选拔。全面落实《党政领导干部选拔任用工作条例》，坚持德才兼备和新时代好干部标准，加强市县队的领导班子建设，充分盘活现有干部资源。要认真做好公务员招录工作，做到慎重选人、招优纳才，严格面试工作，强化初任培训，做好见习培养。要探索建立工作导师制，做好传帮带。

其次，要管理提升。坚持严管就是厚爱，批评就是帮助进步，切实做好年轻有为干部的培养和使用。要进行《安徽调查队系统人才发展规划（2012—2020 年）》执行情况检查，根据实际需要进行再编修。积极探索建立引导年轻干部脱颖而出的制度机制，让更多的年轻干部早日堪当重任。

其三，要善用激励。注重工作实绩，做好优秀共产党员、优秀公务员评选和职级并行工作。认真执行《青年优秀专业带头人评选管理办法》，把带头人的作用切实发挥出来，不断强化正向激励，形成比学赶超的良好竞争氛围。

（五）加强精神培植，强化勤实优良作风。

精神是作风的引领，更是作风的升华。要以精神培植引领作风建设，形成正确的价值追求，在忠诚、立德、敬业方面涵养作风。在忠诚培植方面，重点是要增强组织纪律性，坚决执行党的决定，严守党的秘密，特别是遵守党的政治纪律和政治规矩，坚决反对和抵制统计造假、弄虚作假，确保统计调查数据真实可信。在立德培植方面，重点是要继承发扬党的优良传统和作风，带头践行社会主义核心价值观，树立作风正派扎实、工作稳健踏实、业务创新求实、做人忠诚老实的统计调查新风尚。在敬业培植方面，重点是要牢记宗旨意识，爱岗敬业、履职尽责，坚持依法独立行使统计调查、统计报告、统计监督职权，真实准确、及时完整地反映经济社会发展。

同志们！2019 年是新中国成立 70 周年，也是决胜全面建成小康社会第一个百年奋斗目标的关键之年，更是建设新时代现代化统计调查体系的重要一年。习近平总书记说：拼搏和奋斗，是打开未来之门的钥匙。让我们以本次会议为总动员，更加紧密地团结在以习近平同志为核心的党中央周围，在国家统计局党组的正确领导下，在省委省政府的关心支持下，在新的一年里，咬定目标不放松，踏平坎坷创新业，奋发拼搏，砥砺前行，谱写安徽统计调查事业新篇章，以优异成绩迎接中华人民共和国成立 70 周年，为建设现代化五大发展美好安徽做出新的更大贡献！

2018 年 2 月，安徽调查总队召开全省调查工作会议

2018 年 7 月，安徽调查总队召开系统上半年经济形势分析会

2018 年 2 月， 安徽调查总队召开领导班子民主生活会

2018 年 3 月，省政府副秘书长刘卫东（前排左一）率队调研住户调查电子记账

2018 年 4 月，安徽调查总队参加省直机关环万佛湖健身走活动

2018 年 9 月，安徽调查总队总队长刘文峰（前排右一）赴滁州调研指导工作

2018 年 5 月，安徽调查总队机关举行迎“五一”健身走活动

2018 年 5 月，安徽调查总队联合合肥队举办“五四”青年毅行活动

2018 年 5 月，安徽调查总队青年党团员赴芜湖开展调研实践活动

2018 年 5 月，安徽调查总队参加省直机关第八届运动会开幕式

2018 年 5 月，安徽调查总队召开系统巡察工作座谈会

2018 年 5 月，安徽调查总队到裕安区定点帮扶村走访调研

2018 年 6 月，全国退耕还林（草）监测调查和农户固定资产投资调查业务培训班在蚌埠圆满举办

2018 年 6 月，安徽调查总队隆重纪念建党 97 周年

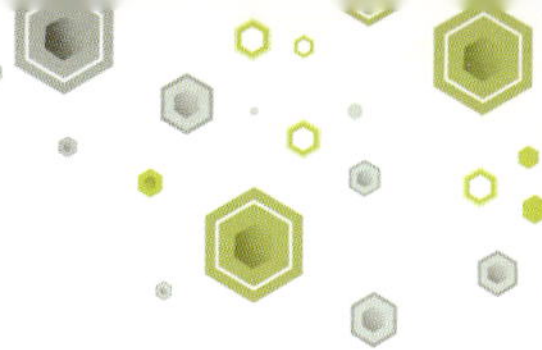

2018年7月，安徽调查总队召开国家统计局下派干部总结会

2018年8月，安徽调查总队召开巡视整改专题民主生活会

2018 年 9 月，安徽调查总队召开统计法治工作暨普法宣传骨干培训会

2018 年 9 月，安徽调查总队赴基层调研

2018 年 9 月，安徽调查总队召开新建队工作座谈会

2018 年 9 月，安徽调查总队赴安庆调研住户调查工作

2018 年 9 月，安徽调查总队与合肥调查队联合开展统计开放日宣传活动

2018 年 9 月，安徽调查总队在统计开放日宣传活动现场接受采访

2018 年 10 月，安徽调查总队举办党建和党廉知识竞赛

2018 年 10 月，安徽调查总队邀请专家给贫困留守儿童讲解机器人知识

2018 年 10 月，安徽调查总队举办 2018 年新录用人员初任培训班

2018 年 11 月，安徽调查总队“皖调讲习堂”开讲

2018 年 12 月，安徽调查总队成功举办全系统党务干部培训班

2018 年 11 月，安徽调查总队开展冬季扶贫大走访活动

2018 年 11 月，安徽调查总队圆满完成遥感测量无人机应用培训工作

2018 年 12 月，安徽调查总队召开市级调查队纪检组长履职汇报会

2018 年 5 月，合肥调查队赴肥西县督导夏粮预产调查

2018 年 6 月，合肥调查队全体党员赴庐江参观新四军江北指挥部旧址

2018 年 6 月，淮北调查队开展夏收农作物实割实测调查

2018 年 12 月，淮北调查队利用无人机开展法制宣传活动

2018 年 8 月，亳州调查队在炎炎夏日开展慰问采价点活动

2018 年 12 月，亳州市领导参加亳州调查队法制宣传展

2018 年 3 月，宿州调查队参加义务植树活动

2018 年 4 月，宿州调查队慰问贫困户

2018 年 8 月，蚌埠调查队赴龙子湖区开展住户基础工作检查

2018 年 11 月，蚌埠调查队参加全市“放歌新时代 经典咏流传”演唱比赛，荣获三等奖

2018 年 6 月，阜阳调查队组织系统全体党员干部到金寨县开展红色革命教育

2018 年 12 月，阜阳调查队志愿者服务队积极参与志愿活动

2018 年 5 月，淮南调查队党员先锋队、志愿服务队开展主题党日活动

2018 年 9 月，淮南调查队开展统计开放日现场宣传

2018年6月，滁州调查队参观明光嘉山抗日民主革命纪念馆

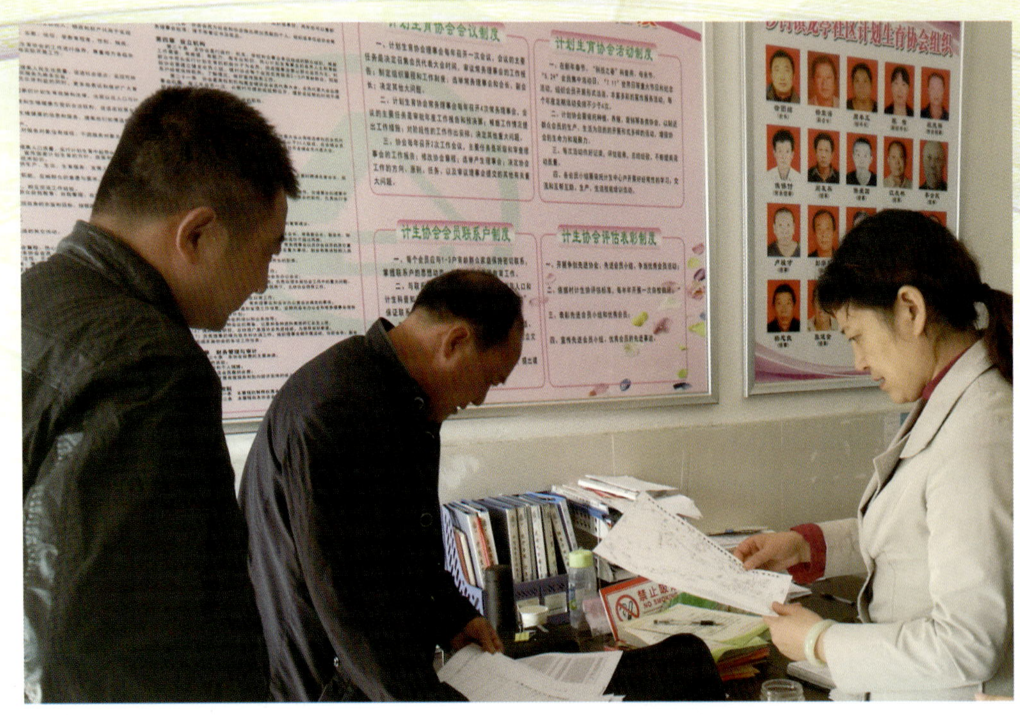

2018年10月，滁州调查队在南谯区龙亭社区指导劳动力调查摸底工作

2018 年 8 月，六安调查队调查人员在现场采价

2018 年 9 月，六安调查队深入贫困户家中进行慰问

2018 年 6 月，马鞍山调查队在金鹰商场开展价格督查

2018 年 9 月，马鞍山调查队联合市统计局开展统计开放日活动

2018 年 5 月，芜湖市领导调研电子记账工作

2018 年 9 月，芜湖调查队开展“统计开放日”宣传活动

2018年6月，全国知名高校统计教授、中国统计出版社专家等在泾县记账户家中现场体验电子记账

2018年8月，宣城调查队志愿者服务队赴敬亭山开展保护环境志愿活动

2018 年 5 月，铜陵调查队开展住户基础工作质量检查

2018 年 9 月，铜陵调查队与枞阳调查队联合举办趣味骑行比赛

2018 年 3 月，池州调查队进行价格调研

2018 年 10 月，池州调查队开展中稻实割实测调查

2018 年 2 月，安庆调查队开展“迎新春”健步走活动

2018 年 9 月，安庆调查队为对口帮扶的潜山市漆铺村开展捐款活动

2018 年 5 月，黄山调查队参加纪念新四军成立 80 周年回顾展活动

2018 年 8 月，黄山调查队举办系统青年论坛

2018 年 4 月，肥西调查队深入畜牧养殖企业户开展专项调研

2018 年 9 月，肥西调查队开展秋粮实割实测调查

2018 年 7 月，庐江调查队利用无人机航拍早稻实割实测工作

2018 年 12 月，庐江调查队接受县电视台采访，解读 CPI 指数

2018 年 5 月，巢湖调查队开展住户电子记账现场培训

2018 年 7 月，巢湖调查队开展党日活动

2018 年 10 月，濉溪调查队在四铺镇侯庙村开展扶贫工作

2018 年 12 月，濉溪调查队在临涣镇指导电子记账工作

2018 年 3 月，涡阳调查队在丹城镇进行小麦苗情调查

2018 年 7 月，涡阳调查队在青疃镇表彰优秀记账户

2018 年 4 月，利辛调查队在田间查看苗情

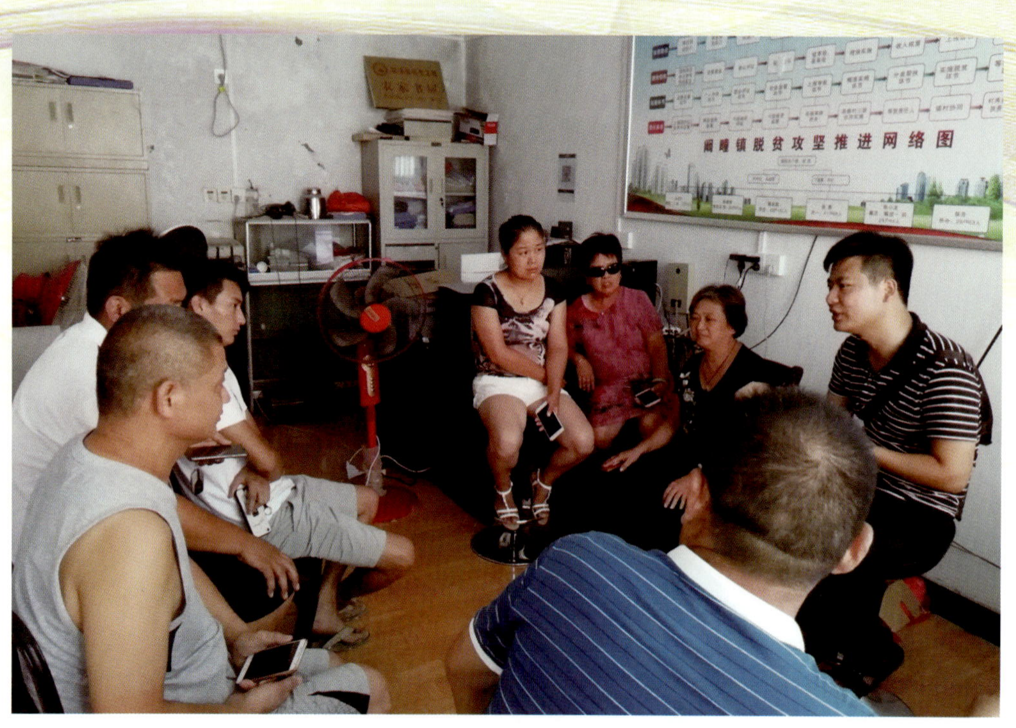

2018 年 8 月，利辛调查队检查住户记账工作并进行电子记账集中培训

2018 年 6 月，灵璧调查队进行夏粮实割实测调查

2018 年 9 月，灵璧调查队开展“统计开放日”活动

2018 年 6 月，颍上调查队推行电子记账工作现场

2018 年 9 月，颍上调查队开展第九届“中国统计开放日”宣传活动

2018 年 7 月，临泉调查队举办"庆七一"第五届职工运动会

2018 年 9 月，临泉调查队向贫困村小学生捐赠书包

2018 年 11 月，太和调查队在三塔镇八里姜村开展劳动力调查摸底

2018 年 12 月，太和调查队到关集镇胡寨村指导记账户记账

2018年9月，凤台调查队开展秋粮实割实测调查

2018年12月，凤台调查队参加庆祝第33个“国家志愿者日”现场活动

2018年8月，寿县调查队在板桥镇双居街道开展调查

2018年12月，寿县调查队开展宪法宣传活动

2018 年 1 月，全椒调查队荣获“第三次全国农业普查先进集体”

2018 年 7 月，全椒调查队首次运用无人机开展农作物夏播面积调查

2018 年 5 月，国家统计局农村司领导到凤阳调研小麦苗情

2018 年 11 月，凤阳调查队与小岗村开展党支部共建

2018 年 5 月，金寨调查队使用无人机对土地种植面积进行遥感调查

2018 年 7 月，金寨调查队采价员在电器商店采价

2018 年 6 月，舒城调查队开展小麦实割实测调查

2018 年 9 月，舒城调查队开展统计宣传活动

2018 年 7 月，当涂调查队调研记账户基本情况和家庭收支情况

2018 年 9 月，当涂调查队水稻实割实测现场

2018 年 5 月，无为调查队在福渡镇河坝社区走访慰问贫困户

2018 年 6 月，无为调查队开展主题党日活动

2018 年 6 月，枞阳调查队为结对帮扶村小学送去学习用品

2018 年 8 月，枞阳调查队实地开展住户电子记账工作培训

2018 年 9 月，青阳调查队开展秋粮实割实测调查

2018 年 9 月，青阳调查队在朱备镇将军村开展入户调查

2018 年 4 月，祁门调查队到闪里镇进行劳动力调查

2018 年 5 月，祁门调查队利用碎片时间开展调查业务培训

2018年大事记

一 月

1月4日，安徽调查总队农业统计遥感生产管理与决策平台项目通过专家组验收。

1月15日，安徽调查总队召开国家统计局繁昌、广德、东至、萧县调查队四个新建队队长任职廉政谈话暨工作座谈会议。

1月15日，安徽调查总队发文成立局队业务分工调整优化工作领导小组。

二 月

2月5日，安徽调查总队召开2018年全省调查工作会议，贯彻落实中央领导同志对统计工作的重要指示批示精神，传达学习全国统计工作会议精神，总结2017年调查工作，分析当前统计调查工作形势，部署2018年重点任务。党组书记、总队长夏荣坡做了题为《构建新时代现代化统计调查体系谱写安徽调查事业新篇章》的工作报告。

2月8日，安徽调查总队召开2017年度领导班子民主生活会，国家统计局财务司副巡视员刘京一行到会督导。

2月22日，安徽调查总队领导班子全体成员与安徽省统计局领导班子全体成员共聚一堂，共商安徽统计调查工作大事。

三 月

3月19日，省政府副秘书长刘卫东带队，率领全省16个市政府负责人赴宣城调研住户调查电子记账工作。

3月20日，安徽调查总队制定扶贫领域腐败和作风问题专项治理方案。

3月20日，安徽调查总队召开全省住户调查应用系统培训会议。

3月22日，安徽调查总队与安徽省统计局联合召开以全国为总体的限额以下批发零售住宿餐饮行业抽样与问卷调查数据处理培训会议。

3月22日，安徽调查总队召开2018年全省调查队系统党风廉政建设工作会议。

四 月

4月中旬，国家统计局安徽调查总队分两期举办学习贯彻党的十九大精神培训班。

4月，安徽调查总队被评为“全省政务信息工作先进集体”。

五月

5月15日，安徽调查总队印发《安徽省月度劳动力调查局队调整优化工作交接实施细则》。

5月22日，安徽调查总队印发《国家统计局安徽调查总队机关公务接待管理办法》。

5月28日，安徽调查总队印发《国家统计局安徽调查总队统计执法检查规范（试行）》。

5月25日，安徽调查总队召开全省调查队系统纪检监察暨巡察工作座谈会议。

六月

6月11日，安徽调查总队召开全省调查队系统统计调查法规制度工作会议。

6月26日，安徽调查总队举办全省调查队系统纪检监察业务培训班。

6月，安徽调查总队顺利完成工价调查局队分工交接工作。

七月

7月5日，安徽调查总队在第八届省直机关运动会荣获“优秀组织奖”“体育道德风尚奖”“团体三等奖”等多项殊荣。

7月8日，安徽调查总队圆满完成遥感测量无人机应用培训工作。

7月18日，安徽调查总队举办全省工业生产者价格调查培训班。

7月19日，安徽调查总队召开上半年经济形势分析会。

是月，安徽调查总队修订印发《中共国家统计局安徽调查总队党组巡察工作办法》。

是月，安徽调查总队在安徽省2017年度中央驻皖单位效能建设考核中位列第三，被评为先进单位。

八月

8月1日，安徽调查总队开展《统计法实施条例》施行一周年宣传活动。

8月8日，安徽调查总队召开国际比较项目（ICP）调查阶段性工作总结及数据联审会议。

8月13日，国家统计局党组成员、副局长鲜祖德一行来安徽督查第四次全国经济普查工作并调研，与安徽省委常委、常务副省长邓向阳，安徽省委常委、中共合肥市委书记宋国权就“四经普”工作和当前经济形势交换了意见。

8月13日，安徽调查总队召开干部任职大会，宣布刘文峰同志任中共国家统计局安徽调查总队党组书记、总队长，免去夏荣坡同志中共国家统计局安徽调查总队党组书记、总队长职务。

8月30日，安徽调查总队召开巡视整改专题民主生活会。

是月，安徽调查总队学习贯彻中央第三巡视组巡视国家统计局党组反馈意见和整改要求，成立领导小组，及时动员部署，共印发巡视整改有关文件10份，召开工作会议7次，建立周报告机制，确保整改落实到位。

是月，安徽调查总队圆满完成营商环境调查工作。

九月

9月6日，安徽调查总队印发《关于认真做好领导干部违规干预统计工作记录台账填报工作的通知》。

9月11日，安徽调查总队召开新建县级调查队座谈会。

9月17日，安徽调查总队召开市队纪检组长履职汇报会。

9月19日，安徽调查总队召开全省调查队系统统计法治工作会议。

9月25日，安徽调查总队成立意识形态工作领导小组。

9月27日，安徽调查总队与安徽省统计局联合组织2018年度统计执法证资格考试考务工作。

9月27日，国家统计局党组成员、总经济师盛来运一行来安徽调研，与省委副秘书长李必方、相关省直单位负责人就安徽省3季度经济形势开展座谈。

十月

10月8日，安徽调查总队印发《关于调整各类领导小组（委员会）的通知》。

10月10日，安徽调查总队召开全省劳动力调查业务培训班。

10月17日，安徽调查总队举办机关党建和党廉知识竞赛。

10月15日，安徽调查总队举办2018年新录用人员初任培训班。

10月23日，安徽调查总队报送的《前三季度安徽城镇居民收入变动特点及增收建议》《2018年前三季度安徽农村居民收入增长特点、影响因素及政策建议》等分析报告获两位省领导批示。

10月22日，安徽调查总队举办综合统计调查暨新闻宣传培训班。

是月，安徽调查总队制作的微视频《扶贫战线上的调查人》荣获安徽省属和中央驻皖单位驻村帮扶工作纪实类微视频二等奖。

是月，安徽调查总队调研实践组撰写的《直面振兴之难乡村人才困局该何去何从——关于乡村振兴战略中人才引领作用的调研》报告荣获安徽省直机关“走基层访一线服务五大发展行动”青年党团员调研实践活动成果二等奖。

十一月

11 月 6—7 日，安徽调查总队迎接中央纪委国家监察委和国家统计局联合督查组开展的全面从严治党民意调查督查并获得肯定。

11 月 19 日，安徽调查总队召开全省住户类调查年报暨应用系统培训会。

11 月 21 日，安徽调查总队召开全省农业调查业务培训会议。

11 月 22 日，安徽调查总队“皖调讲习堂”第一讲正式开讲，邀请安徽省农村社会经济调查队原队长金玉言宣讲安徽调查精神。

11 月 28 日，全国价格统计调查工作会议在安徽合肥召开。

是月，安徽调查总队圆满完成服务消费试调查任务。

十二月

12 月 6 日，安徽调查总队召开集中整治形式主义、官僚主义专题会议。

12 月 11 日，安徽调查总队印发《全省调查队系统领导干部廉政档案管理制度》。

12 月 12 日，安徽调查总队举办全省调查队系统党务干部培训班。

12 月 18 日，安徽调查总队集中收看庆祝改革开放 40 周年大会。

12 月 18 日，安徽调查总队印发《关于严格规范领导干部操办婚丧嫁娶等事宜的暂行规定》。

12 月 19 日，安徽调查总队印发《关于统计调查机构负责人和统计调查人员防范和惩治统计造假弄虚作假责任制规定的实施办法（试行）》。

12 月 24 日，安徽调查总队印发《关于总队机关内设机构及职能设置的通知》。

12 月 26 日，安徽调查总队基层党组织标准化建设实现全达标。

12 月 27 日，安徽调查总队召开市队纪检组长和县队纪检监察员履职汇报会。

是月，安徽调查总队召开全省调查队系统“百名最美调查员”评选活动。

主要年份全省粮食产量及增幅

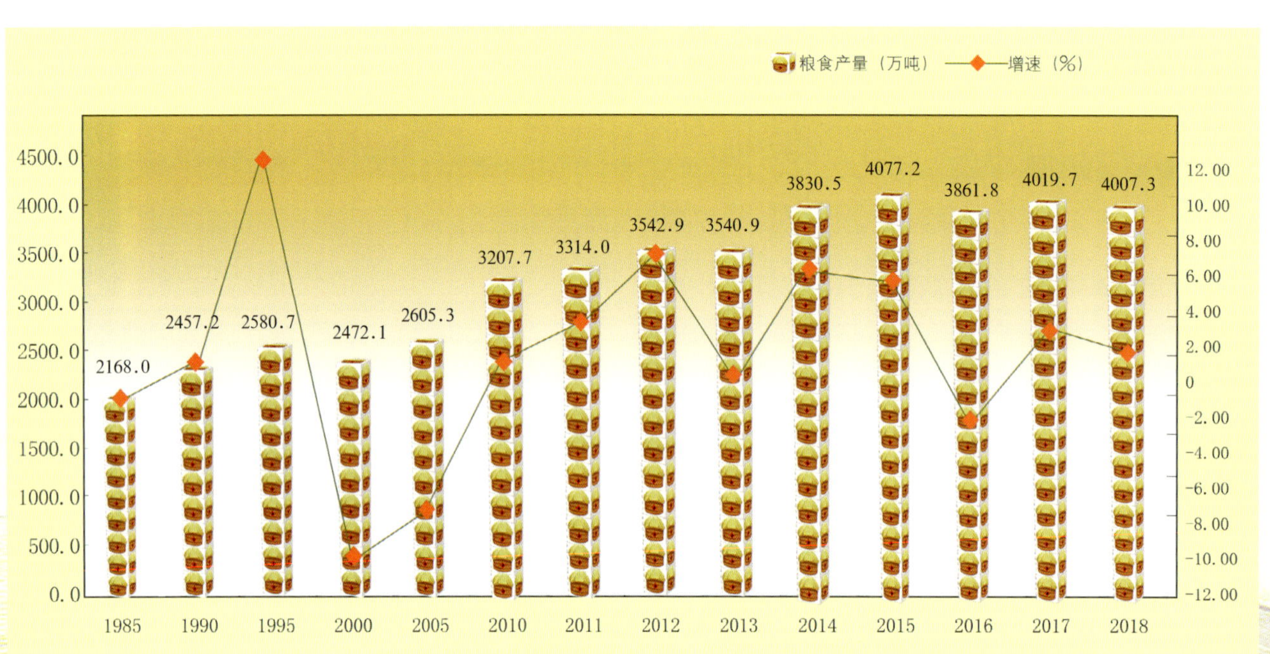

主要年份全省棉花产量及增幅

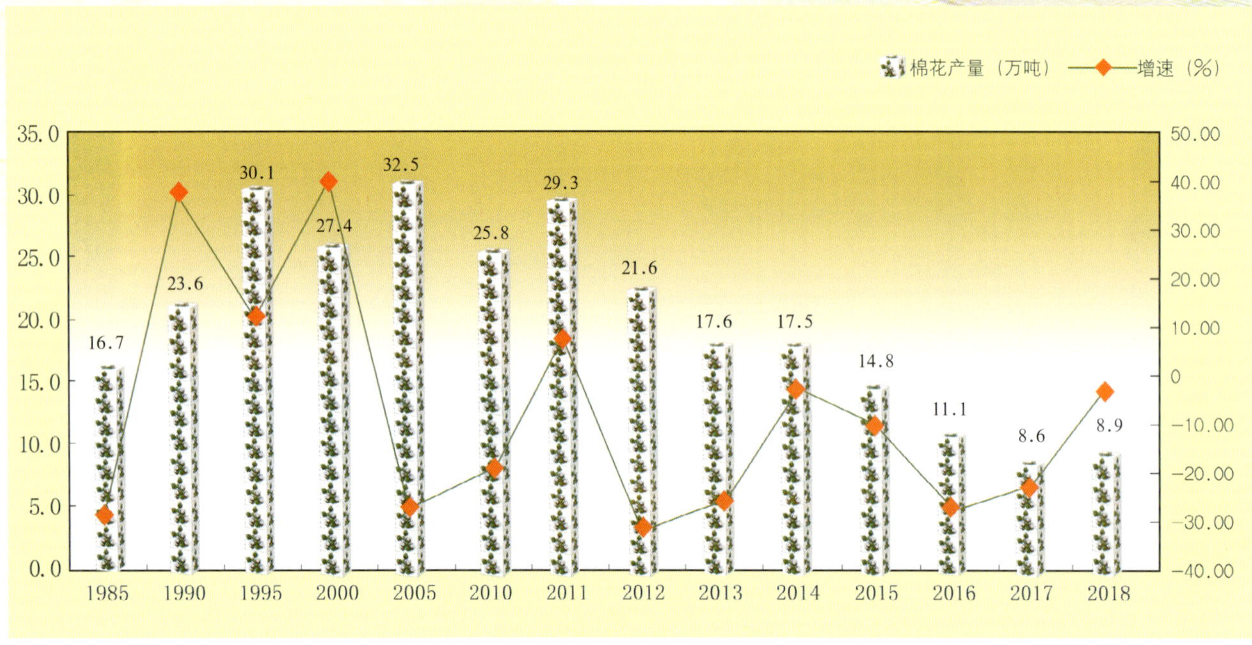

主要年份全省油料产量及增幅

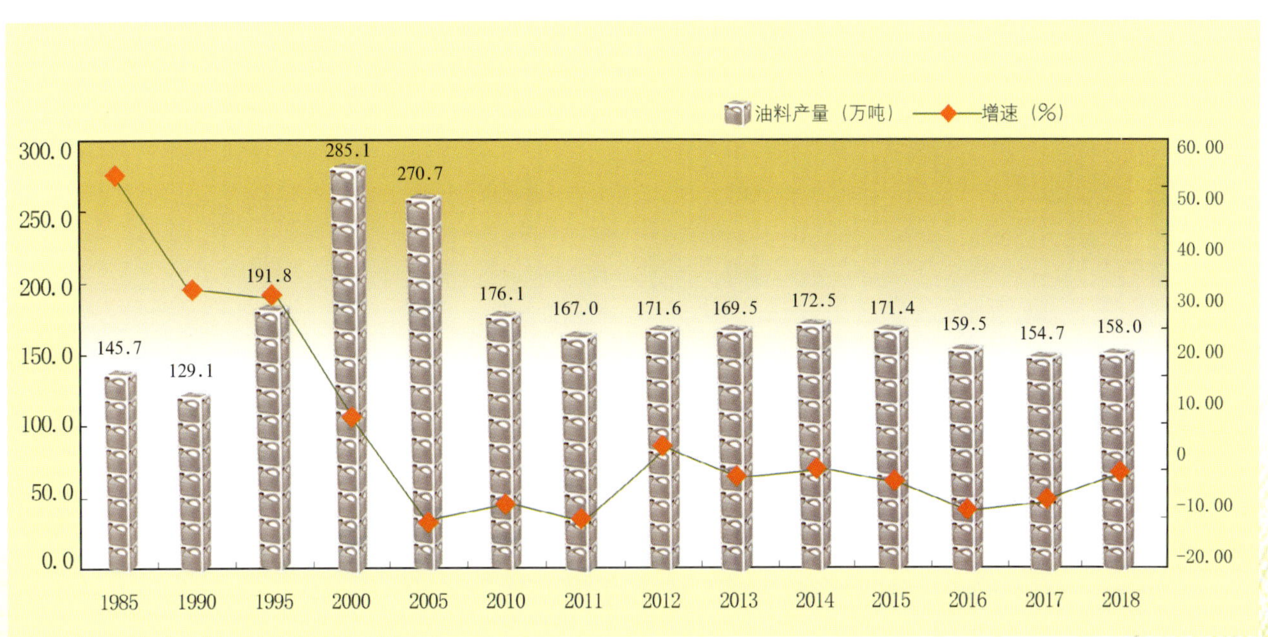

2005—2018年全省猪肉产量及增幅

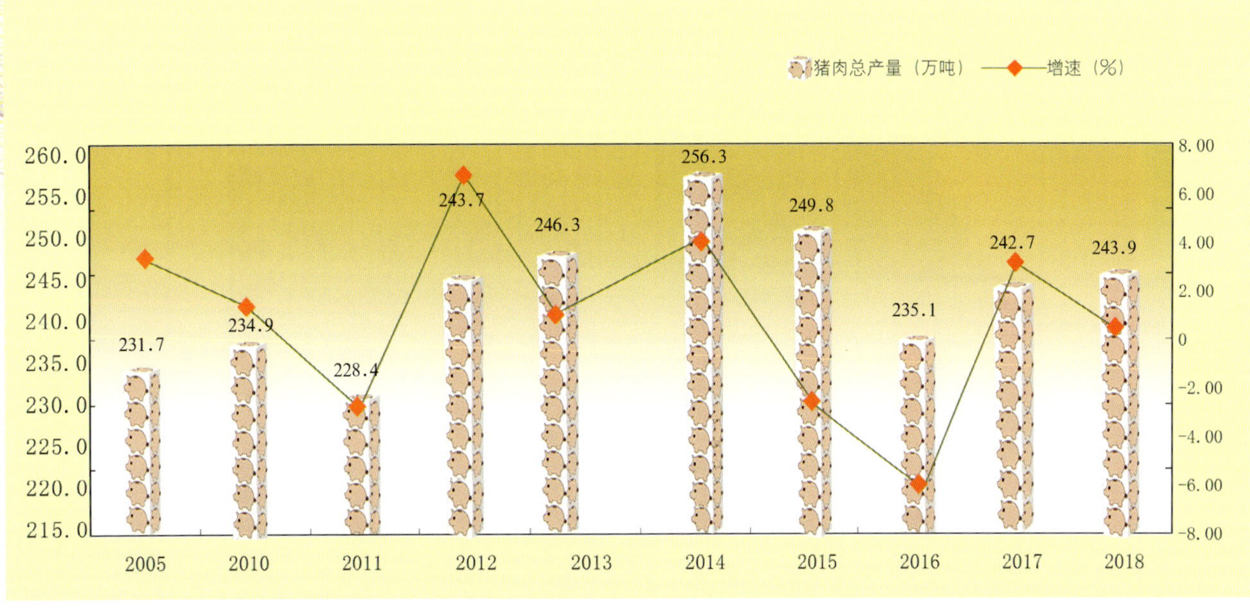

2018 年安徽城镇居民人均可支配收入构成（%）

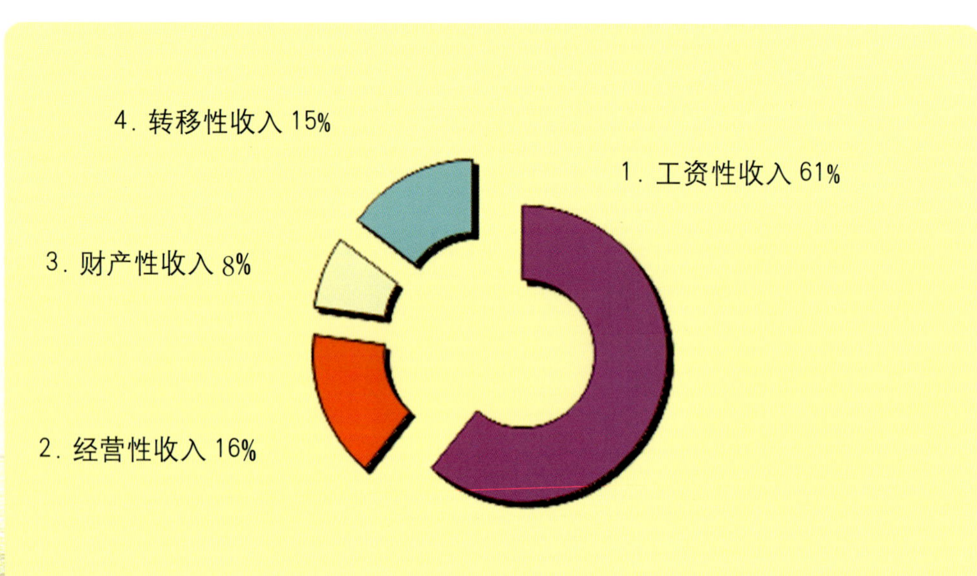

2018 年安徽农村居民人均可支配收入构成（%）

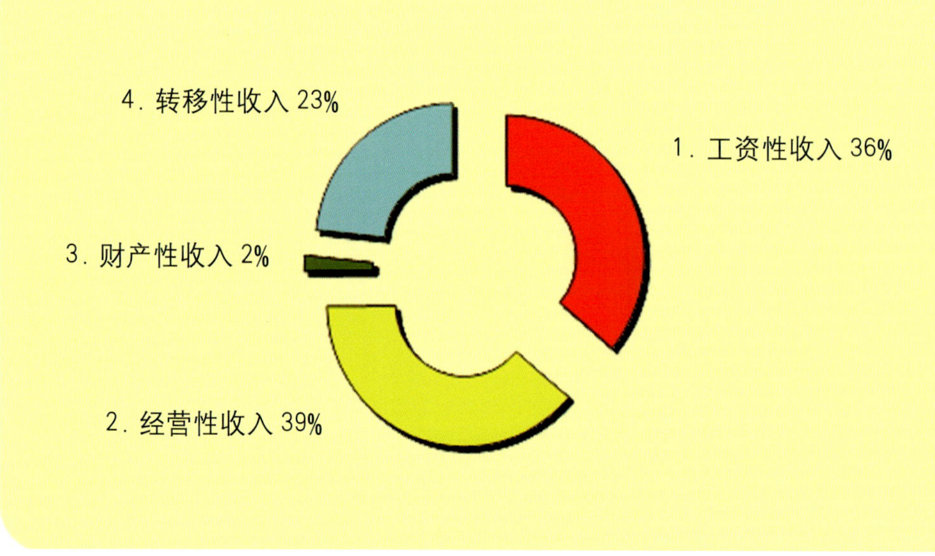

2018年安徽省及各市城镇居民人均可支配收入分项情况（单位：元）

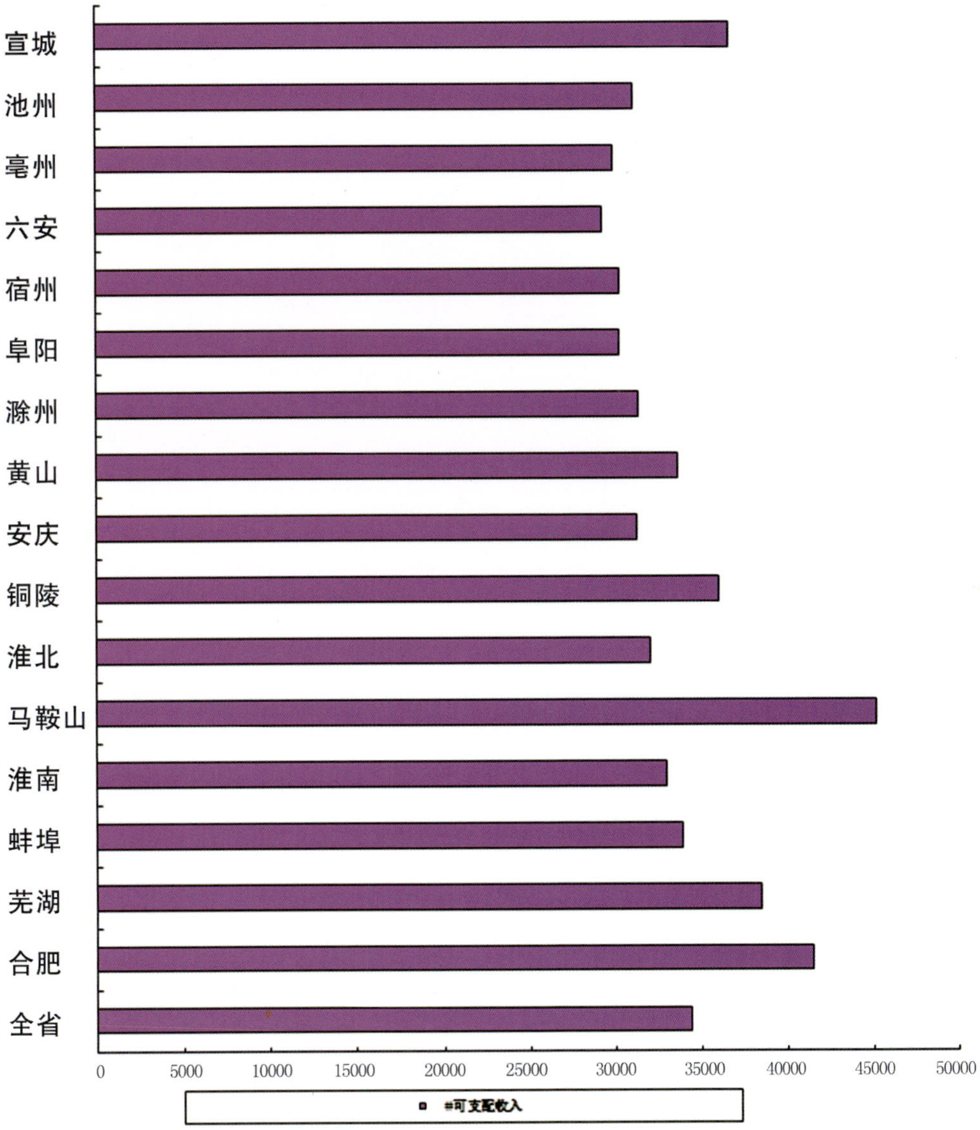

2018年按收入等级分的城镇居民家庭人均收支情况（元）

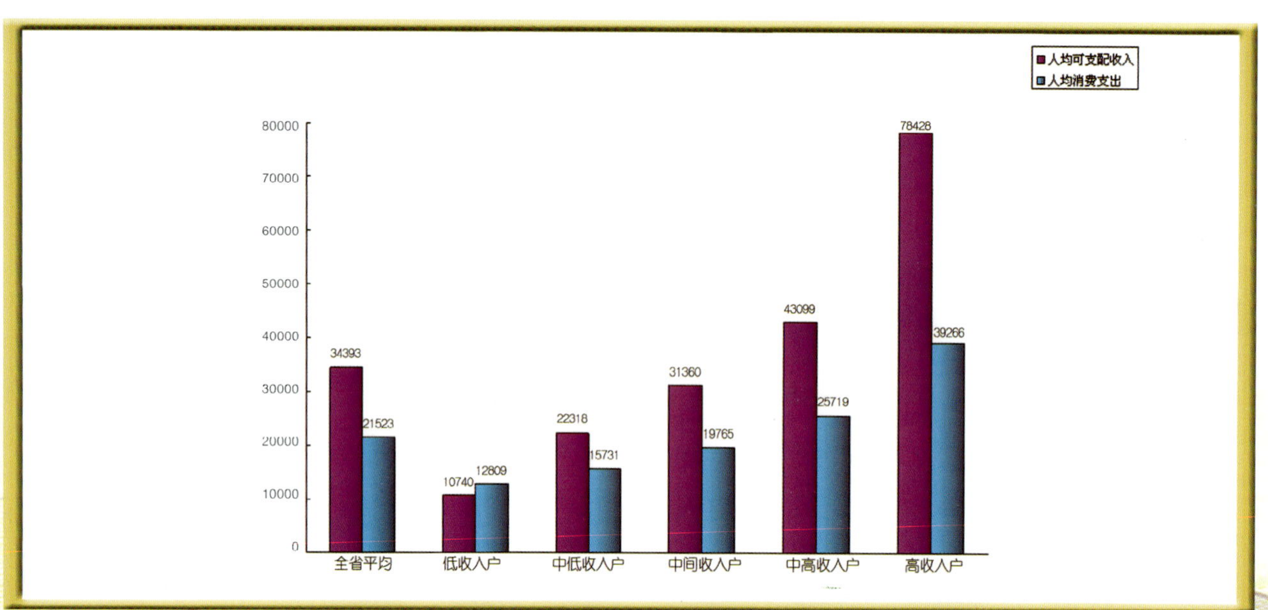

2018年按收入等级分的农村居民家庭人均收支情况（元）

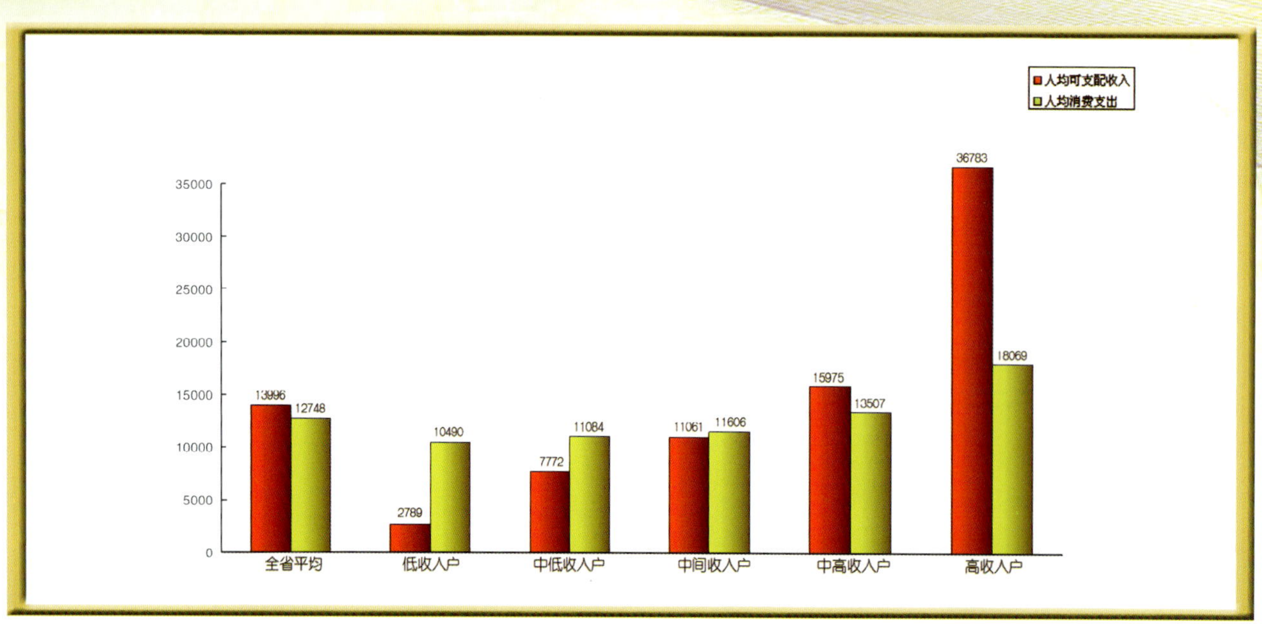

2018年全国各省城镇居民人均可支配收入（元）

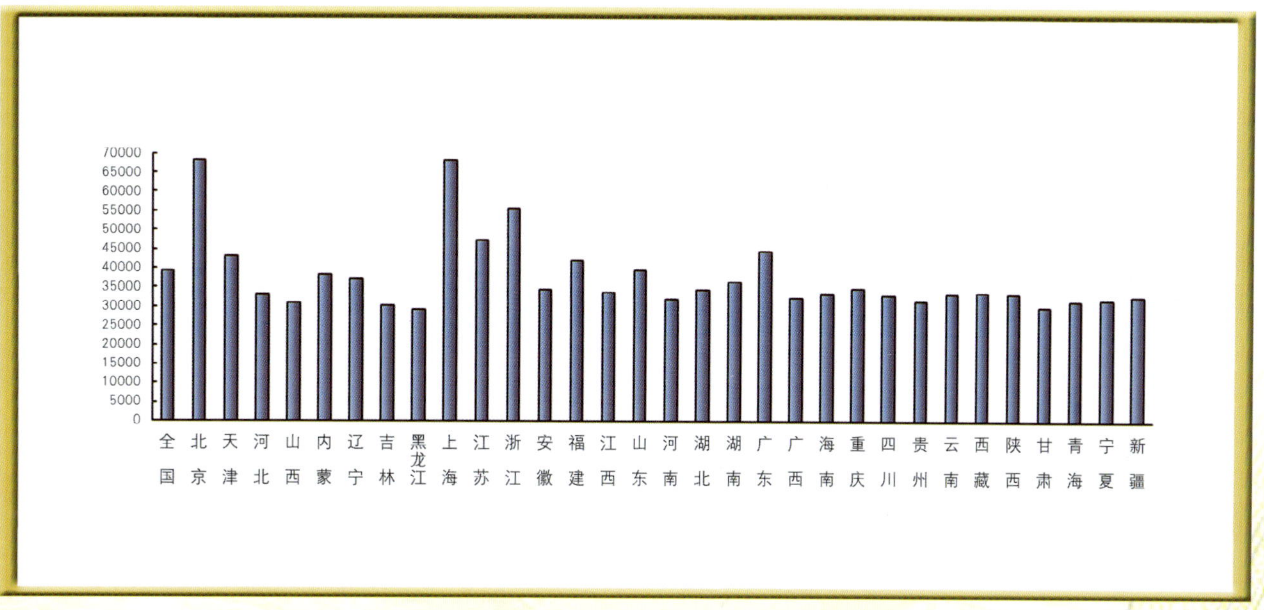

2018年全国各省农村居民人均可支配收入（元）

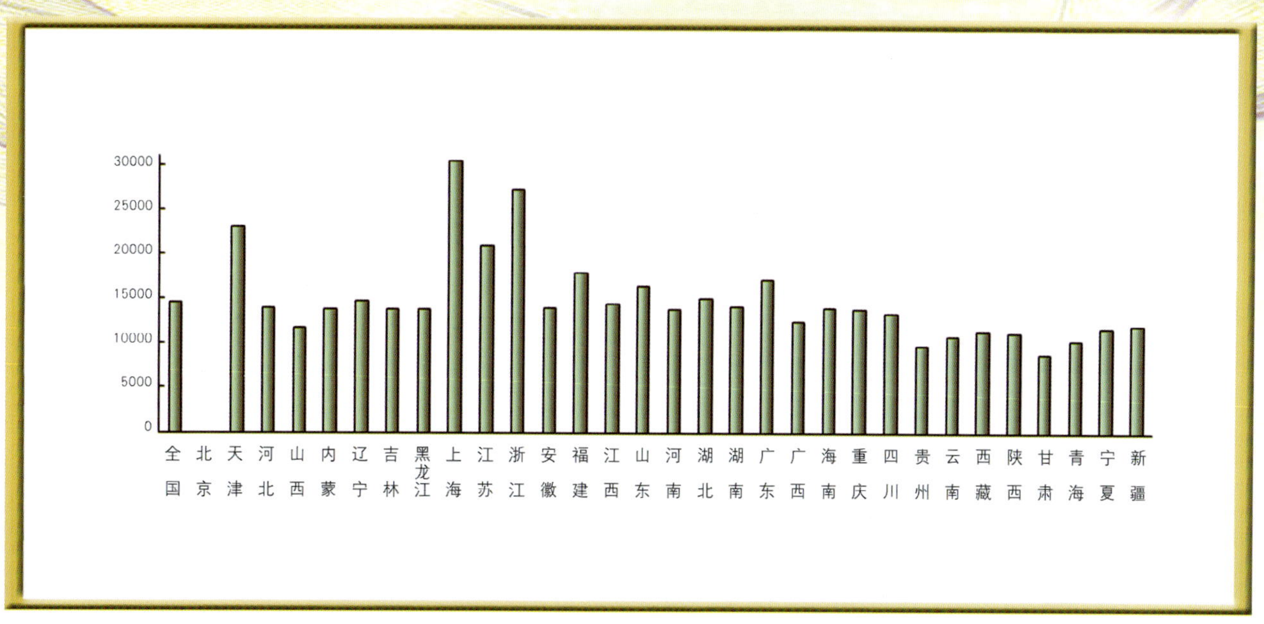

2018 年安徽城镇居民消费性支出构成（%）

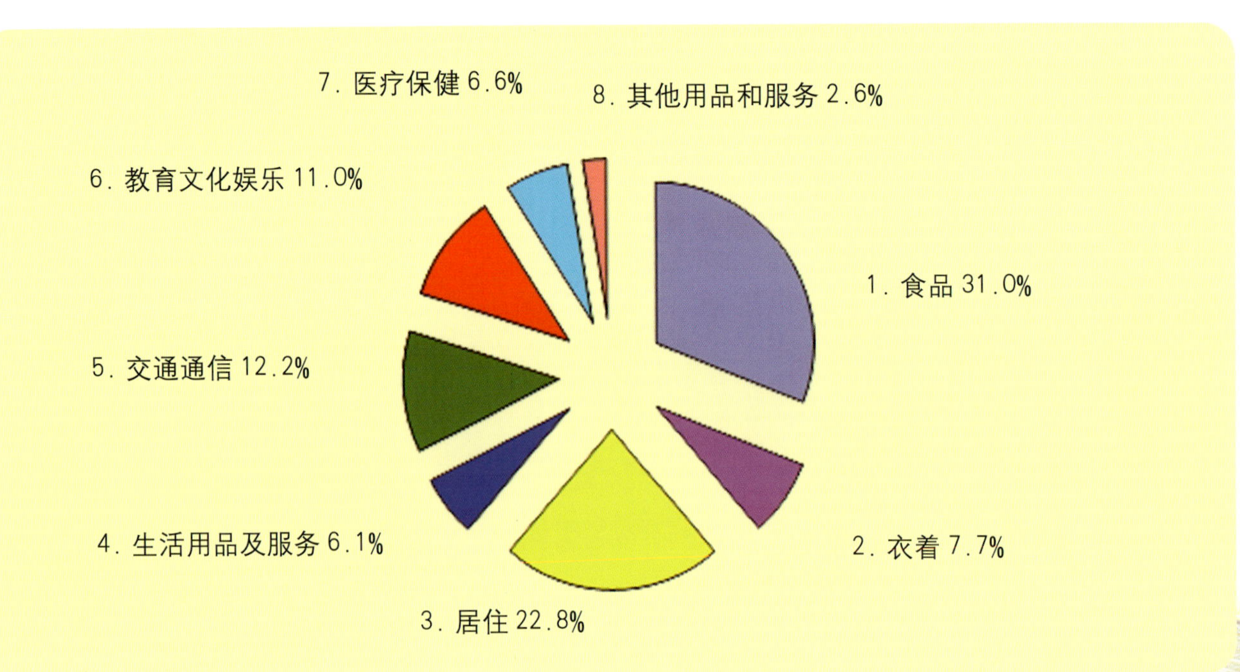

2018 年安徽农村居民消费性支出构成（%）

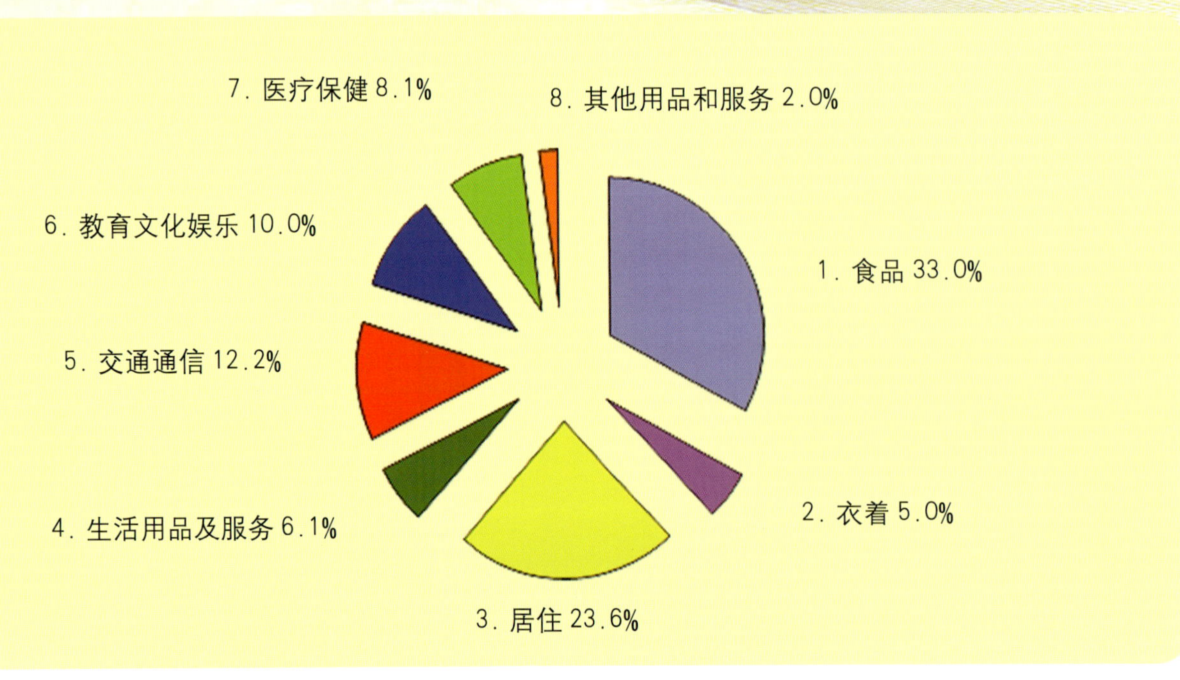

城镇居民恩格尔系数（%）

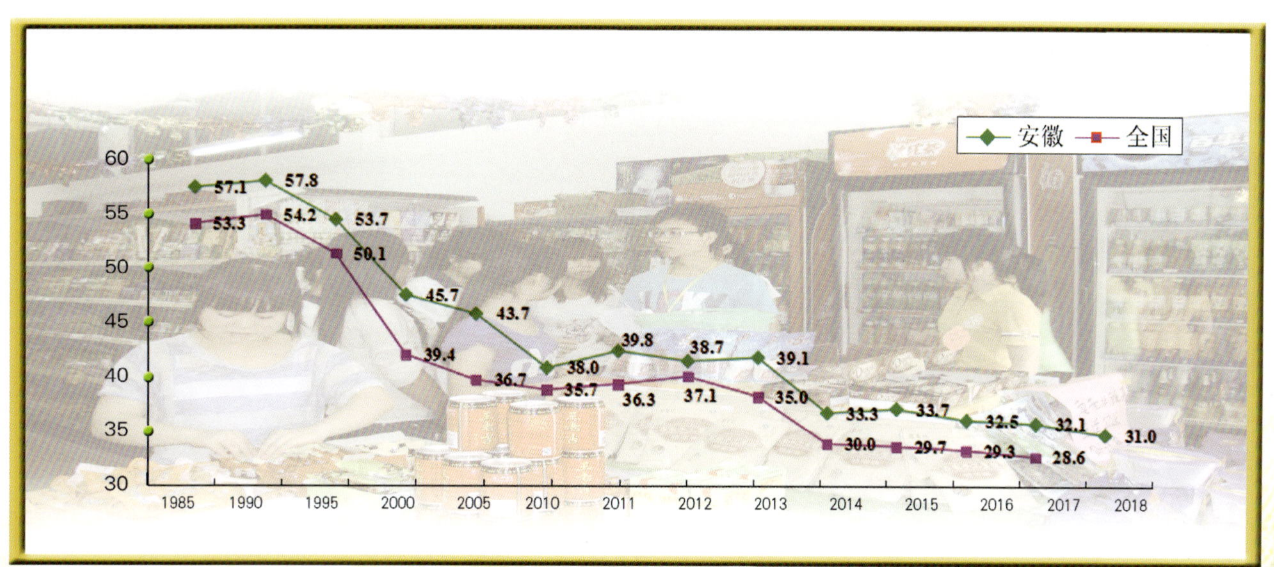

农村居民恩格尔系数（%）

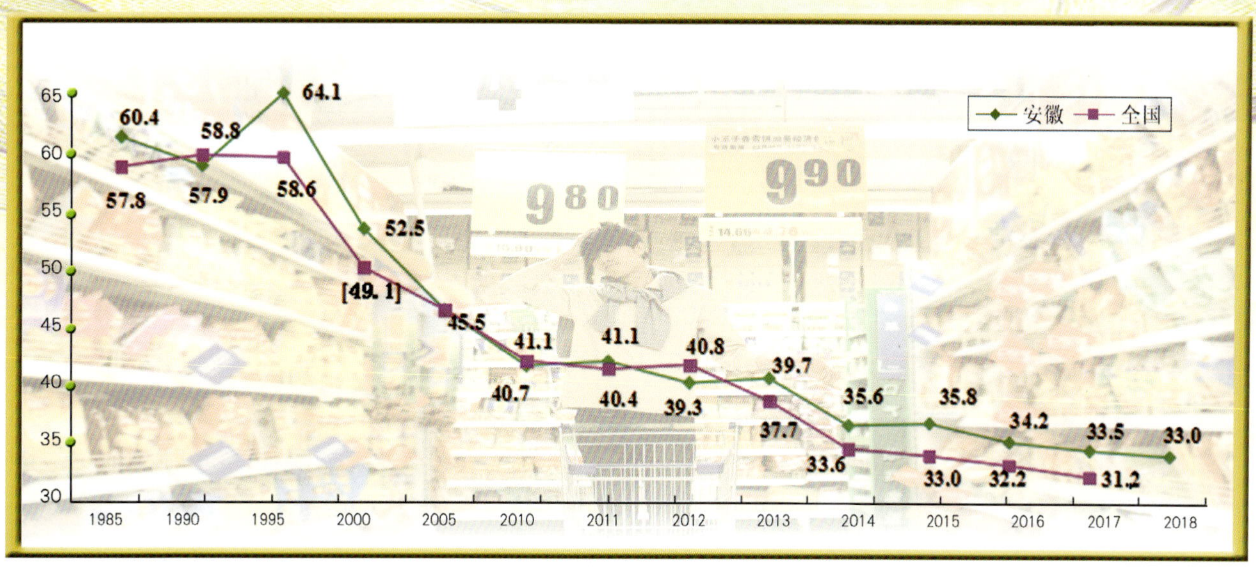

居民消费价格指数（上年 =100）

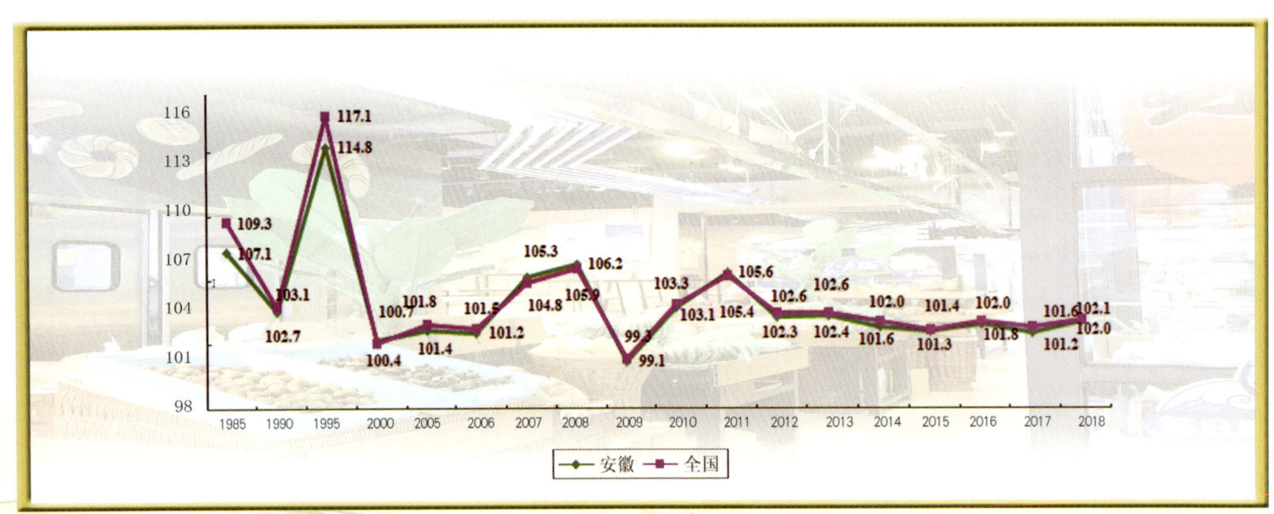

城市居民消费价格指数（上年 =100）

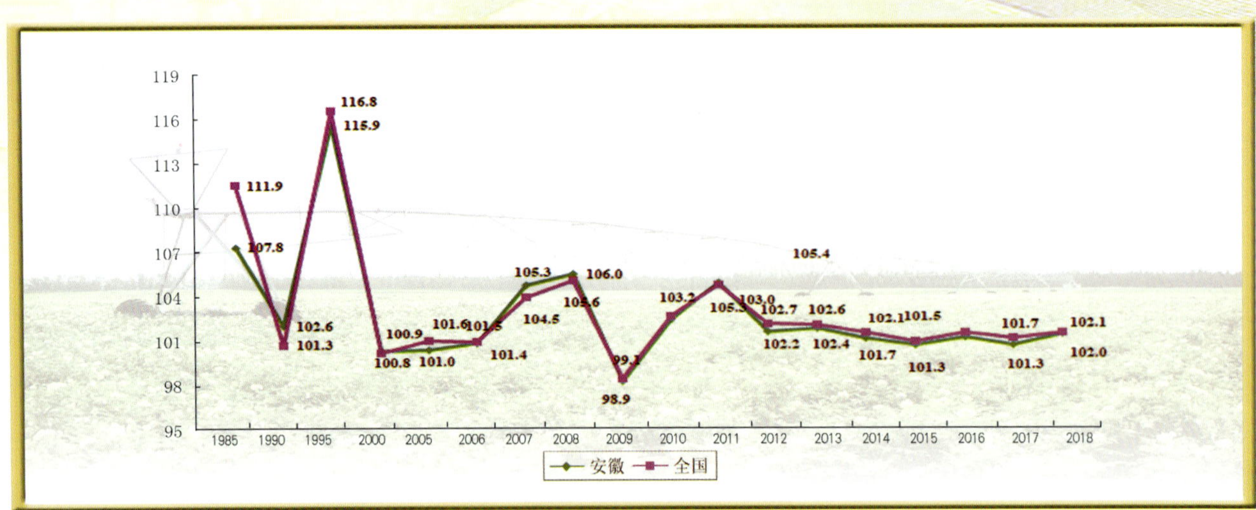

农村居民消费价格指数（上年 =100）

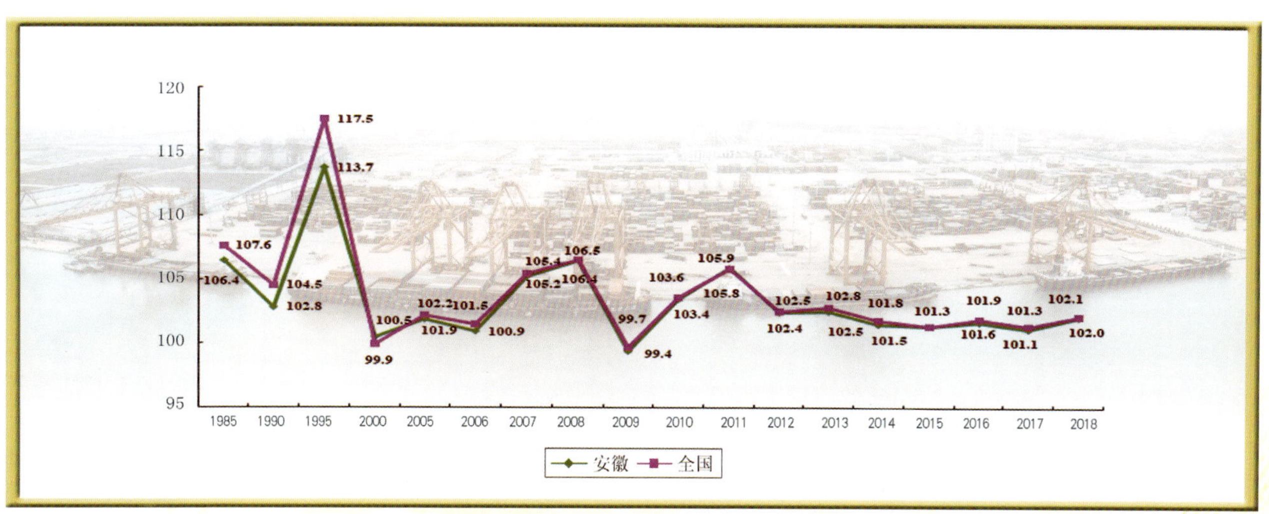

商品零售价格指数（上年 =100）

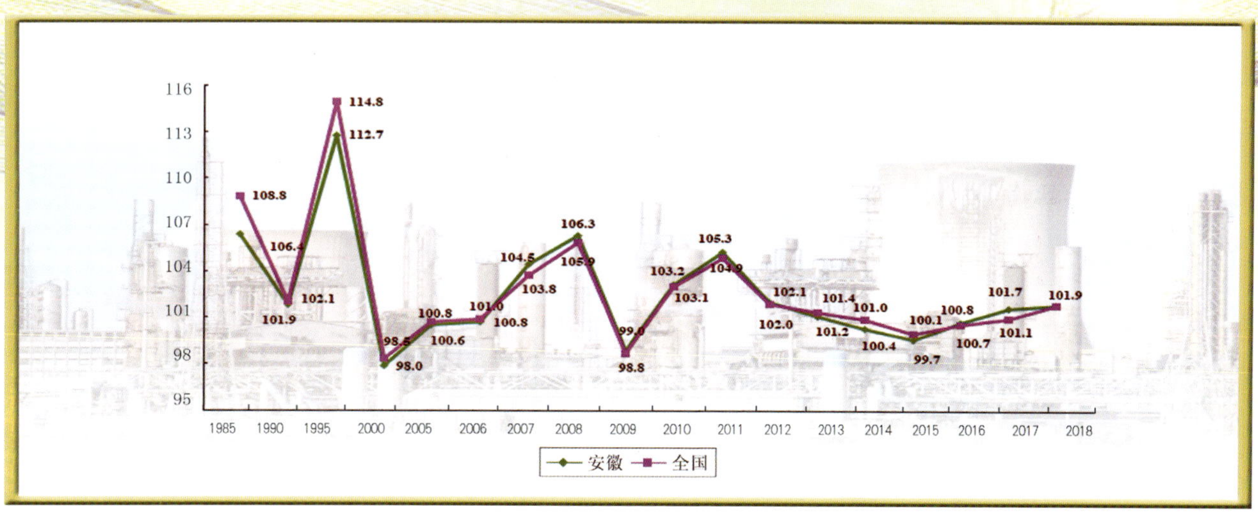

农业生产资料价格指数（上年 =100）

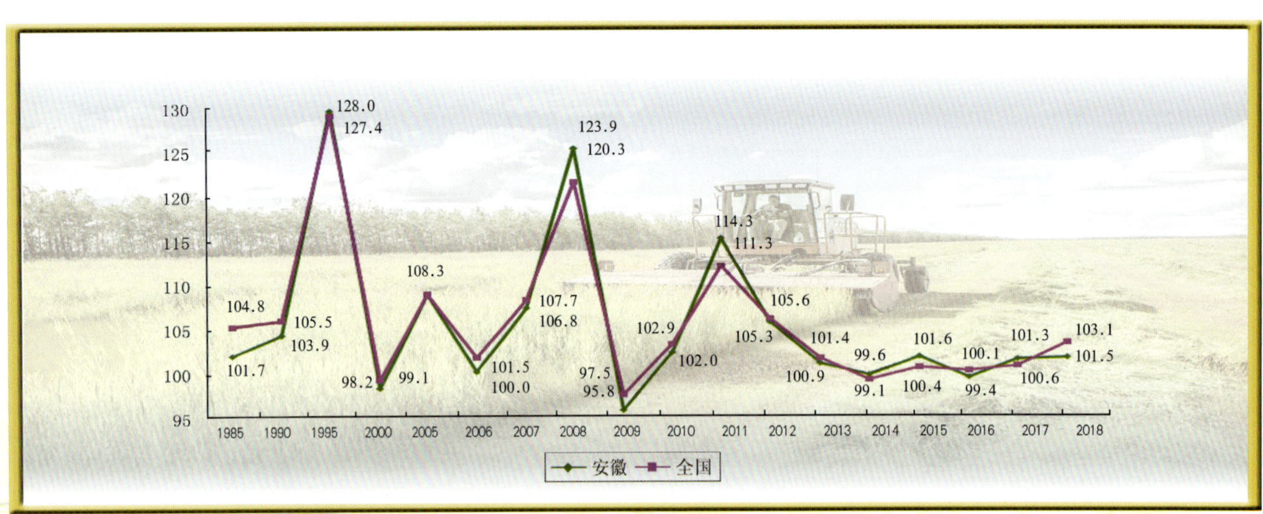

工业生产者出厂价格指数（上年 =100）

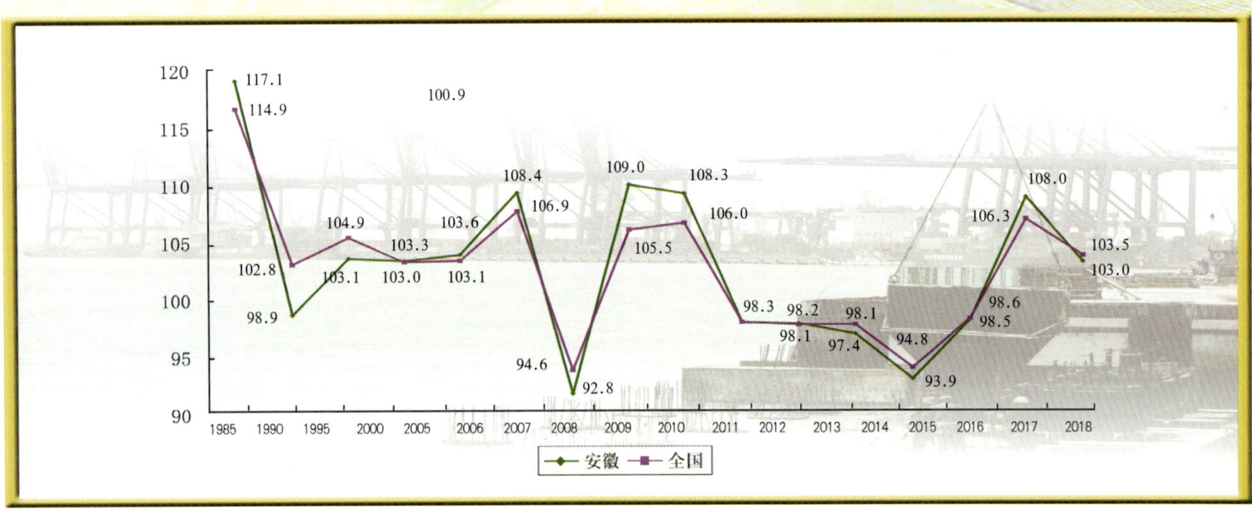

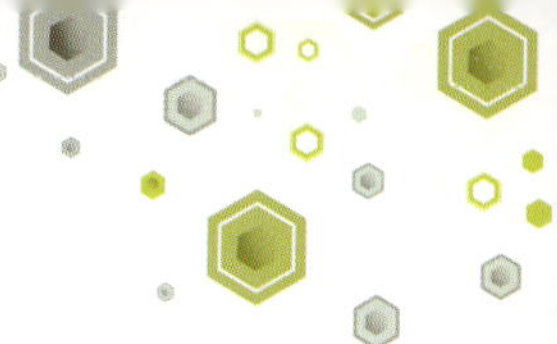

工业生产者购进价格指数（上年 =100）

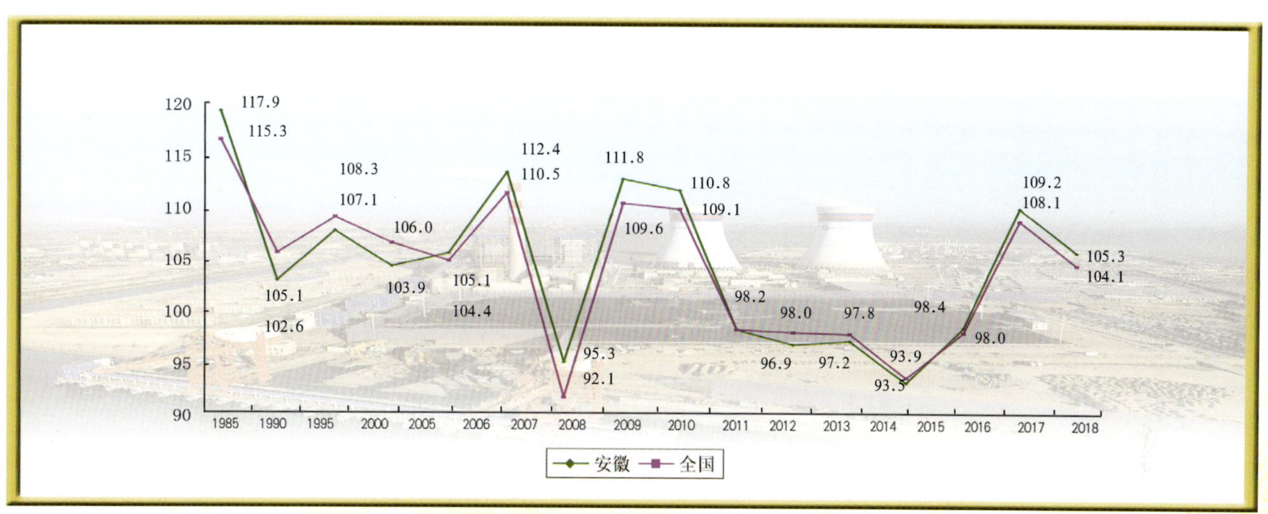

固定资产投资价格指数（上年 =100）

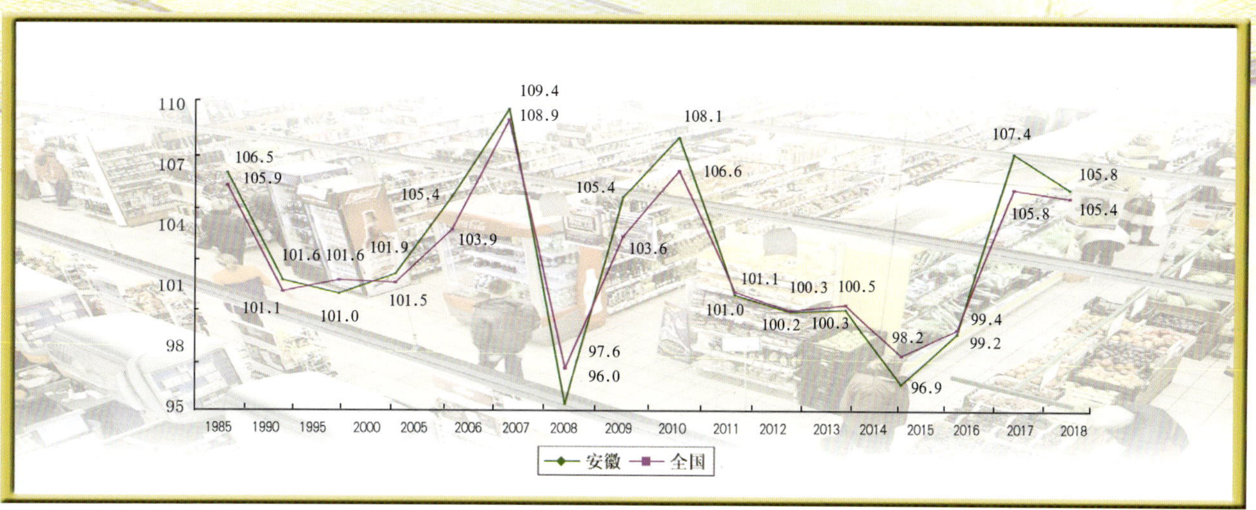

目　　录

Contents

一、综　合

Chapter 1　General Survey

文字部分(Articles)

综　合

GENERAL SURVEY

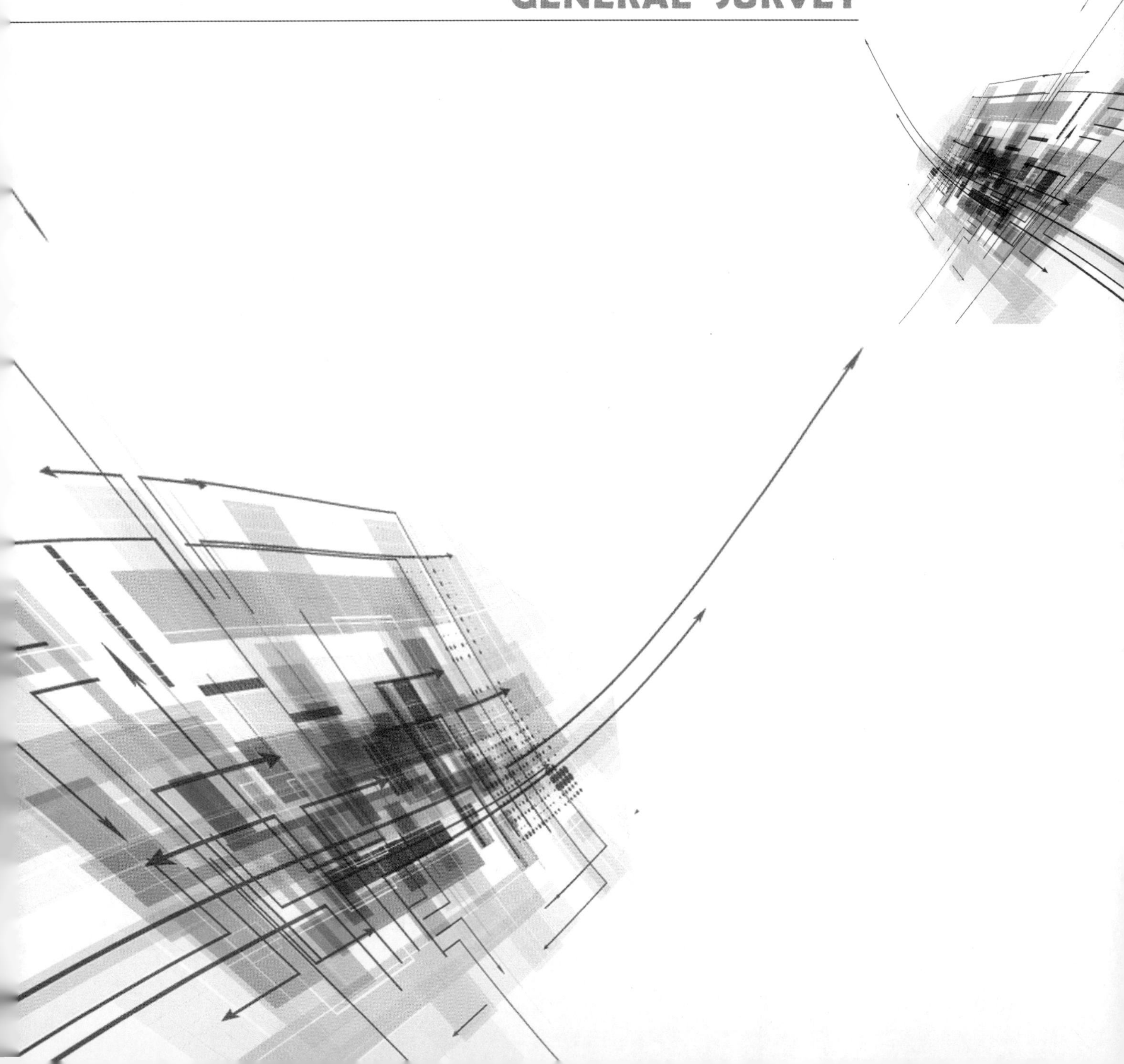

简要说明

一、本篇资料包括文字和数据，主要反映全省主要调查指标运行情况，包括主要农产品产量、城乡居民生活、物价水平及规模以下服务业发展情况等。

本版责任编辑：周雯雯

文字部分(Articles)

2018 年主要调查指标运行情况及走势简析

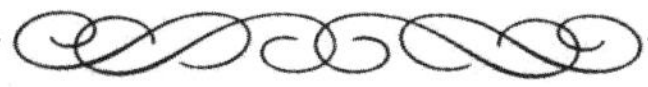

Operation of Main Indicators Surveyed in 2018

2018 年,面对复杂多变的内外部环境,全省上下认真贯彻党中央、国务院和省委、省政府决策部署,深入贯彻新发展理念,着力推动高质量发展,扎实推进"六稳"政策实施,更好保障和改善民生,主要民生指标好于预期,经济社会发展的协调性、可持续性进一步增强。

一、主要调查指标运行情况

(一)农业生产基本稳定。全年粮食播种面积 7316000 公顷,与上年基本持平;总产量 4007 万吨,比上年下降 0.3%。其中,夏粮产量 1607.5 万吨,减产 2.3%;早稻产量 112.5 万吨,减产 10.9%;秋粮产量 2287 万吨,增产 2.5%。全省粮食生产呈现麦减稻增、以秋补夏、结构优化、产能稳定特点。全省畜产品产量 609.5 万吨,同比增长 1.9%。其中,肉类产量 420.4 万吨,增长 1.6%;禽蛋产量 158.3 万吨,增长 2.3%;生牛奶产量 30.8 万吨,增长 3.2%。

(二)居民收入较快增长。城镇常住居民人均可支配收入 34393 元,比上年增加 2753 元,增长 8.7%,增速比上年快 0.2 个百分点;其中,四项收入全面增长,人均工资性收入、经营净收入、财产净收入、转移净收入分别为 20974 元、5548 元、2708 元、5163 元,分别增长 6.2%、17.5%、17.2%、6.4%。农村常住居民人均可支配收入 13996 元,同比增长 9.7%,增速比上年快 0.8 个百分点;其中,人均工资性收入、经营净收入、财产净收入、转移净收入分别为 5058 元、5411 元、256 元、3271 元,分别增长 9.4%、7.7%、16.9%、13.2%。全年城、乡居民收入增幅均比全国平均高 0.9 个百分点,在中部均位居第 1,在全国各省(区、市)中分列第 3 位和第 4 位,与全国平均水平的差距不断缩小,与经济增长的同步性持续增强,城乡收入差距持续缩小,收入倍差2.46,比全国平均值低 0.23。全年城乡居民人均消费支出分别为 21523 元和 12748 元,分别增长 3.8%和 14.8%,恩格尔系数分别降至 30.4%和 33.0%,消费水平继续提升,消费结构加快升级。

(三)城乡就业比较充分。全年城镇调查失业率总体稳定在合理区间,三季度受高校毕业生工作搜寻等暂时性失业因素影响,调查失业率略有上升，四季度回落至5.1%。总体看，城镇就业形势稳定，主要就业人员群体25—59岁人口调查失业率好于上年同期，城镇失业人口的平均失业时间继续缩短。农民工就业规模平稳增长，就业结构更趋合理，收入水平持续提升，劳动保障继续改善。年末全省农民工总量为1952.4万人，较上年增长1.8%。其中，外出农民工1429.1万人，较上年增长1%；本地农民工523.3万人，较上年增长4.1%。外出农民工省内就业比重持续提升，占比32%，较上年提高2.1个百分点。外出农民工月均收入4779.7元，比上年增加655.9元，增长15.9%，增速较上年提高7.6个百分点。

（四）物价运行总体平稳。全年居民消费价格比上年上涨2.0%，涨幅比上年扩大0.8个百分点，比全国低0.1个百分点，位居全国和中部地区中游，处于温和上涨区间，低于3%左右的预期目标。其中，食品烟酒价格上涨2.1%，非食品烟酒价格上涨1.9%；消费品价格上涨2.1%，服务价格上涨1.8%。分类别看，八大类商品和服务价格全面上涨；其中，医疗保健、教育文化和娱乐、食品烟酒、居住价格涨幅居前，同比分别上涨2.8%、2.2%、2.1%、2.1%。全年居民消费价格涨幅中，新涨价因素影响占近八成。扣除食品和能源价格的核心CPI上涨1.6%，涨幅比去年同期回落0.5个百分点。全年工业生产者出厂价格指数比上年上涨3.0%，涨幅持续回落，比上年低5.0个百分点；工业生产者购进价格比上年上涨5.3%，涨幅比上年回落3.9个百分点。全年固定资产投资价格比上年上涨5.8%，涨幅逐季回落；建筑安装工程价格比上年上涨8.5%。全年农产品生产者价格总指数下跌1.0%，已连续两年下跌。

二、存在问题

从主要调查监测指标运行情况看，影响城乡居民就业收入和实体经济运行的苗头性、趋势性问题依然较多，需密切关注。

（一）实体经济下行压力较大。8月份以来，制造业采购经理指数（PMI）持续回落，11月份回落至49.7%，自2017年6月份以来首次跌破临界点，12月份PMI（50.2%）虽重回扩张区间，但回升基础并不扎实。从分类指数看，四季度生产和新订单指数明显回落，均值分别比三季度回落3.0个和4.7个百分点；全年多数月份从业人员和供应商配送时间指数位于临界点以下。实体经济面临内外部需求不旺、融资用工困难较多、转型升级压力较大，钢铁、化工、汽车等骨干行业和中小微民营企业发展形势比较严峻，对就业、投资和居民增收等领域的压力传导可能进一步增大。

（二）劳动力供求结构性矛盾突出。从季度劳动力和农民工监测调查情况看，全省劳动力供求仍存在诸多不匹配现象。主要表现在，部分高校毕业生主观选择性失业，新生代农民工技能积累不足，下岗失业人员技能更新缓慢，优质劳动力外流等，导致技术工、熟练工、管理工供给不足，高技能人才短缺，人才流动性增强，摩擦性失业增多，企业用工成本增加。全省技能人才总量偏少、结构不优、流失严重、引进困难、培育不力等问题，制约就业质量持续提升。

（三）影响居民增收的因素较多。农民收入方面，农产品价格波动、生猪疫情、自然灾害等风险因素，制约农业经营收入持续增长，实体经济下行压力、房地产业调整、中美经贸摩擦等方面影响持续显现，对农民工群体的

就业收入传导影响需要密切关注。城镇居民收入方面,收入分配政策调整、政策性增资的行业、区域不平衡及实体经济下行压力加大等不确定性因素较多,导致工资性收入增长动力仍显不足。

三、建议

(一)实施积极就业创业政策。全面落实促进就业创业的金融、产业及财政扶持、税收优惠等政策,加强就业创业政策与教育、劳动关系、住房、社会保障等政策的协调配合。积极推进“证照分离”等一系列改革措施,优化创业环境。加快完善终身职业技能培训政策,整合劳动力技能培训政策资金,破除劳动力技能培训区域分割、行业分割和户籍“藩篱”,确保政策尽快落地。构建功能完善的人力资源市场,充分发挥“互联网+政务”平台优势,降低劳动者工作搜寻和企业用工成本。

(二)拓宽城乡居民增收渠道。适当调整行业间收入差距,加快完善收入分配制度和劳动报酬合理增长机制,将重点群体增收激励政策落到实处,进一步发挥税收调节收入分配作用,减轻中等收入群体税收负担。采取农业农村投资促进行动,大力促进农村电子商务、现代物流、乡村旅游、特色种养等产业发展,拓展农民居民增收空间。

(三)降低实体经济运行成本。继续深化“放管服”等重点领域改革,持续推行和落实降成本措施,以减费降税为重点,进一步挖掘企业用能、用地、用工、物流、社保等方面成本空间。优化涉企金融服务,推动金融体系创新,引入更多更有效的金融工具,降低企业融资成本,化解企业流动性风险。

撰稿:张尚豪

2018年安徽粮食生产形势分析

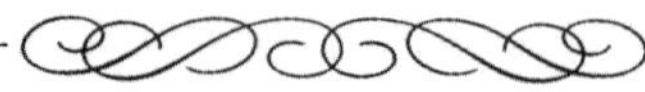

The Grain Production of Anhui in 2018

2018年,安徽省委、省政府以深入推进农业供给侧结构性改革为主线,优化区域布局和要素组合,合理调优种植结构,稳定发展粮食产能,进一步提升农产品质量和市场竞争力,各地各部门认真落实各项惠农政策,推动科技手段应用,最大限度减少病虫危害及不利气候影响,全年粮食生产保持稳定,有效增强了安徽粮食的安全保障能力。

经抽样调查及遥感测量,并报国家局核定,全年粮食总产801.5亿斤,总播种面积10974.5万亩(1亩≈666.67平方米),平均亩产365.1公斤;总产量位居全国第4位,比去年上升1位。与2017年经第三次全国农业普查结果修正数据相比,2018年我省粮食总产量、播种面积和单产水平分别下降0.31%、0.07%和0.24%。其中,夏粮总产量321.5亿斤(1斤=0.5公斤),较上年下降2.26%;早稻总产量22.5亿斤,较上年下降10.9%,秋粮总产量457.4亿斤,较上年增加1.71%。

一、夏粮生产情况

2018年安徽夏粮由于受不利气候因素的影响,导致夏粮减产,但在省委、省政府的高度重视和正确领导下,各地各部门落实政策及时到位,田间管理水平提高,病虫害防治能力进一步加强,最大限度减少了不利气候因素带来的影响,有力巩固了夏粮的生产与稳定。

(一)基本情况

2018年,安徽夏粮播种面积4314.47万亩,较上年增加79.26万亩,增长1.87%;平均亩产372.59公斤,比上年减少15.74公斤,下降4.05%;总产321.5亿斤,比上年减少7.43亿斤,下降2.26%。

(二)影响因素分析

1.面积呈恢复性增长

2018年安徽夏粮播种面积呈增长趋势。由于2016年安徽部分地区受天气因素影响而错过了最佳农时,不仅造成小麦播期的延长,更有不少农户因此索性减少种植面积或停种,导致2016年小麦播种面积大幅降低。而2017年秋冬播期间虽然条件不利造成小麦迟播,但基本做到应播尽播,小麦播种面积呈恢复性增长。

2.影响单产的不利因素大于有利因素

(1)不利因素影响较大

一是冬前苗情基础差。去年10月份安徽大部分地区为连续阴雨天气,土壤湿度大、积水多,多数地区小麦播种延迟,尤其是稻茬麦,直到11月上旬才播种完毕,播种周期时间跨度的增大导致区域内小麦生长不均衡,

迟播麦小苗、弱苗较多,整体苗情不如上年。

二是产量形成关键期遭遇不利气候。5月15日后安徽各地出现多次降水过程,并伴有雷雨大风、短时强降水等强对流天气。降水过程导致大部分土壤持续过湿,低洼地发生涝渍,影响小麦灌浆乳熟;大风等强对流天气导致部分地区小麦发生倒伏,同时适温高湿的环境有利于赤霉病短时间爆发。主要表现一是倒伏:5月15—16日强对流天气,造成部分小麦倒伏,对小麦产量造成影响;二是根系早衰:5月上中旬,冬小麦处于灌浆乳熟期,四个时段多降水过程,16—21日、24—25日出现集中强降水,导致土壤持续过湿,部分农田发生渍涝,小麦出现根系退化早衰,后期出现催熟问题;三是灌浆不充分:光照不足对小麦干物质积累非常不利,小麦千粒重较上年下降明显;四是赤霉病爆发:由于5月份的连续阴雨天气,部分田地赤霉病病发严重,主要集中在散户地块,减少了前期赤霉病防治工作相应的成效。

(2)有利因素使损失降到最低程度

一是越冬期气候相对有利。年初全省两次出现较大范围的大雪天气,小麦覆盖积雪厚达10厘米,且持续时间长。降雪加大了土壤水分,减少了病虫害的发生,为壮苗越冬提供了有利条件,也为开春后苗情向好转变打下基础。但叶龄小、素质差的迟播小麦,容易受到伴生冻害的影响。

二是苗情转化期水温适宜。自3月份开春以来,安徽天气总体有利,光照充足,水分充沛,土壤墒情适宜,有利于小麦快速生长发育,为返青期后小麦苗情迅速转优提供了良好的气候条件,一、二类苗比例增大,小麦发育进程加快。据3月份苗情调研,全省一、二、三类苗占比分别为24.1%、43.3%、32%,与上年同期相比,一类苗较上年同期降低28.9个百分点,二类苗较上年同期增加15.8个百分点,三类苗较上年同期增加16.1个百分点。据4月苗情调研,一类苗占比39.14%,二类苗占比42.73%,三类苗占比17.90%,小麦旺苗占比0.23%。相较于3月份,一、二类苗占比增加14.47%,三类苗占比减少14.1%。转化后的苗情总体接近上年。

三是灌浆期前期气候总体有利。小麦进入灌浆期后,光温水有利于小麦灌浆,根据省农委对小麦灌浆速率测定,今年小麦平均千粒重高于去年同期。

四是田间管理措施到位。为促进小麦苗情转化,全省组织农技人员开展春季农业科技服务包村联户活动,通过举办培训班、技术讲座、发放技术明白纸、科技图书等形式,广泛宣传春季田管措施,加强苗情、墒情、病虫害监测,确保苗情升级转化。许多农户在小麦进入返青期时,便利用降雨的机遇追施返青肥、拔节肥,促使小麦根系和叶片迅速生长,促进弱苗转化升级。同时为防止病虫害的发生,4月中旬以来多数农户进行了化学除草、除虫,大部分进行了二次防治,有的甚至防治三次。

五是病虫害防治减少了部分损失。从各县上报苗情及实地调研情况看,由于气候适宜,前期小麦病虫害总体呈轻度发生,且由于防治及时,用药对路,病虫危害较轻。但由于地块菌种基数大,5月份后连续阴雨天气有利于赤霉病发生,部分田地特别是散户地块和迟熟地块赤霉病爆发,对产量影响较大。

二、早稻继续萎缩

2018年,安徽早稻面积为274.1万亩,比上年下降11.89%；单产为410.91公斤/亩，比上年增长1.14%；总产为22.5亿斤，下降10.89%。

早稻种植面积继续萎缩的主要原因：

一是农村劳动力转移，留守成员无力承担"双抢"的劳动强度。现在农村青壮年劳动力大量外流或转移到本地非农产业，一些地方出现了"农业兼业化、农村空心化、农民老龄化"现象，留守农村的多为老人、妇女、儿童，生产能力相对偏弱。而早稻收割时间又相对集中，正值7月中下旬，高温酷暑，要抢收抢种（农村称为"双抢"），劳动强度大，制约了早稻生产发展。

二是早稻经济效益不高。早稻相对于单季晚稻，生长时间更短，抵抗灾害天气的能力较差，最终生产出大米的产量、价格都低于单季晚稻，面积自然减少。

三是土地流转，种粮大户首选耕作方式非早稻。近年来，沿江新型农业经营主体发展迅速，种粮大户和家庭农场的机械化程度提高，种粮首选种植模式为"一麦一稻"，一季稻面积增加，导致早稻播种面积减少。

三、秋粮生产实现了以秋补夏

2018年，安徽秋粮面积6386万亩，比上年减50.46万亩，下降0.78%。其中水稻面积3543.1万亩，减53.59万亩，下降1.49%；玉米1707.8万亩，减32.3万亩，下降1.86%；大豆974.8万亩，增44万亩，增长4.73%。秋粮总产量457.4亿斤，较上年增加1.71%。

（一）水稻。由于今年夏收作物让茬较早，中稻播种期普遍较常年提前。单季中籼稻机插集中在5月上中旬，人工移栽集中在4月底5月初，直播集中在6月上旬。单季晚粳机插播种期主要集中在5月下旬—6月初，移栽期主要集中在6月中下旬。平均播期较常年提前5天左右，播期总体适宜。一季稻生长期，天气条件总体利大于弊。

1.苗期：天气晴好，光照充足，生育基础较好。

2.生长期：气温较往年偏高1～2℃，热量充足，先后出现2次较大范围降雨，7月份的高温少雨天气有利于水稻搁田。光热水配合理想，有利于水稻生长，稻穗发育较为整齐，苗情长势普遍较好。

3.抽穗扬花期：7月中旬—8月中旬，虽遭遇连续高温天气，但大部分水稻避开了高温扬花。据调查，受高温影响，7月31日前抽穗扬花的一季稻单产比去年同期增产4%左右。8月上旬，高温天气持续，此阶段抽穗扬花的一季稻花粉活力下降，授精异常，结实率下降，空秕粒增加，单产比去年低2个百分点左右。8月中后旬，受台风"摩羯""温比亚"影响，高温热害解除，此阶段抽穗扬花的一季稻单产比去年同期略减，减幅约为0.6%。进入8月下旬以后，一季稻主产区雨水充沛，气温适宜，阳光较充足，对这个时期抽穗扬花（面积占78%）的一季稻灌浆结实非常有利，加之前期的晴热天气使得烤田到位，成大穗率高。

全年病虫害发生较轻。相比去年，安徽今年纹枯病、稻瘟病、稻曲病等病害发生总体较轻，稻纵卷叶螟、二化螟在局部地区中等或轻度发生，稻飞虱总体轻度发生。

据抽中县监测点调查，一季稻有效穗较常年提高2.1%，穗总粒数较常年下降1.4%，结实率达到85%以上，粒重与常年持平，较去年增加明显；双季晚稻有效穗较常年略有提高，增幅为0.8%，较去年增加2.6%；穗总粒数较常年下降2.5%，较去年增加3.9%，预计结

实率可达88%以上，与常年平均结实率持平，总体长势好于去年，后期天气情况持续晴好，全省双季晚稻单产水平明显高于去年。

（二）玉米。与水稻相同，今年安徽玉米播种较常年提前，6月15日前播种占83.3%，播期较常年提前3—5天，亩种植密度平均4300株左右，播种质量和出苗情况总体良好。生长期内，气候条件有利有弊，弊大于利。

1.苗期：幼苗生长期间（6月下旬至7月上旬）多阶段性降雨，部分地区发生苗期涝渍。

2.穗期：7月中下旬和8月上中旬遭遇高温，安徽平均降水较上年同期偏少。但降水时期与作物需水期基本吻合，有效减低了旱地作物的旱情危害，旱情影响有限。

3.抽雄授粉期：受台风影响较重，特别是第18号台风“温比亚”，导致淮北地区农作物大面积倒伏，一些田块出现水涝灾害，部分地块绝收。

苗期涝渍、穗期高温热害、抽雄授粉期间倒伏等多重灾害，造成今年玉米穗数、穗粒数均有程度不同减少。

病虫危害整体较轻。玉米主要病虫害有玉米螟、蚜虫、弯孢叶斑病和锈病等，均属中等发生，迁入虫源量不大、峰次少。7月中下旬持续高温也对病虫害发生总体不利，加上无人机飞防高效防治手段等被农户采纳较多，提高了玉米等高秆作物的防治效果，病虫害对产量几乎没有影响。

9月份，安徽玉米处于灌浆高峰期，天气以晴朗为主，昼夜温差较大，气温、墒情有利于玉米生长发育和籽粒灌浆，灌浆进程总体正常，有利于玉米的干物质积累。相关部门加强后期田间管理，及时灌溉排水，防止玉米早衰，密切关注病虫预报，加强病虫害防治，适时晚收，进一步增加粒重，提高玉米产量水平。

（三）大豆。由于中美贸易摩擦影响，国家实施了2000万亩的大豆轮作计划，安徽分配轮作的大豆面积是50万亩，分别落实到宿州、亳州、阜阳3个地市。从调查的情况看，安徽大豆种植面积增长明显，一些非轮作任务区，大豆种植面积也有明显增多。据对20个主产县（市、区）大豆调查，安徽今年大豆生长受高温干旱和台风天气影响，长势不如上年。地区生长差异较大，呈现由南到北产量递减态势。淮河流域及以南地区大豆生长状况较为良好，大豆鼓粒，病虫害较少；而淮河以北大豆生长状况较差，但地势较高区域大豆仍获得较好收成。

总体来看，全省2018年粮食生产呈以秋补夏、以稻补旱态势。秋收作物虽受前期持续高温干旱、台风天气等不利气象因素影响，大豆、玉米存在不同程度受灾，但水稻主产区雨水充沛、气温适宜、阳光较充足，病虫害轻度发生，水稻单产水平明显提高，面积略减前提下，总产增加，一定程度上弥补了夏粮、早稻及其他秋收作物的减产。

撰稿：王　奎

2018 年安徽主要畜禽生产形势分析

The Livestock and Poultry Production of Anhui in 2018

2018 年，安徽畜牧业生产克服猪周期、环境整治、非洲猪瘟等不利因素影响，继续保持平稳增长，畜牧业生产水平不断提高，畜产品总量平稳增长，畜产品结构继续优化，但一些制约畜牧业生产健康发展的短板弱项，应引起有关部门的重视。

一、主要畜禽生产情况

2018 年，全省畜产品产量 609.5 万吨，同比增长 1.9%。其中，肉类产量 420.4 万吨，增长 1.6%；禽蛋产量 158.3 万吨，增长 2.3%；生牛奶产量 30.8 万吨，增长 3.2%。且畜产品结构继续优化。

（一）猪肉产量略增，产能继续调整

2018 年，全省猪肉产量 243.9 万吨，同比增长 0.5%，但产能仍延续调整走势。

1.生猪存栏量下降。2018 年年末，全省生猪存栏 1356.3 万头，同比下降 4.3%。四个季度存栏量同比分别下降 2.6%、1.6%、5.3%、4.3%。

2.能繁母猪存栏减少。安徽能繁母猪存栏连续三年减少，2018 年继续减少。2018 年末全省能繁母猪存栏 116.2 万头，同比减少 3.5%，四个季度同比分别减少 1.7%、1.1%、6.1%、3.5%。

3.生猪出栏量略增。2018 年生猪出栏 2837.4 万头，同比增长 0.3%，呈现前高后低走势。上半年生猪出栏 1273.6 万头，同比增长 3.2%；下半年生猪出栏 1563.8 万头，同比下降 1.9%。

4.生猪价格连续下跌，养殖效益下降。2018 年全省 18 个生猪调出大县生猪价格平均每公斤 12.5 元，同比下降 16.6%；而玉米价格缓慢走高，皖北地区本地产玉米每公斤 1.8 元左右，涨幅超 10%，导致生猪养殖效益降低。怀远某生猪自繁自养场每出栏一头 110 公斤育肥猪，前两个季度分别亏损 82.2 元、168 元，后两个季度分别获利 252.2 元和 93.1 元，全年平均仅获利 20 多元。

（二）牛存栏小幅减少，生牛奶产量回升

年末全省牛存栏 79.6 万头，同比下降 1.2%。其中，肉牛存栏 58.3 万头，下降 1.1%；奶牛存栏量 12.8 万头，下降 0.8%。全年牛奶产量 30.8 万吨，同比增长 3.2%；牛出栏 56.7 万头，同比增长 6.8%；牛肉产量 8.7 万吨，同比增长 7.8%。牛肉价格上涨带动肉牛出栏量增大，但牛存栏量不升反降。表明养殖成本高、疫病风险大、收益不确定等问题仍然没有得到有效解决。在牛奶收购价格回升影响

下,养殖户积极性回升,生牛奶总产量小幅增加。阜阳一生牛奶收购站2018年生牛奶收购均价每公斤3.65元,略高于上年3.60元的收购价格,但明显高于前两年收购价格。

(三)羊肉产量较快增长,效益明显提高

年末全省羊存栏500.6万只,同比下降0.9%,其中山羊499.8万只,下降0.9%。全年羊出栏1197.2万只,同比增长2.3%;羊肉产量17.1万吨,同比增长3.8%。2018年羊肉价格大幅度上涨,并在年底创出历史新高。利辛县规模养殖场户全年羊出栏平均价格每公斤29.8元,同比增长22.3%,每只羊出售能多获百元收入。由于养羊规模短期内无法大幅扩大,羊养殖户缩短育肥时间,加大出栏进度,获得养羊较高收益,导致年末存栏略降。

(四)家禽存出栏平稳增加,肉蛋产量同步增长

年末家禽存栏量23524.9万只,同比增长2.2%;全年家禽出栏89361万只,同比增长2.3%;禽肉产量150.7万吨,增长2.9%;禽蛋产量158.3万吨,增长2.3%。主要原因是2018年没有发生禽流感疫情,家禽价格缓慢回升,养殖户信心增强,补栏积极。上半年全省家禽存栏同比增长4.5%,下半年非洲猪瘟疫情导致猪肉消费减少、家禽产品消费增多,禽肉、禽蛋产品市场需求继续增大,家禽存出栏同步增长。

(五)畜产品结构继续优化

畜产品总产量中,肉类比重下降,禽蛋及生牛奶比重提高。肉类比重由2017年69.2%降至2018年69.0%,禽蛋、生牛奶比重分别由25.9%、5.0%升至26.0%和5.1%。肉类产量中,猪禽肉比重下降,牛羊肉比重上升。2018年猪禽比重由上年94.1%降至93.9%,牛羊肉比重由5.9%升至6.1%。

二、存在的问题

一是产业结构有待进一步优化。安徽畜牧业生产中,生猪产量比重偏高,草食畜禽产量比重偏低;初级产品多,精深加工产品少。畜牧业加工产值仅占农产品加工总产值13.5%。养殖方式上普遍存在规模小,饲养管理方式粗放,产出低,抵御风险能力弱,整体效益差。二是竞争力不强。畜产品生产成本居高不下,畜禽产品价格往往高于进口价格,原材料、人工、水电等费用易升难降,畜牧业整体效益下降。三是农牧融合不够。种养殖脱节现象尚未根本改变,畜禽养殖污染现象依然存在。全省秸秆饲用率不足10%,规模化畜禽粪污资源化利用率不足60%,污染防治压力越来越大。四是动物重大疫情不时出现,动物疫病防控能力有待于进一步增强。

三、对策建议

(一)完善畜产品供求信息监测预警机制

一是整合资源,建立功能齐全、反应及时、发布权威的信息网络体系,及时发布畜产品生产、进出口、加工、居民消费、社会消费等方面信息,对市场供求进行高密度的监测,及时发布预警信息。二是加大养殖业群体结构监控,根据市场需求规律,合理控制每个时期产能。三是建立主要畜禽养殖意向监测,对未来发展形势及时做出预测,引导合理生产。

(二)加强动物重大疫情防控力度和保障措施

各级政府应抓好养殖户技术指导,提高疫病防控能力。严格落实各项防疫制度,实行综合防控措施,降低病源潜伏与传播风险;加强养殖场、交易市场和屠宰场疫情监测,强化产地和屠宰检疫,指导养殖场(户)加强消

毒灭源,严防疫情发生蔓延,确保生产安全。对发生重大疫情养殖场(户),要严格执行国家政策法规,认真抓好政策落实,把疫情的危害和损失降到最低最小。

(三)多举措解决养殖业污染难题

积极引导产业结构优化调整,发展生态畜牧业。一是将农村环境建设规划与禽畜养殖业发展结合起来,科学划定宜养区、禁养区、限养区等。二是发展循环经济,将养殖业、沼气工程和周边农田、鱼塘等进行统一筹划、系统安排,使养殖场粪污达标排放,实现禽畜粪便的资源化利用和环境治理双重目标。三是扩大融资渠道,加快解决粪污无害化处理等基础设施建设资金需求。四是加大执法力度,制定奖惩措施,使污染减少到最低限度,实现经济和生态效益双赢。

(四)积极培育发展大型规模养殖场

根据市场需求和区域结构,积极鼓励大型标准化、集约化规模养殖场建设,引导中小型规模养殖场升级改造,支持适度规模家庭养殖场、养殖专业合作社建设。

撰稿:苏晓斌

2018 年安徽城镇居民收支与生活状况分析

Analysis on the Income, Expenditure and Living Conditions of Urban Residents of Anhui in 2018

安徽省城乡居民收支状况调查显示，2018 年城镇常住居民人均可支配收入 34393 元，比上年增加 2753 元，增长 8.7%，比上年提高 0.2 个百分点，比全国高 0.9 个百分点；人均消费支出 21523 元，比上年略增 783 元，同比增幅 3.8%。城镇居民四项收入实现全面增长。其中，人均工资性收入 20974 元，比上年增长 6.2%；人均经营净收入 5548 元，同比增长 17.5%；人均财产净收入 2708 元，同比增长 17.2%；人均转移净收入 5163 元，同比增长 6.4%（表 1）。

表 1　2018 年安徽城镇居民人均可支配收入

指标名称	2018 年					2017 年		
	绝对值	增速（%）	比重（%）	拉动增速	增长贡献率	绝对值	增速（%）	比重（%）
人均：可支配收入	34393	8.7	100	—	—	31640	8.5	100
其中：工资性收入	20974	6.2	61.0	3.8	44.2	19756	8.1	62.4
经营净收入	5548	17.5	16.1	2.6	30.1	4721	6.8	14.9
财产净收入	2708	17.2	7.9	1.3	14.4	2311	11.1	7.3
转移净收入	5163	6.4	15.0	1.0	11.3	4852	10.8	15.3

城镇居民八大类消费中，五涨两跌一平。同比下降的有食品烟酒类和交通通信类，人均分别消费 6548 元和 2630 元，分别下降 1.8%和 9.7%；同比上升的有衣着、居住、生活用品及服务、医疗保健、其他用品和服务，人均消费 1661 元、5008 元、1321 元、1445 元和 536 元，分别增长 7.6%、18.3%、8.8%、13.4%、3.1%。教育文化娱乐类人均消费 2372 元，与上年持平（图 1）。

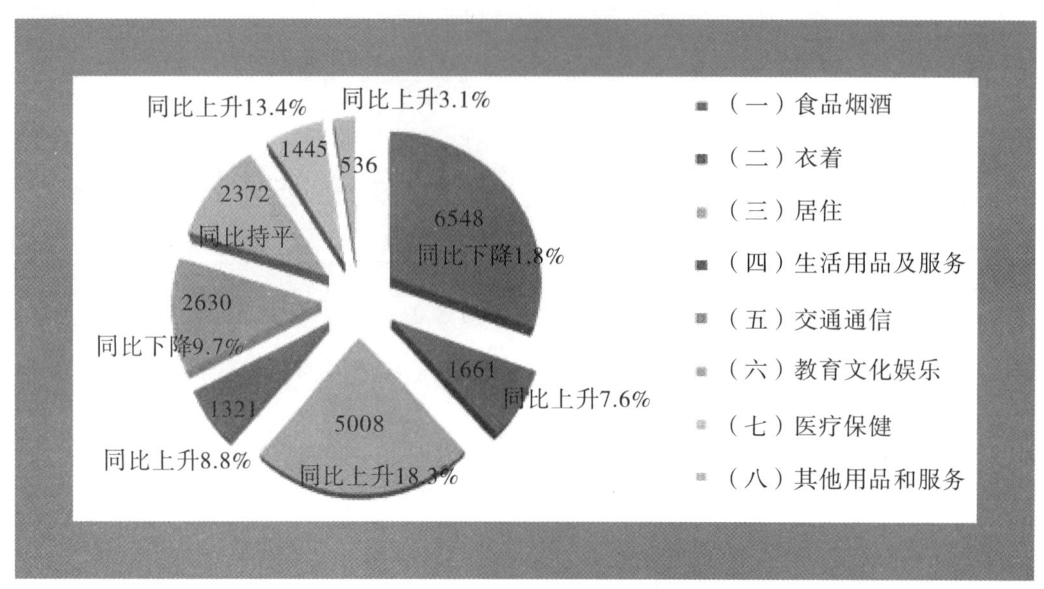

图 1　2018 年安徽城镇常住居民人均消费支出结构

一、城镇居民收入增长四大亮点

（一）收入增速首次进入前三甲，持续高于全国平均水平

2018 年安徽城镇居民可支配收入增速由 2017 年位列全国第 9 位上升至第 3 位，仅次于西藏和北京；且自 2013 年以来增速均不低于全国平均水平（图 2），平均增长 8.8%，高于同期全国平均水平 0.3 个百分点。

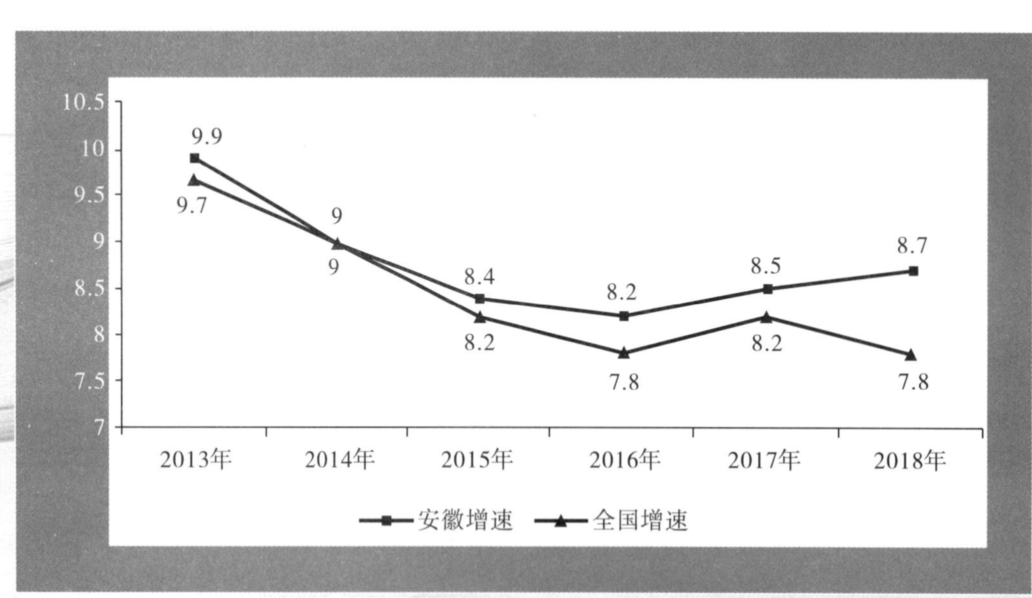

图 2　2013 年以来安徽城镇居民收入增速和全国对比

（二）城镇居民收入增长稳定，快于 GDP 增速

2013—2017 年，安徽城镇居民人均可支配收入增速低于经济增长速度，年均增长 8.8%，低于 GDP 年均增长率 0.3 个百分点；2018 年则高于 GDP 增速 0.68 个百分点（图 3）。

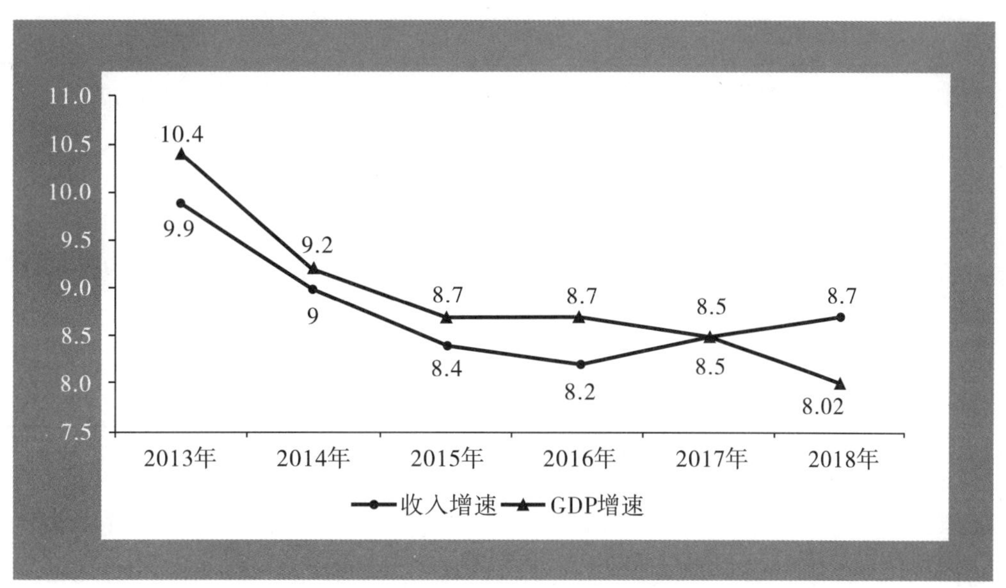

图 3 城镇常住居民人均可支配收入增速和 GDP 增速

(三)收入结构进一步优化,经营和财产收入表现亮眼

城镇居民人均可支配收入中,经营净收入、财产净收入增速均超过工资性收入增速,增长贡献率较 2017 年显著提高,分别为 30.1%和 14.4%,分别提高 18 和 5.1 个百分点,经营性净收入中二产和三产收入比重提高,反映社会经济结构明显变化(图 4)。

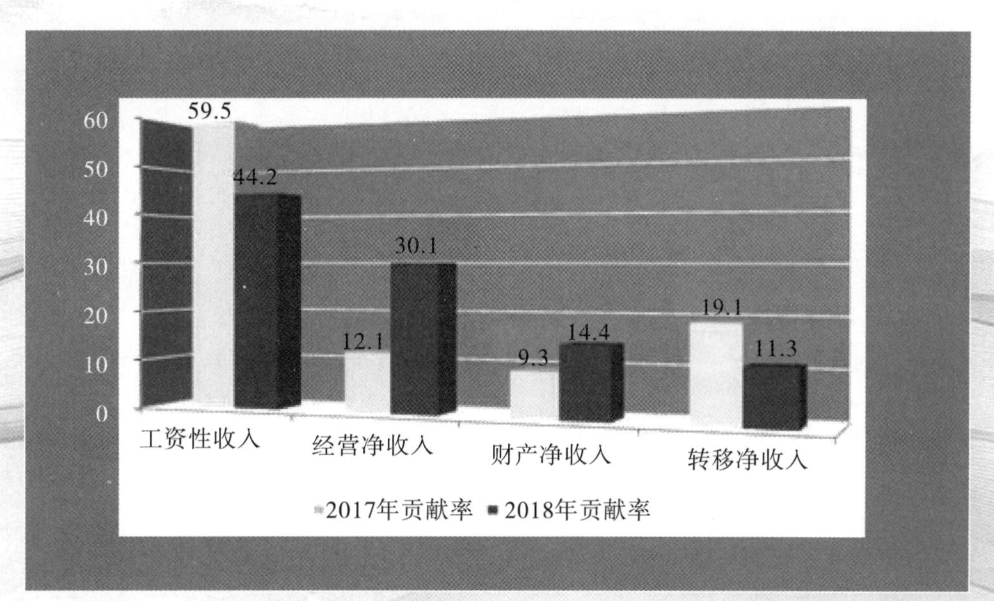

图 4 2017—2018 年安徽城镇常住居民人均可支配收入及贡献率

(四)在中部六省呈“一扩大、一缩小”的新特点

一是城镇人均收入增速位居中部六省第一,且领先程度有所“扩大”。2018 年安徽城镇居民收入增速高出第 2 位的江西省 0.3 个百分点,高出第 3 位湖南省 0.6 个百分点,优于 2017 年与 4 个省并列第二的状况(表 2)。

表 2　全国及中部六省城镇居民人均可支配收入增速　　单位：%

年份	全国	山西	安徽	江西	河南	湖北	湖南
2014 年	9.0	8.1	9.0	9.9	8.9	9.6	9.1
2015 年	8.2	7.3	8.4	9	8	8.8	8.5
2016 年	7.8	5.9	8.2	8.2	6.5	8.6	8.5
2017 年	8.3	6.5	8.5	8.8	8.5	8.5	8.5
2018 年	7.8	6.5	8.7	8.4	7.8	8.0	8.1

二是城镇人均收入与前一名差距正在“缩小”。2018 年安徽城镇居民可支配收入在中部六省中仍居第 3 位，与上年一致，但与排名第 2 的湖南省差距由 2017 年 249 元缩小到 61.5 元，与排名第 1 的湖北省差距也有所缩小，呈努力赶超态势。

二、城镇居民消费结构的五个特点

（一）消费能力稳步提升。2013—2018 年，安徽城镇居民人均消费支出由 14594 元增长到 21523 元，增长 47.5%，年均增长 8.1%。其中医疗保健、生活用品及服务和教育文化娱乐的消费支出增长最快，较 2013 年分别增长 83%、81.7%、60.6%，在总消费支出中占比也较 2013 年分别上升 1.3、1.1、0.9 个百分点（表 3）。

表 3　2013 和 2018 年安徽省城镇居民人均消费支出变动对比

指标名称	2018 年		2013 年		增长	年均	占比
	绝对值（元）	占比（%）	绝对值（元）	占比（%）	（%）	增长率（%）	变动
一、消费支出	21523	100	14594	100	47.5	8.1	
（一）食品烟酒	6548	30.4	4895	33.5	33.8	6.0	-3.1
（二）衣着	1661	7.7	1259	8.6	31.9	5.7	-0.9
（三）居住	5008	23.3	3341	22.9	49.9	8.4	0.4
（四）生活用品及服务	1321	6.1	727	5.0	81.7	12.7	1.1
（五）交通通信	2630	12.2	1769	12.1	48.7	8.3	0.1
（六）教育文化娱乐	2372	11.0	1477	10.1	60.6	9.9	0.9
（七）医疗保健	1445	6.7	790	5.4	83.0	12.9	1.3
（八）其他用品和服务	536	2.5	336	2.3	59.5	9.8	0.2

相比 2017 年，2018 年增长最快的三大类别分别是居住、医疗保健和生活用品及服务，分别增长 18.3%、13.4%、8.8%。主要原因是经济稳定发展，消费基础增厚，消费市场扩大；城镇化消费结构变化和消费集群效应，互联网便利激发居民消费欲望。

（二）恩格尔系数降低，城镇居民生活质量提高。2018年安徽城镇居民恩格尔系数为30.4%，同比下降1.7个百分点。比2013年下降3.1个百分点。按照联合国粮农组织标准，恩格尔系数在30%~40%为富裕，小于30%则最富裕，说明安徽城镇居民生活水平逐步接近最富裕标准。

（三）消费品质不断提升，追求更加"幸福"的生活。2018年安徽城镇居民人均禽类、奶类支出仍然分别增长10.7%和13.3%。人均住房建筑面积46.4平方米，同比增长18.7%；人均汽车燃料和使用维修费用分别增长22.8%和47.4%。城镇居民每百户汽车保有量39.7辆，同比增长39%；每百户拥有助力车89.5辆，同比增长15%；每百户拥有空调175.4台，同比增长6.5%；每百户拥有中高档乐器7.5架，同比增长52.6%；每百户拥有健身器材7台，同比增长36.9%；每百户拥有空气净化器4.2台，同比增长5倍。

（四）服务类消费支出有增有减，变动幅度较大。一是通信服务类支出同比下降17.5%。原因是2018年《政府工作报告》要求提速降费，降低宽带专线使用费，取消流量漫游费，移动网络流量资费年内至少降低30%等。二是文化娱乐服务支出同比下降21%。原因是2018年经济增速放缓，居民家庭负债杠杆率居高难下，文化娱乐服务消费非必需开支减少。三是在外饮食服务、家庭服务、医疗服务同比增长较快。城镇居民人均在外饮食服务支出1356元，同比增长28.4%，占全体服务类消费支出35.5%，说明安徽城镇居民生活消费观念正在发生变化。城镇居民人均医疗服务消费支出1048元，同比增长25%，占服务类消费支出27.5%，成为影响家庭消费的重要方面。家庭服务支出同比增长15.1%，其中家政服务同比增长5.7%。

（五）房价高企挤压城镇居民消费空间。2018年居住类人均消费同比增长18.3%，占总支出23.4%，比上年提高2.9个百分点。主要是自有住房租金折算增长31.2%和租赁房房租增长11.1%，而维修管理和水电燃料消费分别下降8.2%和6.1%。

三、收入增长因素分析

（一）宏观经济稳定发展是基础。2018年安徽经济总体运行平稳，全年地区生产总值增长8.02%，财政收支出分别增长10.4%、5.9%。社会消费品零售总额增长11.6%，城镇新增就业70.5万人，失业人员再就业21.1万人，困难人员再就业5.7万人。

（二）政策性调资推动工资收入稳步增长。一是集中补发一次性工作奖励。上半年全省补发教师一次性工作奖励164亿元，发放省直机关在职及退休人员一次性工作奖励27.9亿元，核定补发驻肥以外省直机关事业单位一次性工作奖励27.4亿元。二是完成机关事业单位工资年度正常晋升。全省机关事业单位在职人员110.8万人，人均月增资约100元。

（三）提高市场工资指导价。一是增加就业，提高工资性收入。2018年全省新增城镇就业63万人，高校毕业生就业率达96.6%，帮扶贫困劳动者就业12.07万人，开发公益就业岗位吸纳贫困劳动者9.9万人。二是多地提高人力资源市场工资指导价。合肥市380个职位（工种）工资指导价平均增长9%，其中"高精尖缺"高技能人指导价增长14%。三是大型企业职工工资增长较快。全省29户省属企业职工48.13万人，全年实发工资总额

401.4亿元,同比增加62.9亿元,人均实发工资增长18.6%。

(四)市场主体活跃,经营扶持力度加大,促进经营净收入增长。安徽持续深化“放管服”改革,“减证便民”政策推行有效,企业开办时间压缩到3个工作日以内,省级和市县级网上可办事项均超过96%。2017年12月份以来,安徽为1.1万城镇居民发放一次性创业扶持补贴1089万元。2018年安徽三四线城市及部分县城房租普遍上涨。城镇居民人均租赁收入533元,同比增长15.2%。

(五)精准扶贫、民生投入等多因素合力推动转移净收入增长。2018年全省专项扶贫资金121.3亿元,比上年增长25.6%。城镇居民最低生活保障标准、特困人员平均基本生活标准、医保个人报销限额、大额医疗救助标准均有所提高,民生工程资金共拨付1067.3亿元。城镇居民人均社会救济和补助收入111.7元,同比增长18.9%;人均从政府和组织得到的实物产品和服务42.4元,同比增长1.5倍。人均外出从业人员寄带回净收入1087元,同比增长58.8%;人均对老人和孩子的赡养抚养净收入461元,同比增长40%,两项共拉动转移净收入增长11个百分点。

四、当前城镇居民增收中存在的主要问题

(一)宏观经济增速放缓。国内经济仍面临着供给侧改革的诸多矛盾,经济稳中有忧,忧中有变的总格局为居民增收带来确定影响。安徽主要经济指标由高速增长转为中高速增长,2019年进一步下调GDP增速目标,城镇居民收入快速增长空间有限。

(二)人均收入水平与全国水平差距逐渐拉大。近年来,尽管城镇居民收入增速高于全国,但安徽城镇居民收入水平和全国平均水平差距仍逐步扩大,收入差距4858元,比上年扩大102元。

(三)城镇低收入群体增收难度大。近年来,安徽城镇居民低收入群体收入增长相对较慢,贫富差距进一步扩大。城镇低收入群体人均可支配收入由2013年9114元增长到2018年10740元,年均增长3.3%,低于全省平均水平5.3个百分点。低收入群体与全省平均水平比收入差距由2013年13676元扩大到2018年23653元。

(四)工资性收入增长可持续性不强。2017年安徽行政事业单位集中兑现年度综合奖,2018年集中兑现教育系统教职工年度综合奖,这样举措难以常态化,工资调整可持续性不强,涉及面不广。

(五)财产净收入贡献不大。2018年安徽城镇居民人均财产净收入增速虽仅次于经营净收入,但基数小,占可支配收入比重低。2018年城镇居民储蓄总额虽有所上升,但资本市场不振,理财难度加大,居民房产还贷支出增加,利息净收入减少,储蓄性保险净收益较上年下降35.1%。目前安徽城镇居民最主要财产性收入来源就房屋租金。

(六)“三去一降一补”政策对资源型城市居民收入影响依然存在。煤炭去产能、商品房去库存的压力仍在以及部分资源型城市经济转型发展影响,城镇居民收入增长不确定因素增加。

五、建议

(一)增收建议。一是调结构,增动力,促增收。当前,安徽经济依然面临下行压力,就业形势不容乐观。需进一步贯彻新发展理念,深化供给侧结构性改革,推动产业结构优化,提升发展质量,积极培育经济增长的内生

动力，激发市场活力。同时做好结构调整中利益受损的企业职工安置工作，增加公益性岗位托底帮扶，发展灵活就业形态，拓展创业安置新通道。二是推改革，优分配、促增资。据测算，城镇居民人均工资性收入每增长1%，拉动人均可支配收入增长0.6个百分点。因此，一方面，大力推进工资制度改革，完善和推进个人所得税扣减，保障工资正常增长机能，健全和完善职工工资稳步增长，建立支付保障制度体系。建立机关事业单位在岗工资水平与城镇职工平均工资、企业相似水平人员、全国平均工资水平联系与比较，及时合理地调整机关事业单位人员工资。另一方面，适度调减生产环节税收，提高劳动报酬比重。控制垄断性行业高收入，压缩企业高管和普通职工之间收入差距。三是助就业，扶创业、促经营。围绕新产业和新业态的需要技能，开展职业技能培训，提高劳动力质量，提供全方位公共就业服务，提高城镇人口就业率。继续加强创业指导和服务，推进双创若干政策措施，鼓励创新经营，促进创业带就业，劳动城镇居民收入增加。健全和完善工资增长机制，实现劳动报酬增长与劳动生产率提高同步，提高劳动报酬在初次分配中比重。四是全保障，保民生、促兜底。加强社会保障体系建设。实施全民参保计划，完善统一的城乡居民基本医疗保险制度和大病保险制度，完善失业、工伤保险；统筹城乡社会救助体系，完善最低生活保障制度；针对低收入群体，特别是贫困家庭给予定点帮助和精准扶贫，保障低收入群体基本生活，化解因病致贫、因学致贫的民生难题；继续推进保障性安居工程建设，推进棚户区改造，加快经济适用房和廉租房建设，做好改造安置。

（二）消费升级建议。一是打造城市消费布局。城市规划向宜居、宜消费的小规模街区方向进行。将目光从大量兴建综合商业体上转移到商业区和居住区的融合发展，保持客流的全时段稳定。提高城市道路规划的衔接度，将宽阔的大道和宜居的小路恰当地连接起来，发展便利消费经济，提供便民消费服务，优化便利店布局，改造菜市场，打造“一刻钟便民服务圈”，带动社区消费，塑造“有温度”的城市。二是发展服务型消费。满足城镇居民的文化旅游体育消费需求，加大省内旅游示范区创建力度，加强对乡村旅游的支持与指导。加强对外来务工人员的教育培训，提高服务质量和服务水平，提升消费层级。推进家政扶贫和对外劳务扶贫，辅导与带动农村劳动力就业，促进服务消费发展。三是优化消费环境。推广诚信评级，以完善信用体系和产品追溯体系为抓手，加大对假冒伪劣产品的打击力度，发挥联合惩戒机制的作用，结合政务信息公开，不断优化消费环境，让老百姓吃得放心、穿得称心、用得舒心，做好商务保障民生。四是为电子商务提供便利。为建立快递驿站给予政策性支持和金融服务支持，推动和规范快递业健康发展，为互联网消费提供更大的便利。积极发展互联网的线上线下互动式经营，实现现实消费与虚拟消费的优势互补，激发消费。五是坚决稳定房价。2018年安徽城镇居民人均住房贷款利息支出260元，同比增长75.2%。要坚定不移地稳定房价，让房子彻底回归“居住”功能，释放消费能力和消费信心。

撰稿：孙　悦

2018 年安徽农村居民收支状况分析

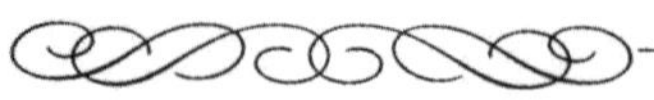

Analysis on the Income and Expenditure of Rural Residents of Anhui in 2018

全省城乡居民收支和生活支出状况抽样调查结果显示,2018 年,安徽农村常住居民人均可支配收入 13996 元,同比增长 9.7%,高出全国平均水平 0.9 个百分点。

一、农村居民增收特点

总体来看,2018 年安徽农村常住居民人均可支配收入呈"两增两进位、两缩小一优化"的特点。

(一)两增两进位。一是增速较上年增加 0.8 个百分点。2018 年,有 14 个省份较 2017 年提高了增速,从增速提高幅度看,排名第 4,仅次于山西、内蒙古、黑龙江。二是四大类收入全面增长。2018 年安徽农村居民人均工资性收入 5058 元,同比增长 7.8%,占可支配收入 36.1%,较上年下降 0.1 个百分点;经营性收入 5411 元,同比增长 7.7%,占可支配收入 38.7%,较上年下降 0.7 个百分点;财产性净收入 256 元,同比增长 16.9%,占可支配收入 1.8%,较上年上升 0.1 个百分点;转移性收入 3271 元,同比增长 13.2%,占可支配收入 23.4%,较上年上升 0.7 个百分点,表明各级政府对农民转移支付力度不断加大(详见表1)。三是收入和增速位次在全国双双进位。

表 1 2018 年安徽与全国农民收入对比变化情况　　单位:元、%

指标名称		2018 年			2017 年
		收入	构成	增速	增速
全国	人均可支配收入	14617	100.0	8.8	8.6
	(一)工资性收入	5996	41.0	9.1	9.5
	(二)经营净收入	5358	36.7	6.6	6.0
	(三)财产净收入	342	2.3	12.9	11.4
	(四)转移净收入	2920	20.0	12.2	11.8
安徽	人均可支配收入	13996	100.0	9.7	8.9
	(一)工资性收入	5058	36.1	9.4	7.8
	(二)经营净收入	5411	38.7	7.7	9.4
	(三)财产净收入	256	1.8	16.9	17.2
	(四)转移净收入	3271	23.4	13.2	9.2

2018年,安徽农村常住居民人均可支配收入居全国13位,较上年提高3位;增速居全国第4位,较上年提高9位,仅次于西藏、青海、广西。在中部六省居第1位,较上年提高1位。中部其他省份增速依次为江西9.2%、湖南8.9%、山西8.9%、河南8.7%、湖北8.4%。

(二)两缩小一优化。一是与全国差距缩小。2018年安徽农村居民收入比全国水平低621元,与上年比缩小53元,相当于全国平均水平的95.8%,比上年提高0.8个百分点(详见表2)。二是城乡居民收入差距缩小。2018年安徽城乡居民人均可支配收入倍差2.46,比2017年缩小0.02,低于全国城乡居民收入倍差2.69,且近年来一直保持此态势(详见表3)。三是农民收入结构不断优化。安徽农村农民经营收入比重不断下降。2013年以来,安徽农村常住居民人均家庭经营净收入由3589元增长到2018年5411元,年均增长8.6%,占可支配收入由40.6%下降到38.7%,下降1.9个百分点;人均财产净收入由2013年101元增加到2018年256元,年均增长20.4%,占比由1.1%提高到1.8%,增加0.7个百分点;人均转移净收入由2013年1919元提高到2018年3271元,年均增长11.3%,占比由21.7%提高到23.4%,增加1.7个百分点。表明安徽农民收入来源不断增多,渠道不断扩大,结构更加均衡(详见表4)。

表2 2013—2018年安徽与全国农村居民收入增速对比

项目/地区/时间	收入				增幅		
	安徽	全国	绝对差	相对差	安徽	全国	绝对差
2013年	8850	9430	580	93.8	13.1	12.4	0.7
2014年	9916	10489	573	94.5	12	11.2	0.8
2015年	10821	11422	601	94.7	9.1	8.9	0.2
2016年	11720	12363	643	94.8	8.3	8.2	0.1
2017年	12758	13432	674	95.0	8.9	8.6	0.3
2018年	13996	14617	621	95.8	9.7	8.8	0.9

表3 2013—2018年安徽城乡居民收入倍差与全国对比

年份	安徽	全国
2013年	2.58	2.81
2014年	2.50	2.75
2015年	2.49	2.73
2016年	2.49	2.72
2017年	2.48	2.71
2018年	2.46	2.69

表 4 2013—2018 年安徽农村居民收入增长对比

指标名称	2013 年		2018 年		年均增长(%)
	收入(元)	构成(%)	收入(元)	构成(%)	
可支配收入	8850	100.0	13996	100.0	9.6
工资性收入	3241	36.6	5058	36.1	9.3
经营性收入	3589	40.6	5411	38.7	8.6
财产性收入	101	1.1	256	1.8	20.4
转移性收入	1919	21.7	3271	23.4	11.3

二、影响农村居民收入因素分析

(一)中美贸易摩擦对农产品出口影响有限,对农民收入影响甚微。2018 年 1—8 月,安徽 WTO 项下农产品共计出口 8.6 亿美元,同比增长 14.5%,其中对美出口农产品 1.0 亿美元,增长 51.6%。9 月后,安徽部分农产品出口企业来自美国订单减少,甚至有少数企业订单被取消。9—11 月,安徽对美出口农产品 0.33 亿美元,同比减少 7.0%。安徽龙华竹业公司反映,短期将拉低公司产品出口价格,长期看美国客户将寻找替代品和替代市场。总体来看,1—11 月,安徽 WTO 项下农产品共计出口 11.9 亿美元,同比增长 12.6%。其中对美出口 1.3 亿美元,同比增长 31.5%,仍保持在较高增长区间。

(二)非洲猪瘟对安徽农民收入影响甚微。一是牧业收入占农民可支配收入比重较小,2018 年安徽农村居民人均牧业收入 309 元,仅占可支配收入 2.2%。二是扑杀总量占比小。目前安徽省共发生 9 起非洲猪瘟疫情,扑杀生猪 34102 头,仅占全年生猪出栏量 0.1%左右,占全省肉蛋奶总产不足万分之五。三是畜产品价格涨跌互现,行业整体效益与上年持平。1—11 月,安徽生猪、仔猪均价 13 元/公斤、25.8 元/公斤,同比分别下降13.9%、30.9%,但鸡蛋、活鸡、白条鸡、牛肉、羊肉均价 9.4 元/公斤、16.7 元/公斤、17.2 元/公斤、64.4元/公斤、62.1 元/公斤,较去年同期分别上涨 23.7%、21.4%、15.1%、2.2%、12.6%。

(三)乡村教师补发工资和提高农村基础养老保险标准是收入增长两大因素。一是 2018 年 6—8 月,全省集中补发了 2015—2016 年度教师一次性工作奖励,累计 151 亿元,其中乡村教师占一半。二是 2018 年安徽在全国农村基本养老标准人均提高 18 元的基础上,再增加 17 元,年度财政投入近 19 个亿,惠及 930 万城乡老人。

(四)工资性收入是安徽农民收入短板。从安徽与全国农民分项收入对比来看,转移净收入比全国高 351 元,经营净收入与全国持平略高 53 元,但人均工资性收入比全国低 938 元,财产净收入低 86 元。从工资性收入绝对差额看,近年不断拉大,2017 年安徽比全国低 874 元,2018 年已经扩大到 938 元(详见表 5)。

表 5　2018 年全国与安徽分类收入差距对比表

指标名称	全国(元)	安徽(元)	差额(元)
可支配收入	14617	13996	-621
工资性收入	5996	5058	-938
经营性收入	5358	5411	53
财产性收入	342	256	-86
转移性收入	2920	3271	351

（五）农民转移就业促增收。安徽作为全国劳动力输出大省，2018 年农民工总数 1952 万人，其中外出农民工 1430 万人。外出农民工直接将收入寄带回家、回乡创业等，本地农民工从事非农产业增收效果显著。农民工收入继续平稳增长为农民增收提供强力支撑。2018 年安徽外出农民工月均收入 4747 元，同比增长 15.1%；本地非农务工月均收入 3295 元，同比增长 5.9%。

（六）农业经营收入持续增长较难。农业经营收入是农民收入重要组成部分，但持续增长困难较多。一方面，尽管我国一直坚持实施主要农产品最低保护价格政策，但目前主要农产品价格已高于国际市场价格，玉米、小麦、棉花、油料等已碰触到价格天花板，农作物产量保持在相对较高水平，传统农业增收潜力不大；另一方面，畜牧业产品中猪肉价格波动较大，也限制了农业增收水平。

三、农村居民消费变化特点

（一）消费水平快速提高。2018 年，安徽农村常住居民人均消费支出 12748 元，比上年增长 14.8%。2013 年以来，安徽农村居民人均消费年均增长 17.4%，比全国平均水平高 4.6 个百分点。安徽农村居民恩格尔系数由 2013 年 36.7%下降到 2018 年 33.0%，农村居民用于食品以外支出增多，表明安徽农村居民生活水平逐步提高。

（二）消费结构明显升级。按支出类型分，2018 年安徽常住农村居民人均食品烟酒消费支出 4208 元，增长 12.9%，占人均消费支出 33.0%；人均衣着消费支出 635 元，增长 12.3%，占人均消费支出 5.0%；人均居住消费支出 3013 元，增长 15.1%，占人均消费支出 23.6%；人均生活用品及服务消费支出 772 元，增长 31.2%，占人均消费支出 6.1%；人均交通通信消费支出 1556 元，增长 15.6%，占人均消费支出 12.2%；人均教育文化娱乐消费支出 1271 元，增长 18.2%，占人均消费支出 10.0%；人均医疗保健消费支出 1037 元，增长 3.0%，占人均消费支出 8.1%；人均其他用品及服务消费支出 255 元，增长 42.2%，占人均消费支出 2.0%。消费结构明显升级，服务型消费支出占比从 2013 年 35.3%提高到 2018 年 39.1%。居民消费从过去的吃、穿为主，到现在服务、文化娱乐、通信等服务型品类不断增多（详见表 6）。

表6 2013年、2018年安徽省居民消费支出及其构成 单位：元、%

指标名称	2013年		2018年		增长	分项占比变动
	绝对值	比重	绝对值	比重		
消费支出	7200	100.0	12748	100.0	77.0	
1.食品烟酒	2642	36.7	4208	33.0	59.3	-3.7
2.衣着	433	6.0	635	5.0	46.7	-1.0
3.居住	1538	21.4	3013	23.6	95.9	2.2
4.生活用品及服务	485	6.7	772	6.1	59.3	-0.6
5.交通通信	712	9.9	1556	12.2	118.6	2.3
6.教育文化娱乐	641	8.9	1271	10.0	98.4	1.1
7.医疗保健	625	8.7	1037	8.1	65.9	-0.6
8.其他用品及服务	125	1.7	255	2.0	103.7	0.3

（三）消费品质不断提升。随着生活水平提高，安徽农村居民不再满足于温饱消费，而是追求吃得营养、住得宽敞、行得便捷、用得时尚。从“吃”的方面看，饮食消费逐渐向多元、绿色、营养转变，2018年安徽农村居民烟酒消费占食品消费中比重较2013年下降0.6个百分点，谷物、干鲜瓜果类、奶类、禽蛋类和水产品支出占食品支出的比重均有不同程度的提高，农村居民饮食服务支出435元，同比增长56.6%；从“住”的方面看，2018年安徽农村居民住的更宽敞，人均住房建筑面积52.9平方米，较2013年增长26.7%；从“行”的方面看，2018年年底，安徽每百户农村家庭拥有汽车22.8辆，较2013年底增长3倍。2018年安徽农村居民家庭拥有的汽车占机动车比例达39.4%，较2013年增加28.7个百分点。从“用”的方面看，安徽农村居民对大件电器和电子产品需求量不断增加，2018年每百户农村家庭拥有洗衣机、电冰箱、彩色电视机、空调、热水器分别为86.2、101.1、129.1、108.9和91.4台，较2013年分别增长31.6%、25.8%、12.6%、151.6%和59.6%；2018年每百户农村家庭拥有计算机25.6台，移动电话265.6部，较2013年分别增长82.5%和53.3%。

四、2019年安徽农民增收形势展望和政策建议

2019年农民增收环境更加复杂，增收难度将加大。受宏观经济下行影响，企业经营成本上升，效益下降，职工增资压力加大，同时企业转方式调结构促转型，对农村劳动力需求下降，影响农民工就业和工资水平提高，处于“两板”夹击中我国农产品供给侧改革压力凸显，依靠传统农业增产增收难度大，难以持续推动农民增收。如没有新增收措施出台，农民传统农业经营收入增速将延续缓慢下行走势。为此，一要靠发展，保持经济增长活力，增加就业渠道和提高工资标准，确保工资性收入稳定增长。二要创新增收引擎补“短板”。安徽农民收入的“短板”是工资性收入、经营性收入中的二、三产业和财产收入水平低。补“短板”需要新思路，要激发城乡各种经济成分活力，引导民众全员参与创新

创业，成为城乡居民收入增加引擎。三要创新业态，抓住二、三产业增收新机遇。休闲养生、民宿产业、电子商务等新业态、政府要加大对创新业态、创新岗位支持引导。四要全产业链发展农业，发挥农业增收优势。要拓展农业广度和深度，把农业打造成全产业链的“第六产业”，要把农业从一产延伸到二、三产业，致力于创新，把农业延伸到体验休闲、养生养老等领域。五要多种措施并举，让农民获得多元化的财产收入。通过农民宅基地和房屋使用权的抵押，盘活农村空置房屋，使农民的房屋等财产“变现”。加快土地流转使农民获得切实可靠的财产性收入，搭建农村土地流转官方平台。农民可将土地挂在官方平台，自由选择入股分红、租赁交易模式。加大转移支付，加大监管力度。

撰稿：汪　汎

2018 年安徽农民工就业稳定向好

The Employment Situation of Migrant Workers of Anhui Developed Steadily up in 2018

国家统计局安徽调查总队的农民工监测数据显示,2018 年安徽农民工就业规模平稳增长,就业结构更加合理,收入水平持续较快增长,福利待遇进一步提高,农民工权益保障继续改善,就业形势平稳向好。

一、农民工规模持续扩大

(一)农民工总数继续增长。2018 年安徽省农民工总数 1952.4 万人,较上年增长 1.8%。其中,外出农民工 1429.1 万人,较上年增长 1%;本地农民工 523.3 万人,较上年增长 4.1%(见表 1)。

表 1　安徽省农民工规模　　单位:万人

指　标	2017 年	2018 年
农民工总人数	1918.1	1952.4
1.外出农民工	1415.4	1429.1
其中:省内	422.9	457.3
省外	992.5	971.8
2.本地农民工	502.6	523.3

(二)农民工性别以男性为主。全部农民工中,男性占 66.4%,女性占 33.6%。自 2013 年以来,男女农民工比例基本保持 2∶1。

(三)年轻农民工占比下降。从农民工年龄结构看,2018 年安徽 29 岁及以下年龄段农民工占全部农民工 25.7%,较上年下降 3.6 个百分点;30 到 50 岁年龄段农民工占 51.5%,较上年略增 0.3 个百分点;51 岁及以上年龄段农民工占 22.7%,较上年上升 3 个百分点。

(四)文化程度有所提高。2018 年安徽农民工中,高中及以上文化程度占 21.2%,较上年提高 3.1 个百分点;初中占 61%,较上年下降 4.3 个百分点;小学以下占 16.1%,较上年下降 0.4 个百分点。

二、省内省外农民工三七开

(一)省内比重上升。2018 年安徽外出农民工中,省内就业 457.3 万人,占 32%,较上年提高 2.1 个百分点;省外就业 971.8 万人,占 68%,较上年减少 2.1 个百分点。越来越多农民工倾向于在省内就业。

(二)江浙沪占比下降。江浙沪仍是安徽外出农民工就业最多的地区,但就业人数减少。2018 年在江浙沪就业农民工 770.7 万人,占全部外出农民工 53.9%,较上年减少 44.3 万人,下降 3.7 个百分点。

(三)出境就业规模偏低。2018 年安徽去往港澳台及国外就业的农民工仅 2.7 万人,比上年减少 1.3 万人。

表 2 安徽外出农民工流向

指 标	2017 年		2018 年	
	人数(万人)	占比(%)	人数(万人)	占比(%)
省内	422.9	29.9	457.3	32.0
其中:去往乡外县内	190.9	13.5	215.6	15.1
去往县外省内	232	16.4	241.7	16.9
省外	992.5	70.1	971.8	68.0
其中:去往东部地区	923.2	65.2	900.4	63.0
去往京津冀地区	50.6	3.6	37.7	2.7
去往江浙沪地区	815	57.6	770.7	53.9
去往广东	36.7	2.6	42.7	3.0
去往中部地区(安徽除外)	31.8	2.2	33.3	2.3
去往港澳台及国外	4	0.3	2.7	0.2

三、三产就业比例上升

2018 年安徽从事第三产业农民工占 48.9%,较上年提高 3.2 个百分点,连续五年上升。第三产业中,从事批发和零售业,交通运输、仓储和邮政业的农民工比重分别占 11.6%和 6.9%,比上年分别下降 0.6 和 0.2 个百分点;从事住宿和餐饮业,居民服务、修理和其他服务业的农民工比重分别占 7.1%和 11.4%,比上年分别提高 0.8 和 0.6 个百分点。此外,农民工在金融业,教育,文化、体育和娱乐业等服务业就业比例虽然较低,但占比迅速提高。

2018 年从事第二产业农民工占 50.6%,比上年下降 2.8 个百分点。其中,从事制造业农民工占 26.1%,比上年下降 1.3 个百分点;从事建筑业农民工占 21.9%,比上年下降 1.4 个百分点。

表 3　安徽分行业农民工就业比例

单位:%

指　标	2017 年	2018 年
第一产业	0.9	0.5
第二产业	53.4	50.6
制造业	27.4	26.1
建筑业	23.3	21.9
第三产业	45.7	48.9
批发和零售业	12.2	11.6
交通运输、仓储和邮政业	7.1	6.9
住宿和餐饮业	6.3	7.1
居民服务、修理和其他服务业	10.8	11.4

四、农民工收入增速较快,务工福利继续改善

(一)就业收入继续增长。2018 年安徽外出农民工月均收入 4779.7 元,比上年增加 655.9 元,增长 15.9%,增速较上年提高 7.6 个百分点;本地农民工月均收入 3234.5 元,比上年增加 123.1 元,增长 4%,增速回落 2.6 个百分点。本地务工和外出务工收入差距继续拉大。

(二)福利待遇继续改善。由于农民工能够吃苦耐劳,深受社会欢迎,一些用工单位主动提高福利待遇,改善生活环境,以此吸引农民工就业。2018 年安徽外出农民工所在单位或雇主提供伙食或补贴部分伙食费的占 56.6%,比上年提高 2.2 个百分点;单位或雇主提供住宿或住房有补贴的占 48.2%,比上年提高 1.2 个百分点。

五、农民工权益保障状况喜忧参半

(一)劳动合同签订比例上升。2018 年安徽外出务工农民工与雇主或单位签订劳动合同的占 40.9%,比上年提高 6.6 个百分点,但合同签订率仍未过半。

(二)“五险一金”参保比例上升。2018 年安徽外出农民工“五险一金”参保率分别为养老保险(15.8%)、工伤保险(24.1%)、医疗保险(16.1%)、失业保险(12.3%)、生育保险(10.4%)、住房公积金(7.3%),分别较上年提高 3.7、1.2、3.5、5.2、4.2 和 2.7 个百分点。虽然相对于上年参保率有所提高,但参保率绝对值仍然较低。建议进一步加大劳动执法检查,坚持用工单位依法依规聘用农民工,严格落实劳动合同制,让广大农民工合法权益得到充分保障。

六、农民工就业存在的问题

(一)工资被拖欠情况未明显好转。2018

年安徽外出农民工中工资被拖欠的占 0.4%，被拖欠者中平均每人被拖欠 15386.1 元，较上年增加 1970.4 元。

（二）劳动强度有所上升。2018 年安徽外出农民工年均外出务工 9.9 个月，比上年减少 0.1 个月；月均工作 25.3 天，较上年增加0.9 天；日均工作 8.9 小时，较上年增加 0.4 小时。其中，每天工作 12 小时以上农民工占4.4%，较上年提高 1.1 个百分点。

撰稿：王　方

2018 年安徽 CPI 温和上涨 涨幅创五年新高

The Consumer Price Index of Anhui Rose Mildly in 2018 and Hit a Five-year High

2018 年安徽居民消费价格指数(CPI)上涨 2.0%,比上年涨幅高 0.8 个百分点,涨幅创五年来新高。其中,食品烟酒价格上涨2.1%,非食品烟酒价格上涨 1.9%;消费品价格上涨 2.1%,服务价格上涨 1.8%。

一、安徽 CPI 运行主要特点

(一)食品烟酒类价格由负转正,涨幅及影响力不断扩大。2017 年因猪肉和鲜菜价格大幅下降(降幅分别为 11.4% 和 11%),食品类价格只有 3 个月同比略涨,全年累计下降 1.1%。2018 年随着鸡蛋、鲜菜、禽类等前期跌幅较大品种价格反弹,猪肉价格同比降幅收窄,食品类价格同比涨幅由负转正,三季度后加速上涨,全年累计上涨 2.1%,高于上年同期 3.2 个百分点,影响 CPI 上涨近 0.64 个百分点,是 2018 年 CPI 涨幅高于上年的主要原因。

(二)非食品价格涨幅较上年缩小,工业品价格涨幅首次超过服务项目。安徽非食品价格上涨 2.0%,较上年同期回落 0.3 个百分点,影响总指数上涨 1.56 个百分点。其中,服务项目价格上涨 1.8%,低于去年同期 0.6 个百分点。工业品价格上涨 2.1%,低于去年同期 0.1 个百分点。工业品价格自 2017 年以来持续超强,多年来涨幅首次超过服务项目,对总指数的影响程度超过了食品烟酒类。

(三)八大类价格全面上涨,交通和通信类价格涨幅创多年新高。2018 年 CPI 中八大类价格由以往有涨有跌转为全面上涨,各大类间涨幅差距有所缩小。医疗保健类、教育文化和娱乐类延续上年领涨地位,列于涨幅前两位,居住类由于国家的调控政策作用,涨幅较上年回落,与食品烟酒类并列第三。交通和通信类受油价上调影响一改多年来下降的态势,2018 年涨幅达 1.1%,创多年新高。

(四)涨幅在全国位列中游。2018 年安徽 CPI 涨幅较全国平均水平低 0.1 个百分点,在全国居中游位次;按涨幅由高到低排序,与重庆、甘肃、新疆、湖南、黑龙江、天津并列全国第 16 位,居中部地区第 3 位,分别低于河南、江西 0.3、0.1 个百分点,高于山西、湖北 0.2、0.1 个百分点,与湖南持平。分类别看,安徽食品烟酒、衣着、生活用品及服务价格指数分别高于全国 0.2、0.8、0.1 个百分点,居住、交通和通信、医疗保健、其他用品和服务类价格指数低于全国 0.3、0.6、1.5、0.6 个百分点,教育文化和娱乐类与全国平均水平持平。

(五)新涨价因素是 CPI 上涨主因。CPI

涨幅中,去年翘尾因素约0.47个百分点,新涨价因素约1.53个百分点,新涨价因素影响占近八成。其中,食品烟酒价格上涨完全是新涨价因素所致,服务项目价格涨幅中新涨价因素占83%,工业品价格涨幅中新涨价因素仅占33%。

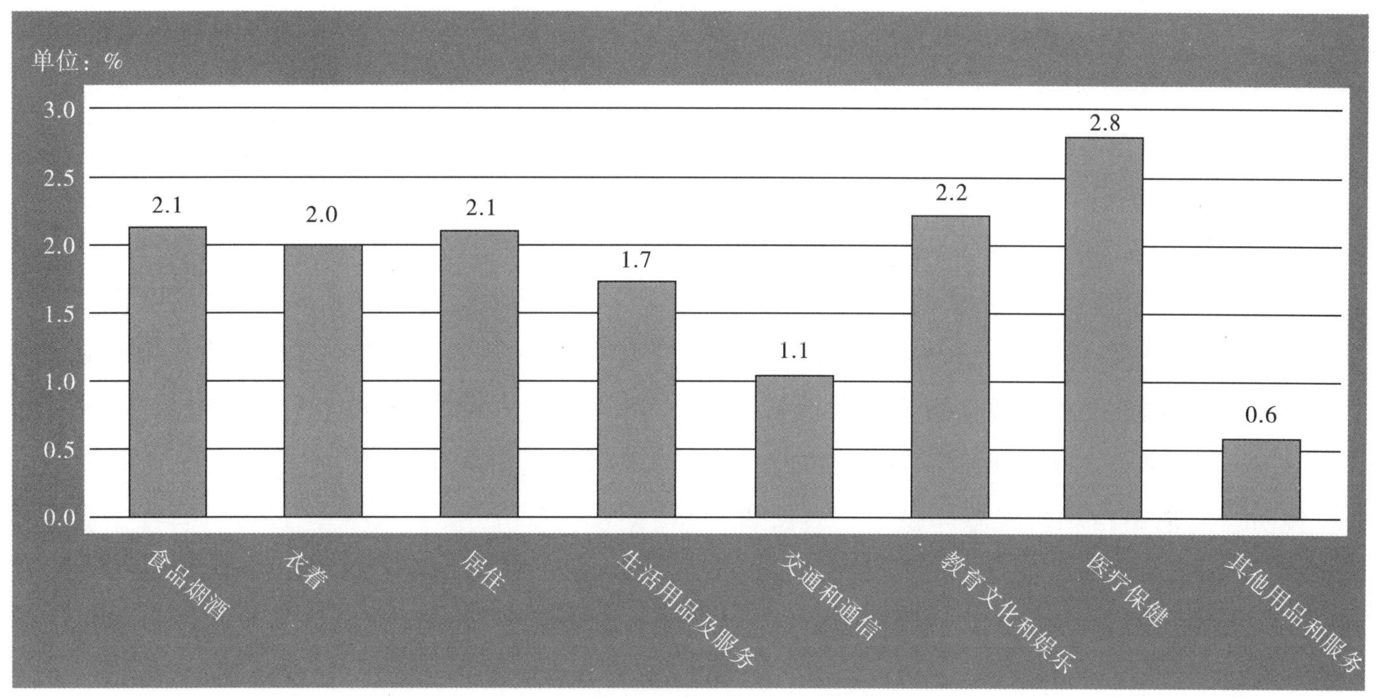

图1 2018年安徽CPI八大类涨跌幅

二、影响CPI变动原因分析

(一)鲜菜、鸡蛋价格涨幅较大,猪肉价格跌幅收窄,食品价格涨幅再度走高。猪肉和鲜菜价格大幅下降,导致2017年食品类价格累计下降1.1%。2018年因基期价格较低,以及主要食品价格恢复性上涨的双重影响,鲜菜、鸡蛋、鲜瓜果价格大幅上涨,猪肉价格同比跌幅收窄,其中鲜菜价格上涨9.4%,影响CPI上涨0.24个百分点;鲜瓜果价格上涨10.5%,影响CPI上涨0.16个百分点;猪肉价格同比跌幅减少3个百分点,对CPI总指数下拉作用减弱0.13个百分点。

(二)能源和药品价格上调推动工业品价格上涨。2017年以来因原油价格上涨,能源价格两年累计上涨9.5%,其中汽油柴油价格2018年分别上涨12.7%、14.2%,影响CPI上涨0.23个百分点;液化石油气价格上涨12.9%,影响CPI上涨0.14个百分点。药品价格特别是低价药的定价机制改革,药品价格延续去年上涨态势,2018年中药价格上涨6.8%,西药价格上涨6.7%,合计影响CPI上涨0.13个百分点。

(三)服务项目涨价面宽,教育医疗价格上调是主因。随着居民消费结构的变化,需求的增加,教育、医疗、养老、旅游、家政等服务价格近年稳步提高。2018年,调查的65种服务基本分类中,价格上涨的服务项目有51种,涨价面达78.5%。其中教育服务价格累计上涨2.6%,学前教育、小学初中教育和课外教育分别上涨5.6%、3.3%、6.4%,影响服务项目和总指数分别上涨0.54、0.2个百分点。

2018年7月安徽省开始第二轮医疗价格改革,医疗服务价格上涨1.5%,影响服务项目和总指数分别上涨0.15、0.09个百分点。

三、2019年安徽CPI走势预测

据测算,2018年的翘尾影响约0.45个百分点,与2018年基本持平。从当前情况判断,2019年输入性通胀和上游产品价格上涨对CPI的推动作用减弱,需求拉动、流动性抬升以及存在的一些不确定因素会对CPI产生影响,但不改变当前温和上涨的态势。

(一)维持价格平稳上涨的基础未改变。2018年,扣除食品和能源价格的核心CPI上涨1.6%,涨幅比去年同期回落0.5个百分点,说明当前消费市场价格总体稳定。从长期看,我国主要农产品供给保障能力较强,特别2018年全年粮食仍属于丰收年景,主要食品类价格平稳运行有支撑。

(二)工业品价格上涨压力减弱。从输入因素来看,国际大宗商品价格已经下行,特别是能源价格再次下降,输入性通胀压力较小。从上游产品情况看,PPI回落明显,全国涨幅由2017年的6.3%降至2018年的3.5%,后期将逐步传导至消费端。从需求因素来看,投资需求走弱,消费需求稳中趋缓,房地产调控政策延续,对物价的拉动作用减弱。

(三)服务项目价格上涨动能减弱。近年来,随着居民生活水平的提高,传统服务消费提质升级、新兴服务蓬勃兴起,对服务价格拉动不断增强。后期劳务成本持续上涨,也将持续推动服务价格上行。但2015年以来持续上涨的房地产价格降温态势持续,CPI中权重较大的自有住房及房租价格上涨压力将消减。2018年安徽省医疗服务改革已经推开,抛除翘尾因素2019年价格上涨的可能性不大。

(四)猪肉价格将进一步反弹,对CPI的影响不可忽视。猪肉价格连续两年负增长后,受成本驱动,低位反弹的动能较强,叠加非洲猪瘟疫情的影响,供给有所减少,后期上涨的可能性较大。

撰稿:姚　闯

2018年安徽PPI涨幅明显回落

The Uplift of Industrial Products Price of Anhui Came Down Significantly in 2018

2018年，面对错综复杂的国内外形势，安徽省扎实推进供给侧结构性改革，深入实施五大发展行动计划，特别是三季度以来，认真贯彻中央"六稳"要求，突出抓落实、全力保预期，成效明显，经济高质量发展取得积极进展。2018年安徽工业生产者出厂价格(PPI)累计上涨3.0%，较2017年回落5.0个百分点，涨势趋缓；工业生产者购进价格(IPI)累计上涨5.3%，较2017年回落3.9个百分点。

一、全年PPI总体运行情况

(一)上半年PPI运行平稳，下半年持续回落

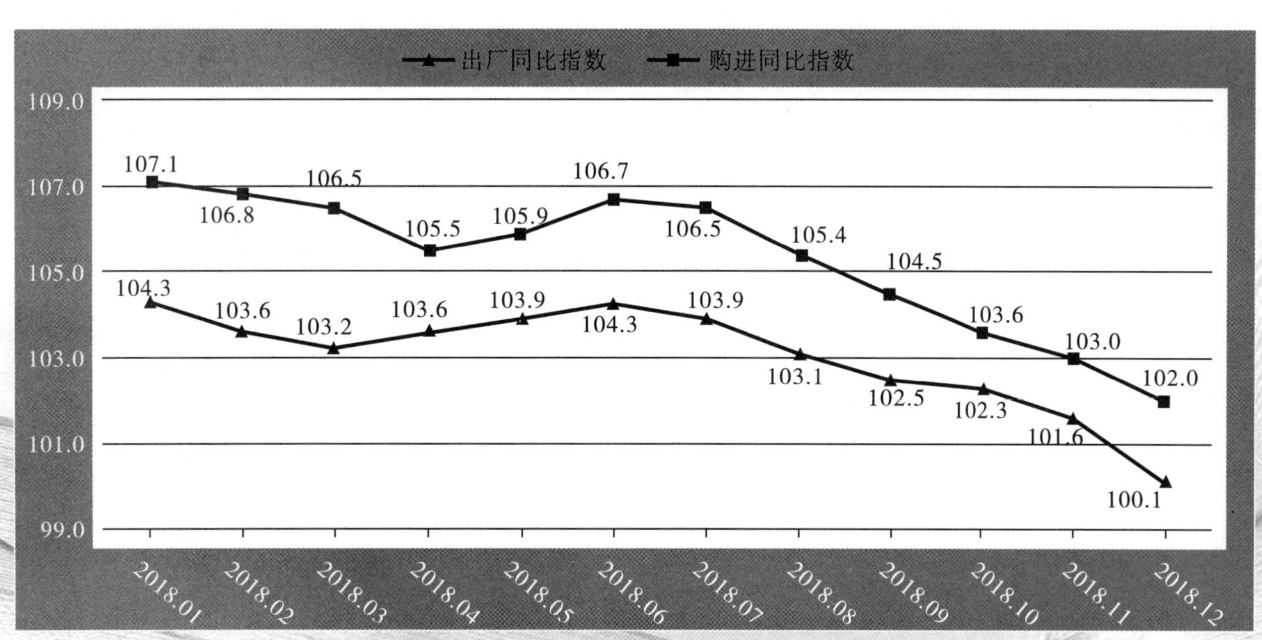

图1 2018年安徽省各月PPI与IPI走势图

(二)涨幅位于全国中后位，低于中部其他五省

按涨幅由高到低排序，2018年安徽PPI位列全国第21位，低于全国平均水平0.5个百分点；在中部六省中居末位，分别低于山西、湖北、江西、河南、湖南3.7、1.2、1.2、0.6和0.2个百分点。

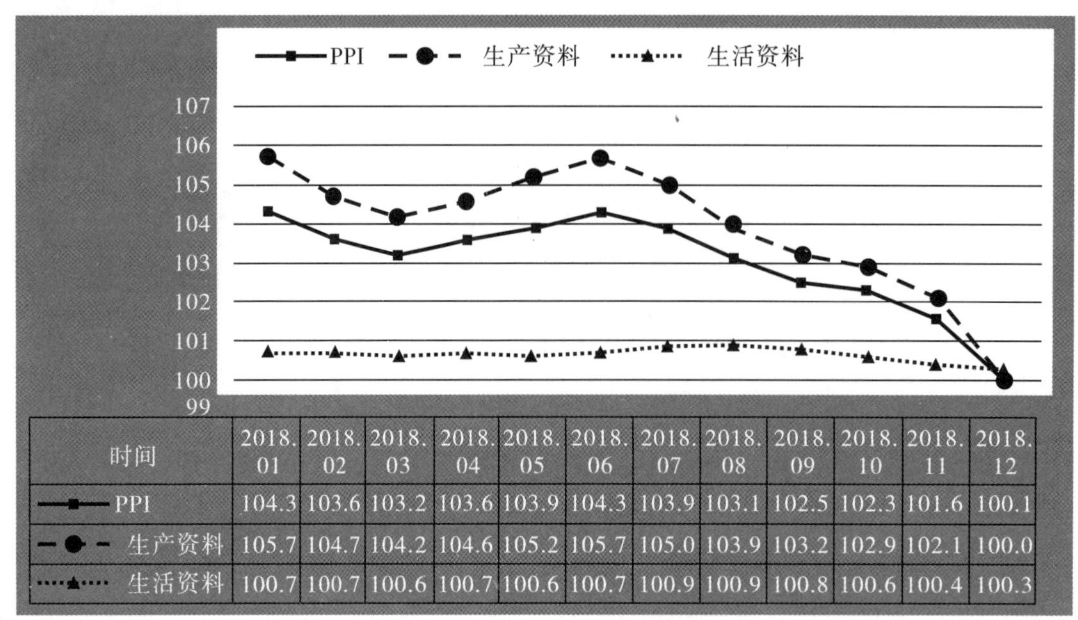

时间	2018.01	2018.02	2018.03	2018.04	2018.05	2018.06	2018.07	2018.08	2018.09	2018.10	2018.11	2018.12
PPI	104.3	103.6	103.2	103.6	103.9	104.3	103.9	103.1	102.5	102.3	101.6	100.1
生产资料	105.7	104.7	104.2	104.6	105.2	105.7	105.0	103.9	103.2	102.9	102.1	100.0
生活资料	100.7	100.7	100.6	100.7	100.6	100.7	100.9	100.9	100.8	100.6	100.4	100.3

图 2　2018 年安徽省各月 PPI、生产与生活资料价格走势图

(三)生产资料价格涨势趋缓是影响 PPI 走势的主因

2018 年安徽生产资料价格震荡运行,总体回落,生活资料价格涨幅平稳。1—11 月生产资料价格涨幅一直高于生活资料,12 月生活资料价格涨幅高于生产资料。受产业结构影响,生产资料价格变化主导安徽 PPI 走势。生产资料价格累计上涨 3.9%,较 2017 年收窄 6.9 个百分点。

(四)主要工业行业价格同比涨幅大多回落

表 1　2017 年、2018 年安徽省 PPI 及主要大类指数对比　　(上年同期=100)

项目名称	2017 年	2018 年
总指数	108.0	103.0
煤炭开采和洗选业	136.2	102.5
农副食品加工业	101.3	99.2
石油加工、炼焦和核燃料加工业	118.8	122.2
化学原料和化学制品制造业	106.5	106.2
非金属矿物制品业	113.1	116.8
黑色金属冶炼和压延加工业	124.5	104.5
有色金属冶炼和压延加工业	125.1	104.1
通用设备制造业	101.0	101.9
专用设备制造业	100.9	101.9
汽车制造业	100.3	100.6
铁路、船舶、航空航天和其他运输设备制造业	102.1	100.9
电气机械和器材制造业	103.7	101.4
计算机、通信和其他电子设备制造业	103.5	93.2

（五）购进价格涨幅持续高于出厂价格

从2016年11月开始，安徽购进价格每月涨幅持续高于出厂价格（除2017年2月两者相同），2018年两者累计相差2.3个百分点。

二、影响PPI走势的因素

（一）上涨因素

一是受上年翘尾因素影响，在2018年累计涨幅中，翘尾因素约2.8个百分点，表明2018年价格上涨主要受2017年价格变动影响；二是全年原油类相关产品与建筑材料类产品价格上涨明显；三是我国绿色发展正处于稳步实施推进阶段，环保不达标企业限产、停产，部分企业开工率低，企业环保投入成本还将增加。此外，企业人工报酬、融资借贷成本等生产环节运行成本不断增加，相应推升出厂产品价格上涨。

（二）涨幅回落因素

一是新涨价因素减少。全年累计涨幅中，新涨价因素约0.2个百分点，而2017年新涨价因素约2.2个百分点。2018年安徽黑色金属冶炼、有色金属冶炼、电力行业新涨价因素分别为-2.4、-3.5、-0.8个百分点。二是国际大宗商品价格变动影响。2018年大宗商品整体偏空运行，尤其是大宗商品市场从2018年10月下半月开始进入新一轮下跌周期，从10月初至12月底，大宗商品价格指数BPI累计跌幅超10%，从988点跌至880点。其中原油价格大幅下跌，并刷新近三年新低，从2018年10月中旬至11月中旬回吐前三季度近30%涨幅。

三、当前值得关注的问题

（一）出厂、购进价格涨幅差异大对企业生产的影响

表2 IPI（购进价格指数）与PPI（出厂价格指数）差值对比

	2015年	2016年	2017年	2018年
全国	-0.9	-0.6	1.8	0.6
山西	5.5	1.3	-4.2	-1.2
上海	-5.5	-1.1	5.4	3.5
江苏	-3.2	-0.1	4.8	1.8
浙江	-1.9	-0.5	4.8	1.6
安徽	-0.5	-0.1	1.2	2.3
福建	-0.9	-1.2	1.3	0
江西	-0.1	-0.9	-0.7	-1.1
山东	-0.1	-0.5	1.8	0
河南	0.0	0.2	0.4	0.5
湖北	-3.9	-0.7	2.6	0.5
湖南	-1.8	-0.9	1.4	0.3

从表 2 可以看出,购进价格指数与出厂价格指数差值大小没有一定的规律。从安徽省来看,在生产资料价格上涨的年份,购进价格涨幅高于出厂价格涨幅,原因是企业购进主要是煤等燃料以及基础生产资料如钢材、水泥等,这些产品属于上游行业,周期性强,领涨领跌特征明显,而企业出厂产品中中下游产品居多,由于充分竞争,企业提价难度大。在上游原材料价格高企的背景下,价格上涨不均衡使下游企业利润被冲抵,下游行业企业经营压力加大。

(二)贸易摩擦及地缘政治的影响

一是贸易摩擦影响 PPI 走势。贸易保护主义思潮抬头,国家间经贸摩擦加剧,主要新兴经济体经济发展承压,势必导致大宗商品价格出现波动加大。二是地缘政治不稳定影响 PPI 走势。产油地区局势不稳定等因素势必影响全球市场供求关系,影响工业品进出口和市场价格。

四、2019 年安徽 PPI 走势展望

据测算,2018 年价格变动翘尾因素影响为 0,2019 年 PPI 涨幅主要取决于新涨价因素。目前,国际大宗商品价格回落,中美经贸摩擦有缓和迹象,中央确定“六稳”要求,预计 2019 年新涨价因素不会太多,安徽 PPI 将低位运行。

撰稿:高亚奇

四因素致安徽农产品生产者价格连续两年下跌

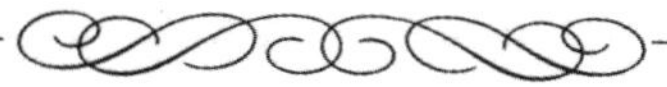

The Producers Price for Farm Products of Anhui Had been Falling for Two Consecutive Years by Four Factors

2018 年，安徽农产品生产者价格总指数为 99.0，已连续两年下跌，四大类农产品生产价格指数两涨两跌。其中，渔业产品生产价格上涨 3.2%，林业产品生产价格上涨 1.0%，农业产品生产价格下降 0.6%，饲养动物及产品生产价格下降 3.8%，一至四季度的总指数分别为 99.1、97.8、98.9、98.5。

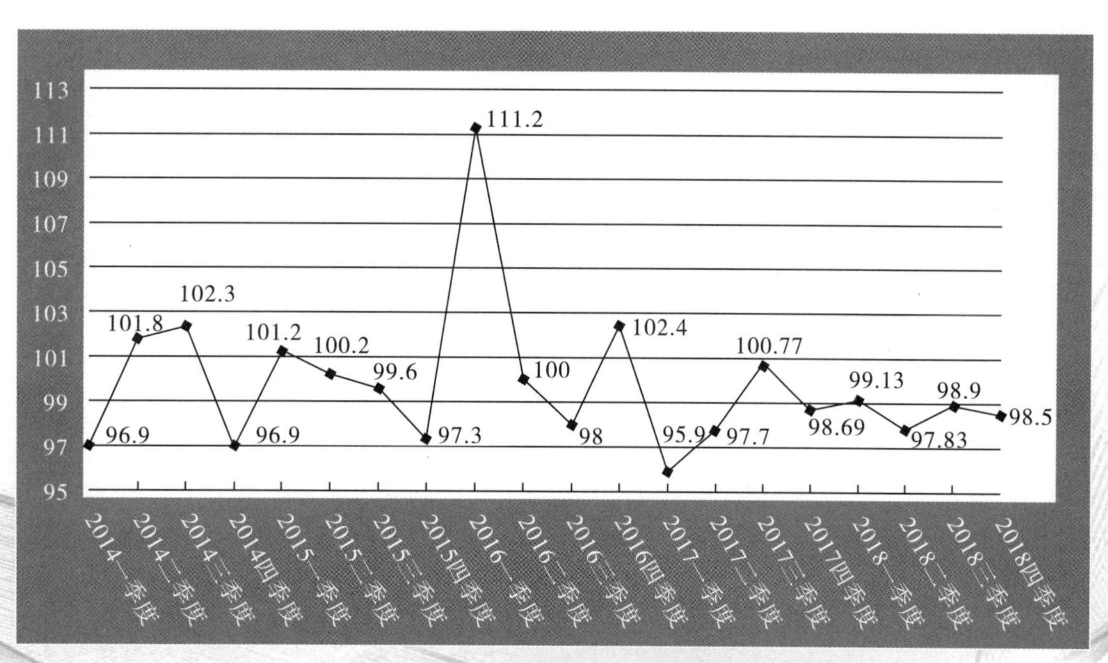

图 1　安徽农产品生产者价格指数走势

（上年同期 = 100）

一、农业产品生产价格下降 0.6%

2018 年农业产品生产价格由涨转跌，降幅不断扩大。其中，一季度上涨 0.1%，二季度下降 0.6%，三季度下降 1.8%，四季度下降 2.4%。

（一）三大粮食作物生产价格一涨两跌。2018 年安徽谷物价格同比下降 3.1%，分季度看，除一季度上涨 2.1% 外，其余三个季度均下降，分别下降 4.5%、7.0%、6.1%。分品种看，三大粮食作物生产价格除玉米上涨 3.3%

外，其余均下降，其中稻谷下降4.4%，小麦下降2.5%。2018年国家下调稻谷和小麦最低收购价，早籼稻、中晚籼稻和粳稻最低收购价格分别为每50公斤120元、126元和130元，比2017年分别下调10元、10元和20元；小麦最低收购价为每50公斤115元，比2017年下调3元。

（二）薯类生产价格不断上涨。2018年薯类价格上涨5.3%，一季度价格同比持平，三季度和四季度分别上涨4.2%和14.4%。全年均价在1.2元/公斤左右。

（三）油料生产价格上涨2.6%。分季度看，一季度下降4.6%、二季度上涨4.6%、三季度上涨2.6%、四季度下降2.2%，分品种看，花生价格同比下跌1.4%，油菜籽上涨3.8%，芝麻价格下跌2.8%。

（四）豆类生产价格先降后涨。2018年豆类生产价格下降7.8%，其中，一至三季度分别下降4.1%、17.1%、12.8%，四季度上涨4.0%。大豆均价由一季度的4元/公斤，下降至三季度3.4元/公斤，四季度又有所回升，为3.9元/公斤。主要原因是前三季度新大豆尚未上市，市场上大豆多为上年库存大豆，上年大豆收获期遭受连续阴雨天气，导致大豆品质下降，同时受潮大豆易霉变，不利于保存。四季度新豆上市，今年大豆生长受高温干旱和台风天气影响，产量有所下降，伴随中美贸易摩擦的发展，大豆价格有所抬头。

（五）棉花价格上涨1.8%。棉花价格受国际大宗产品走势影响较多，分季度看，一季度棉花价格下降9.5%，二季度上涨1.3%，三季度上涨9.1%，四季度上涨6.9%。

（六）中草药材生产价格下跌2.3%。一季度和三季度价格同比分别下降7.4%和4.7%，二季度和四季度分别上涨1.4%和0.9%。

（七）水果及坚果类生产价格由降转升。2018年水果及坚果类生产价格上涨11.6%。一季度和二季度水果及坚果价格指数分别下降8.6%和9.5%，三季度和四季度分别上涨15.1%和11.7%。主要是因为一、二季度处于水果销售淡季，随着三季度暑热时节的到来，人们对水果需求增加，今年的西瓜、桃子、葡萄、梨等水果生长良好，果实口感好，价格都有不同程度上涨。

（八）蔬菜及食用菌价格上涨5.3%。一到三季度蔬菜及食用菌生产价格分别上涨1.2%、14.4%、13.8%，四季度下降6.5%。随着人们生活习惯的改变，蔬菜需求不断增加。今年夏季持续一个多月的高温天气，蔬菜生长缓慢，运输成本增加；去年蔬菜价格大幅下挫，不少农户今年减少蔬菜种植，市场供应减少；三季度受台风天气影响，部分地方遭受洪水、内涝等自然灾害，蔬菜大棚被毁，部分蔬菜推迟上市或者面临减产。国庆节后，天气晴好，蔬菜供给增加，品种丰富，价格相对下降。

二、饲养动物及产品生产价格下跌

2018年，调查的3个产品类别呈现两涨一跌态势。其中，活牲畜下跌11.7%，活家禽上涨7.2%，畜禽产品上涨18.0%。

（一）生猪跌牛羊涨。调查显示，活牲畜中，生猪下跌16.7%，牛上涨5.9%、羊上涨18.0%，呈现“两涨一跌”态势。

生猪价格大幅下降。2018年安徽生猪价格同比下跌16.7%，分季度看，一至四季度分别下跌19.9%、27.4%、6.1%、12.7%。从均价看，一至四季度分别为13.5元/公斤、10.3

元/公斤、13.2元/公斤、12.3元/公斤。本轮价格下跌的原因：一是前两年生猪价格高，养殖户扩大养殖规模，生猪存栏增加；二是环保要求的提高，政府对养殖企业规范管理，明确禁养区和限养区，部分养猪场大量处理存栏生猪，拉低生猪市场价格；三是目前人们生活消费习惯有所转变，对肉类需求减少，对蔬菜水果需求增加；四是受非洲猪瘟影响，养殖户急于将存栏生猪投放市场，市民由于心理因素影响减少猪肉购买量，导致市场短期供给增加。

牛价格持续上涨。从2017年二季度开始，牛价格已连续7个季度上涨，2018年牛价格同比上涨5.9%，分季度看，一至四季度分别上涨6.3%、3.3%、6.9%、7.0%，均价分别为26.1元/公斤，24.8元/公斤、25.9元/公斤、27.4元/公斤。随着人们生活消费理念的转变，牛羊肉消费增加，四季度天气转冷，价格上涨。

羊价格上涨18.0%。羊价格从2017年一季度起，已连续8个季度上涨，其中2018年一至四季度分别上涨17.6%、12.3%、18.9%、23.2%，均价分别为28.6元/公斤、27元/公斤、28.7元/公斤、30.9元/公斤。羊价格在连续两年走低后回升，符合市场周期变动规律。环保压力增大，养殖成本上涨，挤压利润空间，散户退出经营，存栏量下降；同时，人民消费观念的改变也在一定程度上促使羊价上涨。

（二）家禽、禽蛋生产价格全线上涨。2018年安徽活家禽生产价格上涨7.2%，一至四季度分别上涨14.4%、6.0%、1.6%、6.3%。2018年，活鸡价格上涨6.3%，活鸭价格上涨15.3%，活鹅价格上涨23.9%。禽蛋价格上涨20.4%，2018年鸡蛋价格迎来了一波上涨，一至四季度鸡蛋价格分别上涨37.9%、36.5%、11%、6.4%。分季度看，一季度均价为9.3元/公斤，二季度均价为7.6元/公斤，三季度均价为9.7元/公斤，四季度均价10.9元/公斤。家禽、禽蛋产品价格上涨一是因为去年禽流感影响，市场供应减少；二是环保政策导致部分养殖户退出市场。

三、林业产品生产价格上涨1.0%

2018年安徽林业产品生产价格微涨，分季度看，一季度和四季度分别上涨2.9%、0.4%，二季度和三季度分别下降0.8%和1.5%。一季度天气适宜树木种植，绿化养护，政府重视环保，苗木需求大，价格上涨。2018年林业产品价格上涨较多的为杨树原木、杨树类树苗、樟树类树苗，分别上涨9.5%、4.6%、4.8%。

四、渔业产品生产价格保持上涨态势

2018年安徽渔业产品生产价格同比上涨3.2%，分季度看，一至四季度分别上涨2.7%、1.0%、5.1%、2.1%。分类别看，养殖淡水鱼生产价格上涨3.3%，淡水养殖虾上涨1.6%，其他淡水养殖产品上涨3.5%。近两年来，渔业价格一直处于小幅上涨状态，一方面是因为人们消费结构变化，对鱼类产品需求增加，另一方面是发生禽流感、非洲猪瘟等疫情，人们通常选择鱼类产品作为替代。

五、影响农产品生产者价格变动因素

2018年安徽农产品生产者价格较为平稳，农业产品稳中微降，林业产品小幅上涨，畜禽产品价格走低，渔业产品价格稳步增长。农产品价格市场化改革深入推进，影响因素复杂多样，从当前安徽农产品生产者价格变动情况看，主要有以下四个方面因素影响价格变动。

（一）国家宏观政策是安徽农产品价格变动的重要因素。国家宏观政策在农产品价格市场化过程中起到关键作用。2018 年安徽主要粮食价格有所下降，主要是因为国家下调了稻谷和小麦的最低收购价。2018 年政府加大环保督查力度，促使一大批畜禽养殖户关闭停产，导致部分畜禽产品供不应求，价格上涨。

（二）市场供求矛盾是助推安徽农产品价格变动的主要原因。在实施乡村振兴战略和推进农业供给侧结构性改革，不断完善农产品价格形成机制的过程中，市场供求关系的变动将成为影响农产品价格变动的最主要因素。2018 年二、三季度由于受天气因素影响，市场上蔬菜和水果供给不足，导致价格大幅上涨。2016 年猪肉价格大幅上涨的时候，养殖户扩大规模，增加供给，导致价格自 2017 年起持续走低。

（三）天气、自然灾害等成为影响农产品价格变动的短期因素。农产品生产者价格历来受天气、自然灾害等因素影响较为明显。2018 年春夏之际大范围的雨水天气，持续的高温，连续的台风天气，对安徽蔬菜、水果、粮食作物等生产形势影响较大，非洲猪瘟的到来也给原本就低迷的生猪市场雪上加霜。

（四）国际市场价格变动影响部分农产品价格变动。大豆、棉花等产品对国际市场的依存度已经达到较高的水平，国际市场价格变动对国内农产品的影响越来越显著。2018 年中美贸易摩擦不断深化，对以大豆为主的农产品市场形成强烈冲击。安徽省严格推行大豆轮作试点工作，取得一定成效。后续国际市场价格的变动仍将影响安徽农产品价格变动。

撰稿：刘玉如

2018 年安徽固定资产投资价格涨幅逐季回落

The Uplift of Price of Investment in Fixed Assets of Anhui Came Down Each Quarter in 2018

2018 年,安徽固定资产投资继续保持强劲势头,全年固定资产投资比 2017 年增长 11.8%,增幅比上年提高 0.8 个百分点,比全国高 5.9 个百分点。在固定资产投资需要带动下,安徽 2018 年固定资产投资价格继续保持上涨态势,全年上涨 5.8%,但比 2017 年涨幅有所回落。

一、固定资产投资价格总水平逐季回落

2018 年全年安徽固定资产投资价格总体水平上涨 5.8 个百分点,一至四季度分别上涨 7.3%、5.8%、5.8%和 4.4%,价格涨幅呈现逐季回落态势。2017 年安徽固定资产投资价格呈现逐季上涨,2018 年后建筑品价格相对处于一个较高位置,因而在 2018 年建筑品价格的涨幅有所放缓,并出现逐季回落的状态(见下图)。

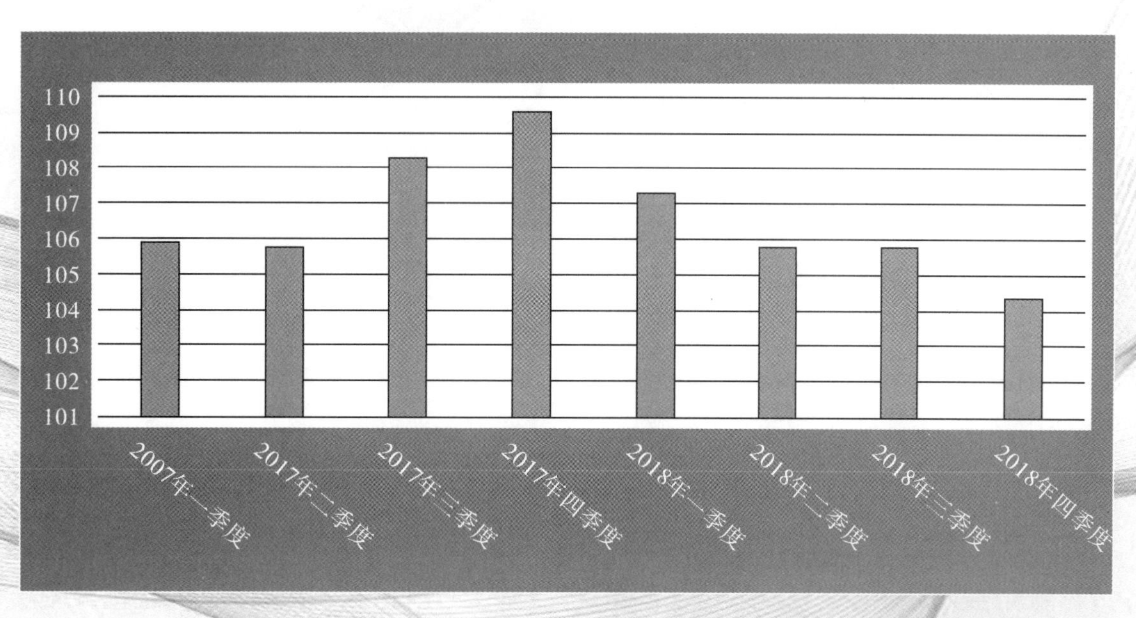

图 1　2017—2018 年各季度投资价格总指数

(上年同期=100)

二、建筑安装工程价格涨幅突出

2018年,固定资产投资中,建筑安装工程价格涨幅突出,全年上涨8.5%,各季度价格涨幅分别为10.7%、8.4%、8.4%和6.5%,价格涨幅运行趋势也呈现逐步回落。

(一)人工费全年上涨4.9%

表1 2017—2018年1—4季度安徽人工费价格指数表 (上年同期=100)

年份	一季度	二季度	三季度	四季度	全年平均
2017年	104.7	103.8	104.7	105.5	104.7
2018年	105.4	105.3	104.7	104.1	104.9

从表中可以看出,2017—2018年人工费价格涨幅基本上呈抛物线,2017年4季度与2018年1季度价格涨幅最高,2017年逐步上涨,而2018年则呈现逐步下降趋势。从20世纪90年代以来,安徽建筑用工一直处于上涨态势,工资水平不断上涨,人工费呈现刚性上涨,也体现了居民收入水平不断提高,生活得到进一步改善。

(二)材料费价格全年上涨10.8%

从调查情况看,2018年建筑材料中,钢材、水泥、木材、化工、地方材料等全面上涨,水泥,钢材、地方材料价格涨幅较大,且在固定资产投资中占有相当大比重,对全年的投资价格走势起到了重要作用。

1.水泥全年价格上涨13.4%

水泥出厂价格持续上涨的原因:一是环保治理影响。去年以来,各地开始执行错峰生产实施方案,同时环保不达标的水泥厂关停,缺货效应扩大,水泥市场供不应求,销售价格持续上涨。此外,为达到环保要求,水泥企业加装除尘设备、进行降噪改造,加上后续设备运行费用推高成本。二是投资规模扩大,各类工程项目开工较多,对水泥需求较为旺盛。三是熟料等原材料价格上涨影响。由于石料开采环保措施完善,多数小石料厂陆续退出,石料市场供应偏紧,价格上涨。同时动力煤市场高开高走,水泥原材料成本压力增大,促使销售价格持续上涨。

2.地方材料价格上涨13.3%

2018年来安徽砖沙石供应紧张,价格大幅上涨,部分企业地方材料采购价格涨幅翻倍。与2017年相比,黄沙、石子、混凝土价格上涨幅度巨大,部分地方价格涨幅翻倍,且出现货源紧张购买难现象。地方材料上涨的主要原因一是环保要求严,部分地材企业减产、停产。非法采砂威胁防洪安全、通航安全和生态安全,安徽省内长江、淮河全流域禁捞禁采后使得省内砂子供应量减少,供应偏紧。二是原料价格上涨,地材企业成本增加。近年来,由于国内成品油需求逐步提高,国际贸易摩擦等因素导致供应预期不稳定,国内成品油价格一路上扬。三是部分砂石开采企业运输外包,运输公司由于运费成本上涨而提高了运费。

3.钢材价格上涨9.6%

2018年虽然钢材价格继续保持上涨态势,但较2017年上涨24.4%相比,涨幅明显回落。2018年以来,随着钢铁行业技改及环保成效显现,有效供给逐渐增加。钢材价格虽维持涨势,但涨幅逐季放缓。1—4季度钢材

价格涨幅分别为14.6%、9.1%、8.9%和5.7%。钢材作为建筑施工主要使用原材料，占建筑施工单位材料采购成本比重较大，价格走势情况对固定资产投资价格影响明显。钢材价格涨幅持续回落，是拉动固定资产价格整体涨幅回落的主要因素。

（三）机械费用价格上涨2.8%

受油价上调与人工费上涨影响，固定资产投资中，机械费用价格小幅攀升，全年价格上涨2.4%。运输机械、打桩机械与土石方筑路机械上涨居前，分别上涨3.2%、3.2%和2.5%。

三、设备、工器具购置价格与其他费用价格运行平稳

2018年，固定资产投资中，设备、工器具的购置价格与其他费用价格运行平稳，设备、工器具的购置价格全年上涨1%，其他费用价格全年上涨0.8%。其他费用中施工工作费、前期工程费、建设单位其他费用和土地取得费分别上涨1.4%、1.2%、0.3%和0.2%。

四、安徽投资价格总指数高于全国平均水平0.4个百分点

2018年，全国固定资产投资价格平均上涨5.4%，比安徽略低0.4个百分点。从各省全年价格总指数涨幅看，湖北（6.6%）、江西（6.4%）和四川（6.4%）价格涨幅居前，安徽投资价格涨幅居第8位；建筑安装工程中，江苏、上海和江西的价格涨幅居前，分别上涨9.6%、9.2%和9.2%，安徽居第8位。

撰稿：周玉华

表格部分(Tables)

1-1 部分调查指标总量

指标	Item	单位	unit
主要农产品产量	**Output of Major Farm Products**	**(万吨)**	**(10 000 tons)**
粮食	Grain		
棉花	Cotton		
油料	Oil-bearing Crops		
猪肉	Pork		
牛肉	Beef		
羊肉	Mutton		
禽肉	Poultry		
禽蛋	Poultry Eggs		
城乡居民生活	**Family, People's Livelihood and Environment**		
家庭	Family		
城镇居民平均每户家庭人口	Average Household Size in Urban Areas	(人)	(person)
农村居民平均每户家庭人口	Average Household Size in Rural Areas	(人)	(person)
居住	Housing		
城镇常住居民人均住房建筑面积	Net Floor Space per Capita of Urban Residents	(平方米)	(sq.m)
农村常住居民人均住房建筑面积	Net Floor Space per Capita of Rural Residents	(平方米)	(sq.m)
生活	People's Livelihood		
城镇常住居民人均可支配收入	Annual Disposable Income per Captita of Urban Residents	(元)	(yuan)
农村常住居民人均可支配收入	Annual Disposable Income per Captita of Rural Residents	(元)	(yuan)
物价(上年=100)	Price (preceding year = 100)		
居民消费价格指数	Consumer Price Index		
商品零售价格总指数	Retail Price Index		
工业生产者出厂价格指数	Producer Price Index for Industrial Producers		
工业生产者购进价格指数	Purchasing Price Index for Industrial Producers		

Main Aggregate Indicators of Sample Survey

总量指标 Aggregate Data								
1978	1990	2000	2005	2010	2015	2016	2017	2018
1482.0	2457.2	2472.1	2605.3	3207.7	4077.2	3961.8	4019.7	4007.3
11.5	23.6	27.4	32.5	25.8	14.8	11.1	8.6	8.9
32.6	129.1	285.1	270.7	176.1	171.4	159.5	154.7	158.0
				234.9	249.8	235.1	242.7	243.9
				13.6	8.3	7.9	8.1	8.7
				11.4	10.3	10.0	16.5	17.1
				110.8	145.0	154.0	146.4	150.7
				126.7	155.0	163.2	154.7	158.3
		3.08	2.95	2.84	2.95	2.89	2.87	2.96
				4.03	3.02	3.00	2.95	3.08
					34.71	36.91	39.13	41.19
					46.76	49.36	51.16	52.94
					26935.76	29155.98	31640	34393
					10820.73	11720.47	12758	13996
	102.7	100.7	101.4	103.1	101.3	101.8	101.2	102.0
100.0	101.9	98.0	100.6	103.2	99.7	100.8	101.7	101.9
		98.9	103.3	109.0	93.9	98.5	108.0	103.0
		102.6	107.2	111.8	93.5	98.4	109.2	105.3

主要统计指标解读

Explanatory Notes on Main Statistical Indicators

粮食产量 指农业生产经营者日历年度内生产的全部粮食数量。按收获季节包括夏收粮食、早稻和秋收粮食,按作物品种包括谷物、薯类和豆类。其中谷物包括小麦、玉米、早稻、中稻和一季晚稻、双季晚稻、大麦、高粱、谷子、荞麦等禾本科和蓼科粮食作物;薯类只包括马铃薯、甘薯,木薯统计在其他农作物,芋头等其他薯统计在其他蔬菜;豆类包括大豆、绿豆、红小豆、杂豆等。谷物产量按脱粒后的原粮计算,薯类按鲜薯重量的 5∶1 折算,豆类按去豆荚后的干豆计算。

可支配收入 指调查户在调查期内获得的、可用于最终消费支出和储蓄的总和,即调查户可以用来自由支配的收入。可支配收入既包括现金,也包括实物收入。按照收入的来源,可支配收入包含五项,分别为:工资性收入、经营净收入、财产净收入、转移净收入和自有住房折算净租金。按居民类型划分,有居民可支配收入、城镇常住居民可支配收入、农村常住居民可支配收入。

居民消费价格指数(CPI) 反映一定时期内居民所消费商品及服务项目的价格水平变动趋势和变动程度。居民消费价格水平的变动率在一定程度上反映了通货膨胀(或紧缩)的程度。编制居民消费价格指数的目的,是了解全国各地价格变动的基本情况,分析研究价格变动对社会经济和居民生活的影响,满足各级政府制定政策和计划、进行宏观调控的需要,以及为国民经济核算提供参考依据。

工业生产者价格 包括工业企业产品第一次出售时的出厂价格(简称工业生产者出厂价格)和企业作为中间投入的原材料、燃料、动力购进价格(简称工业生产者购进价格)。工业生产者价格调查的目的在于及时、准确、科学地反映各工业行业产品价格水平及其变动趋势和幅度,为国民经济核算、计算工业发展速度、宏观经济分析和调控、理顺价格体系等提供科学、准确的依据。

农业调查

AGRICULTURAL SURVEY

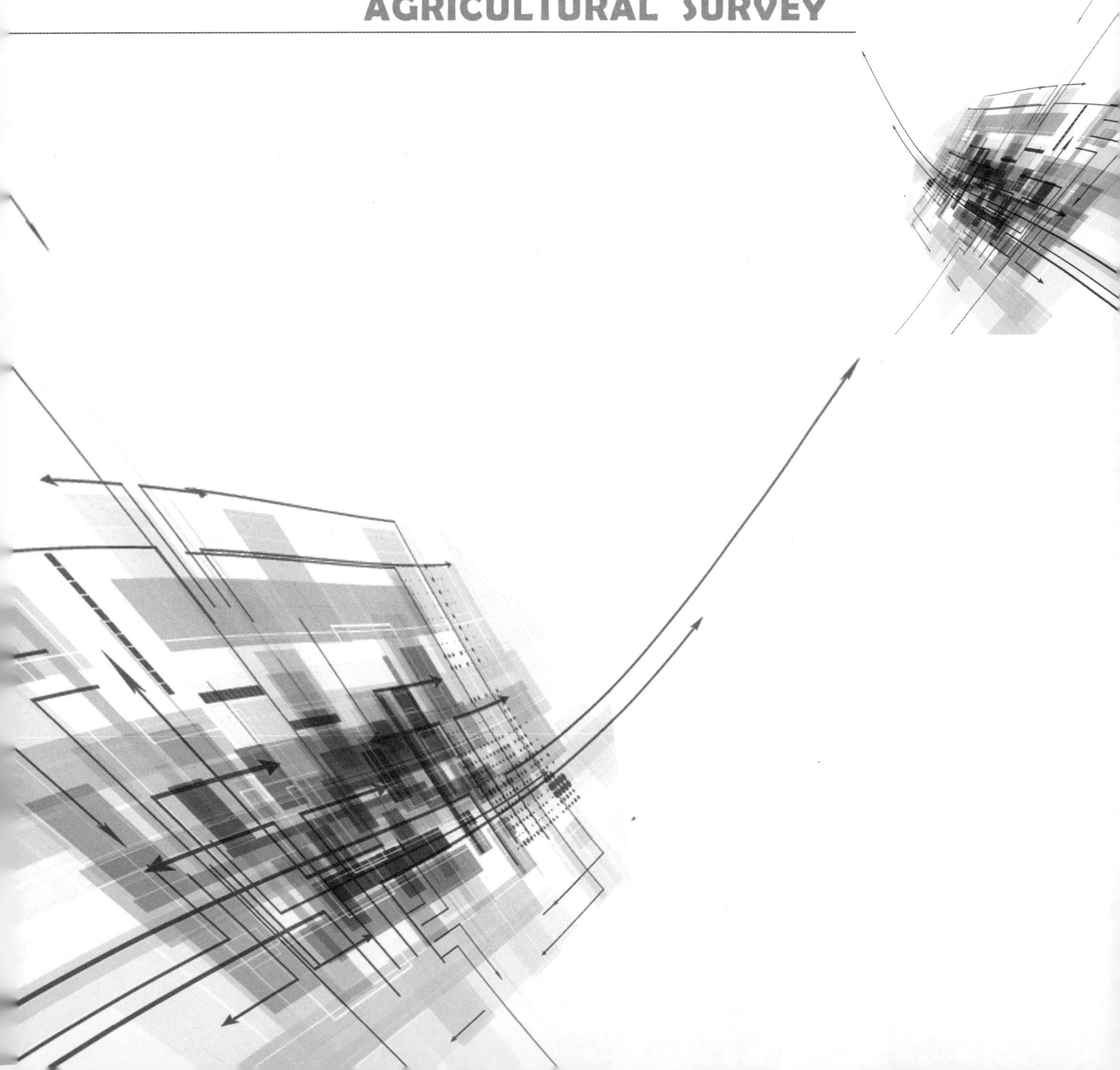

简 要 说 明

一、本篇资料内容主要包括农村社会经济主要指标，主要年份农作物播种面积、农作物总产量，畜牧业生产情况，农户固定资产投资情况，各调查县（区）农村基本情况及农村贫困监测调查情况等。

二、农作物播种面积及产量调查根据国家统计局《种植业抽样调查制度》，由安徽调查总队组织实施，目前抽选的调查县为64个。

三、畜牧业生产情况调查根据国家统计局《农林牧渔业统计报表制度》中主要畜禽抽样调查方案，由安徽调查总队组织实施，主要畜禽实行分季监测调查，18个生猪调出大县实行月度监测调查与季度监测调查相结合，生猪数据开展月度监测调查。

本版责任编辑：王　奎　戴月萍　孔二娟　赵颐轩

2-1 历年农业生产情况
Output of Agriculture in Main Years

年份 Year	播种面积（千公顷） Sown Area (1000 hectares)	#粮食 #Grain Crops	#棉花 #Cotton	#油料 #Oil-crops	粮食产量（万吨） Output of Grain Crops (10000 tons)	#小麦 #Wheat	稻谷 Barley	棉花产量（万吨） Output of Cotton (10000 tons)	油料产量（万吨） Output of Oil-bearing Crops (10000 tons)	蔬菜产量（万吨） Output of Vegetables (10000 tons)
1978	8013.0	6186.7	326.9	400.1	1482.0	279.0	856.5	11.5	32.6	
1979	8005.0	6288.0	299.1	508.5	1609.5	390.0	889.5	9.7	44.7	
1980	7740.0	6025.9	323.4	570.4	1454.0	340.5	773.0	12.2	49.8	
1981	7880.0	6024.2	329.1	774.9	1787.5	435.5	945.0	15.6	99.3	
1982	8007.0	6032.7	327.9	919.8	1933.0	554.0	1043.5	15.8	125.5	
1983	7895.0	6085.8	321.3	773.3	2010.5	572.5	960.0	19.0	96.5	
1984	7967.0	6192.3	333.7	746.4	2202.5	646.5	1136.0	23.4	97.2	
1985	8186.0	5898.6	235.1	1089.8	2168.0	605.9	1162.9	16.7	145.7	
1986	8163.0	6051.6	205.9	1103.8	2371.9	656.6	1222.3	16.3	131.6	
1987	8372.0	6151.0	224.2	1247.1	2432.6	717.9	1189.2	18.6	151.1	
1988	8169.0	6155.1	270.1	947.1	2296.4	677.5	1159.7	20.6	88.1	
1989	8239.0	6203.8	252.3	990.7	2383.5	591.8	1282.6	17.0	101.7	
1990	8314.0	6246.1	293.1	999.3	2457.2	598.0	1340.1	23.6	129.1	
1991	8196.0	5954.5	405.5	1083.1	1781.5	315.4	1058.0	27.1	97.1	
1992	8155.0	5873.0	420.0	1047.7	2325.1	611.8	1223.5	26.3	140.0	
1993	8265.0	6038.2	353.2	997.1	2569.9	716.9	1248.6	26.0	157.2	
1994	8264.0	5796.5	443.3	1088.3	2330.3	710.2	1187.5	25.8	154.5	
1995	8354.0	5852.5	443.2	1263.5	2580.7	699.1	1269.9	30.1	191.8	1006.9

2-1 续表 Continued

年份 Year	播种面积（千公顷） Sown Area (1000 hectares)	#粮食 #Grain Crops	#棉花 #Cotton	#油料 #Oil-crops	粮食产量（万吨） Output of Grain Crops (10000 tons)	#小麦 #Wheat	稻谷 Barley	棉花产量（万吨） Output of Cotton (10000 tons)	油料产量（万吨） Output of Oil-bearing Crops (10000 tons)	蔬菜产量（万吨） Output of Vegetables (10000 tons)
1996	8361.5	6029.0	413.7	1098.8	2674.1	748.3	1327.4	27.0	177.2	1195.7
1997	8488.9	6030.6	399.4	1135.1	2802.7	941.2	1290.2	30.1	205.0	1780.0
1998	8564.2	5991.0	395.5	1225.3	2591.0	599.1	1390.2	29.0	176.5	1792.0
1999	8582.1	5934.9	303.2	1334.5	2771.2	852.5	1300.6	19.5	268.1	
2000	9005.8	6183.8	308.4	1457.4	2472.1	707.1	1221.6	27.4	285.1	1509.2
2001	8733.1	5841.7	363.0	1415.4	2500.3	741.9	1174.3	35.7	298.8	1439.7
2002	8997.6	6091.9	321.2	1453.2	2765.0	683.7	1327.5	33.7	282.3	1618.2
2003	9124.7	6157.2	390.0	1412.6	2214.8	642.8	963.7	24.1	231.4	1513.5
2004	9200.4	6312.2	398.9	1380.2	2743.0	790.1	1292.1	41.2	299.7	1656.5
2005	9172.5	6410.9	375.7	1303.1	2605.3	808.1	1250.8	32.5	270.7	1671.2
2006	8790.0	6443.4	360.9	935.4	2853.7	1039.0	1333.1	35.3	210.4	1726.5
2007	8210.5	6596.4	357.2	623.2	2974.0	1179.8	1356.9	35.5	153.8	1319.9
2008	8354.9	6710.5	352.2	659.6	3140.9	1259.2	1406.9	32.8	175.0	1350.0
2009	8576.1	6938.1	301.7	697.0	3168.9	1187.8	1470.9	29.7	182.4	1414.7
2010	8579.3	6947.7	280.8	691.9	3207.7	1242.4	1440.2	25.8	176.1	1524.3
2011	8582.9	6991.0	271.4	652.3	3314.0	1294.5	1450.7	29.3	167.0	1564.8
2012	8537.4	6988.7	224.4	628.8	3542.9	1423.3	1466.7	21.6	171.6	1638.6
2013	8545.2	7044.6	199.4	591.2	3540.9	1460.6	1426.6	17.6	169.5	1735.0
2014	8669.4	7183.6	176.2	582.0	3830.5	1581.1	1523.6	17.5	172.5	1775.3
2015	8780.8	7280.7	167.5	574.9	4077.2	1661.1	1616.8	14.8	171.4	1877.4
2016	8790.1	7359.0	110.1	542.7	3961.8	1635.5	1570.0	11.1	159.5	1936.6
2017	8726.7	7321.8	88.1	518.3	4019.7	1644.5	1647.5	8.6	154.7	2019.6
2018	8771.1	7316.3	86.3	520.2	4007.3	1607.5	1681.2	8.9	158.0	2118.2

2-2 小麦中间消耗
Mid-consumption of Wheat

单位:元/亩 (yuan/mu)

指标	Item	2015	2016	2017	2018
平均每单位产值	Output Value per Unit	909.02	786.46	979.59	743.15
平均每单位中间消耗	Intermediate Consumption per Unit	352.15	343.97	358.99	369.84
物质消耗	Material Consumption	251.43	260.25	264.89	277.56
用种量	Seed Quantity	59.06	69.84	79.60	80.06
饲料	Forages				
肥料	Fertilizers	147.96	145.88	136.71	144.82
燃料	Fuels	14.14	13.69	8.33	14.47
农膜	Farm Plastic Film	0.07	0.02	0.03	
农药	Pesticides	27.71	28.84	32.75	37.03
养殖用药	Pesticides for Cultivation				
水费	Water Fee	0.35	0.14		
用电量	Electricity Consumption	0.20	0.52	5.80	0.24
棚架材料费	Scaffold Material Cost				
小农具	Small Farm Implements	1.77	1.24	0.79	0.71
办公用品	Office Supplies	0.13	0.08	0.20	0.18
其他	Others	0.04		0.68	0.05
生产服务支出	Cost of Production Services	100.72	83.72	94.10	92.28
外雇运输费	Transport Fee	2.83	2.42	1.81	1.43
外雇排灌费	Irrigation and Drainage Fee	0.71	0.24		0.31
外雇机械作业费	Mechanical Work Fee	92.26	74.57	87.64	86.40
其他	Others	2.14	2.60	4.65	4.14

2-3 中单晚及双晚稻中间消耗
Mid-consumption of Middle-season and Late Rice

单位:元/亩 (yuan/mu)

指标	Item	2015	2016	2017	2018
平均每单位产值	Output Value per Unit	1431.91	1297.04	1301.45	1274.93
平均每单位中间消耗	Intermediate Consumption per Unit	432.00	425.53	430.68	457.73
物质消耗	Material Consumption	306.49	296.70	302.59	321.85
用种量	Seed Quantity	56.50	66.05	63.98	62.95
饲料	Forages				
肥料	Fertilizers	141.16	138.88	142.53	157.00
燃料	Fuels	14.06	17.59	13.60	14.44
农膜	Farm Plastic Film	0.93	1.53	1.25	0.21
农药	Pesticides	80.88	62.65	69.68	78.90
养殖用药	Pesticides for Cultivation				
水费	Water Fee	3.34	1.90	4.06	0.92
用电量	Electricity Consumption	5.59	5.71	5.37	6.32
棚架材料费	Scaffold Material Cost	0.03	0.07		
小农具	Small Farm Implements	3.39	2.28	1.87	0.80
办公用品	Office Supplies	0.13	0.04	0.03	0.01
其他	Others	0.48		0.22	0.30
生产服务支出	Cost of Production Services	125.51	128.83	128.09	135.88
外雇运输费	Transport Fee	3.96	2.11	1.22	2.68
外雇排灌费	Irrigation and Drainage Fee	4.37	6.21	3.61	5.62
外雇机械作业费	Mechanical Work Fee	110.20	108.73	109.68	121.16
其他	Others	3.30	4.95	13.58	6.42

2-4 玉米中间消耗
Mid-consumption of Corn

单位:元/亩 (yuan/mu)

指标	Item	2015	2016	2017	2018
平均每单位产值	Output Value per Unit	801.75	751.61	691.14	711.25
平均每单位中间消耗	Intermediate Consumption per Unit	303.92	281.76	286.81	302.30
物质消耗	Material Consumption	230.25	208.96	210.05	222.88
用种量	Seed Quantity	53.90	47.95	53.30	57.35
饲料	Forages				
肥料	Fertilizers	141.74	125.01	120.09	130.03
燃料	Fuels	8.96	9.48	10.29	8.49
农膜	Farm Plastic Film	0.04	0.02		
农药	Pesticides	21.78	24.61	23.30	24.77
养殖用药	Pesticides for Cultivation				
水费	Water Fee				
用电量	Electricity Consumption	0.14	0.17	0.59	0.23
棚架材料费	Scaffold Material Cost				
小农具	Small Farm Implements	2.18	1.31	1.35	1.19
办公用品	Office Supplies	0.42	0.41	1.13	0.81
其他	Others	1.08			0.01
生产服务支出	Cost of Production Services	73.67	72.80	76.76	79.42
外雇运输费	Transport Fee	0.96	1.15	1.22	0.42
外雇排灌费	Irrigation and Drainage Fee				
外雇机械作业费	Mechanical Work Fee	70.38	68.26	67.93	75.57
其他	Others	1.08	1.52	7.61	3.43

2-5 油菜籽中间消耗
Mid-consumption of Rapeseeds

单位:元/亩 (yuan/mu)

指标	Item	2015	2016	2017	2018
平均每单位产值	Output Value per Unit	778.69	646.75	792.22	843.54
平均每单位中间消耗	Intermediate Consumption per Unit	234.91	256.18	257.94	255.10
物质消耗	Material Consumption	156.40	175.80	184.29	175.16
用种量	Seed Quantity	20.28	25.33	30.99	27.58
饲料	Forages				
肥料	Fertilizers	108.16	110.37	118.23	113.48
燃料	Fuels	4.54	5.74	3.28	2.41
农膜	Farm Plastic Film		0.12	1.01	
农药	Pesticides	18.05	23.43	25.18	31.26
养殖用药	Pesticides for Cultivation				
水费	Water Fee		2.78		
用电量	Electricity Consumption	0.88	1.17	0.19	0.13
棚架材料费	Scaffold Material Cost		0.33		
小农具	Small Farm Implements	4.45	6.53	5.41	0.30
办公用品	Office Supplies	0.05			
其他	Others				
生产服务支出	Cost of Production Services	78.51	80.38	73.65	79.94
外雇运输费	Transport Fee	1.13	0.19		
外雇排灌费	Irrigation and Drainage Fee	0.64	0.47		0.70
外雇机械作业费	Mechanical Work Fee	73.58	76.85	70.42	76.50
其他	Others	2.59	1.80	3.23	2.74

2-6 棉花中间消耗
Mid-consumption of Cotton

单位:元/亩　　　　(yuan/mu)

指标	Item	2015	2016	2017	2018
平均每单位产值	Output Value per Unit	1121.77	1266.69	929.86	1248.53
平均每单位中间消耗	Intermediate Consumption per Unit	382.81	330.77	288.18	311.25
物质消耗	Material Consumption	343.69	283.66	270.36	296.90
用种量	Seed Quantity	62.52	87.63	52.10	59.98
饲料	Forages				
肥料	Fertilizers	176.69	136.30	129.84	156.98
燃料	Fuels	1.06	2.55	1.03	0.09
农膜	Farm Plastic Film	7.53	7.85	11.45	5.10
农药	Pesticides	91.85	45.21	60.37	73.54
养殖用药	Pesticides for Cultivation				
水费	Water Fee				
用电量	Electricity Consumption				
棚架材料费	Scaffold Material Cost				
小农具	Small Farm Implements	2.24	4.12	1.28	1.21
办公用品	Office Supplies				
其他	Others	1.80		14.29	
生产服务支出	Cost of Production Services	39.13	47.11	17.82	14.35
外雇运输费	Transport Fee				
外雇排灌费	Irrigation and Drainage Fee	0.93	0.16	0.71	0.77
外雇机械作业费	Mechanical Work Fee	36.03	44.41	14.52	10.24
其他	Others	2.17	0.82	2.59	3.34

2-7 农作物播种面积

单位:千公顷

指 标	Item	2005	2007	2008	2009
农作物总播种面积	**Total Sown Area of Farm Crops**	**9172.5**	**8210.5**	**8354.9**	**8576.1**
一、粮食作物总计	**Grain Crops**	**6410.9**	**6596.4**	**6710.5**	**6938.1**
其中:夏收粮食	Of Which:Summer Grain	2268.5	2511.7	2531.7	2655.4
秋收粮食	Autumn Grain	3748.7	3811.3	3915.9	3974.1
(一)谷物	Cereals	5051.3	5452.8	5534.3	5828.2
1. 稻谷	Barley	2149.1	2205.6	2254.2	2356.5
(1)早稻	Early-season Rice	293.7	273.3	263.0	308.6
(2)中稻	Semilate rice	1557.9	1642.4	1706.5	1737.4
(3)双季晚稻	Double-cropping Late Rice	297.5	289.9	284.7	310.5
2. 小麦	Wheat	2108.3	2448.0	2484.4	2605.8
3. 玉米	Corn	670.2	733.3	731.3	803.7
4. 谷子	Millet	0.3	1.1	15.9	11.4
5. 高粱	Jowar	2.0	1.0	1.2	1.2
6. 其他谷物	Other Cereals	121.4	60.1	43.6	45.7
其中:大麦	Of Which:Barley		3.6	3.7	3.9
(二)豆类	Beans	1008.6	983.3	1005.2	960.5
大豆	Soybean	917.0	908.0	933.4	891.1
绿豆	Mung Bean		57.9	58.0	57.9
红小豆	Red Bean		4.3	4.3	4.4
(三)薯类	Tubers	351.0	160.3	171.1	149.4
其中:马铃薯	Of Which:Potato	7.1	6.8	7.6	8.1

Total Sown Areas of Farm Crops

(1000 hectares)

2010	2011	2012	2013	2014	2015	2016	2017	2018
8579.3	8582.9	8537.4	8545.2	8669.4	8780.8	8790.1	8726.7	8771.1
6947.7	6991.0	6988.7	7044.6	7183.6	7280.7	7359.0	7321.8	7316.3
2668.5	2717.8	2760.3	2823.4	2808.4	2858.8	2888.1	2823.4	2876.3
3988.2	3989.6	3952.5	3947.3	4110.0	4184.1	4245.5	4291.0	4257.3
5883.7	6025.3	6086.5	6210.3	6349.9	6564.0	6651.2	6597.8	6568.6
2338.6	2333.9	2333.6	2320.9	2422.0	2476.4	2537.4	2605.1	2544.8
291.1	283.6	276.0	273.8	265.2	237.8	225.4	207.4	182.7
1764.3	1773.9	1789.8	1793.5	1912.8	2015.9	2096.3	2190.1	2172.8
283.3	276.4	267.8	253.6	244.1	222.6	215.6	207.7	189.3
2619.2	2681.1	2733.9	2801.2	2802.5	2858.0	2887.6	2822.8	2875.9
864.1	952.9	975.0	1045.3	1098.7	1206.3	1203.3	1160.1	1138.6
11.4	19.5	16.5	19.3	18.8	22.3	22.1	8.8	6.5
1.2	1.2	1.2	1.4	2.0	0.3	0.3	0.3	0.3
44.8	26.4	26.0	22.2	5.0	0.3	0.1	0.1	0.5
4.5	10.4	0.3	0.0	0.9	0.5	0.4	0.5	2.1
905.1	830.9	796.0	743.1	736.6	637.7	637.1	658.7	687.6
835.0	759.5	731.2	687.5	679.7	601.1	599.5	620.5	649.9
58.8	59.0	61.2	41.7	40.9	30.3	31.1	31.6	31.3
4.6	3.6	3.7	3.1	3.8	6.3	6.6	6.5	6.4
158.9	134.8	106.1	91.2	97.1	79.0	70.6	65.3	60.2
8.8	10.4	15.1	8.6	8.5	6.8	6.5	2.4	4.8

2-7 续表

指 标	Item	2005	2007	2008	2009
二、油料作物	**Oil-bearing Crops**	**1303.1**	**623.2**	**659.6**	**697.0**
其中:花生	Of Which:Peanut	238.5	132.1	137.6	132.3
油菜籽	Rapeseed	953.6	453.7	484.9	525.0
芝麻	Sesame	109.0	7.0	6.4	6.6
三、棉花	**Cotton**	**375.7**	**357.2**	**352.2**	**301.7**
四、麻类	**Fiber Crops**	**12.8**	**4.4**	**1.5**	**1.6**
其中:黄红麻	Of Which:Jute and Ambary Hemp	6.5	3.7	0.9	1.0
苎麻	Ramee	4.4	0.3	0.3	0.3
大麻(线麻)	Hemp	1.7	0.3	0.3	0.3
五、糖料合计	**Sugar Crops**	**5.7**	**4.1**	**4.6**	**3.7**
甘蔗	Sugar Cane	5.7	2.7	3.7	2.7
六、烟叶合计	**Tobacco**	**10.8**	**3.6**	**5.8**	**6.4**
其中:烤烟	Of Which:Flue-cured Tobacco	10.3	3.1	5.1	5.8
七、药材类合计	**Medicinal Materials**	**61.4**	**35.5**	**34.7**	**35.7**
八、蔬菜(含菜用瓜)	**Vegetables**	**664.9**	**507.4**	**509.4**	**516.3**
九、瓜果类(含果用瓜)	**Melon**	**175.5**	**62.0**	**62.1**	**61.4**
# 西瓜	#Watermelon	151.5	52.7	51.7	50.5
甜瓜	Muskmelon	14.0	1.0	1.0	1.0
草莓	Strawberry	4.9	3.4	4.0	4.4
十、其他作物	**Other Farm Crops**	**151.7**	**16.7**	**14.6**	**14.2**
# 青饲料	#Succulence	12.2	3.4	3.6	4.0

Continued

2010	2011	2012	2013	2014	2015	2016	2017	2018
691.9	652.3	628.8	591.2	582.0	574.9	542.7	518.3	520.2
142.3	140.0	137.4	136.3	138.2	140.4	138.7	138.9	144.2
513.9	485.3	465.3	430.5	421.0	409.3	375.3	354.1	357.0
6.6	6.6	6.2	5.6	5.7	6.9	5.0	4.5	7.3
280.8	271.4	224.4	199.4	176.2	167.5	110.1	88.1	86.3
1.5	1.5	1.5	1.3	1.2	1.1	0.9	0.9	1.0
0.9	1.0	0.9	0.7	0.7	0.7	0.3	0.3	0.3
0.2	0.2	0.2	0.2	0.2	0.1	0.0	0.0	0.1
0.3	0.3	0.3	0.3	0.3	0.3	0.6	0.6	0.6
3.6	3.4	3.1	2.9	3.2	3.0	2.9	2.9	2.6
2.6	2.4	2.2	2.0	2.0	1.9	2.9	2.9	1.7
7.5	8.1	9.2	11.0	11.2	10.3	8.8	8.3	8.1
6.3	6.9	7.9	10.0	10.6	9.9	8.7	8.2	8.0
41.9	48.4	53.5	55.5	56.7	58.3	68.7	71.0	85.2
526.4	528.5	549.4	559.4	575.5	599.6	610.9	628.2	652.2
64.3	65.5	66.3	67.6	68.2	73.4	74.1	74.9	80.0
52.4	51.5	54.5	53.6	56.0	60.6	59.8	60.7	64.5
1.0	1.0	1.3	1.4	1.5	1.6	1.5	1.6	2.7
5.3	6.1	6.4	7.8	7.6	8.0	8.5	9.0	9.1
13.7	12.9	12.5	12.5	11.7	11.9	12.1	12.4	19.2
3.5	3.7	4.4	4.7	4.5	4.7	4.6	4.6	9.2

2-8 农作物种植结构

单位:%

指　标	Item	2005	2007	2008	2009
农作物总播种面积	**Total Sown Area of Farm Crops**	**100.0**	**100.0**	**100.0**	**100.0**
一、粮食作物总计	**Grain Crops**	**69.9**	**80.3**	**80.3**	**80.9**
其中:夏收粮食	Of Which:Summer Grain	35.4	38.1	37.7	38.3
秋收粮食	Autumn Grain	58.5	57.8	58.4	57.3
(一)谷物	Cereals	78.8	82.7	82.5	84.0
1. 稻谷	Barley	42.5	40.4	40.7	40.4
(1)早稻	Early-season Rice	13.7	12.4	11.7	13.1
(2)中稻	Semilate rice	72.5	74.5	75.7	73.7
(3)双季晚稻	Double-cropping Late Rice	13.8	13.1	12.6	13.2
2. 小麦	Wheat	41.7	44.9	44.9	44.7
3. 玉米	Corn	13.3	13.4	13.2	13.8
4. 谷子	Millet	0.0	0.0	0.3	0.2
5. 高粱	Jowar	0.0	0.0	0.0	0.0
6. 其他谷物	Other Cereals	0.0	1.1	0.8	0.8
其中:大麦	Of Which:Barley	2.4	0.1	0.1	0.1
(二)豆类	Beans	15.7	14.9	15.0	13.8
大豆	Soybean	90.9	92.3	92.9	92.8
绿豆	Mung Bean	0.0	5.9	5.8	6.0
红小豆	Red Bean	0.0	0.4	0.4	0.5
(三)薯类	Tubers	5.5	2.4	2.5	2.2
其中:马铃薯	Of Which:Potato	2.0	4.2	4.4	5.5

Planting Structure of Crops

(%)

2010	2011	2012	2013	2014	2015	2016	2017	2018
100.0	100.0	100.0	100.0	100.0	100.0	100.0	100.0	100.0
81.0	81.5	81.9	82.4	82.9	82.9	83.7	83.9	83.4
38.4	38.9	39.5	40.1	39.1	39.3	39.2	38.6	39.3
57.4	57.1	56.6	56.0	57.2	57.5	57.7	58.6	58.2
84.7	86.2	87.1	88.2	88.4	90.2	90.4	90.1	89.8
39.7	38.7	38.3	37.4	38.1	37.7	38.1	39.5	38.7
12.4	12.2	11.8	11.8	10.9	9.6	8.9	8.0	7.2
75.4	76.0	76.7	77.3	79.0	81.4	82.6	84.1	85.4
12.1	11.8	11.5	10.9	10.1	9.0	8.5	8.0	7.4
44.5	44.5	44.9	45.1	44.1	43.5	43.4	42.8	43.8
14.7	15.8	16.0	16.8	17.3	18.4	18.1	17.6	17.3
0.2	0.3	0.3	0.3	0.3	0.3	0.3	0.1	0.1
0.0	0.0	0.0	0.0	0.0	0.0	0.0	0.0	0.0
0.8	0.4	0.4	0.4	0.1	0.0	0.0	0.0	0.0
0.1	0.2	0.0	0.0	0.0	0.0	0.0	0.0	0.0
13.0	11.9	11.4	10.5	10.3	8.8	8.7	9.0	9.4
92.2	91.4	91.8	92.5	92.3	94.3	94.1	94.2	94.5
6.5	7.1	7.7	5.6	5.6	4.8	4.9	4.8	4.6
0.5	0.4	0.5	0.4	0.5	1.0	1.0	1.0	0.9
2.3	1.9	1.5	1.3	1.4	1.1	1.0	0.9	0.8
5.5	7.7	14.3	9.5	8.7	8.6	9.2	3.7	7.9

2-8 续表

指 标	Item	2005	2007	2008	2009
二、油料作物	**Oil-bearing Crops**	**14.2**	**7.6**	**7.9**	**8.1**
其中:花生	Of Which:Peanut	18.3	21.2	20.9	19.0
油菜籽	Rapeseed	73.2	72.8	73.5	75.3
芝麻	Sesame	8.4	1.1	1.0	0.9
三、棉花	**Cotton**	**4.1**	**4.4**	**4.2**	**3.5**
四、麻类	**Fiber Crops**	**0.1**	**0.1**	**0.0**	**0.0**
其中:黄红麻	Of Which:Jute and Ambary Hemp	50.8	84.7	62.4	64.5
苎麻	Ramee	34.4	7.4	17.8	15.8
大麻(线麻)	Hemp	13.3	6.9	17.5	16.9
五、糖料合计	**Sugar Crops**	**0.1**	**0.1**	**0.1**	**0.0**
甘蔗	Sugar Cane	100.0	66.7	78.9	73.3
六、烟叶合计	**Tobacco**	**0.1**	**0.0**	**0.1**	**0.1**
其中:烤烟	Of Which:Flue-cured Tobacco	95.4	85.0	88.6	90.6
七、药材类合计	**Medicinal Materials**	**0.7**	**0.4**	**0.4**	**0.4**
八、蔬菜(含菜用瓜)	**Vegetables**	**7.2**	**6.2**	**6.1**	**6.0**
九、瓜果类(含果用瓜)	**Melon**	**1.9**	**0.8**	**0.7**	**0.7**
#西瓜	#Watermelon	86.3	85.1	83.2	82.3
甜瓜	Muskmelon	8.0	1.5	1.6	1.6
草莓	Strawberry	2.8	5.4	6.4	7.2
十、其他作物	**Other Farm Crops**	**1.7**	**0.2**	**0.2**	**0.2**
#青饲料	#Succulence	8.0	20.2	24.7	28.0

Continued

2010	2011	2012	2013	2014	2015	2016	2017	2018
8.1	7.6	7.4	6.9	6.7	6.5	6.2	5.9	5.9
20.6	21.5	21.8	23.1	23.7	24.4	25.6	26.8	27.7
74.3	74.4	74.0	72.8	72.3	71.2	69.2	68.3	68.6
1.0	1.0	1.0	0.9	1.0	1.2	0.9	0.9	1.4
3.3	3.2	2.6	2.3	2.0	1.9	1.3	1.0	1.0
0.0	0.0	0.0	0.0	0.0	0.0	0.0	0.0	0.0
60.6	63.7	62.0	56.2	56.6	59.8	31.0	30.5	29.4
14.6	12.8	14.7	16.2	14.1	12.1	0.6	0.6	11.6
21.1	19.0	21.5	24.8	27.6	26.4	66.6	68.6	59.1
0.0	0.0	0.0	0.0	0.0	0.0	0.0	0.0	0.0
71.1	69.2	70.1	67.6	62.0	63.8	99.6	99.0	67.8
0.1	0.1	0.1	0.1	0.1	0.1	0.1	0.1	0.1
83.8	85.3	86.6	91.0	95.0	96.6	98.6	98.5	98.6
0.5	0.6	0.6	0.6	0.7	0.7	0.8	0.8	1.0
6.1	6.2	6.4	6.5	6.6	6.8	6.9	7.2	7.4
0.7	0.8	0.8	0.8	0.8	0.8	0.8	0.9	0.9
81.5	78.6	82.1	79.2	82.1	82.6	80.7	81.0	80.5
1.5	1.5	1.9	2.1	2.2	2.2	2.1	2.1	3.3
8.3	9.3	9.6	11.6	11.1	10.9	11.4	12.0	11.4
0.2	0.2	0.1	0.1	0.1	0.1	0.1	0.1	0.2
25.2	28.2	35.0	37.5	38.6	39.6	38.2	37.4	48.0

2-9 主要农作物总产量

单位:万吨

指　标	Item	2005	2007	2008	2009
农作物总产量	**Output of Farm Crops**	**5166.7**	**4675.1**	**4890.7**	**4993.5**
一、粮食作物总计	**Grain Crops**	**2605.3**	**2974.0**	**3140.9**	**3168.9**
其中:夏收粮食	Of Which:Summer Grain	865.2	1195.4	1268.7	1197.5
秋收粮食	Autumn Grain	1587.0	1632.8	1733.0	1802.0
(一)谷物	Cereals	2385.8	2811.1	2975.3	3009.1
1. 稻谷	Barley	1250.8	1356.9	1406.9	1470.9
(1)早稻	Early-season Rice	153.1	145.8	139.2	169.4
(2)中单晚稻	Semilate rice	954.9	1069.6	1126.6	1148.3
(3)双季晚稻	Double-cropping Late Rice	142.8	141.5	141.1	153.2
2. 小麦	Wheat	808.1	1179.8	1259.2	1187.8
3. 玉米	Corn	264.9	258.1	297.2	335.1
4. 谷子	Millet	0.2	0.6	2.2	5.3
5. 高粱	Jowar	1.5	0.3	0.2	0.2
6. 其他谷物	Other Cereals	60.3	14.3	9.0	9.8
其中:大麦	Of Which:Barley	59.2	1.3	0.5	0.0
(二)豆类	Beans	95.5	117.6	121.9	116.0
大豆	Soybean	88.8	110.0	119.8	113.7
绿豆	Mung Bean	5.9	4.4	1.8	1.9
红小豆	Red Bean	0.8	0.7	0.2	0.2
(三)薯类	Tubers	124.0	45.2	43.7	43.8
其中:马铃薯	Of Which:Potato	3.1	4.3	4.8	5.2

Output of Main Crops

(10000 tons)

2010	2011	2012	2013	2014	2015	2016	2017	2018
5166.1	5315.9	5621.0	5734.7	6062.2	6431.4	6365.8	6506.0	6622.8
3207.7	3314.0	3542.9	3540.9	3830.5	4077.2	3961.8	4019.7	4007.3
1252.3	1300.2	1428.0	1464.3	1582.1	1661.1	1635.6	1644.6	1607.5
1800.3	1861.9	1961.6	1924.4	2097.5	2279.4	2200.8	2248.7	2287.1
3055.9	3182.4	3411.2	3426.6	3714.4	3962.3	3852.4	3907.7	3889.3
1440.2	1450.7	1466.7	1426.6	1523.6	1616.8	1570.0	1647.5	1681.2
155.0	151.9	153.3	152.1	151.0	136.7	125.3	126.4	112.6
1145.6	1160.2	1173.0	1141.9	1240.6	1361.8	1333.9	1414.6	1469.4
139.5	138.6	140.4	132.7	132.0	118.3	110.9	106.4	99.2
1242.4	1294.5	1423.3	1460.6	1581.1	1661.1	1635.5	1644.5	1607.5
355.0	422.0	506.7	526.9	599.9	679.0	634.5	610.7	595.6
8.2	9.3	9.5	8.5	8.8	5.1	12.1	4.8	2.9
0.2	0.2	0.2	0.2	0.0	0.2	0.1	0.2	0.2
9.5	4.7	4.5	3.7	0.8	0.1	0.1	0.1	0.1
0.5	1.0	0.2	0.0	0.1	0.0	0.1	0.1	2.0
107.6	97.9	99.4	89.5	95.3	95.7	93.6	97.1	103.0
105.1	94.8	93.0	85.2	90.4	92.0	90.5	94.0	97.5
2.1	2.8	5.5	3.6	3.5	2.9	2.5	2.5	4.4
0.2	0.3	0.9	0.7	0.6	0.7	0.7	0.6	1.1
44.2	33.8	32.3	24.8	20.9	19.3	15.7	14.8	14.9
5.5	5.0	6.3	2.1	2.1	1.6	1.7	1.4	1.6

2-9 续表

指 标	Item	2005	2007	2008	2009
二、油料作物	**Oil-bearing Crops**	**270.7**	**153.8**	**175.0**	**182.4**
其中:花生	Of Which:Peanut	79.3	46.8	56.4	55.2
油菜籽	Rapeseed	182.3	98.2	108.4	117.7
芝麻	Sesame	9.0	0.8	0.9	0.8
三、棉花	**Cotton**	**32.5**	**35.5**	**32.8**	**29.7**
四、麻类	**Fiber Crops**	**3.2**	**1.3**	**0.7**	**0.4**
其中:黄红麻	Of Which:Jute and Ambary Hemp	1.9	1.1	0.6	0.3
苎麻	Ramee	0.8	0.1	0.0	0.0
大麻(线麻)	Hemp	0.4	0.1	0.1	0.1
五、糖料合计	**Sugar Crops**	**21.3**	**16.0**	**13.1**	**15.3**
甘蔗	Sugar Cane	21.3	10.3	9.3	11.1
六、烟叶合计	**Tobacco**	**2.6**	**1.4**	**1.5**	**1.6**
其中:烤烟	Of Which:Flue-cured Tobacco	2.5	1.3	1.4	1.5
七、药材类合计	**Medicinal Materials**		**0.0**	**0.0**	**0.0**
八、蔬菜(含菜用瓜)	**Vegetables**	**1671.2**	**1319.9**	**1350.0**	**1414.7**
九、瓜果类(含果用瓜)	**Melon**	**559.9**	**173.2**	**176.7**	**180.5**
#西瓜	#Watermelon	492.4	146.3	148.9	151.5
甜瓜	Muskmelon	35.7	2.8	3.0	3.2
草莓	Strawberry	9.2	6.0	7.7	9.4

Continued

2010	2011	2012	2013	2014	2015	2016	2017	2018
176.1	167.0	171.6	169.5	172.5	171.4	159.5	154.7	158.0
68.1	64.0	64.3	65.8	70.0	70.0	68.7	68.8	71.1
101.0	98.3	103.2	99.5	98.2	96.6	87.6	83.2	84.3
0.9	0.9	0.9	1.0	1.0	1.0	0.8	0.7	1.1
25.8	29.3	21.6	17.6	17.5	14.8	11.1	8.6	8.9
0.4	0.4	0.4	0.4	0.3	0.4	0.3	0.3	0.3
0.2	0.3	0.3	0.2	0.2	0.2	0.1	0.1	0.1
0.0	0.0	0.0	0.0	0.0	0.0	0.0	0.0	0.0
0.1	0.1	0.1	0.1	0.1	0.1	0.2	0.2	0.2
15.1	14.3	12.6	11.3	11.7	11.9	11.2	11.2	10.1
10.6	9.8	8.8	7.6	7.4	7.9	6.2	6.2	7.1
1.8	1.9	2.2	2.7	2.7	2.6	2.0	2.1	2.0
1.7	1.8	2.1	2.6	2.6	2.5	1.9	2.1	2.0
0.0	0.0	0.0	0.0	0.0	0.0	0.0	0.0	0.0
1524.3	1564.8	1638.6	1735.0	1775.3	1877.4	1936.6	2019.6	2118.2
214.9	224.2	231.0	257.4	251.7	275.7	283.4	289.7	317.9
185.1	191.5	202.0	221.1	219.3	239.1	245.8	250.8	270.9
3.1	3.3	4.0	4.4	4.5	4.9	4.9	5.1	8.4
11.9	13.3	15.3	17.8	18.5	19.4	20.6	22.5	22.7

2-10 主要农作物单位面积产量

单位：千克/公顷

指 标	Item	2005	2007	2008	2009
一、粮食作物总计	**Grain Crops**	**4063.9**	**4508.5**	**4680.5**	**4567.4**
其中：夏收粮食	Of Which: Summer Grain	3814.0	4759.1	5011.2	4509.7
秋收粮食	Autumn Grain	4233.5	4284.0	4425.6	4534.3
(一)谷物	Cereals	4723.1	5155.4	5376.1	5163.0
1. 稻谷	Barley	5820.1	6152.0	6241.4	6242.1
(1)早稻	Early-season Rice	5212.8	5334.8	5293.2	5489.7
(2)中稻	Semilate rice	6129.4	6512.4	6602.0	6609.6
(3)双季晚稻	Double-cropping Late Rice	4800.0	4880.7	4955.8	4933.1
2. 小麦	Wheat	3832.9	4819.4	5068.3	4558.1
3. 玉米	Corn	3952.6	3519.1	4064.7	4170.0
4. 谷子	Millet	6666.7	5042.9	1395.6	4653.7
5. 高粱	Jowar	7500.0	2600.0	1818.2	1818.2
6. 其他谷物	Other Cereals		2379.4	2065.3	2135.2
其中：大麦	Of Which: Barley	4967.1	3548.3	1381.0	0.0
(二)豆类	Beans	946.9	1195.9	1212.3	1207.4
大豆	Soybean	968.4	1211.1	1283.8	1275.9
绿豆	Mung Bean		756.8	318.5	324.3
红小豆	Red Bean		1739.1	408.2	400.0
(三)薯类	Tubers	3532.8	2822.1	2556.0	2931.8
其中：马铃薯	Of Which: Potato	4366.2	6323.5	6363.6	6385.5
二、油料作物	**Oil-bearing Crops**	**2077.4**	**2467.6**	**2653.0**	**2617.0**
其中：花生	Of Which: Peanut	3324.9	3540.5	4101.4	4170.9

Yield per Unit Area of Main Crops

(kg/hectare)

2010	2011	2012	2013	2014	2015	2016	2017	2018
4616.9	4740.4	5069.5	5026.4	5332.4	5600.0	5383.5	5490.1	5477.1
4693.0	4783.9	5173.4	5186.3	5633.3	5810.6	5663.3	5825.0	5588.8
4514.2	4667.0	4962.9	4875.3	5103.3	5447.7	5184.0	5240.5	5372.2
5193.8	5281.7	5604.6	5517.6	5849.5	6036.4	5792.1	5922.8	5921.1
6158.3	6215.6	6285.4	6146.8	6290.7	6528.9	6187.6	6323.9	6606.6
5326.5	5355.2	5557.0	5554.1	5694.6	5748.9	5558.0	6094.1	6163.7
6493.5	6540.4	6553.8	6366.7	6485.9	6755.2	6363.0	6459.3	6762.6
4925.0	5014.3	5242.4	5231.4	5408.8	5313.0	5140.8	5125.6	5242.5
4743.4	4828.3	5206.0	5214.1	5641.8	5812.0	5663.9	5825.7	5589.5
4108.5	4428.3	5197.4	5040.8	5459.9	5629.2	5272.8	5264.0	5231.3
7153.3	4773.2	5761.6	4412.0	4681.0	2300.0	5481.9	5451.5	4459.9
2000.0	2000.0	2000.0	1818.2	0.0	8500.0	5127.5	4782.6	5000.0
2116.1	1781.0	1740.7	1683.2	1644.6	1656.3	5416.1	5417.2	1333.3
1034.5	935.3	6164.4	1538.5	0.0	1513.9	2259.7	9158.9	
1188.6	1177.7	1249.1	1204.5	1293.4	1500.1	1468.9	1474.7	1497.8
1258.4	1247.5	1271.3	1239.3	1330.5	1531.1	1509.5	1515.3	1500.1
355.3	476.7	905.1	871.5	856.3	960.2	787.8	779.6	1404.7
384.6	784.3	2549.0	2200.0	1666.7	1145.2	992.4	987.0	1714.5
2783.2	2504.6	3039.9	2714.9	2153.6	2438.8	2228.2	2270.6	2482.1
6233.6	4840.4	4181.9	2444.4	2464.3	2333.3	2603.8	5846.2	3262.3
2545.7	2560.1	2729.6	2867.4	2963.2	2982.2	2938.3	2983.9	3037.8
4781.5	4569.0	4682.5	4822.8	5063.6	4987.4	4955.1	4951.1	4929.2

2-10 续表

指 标	Item	2005	2007	2008	2009
油菜籽	Rapeseed	1911.7	2165.0	2234.5	2241.1
芝麻	Sesame	825.7	1080.7	1343.1	1212.4
三、棉花	**Cotton**	**865.1**	**994.9**	**931.8**	**983.8**
四、麻类	**Fiber Crops**	**2500.0**	**2935.9**	**4847.3**	**2460.9**
其中:黄红麻	Of Which:Jute and Ambary Hemp	2923.1	3024.0	6313.6	2679.8
苎麻	Ramee	1818.2	1656.6	1506.9	1461.5
大麻(线麻)	Hemp	2352.9	3229.7	3276.1	2506.9
五、糖料合计	**Sugar Crops**	**37368.4**	**38945.9**	**28182.1**	**41312.4**
甘蔗	Sugar Cane	37368.4	37585.1	25407.3	41087.7
六、烟叶合计	**Tobacco**	**2407.4**	**3845.6**	**2546.7**	**2516.9**
其中:烤烟	Of Which:Flue-cured Tobacco	2427.2	4318.6	2730.9	2683.0
七、药材类合计	**Medicinal Materials**	**0.0**	**0.0**	**0.0**	**0.0**
八、蔬菜(含菜用瓜)	**Vegetables**	**25134.6**	**26013.9**	**26503.7**	**27399.5**
九、瓜果类(含果用瓜)	**Melon**	**31903.1**	**27937.6**	**28454.1**	**29404.2**
#西瓜	#Watermelon	32501.7	27753.6	28822.7	29970.0
甜瓜	Muskmelon	25500.0	29422.3	29720.3	32842.4
草莓	Strawberry	18775.5	17842.8	19530.4	21120.3

Continued

2010	2011	2012	2013	2014	2015	2016	2017	2018
2545.7	2560.1	2729.6	2867.4	2963.2	2982.2	2938.3	2983.9	3037.8
4781.5	4569.0	4682.5	4822.8	5063.6	4987.4	4955.1	4951.1	4929.2
1966.3	2026.2	2218.2	2310.2	2333.2	2359.6	2333.4	2348.1	2361.1
1317.5	1337.7	1478.4	1787.3	1678.7	1500.7	1528.9	1565.3	1540.5
917.5	1078.9	964.1	880.4	991.7	881.1	1006.5	975.8	1031.3
2496.4	2733.4	2907.5	2961.5	2888.9	3326.6	3424.4	3469.4	3276.6
2657.8	2754.4	3086.9	2636.4	2696.4	2813.5	3772.4	3894.0	4017.2
1562.6	1767.6	1602.5	1288.8	1517.9	1655.5	1697.1	1740.5	1394.7
2718.3	2391.0	3349.3	2727.6	2934.7	3146.7	3357.5	3218.3	3276.2
42107.3	41986.2	40099.3	38705.4	36684.6	39104.0	38649.8	38323.7	39346.8
41544.7	41704.3	40020.1	38390.2	37446.6	40764.9	21365.6	21443.2	40825.2
2353.2	2350.1	2413.4	2444.2	2419.5	2562.2	2259.2	2527.3	2480.7
2712.5	2666.7	2691.8	2570.2	2439.4	2547.7	2244.2	2513.9	2472.0
0.0	0.0	0.0	0.0	0.0	0.0	0.0	0.0	0.0
28958.7	29610.8	29826.2	31017.4	30847.9	31309.2	31703.4	32150.9	32480.0
33412.7	34247.6	34825.1	38053.0	36889.6	37549.9	38273.4	38701.8	39718.1
35329.2	37215.9	37097.8	41287.3	39145.9	39438.9	41126.1	41349.3	42032.4
31531.2	32743.1	30812.4	31428.1	30485.1	30976.7	31662.1	32117.7	31618.5
22212.9	21890.2	23913.2	22781.7	24372.7	24252.6	24354.1	25090.6	24869.6

2-11 主要农作物播种面积比上年增长情况

单位:%

指　标	Item	2005	2007	2008	2009
农作物总播种面积	**Total Sown Area of Farm Crops**	**-0.3**	**0.2**	**1.8**	**2.6**
一、粮食作物总计	**Grain Crops**	**-0.3**	**0.2**	**1.7**	**3.4**
其中:夏收粮食	Of Which:Summer Grain	1.6	0.2	0.8	4.9
秋收粮食	Autumn Grain	2.1	0.4	2.7	1.5
(一)谷物	Cereals	-1.4	0.3	1.5	5.3
1. 稻谷	Barley	1.5	0.7	2.2	4.5
(1)早稻	Early-season Rice	0.9	-0.1	-3.8	17.4
(2)中稻	Semilate rice	1.5	-3.8	3.9	1.8
(3)双季晚稻	Double-cropping Late Rice	0.6	1.2	-1.8	9.0
2. 小麦	Wheat	1.7	-3.9	1.5	4.9
3. 玉米	Corn	2.3	0.4	-0.3	9.9
4. 谷子	Millet	1.2	4.2	1355.1	-28.2
5. 高粱	Jowar	50.0	0.0	13.5	0.2
6. 其他谷物	Other Cereals	-9.1	-9.1	-27.5	4.9
其中:大麦	Of Which:Barley		-1.7	2.1	5.9
(二)豆类	Beans		-3.2	2.2	-4.4
大豆	Soybean	3.2	-2.8	2.8	-4.5
绿豆	Mung Bean	3.3	-3.2	0.1	-0.1
红小豆	Red Bean		4.9	0.9	1.4
(三)薯类	Tubers		4.0	6.7	-12.7
其中:马铃薯	Of Which:Potato	-1.9	0.9	12.5	7.1
二、油料作物	**Oil-bearing Crops**	**-2.7**	**6.0**	**5.8**	**5.7**
其中:花生	Of Which:Peanut	-5.6	-2.5	4.1	-3.8

Rate of Increase of Total Sown Areas of Main Crops over Preceding Year

(%)

2010	2011	2012	2013	2014	2015	2016	2017	2018
0.0	0.0	-0.5	0.1	1.5	1.3	0.1	-0.7	0.5
0.1	0.6	0.0	0.8	2.0	1.4	1.1	-0.5	-0.1
0.5	1.8	1.6	2.3	-0.5	1.8	1.0	-2.2	1.9
0.4	0.0	-0.9	-0.1	4.1	1.8	1.5	1.1	-0.8
1.0	2.4	1.0	2.0	2.2	3.4	1.3	-0.8	-0.4
-0.8	-0.2	0.0	-0.5	4.4	2.2	2.5	2.7	-2.3
-5.7	-2.6	-2.7	-0.8	-3.2	-10.3	-5.2	-8.0	-11.9
1.5	0.5	0.9	0.2	6.6	5.4	4.0	4.5	-0.8
-8.8	-2.4	-3.1	-5.3	-3.7	-8.8	-3.1	-3.7	-8.9
0.5	2.4	2.0	2.5	0.0	2.0	1.0	-2.2	1.9
7.5	10.3	2.3	7.2	5.1	9.8	-0.2	-3.6	-1.9
-0.3	71.4	-15.7	17.1	-2.3	18.4	-0.7	-60.3	-26.3
-0.6	0.1	3.2	13.5	46.2	-86.8	3.2	15.0	-4.5
-2.0	-41.1	-1.3	-14.6	-77.6	-93.6	-66.6	-3.7	336.2
15.5	129.6	-96.9	-100.0	-49.2	-17.1	34.8	300.6	
-5.8	-8.2	-4.2	-6.6	-0.9	-13.4	-0.1	3.4	4.4
-6.3	-9.0	-3.7	-6.0	-1.1	-11.6	-0.3	3.5	4.7
1.6	0.3	3.7	-31.9	-1.9	-25.9	2.6	1.7	-0.9
4.8	-21.7	2.5	-16.8	23.2	66.5	3.8	-0.2	-1.8
6.3	-15.2	-21.2	-14.1	6.5	-18.6	-10.6	-7.6	-7.9
7.8	18.2	45.8	-43.0	-1.7	-19.6	-4.8	-62.3	95.5
-0.7	-5.7	-3.6	-6.0	-1.6	-1.2	-5.6	-4.5	0.4
7.6	-1.7	-1.8	-0.8	1.4	1.6	-1.2	0.1	3.8

2-11 续表

指　标	Item	2005	2007	2008	2009
油菜籽	Rapeseed	-6.3	7.6	6.9	8.3
芝麻	Sesame	-5.0	-4.3	-9.2	2.8
三、棉花	**Cotton**	**-10.1**	**-12.0**	**-1.4**	**-14.3**
四、麻类	**Fiber Crops**	**-5.8**	**-2.1**	**-66.8**	**8.9**
其中:黄红麻	Of Which:Jute and Ambary Hemp	-9.9	-1.1	-75.6	12.6
苎麻	Ramee	-5.8	2.4	-20.3	-3.0
大麻(线麻)	Hemp	-6.4	-20.0	-15.3	5.5
五、糖料合计	**Sugar Crops**	**-32.0**	**22.2**	**12.7**	**-20.2**
甘蔗	Sugar Cane	-12.3	-1.7	33.3	-25.8
六、烟叶合计	**Tobacco**	**-12.3**	**-1.7**	**59.1**	**10.2**
其中:烤烟	Of Which:Flue-cured Tobacco	-10.0	4.8	65.7	12.7
七、药材类合计	**Medicinal Materials**	**-8.8**	**4.9**	**-2.4**	**2.9**
八、蔬菜(含菜用瓜)	**Vegetables**	**-14.7**	**16.2**	**0.4**	**1.4**
九、瓜果类(含果用瓜)	**Melon**	**2.3**	**3.9**	**0.2**	**-1.1**
#西瓜	#Watermelon	-5.1	3.2	-2.0	-2.2
甜瓜	Muskmelon	-4.1	0.8	5.8	-4.1
草莓	Strawberry	-7.3	0.0	17.9	11.9
十、其他作物	**Other Farm Crops**	**-10.6**	**-4.1**	**-12.6**	**-2.7**
青饲料	Succulence	0.0	-12.8	7.2	10.4

Continued

2010	2011	2012	2013	2014	2015	2016	2017	2018
-2.1	-5.6	-4.1	-7.5	-2.2	-2.8	-8.3	-5.6	0.8
0.4	-0.1	-5.6	-9.9	1.7	20.9	-26.9	-10.2	62.1
-7.0	-3.3	-17.3	-11.2	-11.6	-5.0	-34.3	-19.9	-2.1
-2.3	-2.8	-2.1	-14.5	-7.1	-6.4	-18.5	-1.3	12.1
-8.2	2.3	-4.7	-22.5	-6.4	-1.0	-57.7	-3.1	8.1
-9.8	-15.3	13.2	-6.0	-19.3	-19.4	-96.0	-1.1	2081.3
21.6	-12.6	11.1	-1.6	3.6	-10.4	105.4	1.8	-3.5
-2.9	-5.1	-7.8	-6.9	9.0	-4.6	-4.7	0.8	-12.3
-5.8	-7.6	-6.6	-10.3	0.1	-1.8	48.8	0.2	-39.9
18.5	6.8	13.8	19.8	1.7	-8.1	-14.4	-5.7	-2.2
9.6	8.8	15.5	25.8	6.2	-6.6	-12.7	-5.7	-2.2
17.4	15.6	10.4	3.7	2.3	2.8	17.9	3.2	20.1
1.9	0.4	4.0	1.8	2.9	4.2	1.9	2.8	3.8
4.8	1.7	1.3	2.0	0.9	7.6	0.9	1.1	6.9
3.7	-1.8	5.8	-1.7	4.6	8.2	-1.4	1.5	6.3
0.8	3.8	27.5	8.5	5.8	7.4	-3.7	2.9	67.9
20.5	13.3	5.5	22.4	-3.2	5.6	5.6	6.1	1.8
-3.5	-5.6	-3.8	0.5	-6.6	2.1	1.6	2.0	55.0
-13.2	5.6	19.2	7.8	-3.8	4.8	-1.9	-0.2	98.8

2-12 主要农作物产量比上年增长情况

单位:%

指　标	Item	2005	2007	2008	2009
农作物总产量	**Output of Farm Crops**	**-5.0**	**0.3**	**4.6**	**2.1**
一、粮食作物总计	**Grain Crops**	**-5.0**	**0.3**	**5.6**	**0.9**
其中:夏收粮食	Of Which:Summer Grain	2.0	2.5	6.1	-5.6
秋收粮食	Autumn Grain	-9.4	-0.5	6.1	4.0
(一)谷物	Cereals	-3.3	0.5	5.8	1.1
1. 稻谷	Barley	-3.2	-1.6	3.7	4.5
(1)早稻	Early-season Rice	6.1	-6.7	-4.5	21.7
(2)中稻	Semilate rice	-4.5	-0.6	5.3	1.9
(3)双季晚稻	Double-cropping Late Rice	-3.4	-4.0	-0.3	8.5
2. 小麦	Wheat	2.3	2.5	6.7	-5.7
3. 玉米	Corn	-17.4	2.6	15.2	12.7
4. 谷子	Millet	100.0	302.7	139.4	
5. 高粱	Jowar	25.0	-0.1	-20.6	0.2
6. 其他谷物	Other Cereals		-2.2	-37.1	8.4
其中:大麦	Of Which:Barley		-3.5	-60.3	-100.0
(二)豆类	Beans	-19.7	-4.2	3.6	-4.8
大豆	Soybean	-21.1	-3.9	9.0	-5.1
绿豆	Mung Bean		15.9	-57.9	1.7
红小豆	Red Bean		-15.5	-76.3	-0.6
(三)薯类	Tubers	-20.7	1.5	-3.3	0.2
其中:马铃薯	Of Which:Potato	-11.4	6.6	13.3	7.5
二、油料作物	**Oil-bearing Crops**	**-9.7**	**-5.3**	**13.8**	**4.2**
其中:花生	Of Which:Peanut	-16.9	15.1	20.6	-2.2

Rate of Increase of Output of Main Crops over Preceding Year

(%)

2010	2011	2012	2013	2014	2015	2016	2017	2018
3.5	2.9	5.7	2.0	5.7	6.1	-1.0	2.2	1.8
1.2	3.3	6.9	-0.1	8.2	6.4	-2.8	1.5	-0.3
4.6	3.8	9.8	2.5	8.0	5.0	-1.5	0.6	-2.3
-0.1	3.4	5.4	-1.9	9.0	8.7	-3.4	2.2	1.7
1.6	4.1	7.2	0.5	8.4	6.7	-2.8	1.4	-0.5
-2.1	0.7	1.1	-2.7	6.8	6.1	-2.9	4.9	2.0
-8.5	-2.0	1.0	-0.8	-0.7	-9.4	-8.4	0.8	-10.9
-0.2	1.3	1.1	-2.7	8.6	9.8	-2.1	6.1	3.9
-8.9	-0.7	1.3	-5.5	-0.5	-10.4	-6.3	-4.0	-6.8
4.6	4.2	9.9	2.6	8.3	5.1	-1.5	0.5	-2.3
5.9	18.9	20.1	4.0	13.8	13.2	-6.6	-3.8	-2.5
53.3	14.4	1.7	-10.3	3.6	-41.8	136.7	-60.5	-39.7
9.4	0.1	3.2	3.2	-100.0		-37.8	7.3	-0.1
-2.9	-50.5	-3.5	-17.5	-78.1	-93.5	9.3	-3.6	7.4
	107.6	-79.5	-100.0		-100.0		101.2	1523.8
-7.2	-9.0	1.6	-10.0	6.4	0.4	-2.2	3.8	6.0
-7.6	-9.8	-1.9	-8.3	6.1	1.8	-1.7	3.9	3.7
11.3	34.6	96.9	-34.4	-3.6	-16.9	-15.8	0.6	78.5
0.8	59.6	233.3	-28.2	-6.7	14.4	-10.1	-0.8	70.5
0.9	-23.7	-4.4	-23.3	-15.5	-7.8	-18.3	-5.8	0.7
5.2	-8.2	26.0	-66.7	-0.9	-23.9	6.3	-15.4	9.1
-3.4	-5.2	2.8	-1.2	1.7	-0.6	-7.0	-3.0	2.2
23.3	-6.0	0.6	2.2	6.4	0.1	-1.9	0.1	3.3

2-12 续表

指 标	Item	2005	2007	2008	2009
油菜籽	Rapeseed	-4.3	-15.3	10.3	8.6
芝麻	Sesame	-34.3	-0.3	12.9	-7.2
三、棉花	**Cotton**	**-21.1**	**-8.7**	**-7.6**	**-9.6**
四、麻类	**Fiber Crops**	**-3.0**	**4.1**	**-45.2**	**-44.7**
其中:黄红麻	Of Which:Jute and Ambary Hemp	5.6	5.1	-49.0	-52.2
苎麻	Ramee	0.0	-23.9	-27.5	-5.9
大麻(线麻)	Hemp	-33.3	31.9	-14.1	-19.3
五、糖料合计	**Sugar Crops**	**-14.8**	**2.6**	**-18.5**	**17.0**
甘蔗	Sugar Cane	-14.8	2.6	-9.9	19.9
六、烟叶合计	**Tobacco**	**-7.1**	**1.4**	**5.3**	**8.9**
其中:烤烟	Of Which:Flue-cured Tobacco	-7.4	0.9	4.8	10.7
七、药材类合计	**Medicinal Materials**				
八、蔬菜(含菜用瓜)	**Vegetables**	**0.9**	**5.4**	**2.3**	**3.4**
九、瓜果类(含果用瓜)	**Melon**	**-2.9**	**7.5**	**2.1**	**2.2**
#西瓜	#Watermelon	-3.5	5.8	1.8	2.0
甜瓜	Muskmelon	-1.9	-0.8	6.9	4.4
草莓	Strawberry	-1.1	29.5	29.1	9.3

Continued

2010	2011	2012	2013	2014	2015	2016	2017	2018
-14.1	-2.7	5.0	-3.6	-1.2	-1.7	-9.3	-5.1	1.4
9.1	1.4	4.3	8.9	-4.5	8.1	-25.5	-8.1	59.5
-13.2	13.7	-26.1	-18.9	-0.4	-15.6	-24.9	-22.4	3.5
-0.9	6.4	4.1	-12.9	-9.3	7.8	-16.1	0.0	5.9
-8.9	6.0	6.8	-33.8	-4.3	3.3	-43.3	0.0	11.5
-3.5	-4.2	2.6	-24.4	-5.0	-12.1	-95.9	1.5	1648.0
31.9	-23.2	55.6	-19.8	11.5	-4.0	119.1	-2.4	-1.8
-1.0	-5.4	-12.0	-10.2	3.3	1.7	-5.8	0.0	-9.9
-4.8	-7.3	-10.4	-13.9	-2.4	6.9	-22.0	0.5	14.4
10.8	6.6	16.9	21.3	0.7	-2.7	-24.5	5.5	-4.0
10.9	6.9	16.6	20.1	0.8	-2.4	-23.1	5.6	-3.8
7.7	2.7	4.7	5.9	2.3	5.8	3.2	4.3	4.9
19.1	4.3	3.0	11.5	-2.2	9.5	2.8	2.2	9.7
22.2	3.4	5.5	9.4	-0.8	9.1	2.8	2.0	8.0
-3.2	7.8	20.0	10.7	2.6	9.1	-1.6	4.4	65.3
26.7	11.6	15.3	16.6	3.6	5.1	6.0	9.3	0.9

2-13 主要农作物单位面积产量比上年增减情况

单位:%

指 标	Item	2005	2007	2008	2009
一、粮食作物总计	**Grain Crops**	**-6.5**	**0.2**	**3.8**	**-2.4**
其中:夏收粮食	Of Which:Summer Grain	-0.1	2.1	5.3	-10.0
秋收粮食	Autumn Grain	-10.4	-0.8	3.3	2.5
(一)谷物	Cereals	-4.7	-0.2	4.3	-4.0
1. 稻谷	Barley	-4.1	-1.5	1.5	0.0
(1)早稻	Early-season Rice	4.5	-3.0	-0.8	3.7
(2)中稻	Semilate rice	-5.1	-1.8	1.4	0.1
(3)双季晚稻	Double-cropping Late Rice	-5.1	-0.1	1.5	-0.5
2. 小麦	Wheat	3.1	2.1	5.2	-10.1
3. 玉米	Corn	-18.4	-1.5	15.5	2.6
4. 谷子	Millet	21.2	10.7	-72.3	233.5
5. 高粱	Jowar	34.1	9.6	-30.1	0.0
6. 其他谷物	Other Cereals		0.1	-13.2	3.4
其中:大麦	Of Which:Barley		0.1	-61.1	-100.0
(二)豆类	Beans	-22.5	-1.5	1.4	-0.4
大豆	Soybean	-23.6	-0.7	6.0	-0.6
绿豆	Mung Bean		8.6	-57.9	1.8
红小豆	Red Bean		3.9	-76.5	-2.0
(三)薯类	Tubers	-19.2	0.5	-9.4	14.7
其中:马铃薯	Of Which:Potato	-8.1	0.5	0.6	0.3
二、油料作物	**Oil-bearing Crops**	**-4.3**	**-2.8**	**7.5**	**-1.4**
其中:花生	Of Which:Peanut	-11.4	6.9	15.8	1.7

Rate of Increase of Yield per Unit Area of Main Crops over Preceding Year

(%)

2010	2011	2012	2013	2014	2015	2016	2017	2018
1.1	2.7	6.9	-0.9	6.1	5.0	-3.9	2.0	-0.2
4.1	1.9	8.1	0.2	8.6	3.1	-2.5	2.9	-4.1
-0.4	3.4	6.3	-1.8	4.7	6.7	-4.8	1.1	2.5
0.6	1.7	6.1	-1.6	6.0	3.2	-4.0	2.3	0.0
-1.3	0.9	1.1	-2.2	2.3	3.8	-5.2	2.2	4.5
-3.0	0.5	3.8	-0.1	2.5	1.0	-3.3	9.6	1.1
-1.8	0.7	0.2	-2.9	1.9	4.2	-5.8	1.5	4.7
-0.2	1.8	4.5	-0.2	3.4	-1.8	-3.2	-0.3	2.3
4.1	1.8	7.8	0.2	8.2	3.0	-2.5	2.9	-4.1
-1.5	7.8	17.4	-3.0	8.3	3.1	-6.3	-0.2	-0.6
53.7	-33.3	20.7	-23.4	6.1	-50.9	138.3	-0.6	-18.2
10.0	0.0	0.0	-9.1	-100.0		-39.7	-6.7	4.5
-0.9	-15.8	-2.3	-3.3	-2.3	0.7	227.0	0.0	-75.4
	-9.6	559.1			-100.0		49.3	305.3
-1.6	-0.9	6.1	-3.6	7.4	16.0	-2.1	0.4	1.6
-1.4	-0.9	1.9	-2.5	7.4	15.1	-1.4	0.4	-1.0
9.6	34.2	89.9	-3.7	-1.7	12.1	-18.0	-1.0	80.2
-3.8	103.9	225.0	-13.7	-24.2	-31.3	-13.3	-0.5	73.7
-5.1	-10.0	21.4	-10.7	-20.7	13.2	-8.6	1.9	9.3
-2.4	-22.3	-13.6	-41.5	0.8	-5.3	11.6	124.5	-44.2
-2.7	0.6	6.6	5.0	3.3	0.6	-1.5	1.6	1.8
14.6	-4.4	2.5	3.0	5.0	-1.5	-0.6	-0.1	-0.4

2-13 续表

指 标	Item	2005	2007	2008	2009
油菜籽	Rapeseed	0.7	-11.5	3.2	0.3
芝麻	Sesame	-27.2	13.3	24.3	-9.7
三、棉花	**Cotton**	**-16.3**	**-6.7**	**-6.3**	**5.6**
四、麻类	**Fiber Crops**	**6.7**	**5.2**	**65.1**	**-49.2**
其中:黄红麻	Of Which:Jute and Ambary Hemp	13.7	1.9	108.8	-57.6
苎麻	Ramee	4.7	-4.5	-9.0	-3.0
大麻(线麻)	Hemp	-7.1	8.5	1.4	-23.5
五、糖料合计	**Sugar Crops**	**-3.3**	**3.2**	**-27.6**	**46.6**
甘蔗	Sugar Cane	-3.3	3.3	-32.4	61.7
六、烟叶合计	**Tobacco**	**1.3**	**-3.4**	**-33.8**	**-1.2**
其中:烤烟	Of Which:Flue-cured Tobacco	0.0	-3.2	-36.8	-1.8
七、药材类合计	**Medicinal Materials**				
八、蔬菜(含菜用瓜)	**Vegetables**	**-1.4**	**1.5**	**1.9**	**0.6**
九、瓜果类(含果用瓜)	**Melon**	**2.3**	**4.2**	**1.8**	**1.1**
#西瓜	#Watermelon	0.6	4.9	3.9	0.5
甜瓜	Muskmelon	5.5	-0.3	1.0	1.4
草莓	Strawberry	-9.1	7.5	9.5	3.0

Continued

2010	2011	2012	2013	2014	2015	2016	2017	2018
-12.3	3.0	9.5	4.1	1.0	1.1	-1.1	0.6	0.6
8.7	1.5	10.5	20.9	-6.1	-10.6	1.9	2.4	-1.6
-6.7	17.6	-10.6	-8.7	12.6	-11.2	14.2	-3.1	5.7
1.4	9.5	6.4	1.9	-2.5	15.2	2.9	1.3	-5.6
-0.8	3.6	12.1	-14.6	2.3	4.3	34.1	3.2	3.2
6.9	13.1	-9.3	-19.6	17.8	9.1	2.5	2.6	-19.9
8.4	-12.0	40.1	-18.6	7.6	7.2	6.7	-4.1	1.8
1.9	-0.3	-4.5	-3.5	-5.2	6.6	-1.2	-0.8	2.7
1.1	0.4	-4.0	-4.1	-2.5	8.9	-47.6	0.4	90.4
-6.5	-0.1	2.7	1.3	-1.0	5.9	-11.8	11.9	-1.8
1.1	-1.7	0.9	-4.5	-5.1	4.4	-11.9	12.0	-1.7
5.7	2.3	0.7	4.0	-0.5	1.5	1.3	1.4	1.0
13.6	2.5	1.7	9.3	-3.1	1.8	1.9	1.1	2.6
17.9	5.3	-0.3	11.3	-5.2	0.7	4.3	0.5	1.7
-4.0	3.8	-5.9	2.0	-3.0	1.6	2.2	1.4	-1.6
5.2	-1.5	9.2	-4.7	7.0	-0.5	0.4	3.0	-0.9

2-14 产量大县及调查县主要粮食作物播种面积(2018)

Sown Areas of Main Grain Crops in Major Grain-producing Counties and Surveyed Counties(2018)

单位:千公顷 (1000 hectares)

县(市、区)名称	County (District)	粮食播种面积 Sown Areas of Grain Crops	其中(Of Which) 水稻 Barley	小麦 Wheat	玉米 Corn	大豆 Soybean
肥东县	Feidong	111.52	76.78	23.75	5.34	4.72
长丰县	Changfeng	116.31	72.06	38.07	2.25	2.84
巢湖市	Chaohu	73.87	52.12	16.79	3.79	0.91
肥西县	Feixi	73.27	53.24	16.68	0.67	2.42
庐江县	Lujiang	131.12	93.94	31.55	1.96	2.41
濉溪县	Suixi	227.13	0.00	112.73	63.62	50.56
淮北市辖区	Municipal District of Huaibei	48.54	0.00	22.59	12.32	13.52
谯城区	Qiaocheng District	165.80	0.00	88.63	44.13	31.73
利辛县	Lixin	221.49	1.12	108.96	86.89	21.71
蒙城县	Mengcheng	239.46	3.06	117.44	96.87	17.37
涡阳县	Guoyang	248.73	0.00	122.11	41.09	80.47
埇桥区	Yongqiao	276.78	0.00	137.84	81.17	57.29
灵璧县	Lingbi	228.58	0.00	110.57	84.59	33.20
泗　县	Sixian	211.32	1.27	101.86	48.07	45.83
萧　县	Xiaoxian	151.87	0.00	73.81	67.24	10.19
五河县	Wuhe	117.40	31.94	54.14	19.03	11.90
固镇县	Guzhen	110.04	1.56	56.66	48.51	2.39
怀远县	Huaiyuan	224.77	56.04	109.12	52.62	6.67
临泉县	Linquan	185.65	0.00	107.43	68.27	8.29
太和县	Taihe	195.74	0.00	96.82	27.04	70.26
颍上县	Yingshang	179.58	37.75	93.62	28.13	18.39
阜南县	Funan	162.90	31.63	83.04	41.79	5.05
颍泉区	Yingquan	66.94	0.00	30.51	15.39	20.75
界首市	Jieshou	65.62	0.00	31.90	27.10	6.03
颍州区	Yingzhou	44.78	0.00	24.37	18.76	1.44
颍东区	Yingdong	69.52	0.00	33.18	21.52	14.45
潘集区	Panji	54.45	22.71	26.70	1.01	3.88
凤台县	Fengtai	95.12	43.81	45.81	1.32	4.03
淮南市辖区	Municipal District of Huainan	75.34	43.06	28.61	0.43	2.87
定远县	Dingyuan	212.46	104.17	88.75	8.67	10.09

2-14 续表 Continued

县(市、区)名称	County (District)	粮食播种面积 Sown Areas of Grain Crops	其中(Of Which) 水稻 Barley	小麦 Wheat	玉米 Corn	大豆 Soybean
来安县	Laian	77.85	49.72	24.34	1.86	0.60
凤阳县	Fengyang	147.12	62.67	64.76	9.65	9.67
全椒县	Quanjiao	75.69	51.75	21.19	1.59	0.91
南谯区	Nanqiao	38.12	23.27	12.84	1.37	0.16
明光市	Mingguang	133.90	47.25	59.95	11.06	14.19
天长市	Tianchang	142.35	78.48	63.31	0.00	0.46
寿 县	Shouxian	307.04	166.53	128.91	0.98	10.51
霍邱县	Huoqiu	303.12	175.26	120.62	2.99	3.78
裕安区	Yu'an	77.07	58.62	10.38	4.86	2.73
金安区	Jin'an	87.68	66.86	11.35	5.03	3.86
舒城县	Shucheng	62.49	47.09	10.49	3.03	1.55
金寨县	Jinzhai	25.06	17.86	3.89	1.35	1.37
当涂县	Dangtu	52.02	30.45	17.43	2.20	1.90
和 县	Hexian	66.50	46.21	18.90	0.51	0.65
含山县	Hanshan	40.14	28.96	9.33	0.28	1.05
芜湖县	Wuhu	30.95	18.15	11.29	0.40	0.72
无为县	Wuwei	83.19	57.38	19.58	3.05	2.11
南陵县	Nanling	55.69	49.92	3.59	0.58	1.27
郎溪县	Langxi	48.96	29.47	16.03	0.18	2.00
宣州区	Xuanzhou	86.72	62.69	18.73	2.10	2.08
广德县	Guangde	37.14	27.76	7.12	0.10	1.64
贵池区	Guichi	43.90	32.38	6.60	3.16	1.63
东至县	Dongzhi	52.16	39.39	6.69	2.88	2.91
桐城市	Tongcheng	52.37	41.94	8.36	0.82	0.94
望江县	Wangjiang	56.41	34.68	10.59	4.76	6.13
怀宁县	Huaining	55.51	47.08	2.86	2.35	2.31
太湖县	Taihu	39.43	28.76	6.98	0.56	1.76
潜山县	Qianshan	35.62	31.73	2.29	0.56	0.70
宿松县	Susong	77.35	46.82	13.29	3.37	11.43
枞阳县	Zongyang	75.89	60.74	10.27	2.03	2.26
青阳县	Qingyang	9.01	17.05	0.48	0.28	1.13
歙 县	Shexian	13.61	5.60	0.00	4.51	2.28
祁门县	Qimen	5.86	4.28	0.00	0.48	0.67

2-15 产量大县及调查县主要粮食作物产量(2018)
Output of Grain Crops in Major Grain-producing Counties and Surveyed Counties(2018)

单位:万吨 (10000 tons)

县(市、区)名称	County (District)	粮食总产量 Output of Grain Crops	其中(Of Which) 水稻 Barley	小麦 Wheat	玉米 Corn	大豆 Soybean
肥东县	Feidong	62.41	49.88	9.99	1.63	0.69
长丰县	Changfeng	64.53	46.92	16.05	0.77	0.37
巢湖市	Chaohu	42.22	33.25	6.98	1.79	0.13
肥西县	Feixi	46.72	38.30	7.66	0.30	0.38
庐江县	Lujiang	75.77	61.66	12.78	0.72	0.33
濉溪县	Suixi	120.02	0.00	80.60	32.27	7.09
淮北市辖区	Municipal District of Huaibei	24.16	0.00	15.96	6.18	1.99
谯城区	Qiaocheng	86.37	0.00	56.30	25.07	4.50
利辛县	Lixin	130.10	0.59	76.02	49.03	3.19
蒙城县	Mengcheng	148.44	1.80	82.69	59.63	2.40
涡阳县	Guoyang	122.94	0.00	87.26	22.58	11.06
埇桥区	Yongqiao	128.24	0.00	79.23	40.29	8.60
灵璧县	Lingbi	105.65	0.00	58.88	41.97	4.74
泗　县	Sixian	87.50	0.85	53.23	23.16	6.63
萧　县	Xiaoxian	74.43	0.00	40.50	32.17	1.59
五河县	Wuhe	62.87	21.45	30.20	9.55	1.58
固镇县	Guzhen	59.74	0.81	32.28	26.02	0.34
怀远县	Huaiyuan	122.26	34.93	61.53	24.77	0.95
临泉县	Linquan	101.80	0.00	64.06	36.09	1.24
太和县	Taihe	94.55	0.00	67.30	16.07	10.75
颍上县	Yingshang	96.99	25.99	53.95	13.89	2.80
阜南县	Funan	88.87	18.31	46.90	22.57	0.69
颍泉区	Yingquan	30.83	0.00	18.47	8.47	3.83
界首市	Jieshou	39.13	0.00	22.62	15.49	0.89
颍州区	Yingzhou	25.15	0.00	14.01	10.84	0.24
颍东区	Yingdong	34.62	0.00	19.84	12.47	2.22
潘集区	Panji	33.10	17.34	14.61	0.52	0.60
凤台县	Fengtai	63.75	34.99	27.30	0.78	0.64
淮南市辖区	Municipal District of Huainan	46.83	30.96	15.15	0.20	0.42
定远县	Dingyuan	116.37	68.68	42.00	4.00	1.49

2-15 续表 Continued

县(市、区)名称	County (District)	粮食播种面积 Sown Areas of Grain Crops	其中:(Of Which) 水稻 Barley	小麦 Wheat	玉米 Corn	大豆 Soybean
来安县	Laian	45.63	32.24	12.10	0.88	0.10
凤阳县	Fengyang	80.70	40.23	35.05	3.83	1.47
全椒县	Quanjiao	43.94	32.65	10.34	0.72	0.16
南谯区	Nanqiao	21.45	14.22	6.36	0.73	0.02
明光市	Mingguang	65.81	28.59	29.35	4.93	2.59
天长市	Tianchang	82.79	49.29	33.40	0.00	0.07
寿　县	Shouxian	176.53	114.22	60.13	0.48	1.68
霍邱县	Huoqiu	168.97	115.23	51.72	1.27	0.63
裕安区	Yu'an	45.11	38.22	4.25	2.05	0.45
金安区	Jin'an	52.38	44.82	4.61	2.21	0.60
舒城县	Shucheng	36.45	31.66	3.16	1.26	0.28
金寨县	Jinzhai	13.61	11.41	1.12	0.59	0.23
当涂县	Dangtu	31.50	22.13	8.28	0.77	0.31
和　县	Hexian	39.82	30.49	8.96	0.22	0.09
含山县	Hanshan	26.54	21.84	4.31	0.11	0.16
芜湖县	Wuhu	20.02	12.85	6.72	0.23	0.11
无为县	Wuwei	55.34	44.79	8.23	1.75	0.33
南陵县	Nanling	36.51	34.44	1.46	0.33	0.20
郎溪县	Langxi	26.62	18.83	7.06	0.11	0.29
宣州区	Xuanzhou	50.19	39.48	8.89	1.24	0.33
广德县	Guangde	23.40	19.65	3.34	0.04	0.23
贵池区	Guichi	25.34	21.17	2.19	1.67	0.27
东至县	Dongzhi	27.48	23.10	2.58	1.30	0.42
桐城市	Tongcheng	31.83	28.33	2.90	0.38	0.14
望江县	Wangjiang	31.22	24.02	3.55	2.55	1.03
怀宁县	Huaining	31.80	29.33	0.99	0.94	0.34
太湖县	Taihu	22.27	18.23	3.15	0.23	0.30
潜山县	Qianshan	21.20	20.02	0.76	0.24	0.11
宿松县	Susong	40.63	31.77	4.79	1.67	1.79
枞阳县	Zongyang	43.87	37.93	4.37	1.12	0.32
青阳县	Qingyang	10.42	9.86	0.19	0.16	0.18
歙　县	Shexian	7.24	4.04	0.00	2.68	0.35
祁门县	Qimen	3.23	2.76	0.00	0.24	0.14

2-16 主要畜禽生产情况
Number of Livestock and Poultry

指　标	Item	单位	Unit	2015	2016	2017	2018
畜禽存栏	**Number of Livestock and Poultry in Stock**						
猪	Hogs	万头	10000 heads	1484.1	1410.1	1417.2	1356.3
其中:能繁殖母猪	Of Which:Sow	万头	10000 heads	130.5	122.5	120.5	116.2
牛	Cattle and Buffaloes	万头	10000 heads	73.2	68.2	80.6	79.6
羊	Sheep and Goats	万只	10000 heads	418.0	376.9	505.1	500.6
家禽	Poultry	万只	10000 heads	31020.8	28904.6	23018.5	23524.9
畜禽出栏	**Number of Slaughtered Livestock and Poultry**						
猪	Hogs	万头	10000 heads	2872.2	2760.4	2828.9	2837.4
牛	Cattle and Buffaloes	万头	10000 heads	58.1	55.0	53.1	56.7
羊	Sheep and Goats	万只	10000 heads	717.6	693.5	1170.3	1197.2
家禽	Poultry	万只	10000 heads	86665.5	91376.8	87351.9	89361.0
畜禽产品产量	**Output of Livestock and Poultry**						
猪肉	Pork	万吨	10000 tons	249.8	235.1	242.7	243.9
牛肉	Beef	万吨	10000 tons	8.3	7.9	8.1	8.7
羊肉	Mutton	万吨	10000 tons	10.3	10.0	16.5	17.1
禽肉	Poultry	万吨	10000 tons	145.0	154.0	146.4	150.7
禽蛋	Poultry Eggs	万吨	10000 tons	155.0	163.2	154.7	158.3
牛奶	Cow Milk	万吨	10000 tons	28.6	30.5	29.8	30.8

2-17 生猪调出大县年末生猪存栏

Number of Hogs in Stock of Major Hog-Contributed Counties at Year-end

单位:万头 (10000 heads)

地　区	Region	2015	2016	2017	2018
长丰县	Changfeng	40.53	38.54	37.00	33.81
肥东县	Feidong	42.82	41.06	39.42	37.54
怀远县	Huaiyuan	39.91	38.35	36.82	28.50
固镇县	Guzhen	45.43	43.61	41.87	37.40
太湖县	Taihu	29.12	29.99	28.80	24.48
定远县	Dingyuan	56.12	53.32	51.18	53.78
临泉县	Linquan	62.32	58.52	56.18	48.98
太和县	Taihe	53.89	50.66	48.63	40.23
阜南县	Funan	52.11	49.56	47.57	37.80
颍上县	Yingshang	52.79	50.15	48.15	39.00
埇桥区	Yongqiao District	60.68	57.59	55.28	52.91
萧　县	Xiaoxian	55.55	52.77	50.66	46.90
灵璧县	Lingbi	60.86	57.76	55.45	50.79
泗　县	Sixian	51.58	49.01	47.05	45.02
寿　县	Shouxian	49.32	46.90	45.03	35.72
霍邱县	Huoqiu	53.08	50.38	48.36	44.31
蒙城县	Mengcheng	49.31	46.84	44.97	35.46
利辛县	Lixin	48.71	46.32	44.47	32.82

2-18 生猪调出大县能繁殖母猪年末存栏

Number of Sows in Stock of Major Large Hog-Contributed Counties at Year-end

单位:万头 (10000 heads)

地　区	Region	2015	2016	2017	2018
长丰县	Changfeng	5.15	4.72	4.53	3.66
肥东县	Feidong	4.77	4.43	4.25	4.06
怀远县	Huaiyuan	4.42	4.11	3.94	3.11
固镇县	Guzhen	4.29	3.99	3.83	3.45
太湖县	Taihu	3.00	2.79	2.68	1.78
定远县	Dingyuan	7.02	6.32	6.07	4.87
临泉县	Linquan	6.23	5.67	5.44	4.62
太和县	Taihe	5.29	4.82	4.63	4.03
阜南县	Funan	6.25	5.75	5.52	3.89
颍上县	Yingshang	6.41	5.77	5.54	4.38
埇桥区	Yongqiao District	6.94	6.39	6.13	5.92
萧　县	Xiaoxian	6.15	5.26	5.05	3.85
灵璧县	Lingbi	5.89	5.41	5.20	3.61
泗　县	Sixian	6.45	5.81	5.57	4.20
寿　县	Shouxian	6.12	5.51	5.29	4.06
霍邱县	Huoqiu	4.99	4.34	4.17	3.61
蒙城县	Mengcheng	5.67	5.22	5.01	3.61
利辛县	Lixin	5.79	5.03	4.83	4.22

2-19 生猪调出大县生猪出栏
Number of Slaughtered Hogs in Major Hog-Contributed Counties

单位:万头 (10000 heads)

地 区	Region	2015	2016	2017	2018
长丰县	Changfeng	86.71	77.18	74.09	74.31
肥东县	Feidong	82.47	79.17	76.00	79.57
怀远县	Huaiyuan	71.83	68.96	66.20	59.23
固镇县	Guzhen	65.87	63.90	61.34	69.70
太湖县	Taihu	56.02	53.78	51.63	51.93
定远县	Dingyuan	110.49	102.76	98.65	102.00
临泉县	Linquan	96.73	90.93	87.29	86.60
太和县	Taihe	91.41	85.93	82.49	76.55
阜南县	Funan	87.78	83.39	80.05	71.59
颍上县	Yingshang	89.24	84.78	81.39	77.73
埇桥区	Yongqiao District	108.91	103.46	99.32	100.52
萧 县	Xiaoxian	70.61	68.40	65.66	65.24
灵璧县	Lingbi	94.85	90.11	86.51	80.81
泗 县	Sixian	82.54	78.41	75.28	78.73
寿 县	Shouxian	86.57	82.24	78.95	76.29
霍邱县	Huoqiu	121.04	101.67	97.61	91.64
蒙城县	Mengcheng	76.93	73.09	70.16	65.43
利辛县	Lixin	90.33	85.81	82.38	66.55

2-20 生猪调出大县猪肉产量
Output of Pork in Major Hog-Contributed Counties

单位:万吨 (10000 tons)

地 区	Region	2015	2016	2017	2018
长丰县	Changfeng	7.60	6.69	6.42	6.46
肥东县	Feidong	7.19	6.69	6.42	6.78
怀远县	Huaiyuan	5.88	5.47	5.25	4.95
固镇县	Guzhen	5.40	5.04	4.84	5.60
太湖县	Taihu	4.81	4.47	4.29	4.55
定远县	Dingyuan	9.39	8.63	8.29	8.58
临泉县	Linquan	8.22	7.48	7.18	7.47
太和县	Taihe	7.61	6.93	6.65	6.37
阜南县	Funan	7.53	6.93	6.65	6.11
颍上县	Yingshang	7.58	6.98	6.70	6.56
埇桥区	Yongqiao District	9.45	8.69	8.34	8.39
萧 县	Xiaoxian	6.00	5.62	5.40	5.42
灵璧县	Lingbi	8.14	7.49	7.19	7.23
泗 县	Sixian	6.76	6.22	5.97	6.00
寿 县	Shouxian	7.41	6.82	6.54	6.35
霍邱县	Huoqiu	10.44	8.66	8.32	7.94
蒙城县	Mengcheng	6.76	6.21	5.97	5.52
利辛县	Lixin	7.81	7.18	6.89	5.56

2-21 历年全国粮食作物播种面积
Sown Area of Grain Crops of China

单位：千公顷 (1000 hectares)

年 份 Year	粮食作物播种面积 Sown Area of Grain Crops	稻 谷 Rice	小 麦 Wheat	玉 米 Corn	大 豆 Soybean	薯 类 Tubers
1949	109959	25709	12515	12915	8319	7011
1952	123979	28382	24780	12566	11679	8688
1957	133633	32241	27542	14943	12748	10495
1962	121621	26935	24075	12819	9504	12171
1965	119627	29825	24709	15671	8593	11175
1970	119267	32358	25458	15831	7985	10717
1975	121062	35729	27661	18598	6999	10969
1978	120587	34421	29183	19961	7144	11796
1979	119263	33873	29357	20133	7247	10952
1980	117234	33878	28844	20087	7226	10153
1981	114958	33295	28307	19425	8024	9620
1982	113462	33071	27955	18543	8419	9370
1983	114047	33136	29050	18824	7567	9402
1984	112884	33178	29576	18537	7286	8988
1985	108845	32070	29218	17694	7718	8572
1986	110933	32266	29616	19124	8295	8685
1987	111268	32193	28798	20212	8445	8868
1988	110123	31987	28785	19692	8120	9054
1989	112205	32700	29841	20353	8057	9097
1990	113466	33064	30753	21401	7560	9121
1991	112314	32590	30948	21574	7041	9078
1992	110560	32090	30496	21044	7221	9057
1993	110509	30355	30235	20694	9454	9220
1994	109544	30171	28981	21152	9222	9270
1995	110060	30744	28860	22776	8127	9519
1996	112548	31406	29611	24498	7471	9797
1997	112912	31765	30057	23775	8346	9785
1998	113787	31214	29774	25239	8500	10000
1999	113161	31283	28855	25904	7962	10355
2000	108463	29962	26653	23056	9307	10538
2001	106080	28812	24664	24282	9482	10217
2002	103891	28202	23908	24634	8720	9881
2003	99410	26508	21997	24068	9313	9702
2004	101606	28379	21626	25446	9589	9457
2005	104278	28847	22793	26358	9591	9503
2006	104958	28938	23613	28463	9304	7877
2007	105638	28919	23721	29478	8801	8082
2008	106793	29241	23617	29864	9225	8427
2009	108986	29627	24291	31183	9339	8636
2010	109876	29873	24257	32500	8700	8750
2011	110573	30057	24270	33542	8103	8906
2012	111205	30137	24268	35030	7405	8886
2013	111956	30312	24117	36318	7050	8963
2014	112723	30310	24069	37123	7098	8940
2015	113343	30216	24141	38119	6827	8839
2016	113034	30178	24187	36768	7599	8941
2017	117989	30747	24508	42399	8245	7173

2-22 历年全国粮食作物总产量
Total Output of Grain Crops of China

单位:万吨 (10000 tons)

年份 Year	粮食作物总产量 Total Output of Grain Crops	稻谷 Rice	小麦 Wheat	玉米 Corn	大豆 Soybean	薯类 Tubers
1949	11318	4865	1381	1242	509	985
1952	16392	6843	1813	1685	952	1633
1957	19505	8678	2364	2144	1005	2192
1962	15441	6299	1667	1626	651	2345
1965	19453	8772	2522	2366	614	1986
1970	23996	10999	2919	3303	871	2668
1975	28452	12556	4531	4722	724	2857
1978	30477	13693	5384	5595	757	3174
1979	33212	14375	6273	6004	746	2846
1980	32056	13991	5521	6260	794	2873
1981	32502	14396	5964	5921	933	2597
1982	35450	16160	6847	6056	903	2705
1983	38728	16887	8139	6821	976	2925
1984	40731	17826	8782	7341	970	2848
1985	37911	16857	8581	6383	1050	2604
1986	39151	17222	9004	7086	1161	2534
1987	40298	17426	8590	7924	1247	2821
1988	39408	16911	8543	7735	1165	2697
1989	40755	18013	9081	7893	1023	2730
1990	44624	18933	9823	9682	1100	2743
1991	43529	18381	9595	9877	971	2716
1992	44266	18622	10159	9538	1030	2844
1993	45649	17751	10639	10270	1531	3181
1994	44510	17593	9930	9928	1600	3025
1995	46662	18523	10221	11199	1350	3263
1996	50454	19510	11057	12747	1322	3536
1997	49417	20073	12329	10431	1473	3192
1998	51230	19871	10973	13295	1515	3604
1999	50839	19849	11388	12809	1425	3641
2000	46218	18791	9964	10600	1541	3685
2001	45264	17758	9387	11409	1541	3563
2002	45706	17454	9029	12131	1651	3666
2003	43070	16066	8649	11583	1539	3513
2004	46947	17909	9195	13029	1740	3558
2005	48402	18059	9745	13937	1635	3469
2006	49804	18172	10847	15160	1508	2701
2007	50160	18603	10930	15230	1279	2808
2008	52871	19190	11246	16591	1570.9	2980
2009	53082	19510	11512	16397	1522.42	2995
2010	54648	19576	11518	17725	1540.99	3114
2011	57121	20100	11740	19278	1487.85	3273
2012	58958	20424	12102	20561	1343.59	3293
2013	60194	20361	12193	21849	1240.71	3329
2014	60703	20651	12621	21565	1268.57	3336
2015	62142	20823	13019	22463	1236.74	3324
2016	61625	20708	12885	21955	1359.55	3356
2017	66161	21268	13433	25907	1528.25	2799

主要统计指标解读

Explanatory Notes on Main Statistical Indicators

粮食产量 指农业生产经营者自然年度内生产的全部粮食数量。按收获季节包括夏收粮食、早稻和秋收粮食，按作物品种包括谷物、薯类和豆类。其中谷物包括小麦、玉米、早稻、中稻和一季晚稻、双季晚稻、大麦、高粱、谷子、荞麦等禾本科和蓼科粮食作物；薯类只包括马铃薯、甘薯，木薯统计在其他农作物，芋头等其他薯统计在其他蔬菜；豆类包括大豆、绿豆、红小豆、杂豆等。谷物产量按脱粒后的原粮计算，薯类按鲜薯重量的 5 ∶ 1 折算，豆类按去豆荚后的干豆计算。

猪、牛、羊肉产量 指当年出栏并已屠宰、除去头蹄下水后带骨肉（即胴体重）的重量。包括全社会范围内的产量。1996 年前为各级逐级上报数据。1996 年第一次农业普查以后，由于畜牧业产品年报数据与普查数据之间存在一定的差距，国家统计局农调总队对畜牧业年报数据与普查数据进行衔接。1999 年以后，国家统计局开展了猪、牛、羊、禽等主要畜禽品种的抽样调查，并用抽样数据作为国家定案数据使用。未开展抽样调查的品种，仍使用各级统计部门逐级上报数据。

期初（末）畜禽存栏头（只）数 指报告期初（末）农村各种合作经济组织和国营农场、农民个人、机关、团体、学校、工矿企业、部队等单位以及城镇居民饲养的大牲畜、猪、羊、家禽等畜禽的存栏数。数据上报方式及数据调整情况同猪、牛、羊肉产量。

当年出栏头数 指农林牧渔企业生产单位饲养的，供屠宰并已出栏的全部牲畜头数。包括交售给国家，集市上出售的部分。

常用耕地 是指耕地总资源中专门种植农作物并经常进行耕种、能够正常收获的土地。包括当年实际耕种的熟地；弃耕、休闲不满三年，随时可以复耕的地；开荒利用三年以上的土地。在统计口径上包括南方小于 1 米、北方小于 2 米宽的沟、渠、路和田埂。不包括临时种植农作物的坡度在 25 度以上的陡坡地；在河套、湖畔、库区临时开发的成片或零星土地；也不包括已列为国家和省（区、市）退耕计划但临时耕种的土地。常用耕地是国家需要重点保护的耕地，是反映我国农业综合生产能力的一个重要指标。

农作物播种面积 指实际播种或移植有农作物的面积。凡是实际种植有农作物的面积，不论种植在耕地上还是种植在非耕地上，均包括在农作物播种面积中。在播种季节基本结束后，因遭灾而重新改种和补种的农作物面积，也包括在内。它是反映我国耕地面积利用情况的一个重要指标。目前，农作物播种面积主要包括粮食、棉花、油料、糖料、麻类、烟叶、蔬菜和瓜类、药材和其他农作物九大类。

农林牧渔业中间消耗 指在一定时期内农林牧渔业生产过程中所消耗的物质产品和劳务价值。中间消耗包括物质产品消耗和生产服务支出两个部分。

物质消耗 指在一定时期内农林牧渔业生产过程中消耗的各种农业生产资料和发生的各项支出的市场价值。主要包括用种、饲料饲草、肥料、燃料、农药、农膜、小农具、养殖用药、水费、电费、棚架材料费、办公费用以及其他物质消耗。

生产服务支出 指在一定时期内农林牧渔业生产过程中各部门对农林牧渔业生产提供的劳动服务的价值。包括修理费、外雇运输费、生产性邮电费、外雇排灌费、外雇机械作业费、配种费、防疫费、技术服务费、上缴管理费、保险费、职工教育费、差旅费、会议费和其他服务费用等。

人民生活

PEOPLE'S LIVING CONDITIONS

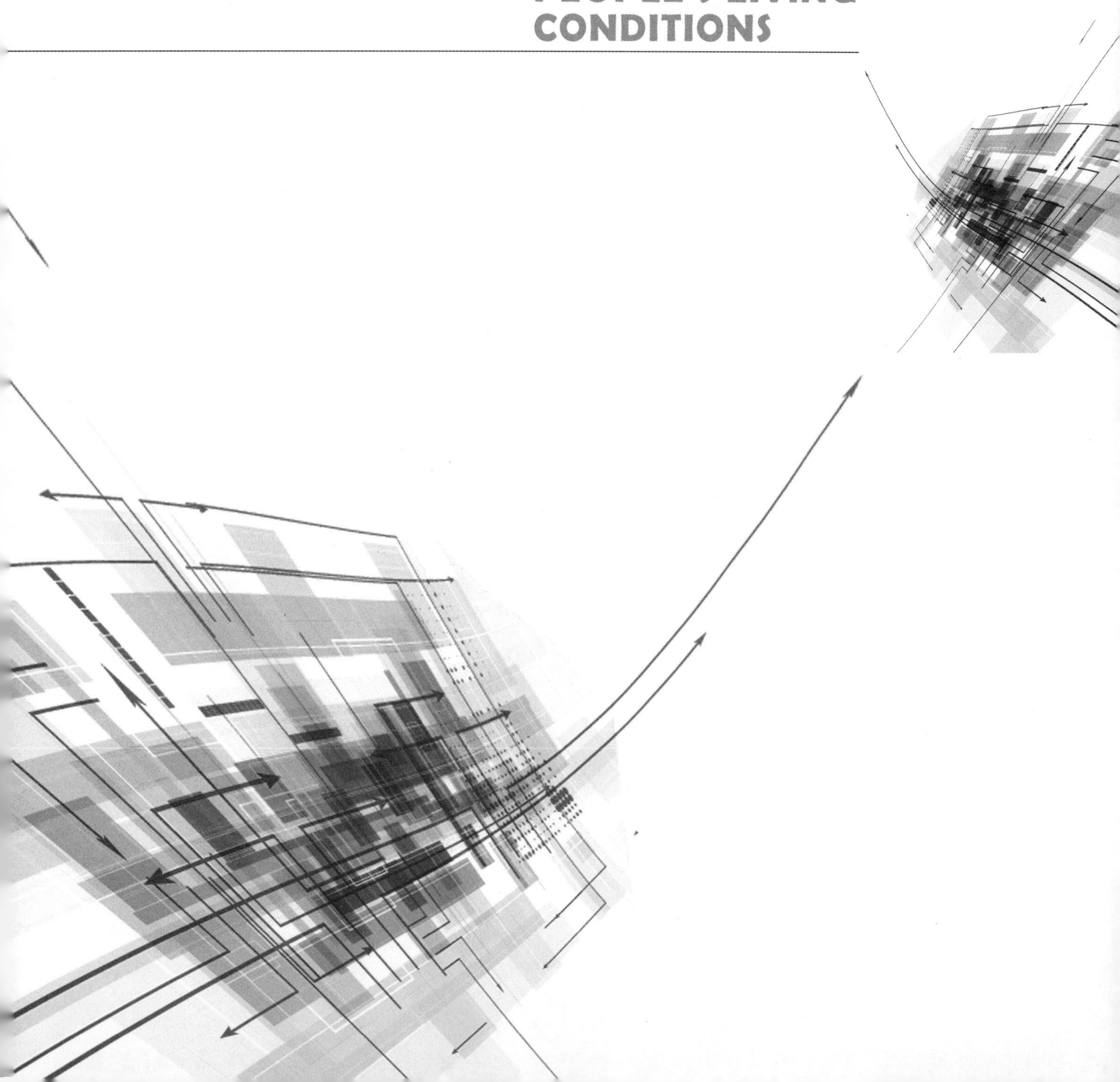

简要说明

一、本篇资料内容主要反映城乡居民收支和生活状况，包括居民家庭基本情况、居民收支、消费水平、居住状况及主要消费品拥有量等。

二、本篇资料来源于住户调查，自2013年以来，住户调查整合城乡住户调查资源，统一调查指标、统一抽样方法、统一调查过程、统一数据处理和统一数据发布，更加全面准确地反映居民收入分配格局，根据国家统计局《住户收支与生活状况调查方案》，由安徽调查总队组织实施，其调查目的是为全面了解全省和分市、县(区)城乡常住居民收入、生活现状及变化情况，满足各级政府制定政策计划和进行宏观管理的需要，以及社会各界的信息需求，为国民经济核算提供基础数据。

本版责任编辑：冉　地

3-1 全体常住居民调查户基本情况
Basic Conditions of Urban Households Surveyed

指标名称	Item	单位	2018
一、基本情况	**Basic Conditions**		
调查户数	Number of Households Surveyed	(户)	-
(一)户均常住人口	Permanent Residents per Household	人	3.0
户均常住从业人口	Permanent Employees per Household	人	1.7
平均每一从业人口负担人数(包括从业者本人)	Number of Dependents per Employee Including Oneself (person)		1.8
恩格尔系数	Engel's Coefficient of Households	(%)	31.8
(二)性别	Gender	—	
1.男性	Male	%	49.7
2.女性	Female	%	50.3
(三)户口状况	Residence Registration	—	
1.农业	Agricultural Account	%	73.5
2.非农业	Non-agricultural Account	%	26.3
3.其他	Others	%	0.2
(四)6 岁及以上常住成员受教育程度	Education Level of Residents Aged 6 and Above	—	
1.未上过学	Not Been to School	%	7.4
2.小学	Primary School	%	28.8
3.初中	Junior Secondary School	%	35.8
4.高中	Senior Secondary School	%	13.6
5.大学专科	Junior College	%	7.4
6.大学本科	Undergraduate College	%	6.3
7.研究生	Postgraduate	%	0.7
二、常住从业人员情况	**Employment**	—	
(一)户均常住从业人数	Permanent Employees per Household	人	1.7
(二)就业状况	Job Situation	—	
1.雇主	Employer	%	1.4
2.公职人员	Public Officer	%	2.3
3.事业单位人员	Institution Worker	%	5.5

3-1 续表 Continued

指标名称	Item	单位	2018
4.国有企业雇员	State-owned Enterprise Employee	%	3.8
5.其他雇员	Other Employee	%	44.0
6.农业自营	Agricultural Self-employed	%	28.8
7.非农自营	Non-agricultural Self-employed	%	14.1
(三)主要从事行业	Industries Engaged	—	
1.第一产业	Primary Industry	%	30.5
2.第二产业	Secondary Industry	%	24.3
3.第三产业	Tertiary Industry	%	45.2
三、户主文化程度	**Education Level of Householder**	—	
1.未上过学	Not Been to School	%	3.7
2.小学	Primary School	%	21.5
3.初中	Junior Secondary School	%	46.9
4.高中	Senior Secondary School	%	13.9
5.大学专科	Junior College	%	7.7
6.大学本科	Undergraduate College	%	5.7
7.研究生	Postgraduate	%	0.6
四、农业经营户占全部户比例	**Proportion of Agricultural Operation Households to the Total**	**%**	**20.9**

3-2 居民家庭收入和消费情况
Income and Consumption of Households

项　目	Item	2016	2017	2018
一、可支配收入及构成	**Disposable Income and Its Composition**			
可支配收入(元)	**Disposable Income(yuan)**	**19998.1**	**21863.3**	**23983.6**
工资性收入	Wages Income	10931.6	11920.9	12851.4
经营性收入	Net Income from Business	4512.7	4878.9	5478.4
财产性收入	Property Income	1085.5	1227.7	1456.8
转移性收入	Transfer Income	3468.3	3835.8	4197.1
可支配收入构成(%)	**Composition of per Capita Disposable Income(%)**	**100.0**	**100.0**	**100.0**
工资性收入	Wages Income	54.7	54.5	53.6
经营性收入	Net Income from Business	22.6	22.3	22.8
财产性收入	Property Income	5.4	5.6	6.1
转移性收入	Transfer Income	17.3	17.5	17.5
二、消费支出及构成	**Annual Living Expenditures for Consumption and Its Composition**			
平均每人消费性支出(元)	**Per Capita Annual Living Expenditures for Consumption (yuan)**	**14711.5**	**15751.7**	**17044.6**
一、食品	Food	4880.2	5143.4	5414.7
二、衣着	Clothing	990.8	1037.5	1137.4
三、居住	Residence	3047.3	3397.6	3941.9
四、生活用品及服务	Household Facilities, Articles and Service	868.8	890.8	1041.2
五、交通通信	Traffic and Communications	1975.2	2102.3	2082.1
六、教育文化娱乐	Education, Cultural & Recreation Service	1558.8	1700.5	1810.4
七、医疗保健	Medicine and Medical Service	1092.1	1135.9	1224.0
八、其他用品和服务	Miscellaneous Commodities and Services	298.4	343.8	392.8
平均每人消费性支出构成(%)	**Composition of per Capita Annual Living Expenditures for Consumption(%)**	**100.0**	**100.0**	**100.0**
一、食品	Food	33.2	32.7	31.8
二、衣着	Clothing	6.7	6.6	6.7
三、居住	Residence	20.7	21.6	23.1
四、生活用品及服务	Household Facilities, Articles and Service	5.9	5.7	6.1
五、交通通信	Traffic and Communication	13.4	13.3	12.2
六、教育文化娱乐	Education, Cultural & Recreation Service	10.6	10.8	10.6
七、医疗保健	Medicine and Medical Service	7.4	7.2	7.2
八、其他用品和服务	Miscellaneous Commodities and Services	2.0	2.2	2.3

3-3 居民家庭人均收入情况
Annual Income per Capita of Households

单位:元 (yuan)

项　目	Item	2016	2017	2018
总收入(未扣除生产费用)	**Total Income (Not Deduct the Production Cost)**	**23425.4**	**25512.7**	**28324.4**
工资性收入	Income from Wages and Salaries	10931.6	11920.9	12851.4
家庭经营收入	Household Business Income	6878.0	7335.3	8550.3
财产性收入	Property Income	1172.5	1320.7	1616.5
转移性收入	Transfer Income	4443.4	4935.8	5306.3
现金可支配收入	**Cash Disposable Income**	**18717.8**	**20619.5**	**23041.0**
现金工资性收入	Cash Wages Income	10853.9	11829.6	12760.1
现金经营净收入	Net Cash Income from Business	4248.8	4862.7	5907.6
现金财产净收入	Net Cash Property Income	377.4	389.7	435.5
现金转移净收入	Net Cash Transfer Income	3237.7	3537.5	3937.8
总支出	**Total Expenditures**	**22211.2**	**23147.6**	**25876.4**
其中:消费支出	Of Which:Expenditure for Consumption	14711.5	15751.7	17044.6
生产经营费用支出	Expenditure for Business	1919.8	2048.6	2499.3
财产性支出	Property Expenditure	86.9	93.0	159.7
转移性支出	Transfer Expenditure	975.0	1100.9	1109.3
现金支出	**Cash Expenditure**	**19753.4**	**20399.7**	**22607.1**
其中:现金消费支出	Of Which:Cash Expenditure for Consumption	12290.0	13037.1	13809.7
生产经营费用支出	Cash Expenditure for Business	1883.6	2015.4	2465.0
现金财产性支出	Cash Property Expenditure	86.9	93.0	159.7
现金转移性支出	Cash Transfer Expenditure	975.0	1100.9	1109.3
可支配收入	**Disposable Income**	**19998.1**	**21863.3**	**23983.6**
一、工资性收入	Income from Wages and Salaries	10931.6	11920.9	12851.4
(一)工资	Wages	10345.2	11229.8	12361.6
1.按月发放的工资	Monthly Salaries	8128.2	8742.2	9013.5
2.补发工资	Reissued Salaries	160.7	166.9	406.7
3.不按月发放的奖金、津贴、过节费等	Unmonthly Paid Bonus, Allowance and Holiday Fee	2056.3	2320.7	2941.5
(二)实物福利	Benefits in Kind	77.7	91.3	91.2
1.从单位或雇主得到的实物产品折价	Cash Calculated from Physical Products Paid by Unit or Employer	15.6	17.4	26.9
2.从单位或雇主得到的服务折价	Cash Calculated from Services by Unit or Employer	62.1	73.9	64.3
(三)其他	Others	508.7	599.7	398.5
1.住房公积金	Housing Accumulation Fund	490.1	548.5	352.7

3-3 续表 1 Continued 1

项　目	Item	2016	2017	2018
2.辞退金	Dismissal Costs	4.8	33.9	9.9
3.自由职业劳动所得(如稿费、翻译费)	Income on Freelance Business (Such as Remuneration or Translation Fees)	9.1	15.5	27.4
4.安家费	Settling-in Allowance	1.1	0.4	6.2
5.股票期权	Stock Options	2.6	0.8	…
6.其他劳动所得	Other Labor Income	1.0	0.7	2.4
二、经营净收入	Net Business Income	4512.7	4878.9	5478.4
(一)第一产业经营净收入	Primary Industry	1826.6	1974.7	2074.6
1.农业	Farming	1501.6	1622.7	1659.5
2.林业	Forestry	110.4	112.3	142.9
3.牧业	Animal Husbandry	150.8	167.7	184.0
4.渔业	Fishery	63.8	72.0	88.2
(二)第二产业经营净收入	Secondary Industry	563.8	611.9	683.5
1.采矿业	Mining	7.2	1.5	18.6
2.制造业	Manufacturing	308.3	333.2	302.4
3.电力、热力、燃气及水生产和供应业	Production and Supply of Electricity, Gas and Water	0.7	0.2	-3.4
4.建筑业	Construction	247.6	277.0	365.8
(三)第三产业经营净收入	Tertiary Industry	2122.3	2292.3	2720.3
1.批发和零售业	Wholesale and Retail Trades	1195.1	1226.1	1518.5
2.交通运输、仓储和邮政业	Transport, Storage and Post	322.0	383.2	363.4
3.住宿和餐饮业	Hotels and Catering Services	217.5	245.0	396.1
4.房地产业	Real Estate	1.9	1.1	-2.2
5.租赁和商务服务业	Leasing and Business Services	25.9	32.2	10.2
6.居民服务、修理和其他服务业	Services to Households and Other Services	252.7	284.2	316.6
7.其他	Others	42.5	53.2	61.3
8.农林牧渔服务业	Agricultural Service	64.7	67.2	56.4
三、财产净收入	Net Property Income	1085.5	1227.7	1456.8
(一)利息净收入	Net Interest Income	19.0	26.1	-40.5
(二)红利收入	Dividend Income	42.0	48.6	84.2
(三)储蓄性保险净收益	Net Income of Savings Insurance	5.6	3.4	2.2

3-3 续表2 Continued 2

项　目	Item	2016	2017	2018
(四)转让承包土地经营权租金净收入	Net Income from Transfer of Right to Contracted Management of Rural Land	59.7	69.4	66.3
(五)出租房屋财产性收入	Property Income from Rental Accommodation	242.8	233.2	276.3
(六)出租机械、专利、版权等资产的收入	Income from Rental Machinery, Patent, Copyright and the Like	5.2	6.5	28.2
(七)其他财产净收入	Other Net Property Income	3.0	2.6	18.8
(八)房屋虚拟租金	Virtual Housing Rent	708.1	838.0	1021.3
四、转移净收入	Net Transfer Income	3468.3	3835.8	4197.1
(一)转移性收入	Transfer Income	4443.5	4935.9	5306.3
1.养老金或离退休金	Pension or Retirement Pension	2393.2	2608.7	2525.9
(1)离退休金	Pensions of Retirees	2198.7	2394.3	2288.9
(2)(城镇)居民社会养老保险	Social Old-age Insurance for (Urban) Residents	68.9	79.3	51.3
(3)新型农村养老保险	New System of Old-age Insurance for Rural Residents	86.4	94.3	138.1
(4)其他养老金	Other Old-age Pension	39.1	40.8	47.6
2.社会救济和补助	Social Welfare or Aid	89.1	109.8	167.2
(1)最低生活保障费	Guaranteed Minimum Income	36.7	41.3	62.9
(2)五保户救助金	Aids to Households Enjoying the Five Guarantees	4.5	5.6	7.6
(3)扶贫款	Poverty Relief Funds	9.6	22.1	19.6
(4)救灾款	Disaster Relief Funds	0.8	2.5	0.8
(5)抚恤金	Pension	21.3	19.7	31.9
(6)医疗救助专项补贴	Special Subsidies for Medical Assistance	—	—	4.0
(7)教育救助专项补贴	Special Subsidies for Educational Assistance	—	—	5.7
(8)其他社会救济收入	Other Income from Social Welfare	16.2	18.6	34.7
3.政策性生活补贴	Policy Living Allowance	19.6	37.2	52.7
4.报销医疗费	Reimbursement of Medical Expenses	218.2	284.1	217.5
5.家庭外出从业人员寄回带回收入	Sent Back by Family Outings Employees	1135.4	1259.5	1531.9
6.赡养收入	Alimony Income	380.4	422.0	549.5
7.其他经常转移收入	Other Regular Transfer Income	121.5	100.0	141.9
(1)失业保险金	Unemployment Insurance Benefits	6.3	4.1	7.5
(2)经常性捐赠收入	Regular Donation Income	11.8	17.2	9.7

3-3 续表 3 Continued 3

项 目	Item	2016	2017	2018
(3)经常性赔偿收入	Regular Compensation Income	2.6	6.3	12.9
(4)社保支出专项补贴	Special Subsidy for Social Insurance Expenditure	—	—	1.6
(5)扶贫补助金孳息收入	Subsidy Yields Income from Poverty Alleviation	—	—	0.1
(6)扶贫贷款利息补助收入	Income of Interest Subsidy for Poverty Alleviation Loans	—	—	0.7
(7)其他转移性收入	Other Transfer Income	102.4	70.7	109.4
8.从政府和组织得到的实物产品和服务折价	Cash Calculated from Physical Products and Service Paid by Government and Organizations	12.7	13.3	41.8
9.现金政策性惠农补贴	Policy Agricultural Subsidies in Cash	73.5	101.2	77.9
(二)转移性支出	Transfer Expenditure	975.2	1100.0	1109.3
1.个人所得税	Personal Income Tax	28.7	39.0	58.2
2.社会保障支出	Social Security Expentiduture	784.8	883.5	892.4
(1)个人缴纳的养老保险	Individual Endowment Insurance	529.2	606.6	581.3
(2)个人缴纳的医疗保险	Individual Medical Treatment Insurance	214.3	230.0	266.4
(3)个人缴纳的失业保险	Individual Unemployment Insurance	25.0	29.1	21.8
(4)其他社会保障支出	Other Social Security Expenditure	16.2	17.8	22.9
3.外来从业人员寄给家人的支出	Sent Home to Their Families by Migrant Workers	13.0	12.2	5.0
4.赡养支出	Alimony Expentiduture	72.2	78.3	100.3
5.其他转移性支出	Other Transfer Expenditure	76.5	86.9	53.4
(1)经常性捐赠支出	Regular Donation Expenditure	10.7	5.0	2.8
(2)经常性赔偿支出	Regular Compensation Expenditure	0.2	0.0	0.1
(3)其他经常转移支出	Other Regular Transfer Expenditure	65.6	82.0	50.6
现金可支配收入	**Cash Disposable Income**	**18717.8**	**20619.5**	**23041.0**
一、现金工资性收入	Cash Income from Wages and Salaries	10853.9	11829.6	12760.1
(一)工资	Wages	10345.2	11229.8	12361.6
1.按月发放的工资	Monthly Salaries	8128.2	8742.2	9013.5
2.补发工资	Reissued Salaries	160.7	166.9	406.7
3.不按月发放的奖金、津贴、过节费等	Unmonthly Paid Bonus, Allowance and Holiday Fee	2056.3	2320.7	2941.5
(二)其他工资性收入	Other Income from Wages and Salaries	508.7	599.7	398.5
1.住房公积金	Housing Accumulation Fund	490.1	548.5	352.7
2.辞退金	Dismissal Costs	4.8	33.9	9.9

3-3 续表4 Continued 4

项 目	Item	2016	2017	2018
3.自由职业劳动所得(如稿费、翻译费)	Income on Freelance Business (Such as Remuneration or Translation Fees)	9.1	15.5	27.4
4.安家费	Settling-in Allowance	1.1	0.4	6.2
5.股票期权	Stock Options	2.6	0.8	0.0
6.其他劳动所得	Other Labor Income	1.0	0.7	2.4
二、现金经营净收入	Net Cash Business Income	4248.8	4862.7	5907.6
(一)第一产业现金经营净收入	Primary Industry	1206.9	1638.8	2048.8
1.农业	Farming	936.8	1333.5	1667.3
2.林业	Forestry	64.8	66.3	96.8
3.牧业	Animal Husbandry	143.5	167.2	195.7
4.渔业	Fishery	61.8	71.7	88.9
(二)第二产业现金经营净收入	Secondary Industry	698.2	695.1	828.7
1.采矿业	Mining	12.2	6.9	19.8
2.制造业	Manufacturing	381.0	376.7	364.9
3.电力、热力、燃气及水生产和供应业	Production and Supply of Electricity, Gas and Water	0.9	0.2	-0.4
4.建筑业	Construction	304.1	311.4	444.3
(三)第三产业现金经营净收入	Tertiary Industry	2343.7	2528.8	3030.2
1.批发和零售业	Wholesale and Retail Trades	1298.0	1336.5	1658.1
2.交通运输、仓储和邮政业	Transport, Storage and Post	383.2	436.8	442.3
3.住宿和餐饮业	Hotels and Catering Services	237.0	267.2	423.1
4.房地产业	Real Estate	1.9	1.1	-2.2
5.租赁和商务服务业	Leasing and Business Services	29.5	37.5	33.1
6.居民服务、修理和其他服务业	Services to Households and Other Services	280.1	306.5	344.5
7.其他行业	Others	45.7	70.5	71.4
8.农林牧渔服务业	Agricultural Service	68.3	72.6	59.9
三、现金财产净收入	Net Cash Property Income	377.4	389.7	435.5
(一)利息净收入	Net Interest Income	19.0	26.1	-40.5
(二)红利收入	Dividend Income	42.0	48.6	84.2
1.集体分配的红利	Collective Distribution of Dividends	3.3	19.4	14.8
2.其他红利收入	Other Dividend Income	38.7	29.2	69.4
(三)储蓄性保险净收益	Net Income of Savings Insurance	5.6	3.4	2.2
(四)转让承包土地经营权租金净收入	Net Income from Transfer of Right to Contracted Management of Rural Land	59.7	69.4	66.3

3-3 续表 5 Continued 5

项　　目	Item	2016	2017	2018
(五)出租房屋财产性收入	Property Income from Rental Accommodation	242.8	233.2	276.3
(六)出租机械、专利、版权等资产的收入	Income from Rental Machinery, Patent, Copyright and the Like	5.2	6.5	28.2
(七)其他财产净收入	Other Net Property Income	3.0	2.6	18.8
四、现金转移净收入	Net Cash Transfer Income	3237.7	3537.5	3937.8
(一)现金转移性收入	Cash Transfer Income	4212.6	4638.4	5047.0
1.养老金或离退休金	Pension or Retirement Pension	2393.2	2608.7	2525.9
(1)离退休金	Pensions of Retirees	2198.7	2394.3	2288.9
(2)(城镇)居民社会养老保险	Social Old-age Insurance for (Urban) Residents	68.9	79.3	51.3
(3)新型农村养老保险	New System of Old-age Insurance for Rural Residents	86.4	94.3	138.1
(4)其他养老金	Other Old-age Pension	39.1	40.8	47.6
2.社会救济和补助	Social Welfare or Aid	89.1	109.8	167.2
(1)最低生活保障费	Guaranteed Minimum Income	36.7	41.3	62.9
(2)五保户救助金	Aids to Households Enjoying the Five Guarantees	4.5	5.6	7.6
(3)扶贫款	Poverty Relief Funds	9.6	22.1	19.6
(4)救灾款	Disaster Relief Funds	0.8	2.5	0.8
(5)抚恤金	Pension	21.3	19.7	31.9
(6)医疗救助专项补贴	Special Subsidies for Medical Assistance	—	—	4.0
(7)教育救助专项补贴	Special Subsidies for Educational Assistance	—	—	5.7
(8)其他社会救济收入	Other Income from Social Welfare	16.2	18.6	34.7
3.政策性生产补贴	Policy Production Allowance	—	—	77.9
4.政策性生活补贴	Policy Living Allowance	19.6	37.2	52.7
5.家庭外出从业人员寄回带回收入	Sent Back by Family Outings Employees	1135.4	1259.5	1531.9
6.赡养收入	Alimony Income	380.4	422.0	549.5
7.其他经常转移收入	Other Regular Transfer Income	121.5	100.0	141.9
(1)失业保险金	Unemployment Insurance Benefits	6.4	4.1	7.5
(2)经常性捐赠收入	Regular Donation Income	11.8	17.2	9.7
(3)经常性赔偿收入	Regular Compensation Income	2.6	6.3	12.9
(4)社保支出专项补贴	Special Subsidy for Social Insurance Expenditure	—	—	1.6
(5)扶贫补助金孳息收入	Subsidy Yields Income from Poverty Alleviation	—	—	0.1

3-3 续表6 Continued 6

项　目	Item	2016	2017	2018
(6)扶贫贷款利息补助收入	Income of Interest Subsidy for Poverty Alleviation Loans	—	—	0.7
(7)其他转移性收入	Other Transfer Income	100.7	72.3	109.4
(二)现金转移性支出	Cash Transfer Expenditure	975.0	1100.9	1109.3
1.个人所得税	Personal Income Tax	28.7	39.0	58.2
2.个人缴纳的社会保障支出	Individual Social Security Expenditure	784.8	883.5	892.4
(1)个人缴纳的养老保险	Individual Endowment Insurance	529.2	606.6	581.3
(2)个人缴纳的医疗保险	Individual Medical Treatment Insurance	214.3	230.0	266.4
(3)个人缴纳的失业保险	Individual Unemployment Insurance	25.0	29.1	21.8
(4)其他社会保障支出	Other Social Security Expenditure	16.2	17.8	22.9
3.外来从业人员寄给家人的支出	Sent Home to Their Families by Migrant Workers	13.0	12.2	5.0
4.赡养支出	Alimony Expenditure	72.2	78.3	100.3
5.其他转移性支出	Other Transfer Expenditure	76.3	87.8	53.4
(1)经常性捐赠支出	Regular Donation Expenditure	10.7	5.0	2.8
(2)经常性赔偿支出	Regular Compensation Expenditure	0.2	0.0	0.1
(3)其他经常转移支出	Other Regular Transfer Expenditure	65.4	82.8	50.6

3-4 居民家庭人均支出情况
Annual Expenditure per Capita of Households

单位:元 (yuan)

项　　目	Item	2016	2017	2018
总支出	**Total Expenditure**	**22211.2**	**23147.6**	**25876.4**
其中:消费支出	**Of Which:Consumption Expenditure**	**14711.5**	**15751.7**	**17044.6**
(一)食品烟酒	Food,Tobacco and Liquor	4880.2	5143.4	5414.7
1.食品	Food	3351.4	3481.1	3519.5
(1)谷物	Cereals	610.6	680.6	582.4
(2)薯类	Tubers	47.5	47.7	52.7
(3)豆类	Beans	64.6	64.0	63.0
(4)食用油	Edible Oil	135.6	143.9	129.0
(5)蔬菜和食用菌	Vegetables and Edible Fungus	441.1	439.8	404.8
(6)肉类	Meat	709.4	729.5	751.3
(7)禽类	Poultry	238.9	211.0	250.0
(8)水产品	Aquatic Products	196.6	209.9	222.0
(9)蛋类	Eggs	116.8	112.9	117.2
(10)奶类	Milk	272.8	287.5	324.9
(11)干鲜瓜果类	Fresh,Dried Melons and Fruits	274.2	301.1	333.8
(12)糖果糕点类	Confectioneries	119.2	120.5	144.9
(13)其他食品	Other Foods	124.4	132.9	143.7
2.烟酒	Tobacco and Liquor	747.4	791.6	825.9
(1)烟草	Tobacco	422.9	446.1	476.8
(2)酒类	Liquor	324.4	345.4	349.1
3.饮料	Drinks	125.6	141.3	134.0
4.饮食服务	Diet Service	655.9	729.4	935.3
(1)食堂用餐	Cafeteria Food	74.8	88.3	68.5
(2)其他在外饮食	Dining Out	574.0	630.7	860.1
(3)食品加工服务费	Food Processing and Service Fee	7.1	10.4	6.7
(二)衣着	Clothing	990.8	1037.5	1137.4
1.衣类	Clothing	768.9	805.4	909.2
2.鞋类	Footwear	221.9	232.0	228.2
(三)居住	Residence	3047.3	3397.6	3941.9
1.租赁房房租	Rent of Rentable Housing	136.8	136.3	145.7
2.住房维修及管理	Management and Maintenance of Housing	394.3	455.3	404.3
3.水电燃料及其他	Water,Electricity,Fuels and Others	632.4	687.4	686.2
4.自有住房折算租金	Converted Rent for Private Housing	1883.7	2118.6	2705.7

3-4 续表 Continued

项　　目	Item	2016	2017	2018
(四)生活用品及服务	Household Facilities, Articles and Service	868.8	890.8	1041.2
1.家具及室内装饰品	Furniture and Interior Decorations	121.9	129.6	130.9
2.家用器具	Household Facilities	257.4	256.6	301.5
3.家用纺织品	Home Textiles	62.5	55.7	75.6
4.家庭日用杂品	Daily-use Household Articles	247.8	257.9	279.0
5.个人用品	Personal Products	135.8	153.7	206.0
6.家庭服务	Household Service	43.3	37.3	48.3
(五)交通通信	Traffic and Communications	1975.2	2102.3	2082.1
1.交通	Transportation	1329.6	1406.1	1440.4
(1)交通工具	Transportation Facility	762.1	771.3	556.4
(2)交通费	Traffic Fare	175.3	187.8	243.3
(3)交通工具用燃料	Fuels for Vehicles	222.6	260.1	350.4
(4)交通工具使用及维修	Use and Maintenance for Vehicles	169.6	186.8	290.3
其中:车辆保险支出	Of Which: Vehicle Insurance Expenditure	56.7	65.0	107.3
2.通信	Communications	645.6	696.2	641.8
(1)通信工具	Communication Facility	190.3	219.8	218.6
(2)通信服务	Communication Services	455.2	476.4	423.1
(六)教育文化娱乐	Education, Cultural & Recreation Service	1558.8	1700.5	1810.4
1.教育	Education	1047.0	1156.5	1257.7
(1)学前教育	Preschool Education	97.4	103.1	171.3
(2)小学教育	Primary Education	121.4	137.8	156.4
(3)初中教育	Secondary Education	150.8	191.0	157.5
(4)高中教育	High School Education	197.1	222.9	243.0
(5)中专职高教育	Vocational Senior and Specialized Secondary Education	22.4	27.1	18.4
(6)大专及以上教育	College Education or Above	375.2	403.5	413.3
(7)成人教育	Adult Education	82.7	71.1	98.0
2.文化娱乐	Cultural and Recreation	511.7	544.0	552.6
(1)文娱耐用消费品	Cultural and Recreational Durable Consumer Goods	108.0	90.1	100.5
(2)其他文娱用品	Other Cultural Articles	104.6	125.4	174.7
(3)文化娱乐服务	Cultural and Recreation Service	299.1	328.4	277.4
(七)医疗保健	Medicine and Medical Service	1092.1	1135.9	1224.0
1.医疗器具及药品	Medical Instruments and Articles	301.4	338.2	340.2
2.医疗服务	Medical Service	790.6	797.7	883.9
(1)门诊总费用	Outpatient Costs	228.1	232.8	359.4
(2)住院总费用	Hospitalization Expenses	562.5	564.9	524.5
(八)其他用品和服务	Miscellaneous Commodities and Services	298.4	343.8	392.8
1.其他用品	Miscellaneous Commodities	159.4	207.9	218.5
2.其他服务	Miscellaneous Services	139.0	135.9	174.3
附记指标:通过互联网购买的商品或服务	Postscript Index: Goods and Services Bought Online	180.4	230.1	—

3-5 居民家庭人均主要食品消费量(含自产自用)
Per Capita Main Food Consumption of Households

单位:千克 (kg)

项 目	Item	2016	2017	2018
一、粮食消费量	Grain	140.9	137.3	139.5
(一)谷物消费量	Cereals	128.6	125.6	126.1
1.小麦	Wheat	46.4	45.0	48.7
2.稻谷	Barley	77.3	74.9	68.9
3.玉米	Corn	2.3	2.7	3.6
4.其他谷物	Other Cereals	2.6	2.9	4.9
(二)薯类消费量	Tubers	2.1	2.2	2.3
1.红薯	Sweet Potato	1.0	1.0	1.0
2.马铃薯	Potato	0.7	0.8	0.9
3.其他薯类	Other Tubers	0.4	0.4	0.5
(三)豆类消费量	Beans	10.3	9.5	11.1
1.大豆	Soybean	0.9	0.6	0.9
2.其他豆类	Other Beans	9.4	8.9	10.2
二、油脂类消费量	Oil and Fats	9.9	10.0	9.5
(一)植物油	Edible Vegetable Oil	9.2	9.4	8.5
(二)动物油	Edible Animal Oil	0.7	0.6	0.9
三、蔬菜及菜制品消费量	Vegetables and Processed Products	97.6	99.8	95.3
(一)鲜菜	Fresh Vegetables	94.8	97.0	92.2
(二)干菜及菜制品	Dried Vegetables and Processed Products	1.1	1.1	1.3
(三)鲜菌	Fresh Edible Fungus	1.4	1.5	1.5
(四)干菌及菌制品	Dried Edible Fungus and Processed Products	0.3	0.2	0.2
四、肉类	Meat and Processed Products	22.9	23.6	28.3
(一)猪肉	Pork	17.8	18.4	22.1
(二)牛肉	Beef	1.8	1.9	2.2
(三)羊肉	Mutton	1.0	0.9	0.9
(四)其他肉类及制品	Others	2.3	2.4	3.1
五、禽类	Poultry and Processed Products	11.9	10.2	12.0
(一)鸡	Chicken	7.7	6.7	7.8
(二)鸭	Duck	2.0	1.6	1.7

3-5 续表 Continued

项目	Item	2016	2017	2018
(三)鹅	Goose	0.4	0.3	0.3
(四)其他禽类及制品	Others	1.8	1.6	2.2
六、水产品	Aquatic Products	11.2	10.8	12.0
(一)鱼类	Fish	9.4	8.9	9.7
(二)虾、贝、蟹类	Shrimps, Shells and Crabs	1.0	1.1	1.5
(三)藻类	Algae	0.5	0.4	0.4
(四)其他	Others	0.4	0.4	0.4
七、蛋类及蛋制品	Eggs and Processed Products	11.3	11.6	11.3
(一)鲜蛋	Fresh Eggs	10.7	11.1	10.8
(二)蛋制品	Egg Products	0.6	0.6	0.5
八、奶和奶制品	Milk and Dairy Products	10.5	11.0	11.7
(一)鲜奶	Fresh Milk	3.9	4.3	5.8
(二)酸奶	Yogurt	3.8	4.3	3.5
(三)奶粉	Milk Powder	0.9	0.8	1.1
(四)其他奶制品	Others	1.9	1.6	1.4
九、干鲜瓜果类	Dried, Fresh Melons and Fruits	43.5	48.2	52.6
(一)鲜瓜果	Fresh Melons and Fruits	39.9	44.4	48.2
(二)瓜果制品	Melon and Fruit Products	0.9	0.9	1.1
(三)坚果类	Nuts and Grain Products	2.7	2.9	3.3
十、糖果糕点类	Confectioneries	5.9	5.5	7.3
(一)食糖	Sugar	1.0	1.0	1.0
(二)糖果	Candy	0.6	0.5	0.8
(三)糕点	Pastry	3.4	3.3	4.4
(四)其他糖果糕点	Other Confectioneries	0.8	0.7	1.2
十一、饮料	Beverage	0.3	0.3	0.3
茶叶	Tea	0.3	0.3	0.3
十二、烟叶消费量	Tobacco	30.9	30.1	31.3
十三、酒	Liquor and Drinks	11.3	10.7	11.8
(一)白酒	White Spirits	3.8	3.6	4.0
(二)啤酒	Beer	7.4	7.0	7.7
(三)果酒	Fruit Wine	0.1	0.1	0.1

3-6 居民家庭第一产业经营收支
Per Capita Household Income and Expenditure of Primary Industry

项　　目	Item	2016	2017	2018
一、第一产业经营收入(不含惠农补贴)	Income of Primary Industry Business (Excluding Agricultural Subsidies)	3193.2	3526.5	3774.5
(1)农业	Farming	2297.3	2594.9	2712.0
(2)林业	Forestry	129.7	126.5	172.4
(3)牧业	Animal Husbandry	619.9	592.8	704.4
(4)渔业	Fishery	146.4	212.2	185.7
二、第一产业现金经营收入	Cash Income of Primary Industry Business	2447.6	3069.3	3596.8
1.农业	Farming	1646.6	2221.1	2616.2
2.林业	Forestry	83.6	80.0	125.4
3.牧业	Animal Husbandry	574.5	557.8	671.2
4.渔业	Fishery	142.9	210.4	184.1
三、第一产业经营费用支出	Expenditure of Primary Industry Business	1276.9	1463.7	1582.4
1.农业	Farming	718.1	897.3	961.7
2.林业	Forestry	18.9	13.7	28.5
3.牧业	Animal Husbandry	458.8	413.9	495.8
4.渔业	Fishery	81.2	138.8	96.4
四、第一产业经营现金费用支出	Cash Expenditure of Primary Industry Business	1240.7	1430.5	1548.0
1.农业	Farming	709.8	887.6	948.9
2.林业	Forestry	18.9	13.7	28.5
3.牧业	Animal Husbandry	430.9	390.5	475.4
4.渔业	Fishery	81.1	138.7	95.2
五、现金政策性惠农补贴	Policy Agricultural Subsidies in Cash	73.5	101.2	77.9

3-7 居民家庭每百户耐用消费品拥有量
Ownership of Major Durable Consumer Goods per 100 Households

项　　目	Item	2016	2017	2018
一、主要消费品拥有量(辆、台)	**Ownership of Major Durable Consumer Goods(unit)**			
1.家用汽车	Household Automobile	18.7	21.4	27.4
2.摩托车	Motorcycle	28.5	27.6	25.1
3.助力车	Man-drawn Vehicle	81.3	87.7	100.5
4.洗衣机	Washing Machine	87.0	90.3	92.0
5.电冰箱(柜)	Refrigerator	96.4	99.0	101.2
6.微波炉	Microwave Oven	40.4	44.0	43.6
7.彩色电视机	Color TV	126.8	130.6	131.0
8.空调	Air Conditioner	112.8	121.3	142.0
9.热水器	Water Heater	87.8	91.1	98.1
10.其中:太阳能热水器	Of Which:Solar Heater	66.6	68.9	67.7
11.洗碗机	Dishwasher	1.0	1.2	1.1
12.排油烟机	Kitchen Ventilator	41.0	44.6	54.0
13.固定电话	Telephone	36.2	34.0	24.1
14.移动电话	Mobile Telephone	221.8	230.0	255.8
15.计算机	Computer	45.0	46.2	45.8
16.照相机	Camera	11.4	11.9	8.9
17.中高档乐器	Medium Upscale Musical Instrument	2.2	2.9	4.4
18.健身器材	Fitness Equipment	2.2	3.0	4.6
19.空气净化器	Air Cleaner	—	—	2.5
20.吸尘器	Vacuum Cleaner	—	—	6.6
二、信息化调查情况	**Informatization**			
接入有线电视网络的电视机(台)	Cable Televison(set)	64.0	68.1	52.8
接入互联网的移动电话(部)	Network-connected Hand Telephone(unit)	108.8	129.4	186.3
接入互联网的计算机(台)	Network-connected Computer(set)	36.1	37.0	33.1

3-8 居民家庭居住情况
Living Conditions of Households

项 目	Item	2016	2017	2018
现住房建筑面积(平方米/人)	Total Floor Space of Current Housing(sq.m/person)	43.4	44.3	47.2
(一)本住户居住类型(%)	Type of Residence(%)			
1.普通住宅	Ordinary House	99.0	99.4	99.8
2.集体宿舍和工棚	Dormitory and Work Shed	0.9	0.5	0.2
3.工作地住宿	Accommodation at Workplace	0.1	0.1	0.0
(二)本住户居住空间样式(%)	House Styles(%)			
1.单栋楼房	Single Building	40.6	41.2	47.8
2.单栋平房	Single Bungalow	20.6	19.6	16.1
3.四居室及以上单元房	Unit with Four Rooms and Over	1.6	1.8	1.4
4.三居室单元房	Unit with Three Rooms	16.1	16.4	17.9
5.二居室单元房	Unit with Two Rooms	16.2	16.5	13.3
6.一居室单元房	Unit with One Room	1.2	1.2	0.8
7.筒子楼或连片平房	Tube-shaped Apartments or Rows of Bungalow	1.9	1.7	1.2
8.其他	Others	1.7	1.6	1.6
(三)主要建筑材料(%)	Main Architecture Materials(%)			
1.钢筋混凝土	Reinforced Concrete	34.0	35.5	49.5
2.砖混材料	Brick-concrete-structured Materials	51.3	50.6	41.0
3.砖瓦砖木	Tile and Wood	14.4	13.7	9.2
4.竹草土坯	Bamboo, Grass and Adobe	0.1	0.1	0.0
5.其他	Others	0.2	0.2	0.2
(四)现住房房屋来源(%)	Source of Current Housing(%)			
1.租赁公房	Rental Public Housing	0.5	0.4	0.3
2.租赁私房	Rental Privately Owned Housing	5.1	4.3	2.6
3.自建住房	Self Help Housing	60.3	59.7	63.7
4.购买商品房	Purchase of Merchandise Housing	19.4	20.3	20.0

3-8 续表1 Continued 1

项　　目	Item	2016	2017	2018
5.购买房改住房	Privately Owned House After Housing Reform	8.2	8.1	4.2
6.购买保障性住房	Purchase of Social Housing	0.4	0.4	0.3
7.拆迁安置房	Resettlement Housing	4.8	5.2	7.2
8.继承或获赠住房	Inherited or Received Housing	0.3	0.2	0.4
9.免费借用房	Free Borrowed Housing	0.4	0.4	0.5
10.雇主提供免费住房	Free Housing Provided by Employer	0.1	0.1	0.1
11.其他来源	Others	0.6	0.8	0.5
(五)现住房建筑面积	Floor Space of Current Housing(%)			
1.10平方米以内	Below 10 sq.m	0.2	0.0	0.0
2.10~20平方米	10~20 sq.m	0.3	0.3	0.1
3.20~30平方米	20~30 sq.m	0.9	0.8	0.2
4.30~60平方米	30~60 sq.m	11.2	10.8	8.2
5.60~90平方米	60~90 sq.m	26.3	26.1	20.4
6.90~120平方米	90~120 sq.m	24.6	25.2	27.3
7.120~200平方米	120~200 sq.m	23.1	23.2	27.7
8.200平方米以上	Above 200 sq.m	13.4	13.6	16.1
(六)住宅外道路路面情况(%)	Pavement Conditions out of the House(%)			
1.水泥或柏油路面	Cement or Asphalt Pavement	72.8	76.0	84.6
2.沙石或石板等硬质路面	Sand or Stone Pavement	21.1	19.0	12.5
3.其他	Others	6.0	5.0	2.9
(七)住宅有管道供水情况(%)	Conditions of Piped Water Supply(%)			
1.管道供水入户	Piped Water Supply into People's Homes	77.4	79.2	86.6
2.管道供水至公共取水点	Piped Water Supply to Watering Points	0.5	0.7	1.2
3.没有管道设施	No Pipeline Facilities	22.2	20.2	12.2
(八)住户主要饮用水来源情况(%)	Source of Drinking Water(%)			
1.经过净化处理的自来水	Purified Tap Water	73.5	75.5	82.5
2.受保护的井水和泉水	Protected Wells and Springs	15.0	15.0	14.3
3.不受保护的井水和泉水	Unprotected Wells and Springs	10.5	8.6	1.9

3-8 续表 2 Continued 2

项 目	Item	2016	2017	2018
4.江河湖泊水	Rivers and Lakes	0.2	0.2	0.8
5.收集雨水	Collected Rainwater	0.0	0.0	0.0
6.桶装水	Barreled Water	0.2	0.2	0.1
7.其他水源	Others	0.6	0.4	0.4
(九)住户获取饮用水的主要困难(%)	Difficulties to Get Drinking Water(%)			
1.单次取水往返时间超过半小时	Taking More than a Half-hour to Get Water	0.2	0.1	0.1
2.间断或定时供水	Intermittent or Timing Water Supply	2.3	2.0	1.1
3.当年连续缺水时间超过 16 天	Longer than 16 Days of Shortage of Water	0.4	0.5	0.2
4.无上述困难	No Such Difficulties	97.1	97.5	98.5
(十)住户饮用水使用前采取的主要处理措施(%)	Treatments Before Drinking Water(%)			
1.煮沸	Boiling	89.2	90.3	90.4
2.加漂白剂/氯等	Adding Bleach/Chloride,etc.	0.6	0.6	0.8
3.使用水过滤器	Using Water Filter	1.2	1.2	3.6
4.其他处理措施	Other Treatments	0.9	0.8	0.9
5.没有任何水处理措施	No Treatments	8.2	7.1	4.2
(十一)住户厕所类型(%)	Type of Toilet(%)			
1.水冲式卫生厕所	Flush Sanitary Toilets	49.2	51.0	60.8
2.水冲式非卫生厕所	Flush Insanitary Toilets	2.4	2.5	3.6
3.卫生旱厕	Sanitary Dry Latrines	9.5	9.4	11.0
4.普通旱厕	Ordinary Dry Latrines	37.2	35.6	23.8
5.无厕所	No Toilet	1.6	1.5	0.9
(十二)住户厕所使用情况(%)	Use of Toilet(%)			
1.本住户独用	Private Toilet	94.2	95.1	96.7
2.几户合用	Toilet Shared by Several Households	3.1	2.7	1.6
3.公用厕所	Public Toilets	2.7	2.2	1.7
(十三)住户洗澡设施情况(%)	Facilities for Bathing(%)			
1.统一供热水	Unified Hot Water Supply	1.6	1.6	2.9
2.家庭自装热水器	Installation of Water Heater	78.1	80.2	86.9

3-8 续表3 Continued 3

项目	Item	2016	2017	2018
3.其他	Others	4.4	4.0	4.3
4.无洗澡设施	No Facilities for Bathing	16.0	14.2	5.9
(十四)住户主要取暖设备状况(%)	Heating Equipment(%)			
1.由市政或小区集中供暖	Municipal or District Central Heating	0.6	0.4	1.5
2.自行供暖	Self Heating	58.2	65.3	77.1
3.无取暖设备	No Heating Equipment	41.3	34.2	21.4
(十五)住户主要取暖用能源状况(%)	Heating Energy(%)			
1.柴草	Firewood	9.4	8.7	6.4
2.煤炭	Coal	0.7	0.5	0.4
3.罐装液化石油气	Canned Liquified Petroleum Gas	4.5	3.6	3.1
4.管道液化石油气	Pipeline Liquified Petroleum Gas	0.2	0.2	0.3
5.管道煤气	Pipeline Gas	0.2	0.1	0.3
6.管道天然气	Pipeline Natural Gas	2.4	2.0	2.9
7.电	Electricity	55.2	62.4	73.2
8.燃料用油	Fuel Oil	0.00	0.00	0.00
9.沼气	Methane	0.0	0.0	0.0
10.其他	Others	1.7	1.4	1.3
11.无取暖行为	No Heating Behavior	25.7	21.0	12.1
(十六)主要炊用能源状况(%)	Cooking Energy(%)			
1.柴草	Firewood	29.0	27.7	17.5
2.煤炭	Coal	0.8	0.7	0.3
3.罐装液化石油气	Canned Liquified Petroleum Gas	33.1	31.8	36.5
4.管道液化石油气	Pipeline Liquified Petroleum Gas	1.5	1.6	1.1
5.管道煤气	Pipeline Gas	1.6	1.3	1.2
6.管道天然气	Pipeline Natural Gas	20.8	21.8	23.9
7.电	Electricity	12.5	14.6	19.0
8.燃料用油	Fuel Oil	0.0	0.1	0.0
9.沼气	Methane	0.2	0.1	0.1
10.其他	Others	0.3	0.2	0.4
11.无炊用行为	No Cooking Behavior	0.3	0.2	0.1

3-9 分城乡居民家庭生活基本情况
Basic Conditions of Urban and Rural Households

指　　标	Item	2016	2017	2018
户均常住人口(人)	**Household Size (person)**			
城镇	Urban	2.89	2.87	2.96
农村	Rural	3.00	2.95	3.08
就业	**Employment**			
城镇户均常住从业人口	Permanent Employees per Urban Household	—	—	1.63
农村户均常住从业人口	Permanent Employees per Rural Household	—	—	1.76
城镇平均每一从业人口负担人数(包括从业者本人)	Number of Dependents per Urban Employee (Including Oneself)	—	—	1.81
农村平均每一从业人口负担人数(包括从业者本人)	Number of Dependents per Rural Employee (Including Oneself)	—	—	1.75
收入与支出	**Income and Expenditure**			
城镇常住居民人均可支配收入(元)	Annual per Captita Disposable Income of Urban Residents (yuan)	29156	31640	34393
农村常住居民人均可支配收入(元)	Annual per Captita Disposable Income of Rural Residents (yuan)	11720	12758	13996
城镇常住居民人均消费支出(元)	Annual per Capita Consumption Expenditure of Urban Residents (yuan)	19606	20740	21523
农村常住居民人均消费支出(元)	Annual per Capita Consumption Expenditure of Rural Residents (yuan)	10287	11106	12748
生活质量	**Life Quality**			
居民家庭恩格尔系数(%)	Engel's Coefficient of Households(%)			
城镇	Urban	32.6	32.1	31.0
农村	Rural	34.3	33.5	33.0
居住条件	Residence Condition			
城镇常住居民人均现住房建筑面积(平方米)	Per Capita Floor Space of Urban Residents (sq.m)	36.91	39.13	41.19
农村常住居民人均现住房建筑面积(平方米)	Per Capita Floor Space of Rural Residents (sq.m)	49.36	51.16	52.94
交通条件	Traffic Condition			
城镇常住居民百户家用汽车拥有量(辆)	Number of Automobile per 100 Urban Households (unit)	26.65	28.57	31.98
农村常住居民百户家用汽车拥有量(辆)	Number of Automobile per 100 Rural Households (unit)	11.22	14.85	22.83
移动电话普及率	Popularizing Rate of Mobile Telephone			
城镇常住居民(部/百户)	Urban (set/100 Households)	221.93	229.82	246.01
农村常住居民(部/百户)	Rural (set/100 Households)	221.59	230.10	265.59

3-10 城镇常住居民调查户基本情况
Basic Conditions of Urban Permanent Households Surveyed

指标名称	Item	单位	2016	2017	2018
一、期末常住成员情况	**Conditions of Urban Residents**	—			
(一)户均常住成员	Permanent Residents per Household	人	2.9	2.9	3.0
(二)性别	Gender	—			
1.男性	Male	%	49.7	50.0	49.9
2.女性	Female	%	50.3	50.0	50.1
(三)户口状况	Residence Registration	—			
1.农业	Agricultural Account	%	31.4	30.9	47.8
2.非农业	Non-agricultural Account	%	68.4	68.8	51.8
3.其他	Others	%	0.2	0.3	0.3
(四)6岁及以上常住成员受教育程度	Education Level of Residents Aged 6 and Above	—			
1.未上过学	Not Been to School	%	3.3	3.3	4.6
2.小学	Primary School	%	16.7	16.7	20.0
3.初中	Junior Secondary School	%	33.0	32.9	33.2
4.高中	Senior Secondary School	%	21.7	21.8	18.5
5.大学专科	Junior College	%	13.1	13.3	11.7
6.大学本科	Undergraduate college	%	11.4	11.2	10.7
7.研究生	Postgraduate	%	0.8	0.8	1.2
二、常住从业人员情况	**Employment**	—			
(一)户均常住从业人数	Permanent Employees per Household	人	1.5	1.6	1.6
(二)就业状况	Job Situation	—			
1.雇主	Employer	%	1.7	1.5	1.9
2.公职人员	Public Officer	%	5.6	5.9	3.8
3.事业单位人员	Institution Worker	%	12.8	12.8	9.8

3-10 续表 Continued

指标名称	Item	单位	2016	2017	2018
4.国有企业雇员	State-owned Enterprise Employee	%	9.4	9.2	7.4
5.其他雇员	Other Employee	%	50.2	51.4	50.4
6.农业自营	Agricultural Self-employed	%	4.5	4.0	10.6
7.非农自营	Non-agricultural Self-employed	%	15.7	15.2	16.2
(三)主要从事行业	Industries Engaged	—			
1.第一产业	Primary Industry	%	5.4	5.0	11.5
2.第二产业	Secondary Industry	%	22.2	22.4	23.5
3.第三产业	Tertiary Industry	%	72.4	72.7	65.0
三、调查户基本情况	**Basic Conditions of Surveyed Households**	—			
(一)户主文化程度	Education Level of Householder	—			
1.未上过学	Not Been to School	%	0.5	2.1	2.7
2.小学	Primary School	%	2.3	8.6	12.6
3.初中	Junior Secondary School	%	9.7	37.3	39.1
4.高中	Senior Secondary School	%	6.0	22.9	19.8
5.大学专科	Junior College	%	3.9	15.3	13.3
6.大学本科	Undergraduate College	%	3.4	12.9	11.2
7.研究生	Postgraduate	%	0.3	0.9	1.2
(二)农业经营户占全部户比例	Proportion of Agricultural Operation Households to the Total	%	9.2	8.7	7.0

3-11 城镇常住居民家庭基本情况
Basic Conditions of Urban Permanent Households

项　目	Item	2016	2017	2018
调查户数(户)	Number of Households Surveyed (household)			
户均常住人口	Permanent Residents per Household			3.0
户均常住从业人口	Permanent Employees per Household			1.6
城镇居民家庭恩格尔系数(%)	Engel's Coefficient of Urban Households(%)	32.6	32.1	31.0
可支配收入(元)	Disposable Income(yuan)	29156.0	31640.3	34393.1
工资性收入	Wages Income	18277.9	19756.2	20974.0
经营性收入	Net Income from Business	4420.4	4720.7	5548.1
财产性收入	Property Income	2079.9	2310.9	2708.3
转移性收入	Transfer Income	4377.7	4852.5	5162.8
平均每人消费性支出(元)	Per Capita Annual Living Expenditures for Consumption(yuan)	19606.2	20740.2	21522.7
一、食品	Food	6381.7	6665.3	6672.1
二、衣着	Clothing	1491.0	1544.1	1661.1
三、居住	Residence	3931.2	4234.6	4909.9
四、生活用品及服务	Household Facilities, Articles and Service	1118.4	1215.0	1321.3
五、交通通信	Traffic and Communications	2748.4	2914.3	2630.3
六、教育文化娱乐	Education, Cultural & Recreation Service	2233.3	2372.2	2372.4
七、医疗保健	Medicine and Medical Service	1269.3	1274.5	1419.3
八、其他用品和服务	Miscellaneous Commodities and Services	432.9	520.1	536.3
平均每人消费性支出构成(人均消费性支出=100)(%)	Composition of per Capita Annual Living Expenditures for Consumption(%)	100.0	100.0	100.0
一、食品	Food	32.5	32.1	31.0
二、衣着	Clothing	7.6	7.4	7.7
三、居住	Residence	20.1	20.4	22.8
四、生活用品及服务	Household Facilities, Articles and Service	5.7	5.9	6.1
五、交通通信	Traffic and Communications	14.0	14.1	12.2
六、教育文化娱乐	Education, Cultural & Recreation Service	11.4	11.4	11.0
七、医疗保健	Medicine and Medical Service	6.5	6.1	6.6
八、其他用品和服务	Miscellaneous Commodities and Services	2.2	2.5	2.5
期末拥有住房情况	Housing Situation at the End of the Period			
拥有住房面积(平方米/人)	Dwelling Space(sq.m/person)	38.0	39.1	46.4
住房价值(元/人)	Value of Houses(yuan/person)	158938.9	177395.3	235733.9
期内新建(购)住房情况	Newly-built Houses Within the Year			
新建(购)住房面积(平方米/人)	Newly-built House Space(sq.m/person)	1.5	1.8	1.5
新建(购)住房价值(元/人)	Value in Each Squre Meter(yuan/person)	7312.4	8549.0	9712.2

3-12 城镇常住居民家庭人均收入情况
Annual Income per Capita of Urban Permanent Households

单位:元 (yuan)

项　目	Item	2016	2017	2018
总收入(未扣除生产费用)	**Total Income(Not Deduct the Production Cost)**	**32177.2**	**34671.9**	**38470.0**
工资性收入	Income from Wages and Salaries	18277.9	19756.2	20974.0
家庭经营收入	Household Business Income	5599.7	5681.4	7582.5
财产性收入	Property Income	2235.3	2467.5	2990.8
转移性收入	Transfer Income	6064.3	6766.8	6922.7
现金可支配收入	**Cash Disposable Income**	**27722.6**	**29699.6**	**32885.9**
现金工资性收入	Cash Wages Income	18147.8	19602.1	20847.7
现金经营净收入	Net Cash Income from Business	4914.7	5085.6	6579.3
现金财产净收入	Net Cash Property Income	588.4	573.1	622.5
现金转移净收入	Net Cash Transfer Income	4071.7	4438.8	4836.3
总支出	**Total Expenditures**	**27685.2**	**28527.6**	**30971.0**
其中:消费支出	Of Which:Expenditure for Consumption	19606.2	20740.2	21522.7
生产经营费用支出	Expenditure for Business	643.6	520.9	1430.4
财产性支出	Property Expenditure	155.4	156.6	282.5
转移性支出	Transfer Expenditure	1686.4	1916.2	1760.0
现金支出	**Cash Expenditure**	**24780.3**	**25224.0**	**27013.1**
其中:现金消费支出	Of Which:Cash Expenditure for Consumption	16704.8	17440.5	17578.5
生产经营费用支出	Cash Expenditure for Business	640.1	517.0	1416.7
现金财产性支出	Cash Property Expenditure	155.4	156.6	282.5
现金转移性支出	Cash Transfer Expenditure	1686.4	1916.2	1760.0
可支配收入	**Disposable Income**	**29156.0**	**31640.3**	**34393.1**
一、工资性收入	Income from Wages and Salaries	18277.9	19756.2	20974.0
(一)工资	Wages	17120.9	18409.0	20088.4
1.按月发放的工资	Monthly Salaries	14751.0	15617.3	15728.6
2.补发工资	Reissued Salaries	249.2	259.4	616.0
3.不按月发放的奖金、津贴、过节费等	Unmonthly Paid Bonus, Allowance and Holiday Fee	2120.7	2532.3	3743.8
(二)实物福利	Benefits in Kind	130.1	154.1	126.2
1.从单位或雇主得到的实物产品折价	Cash Calculated from Physical Products Paid by Unit or Employer	28.6	31.9	34.2

3-12 续表1 Continued 1

项目	Item	2016	2017	2018
2.从单位或雇主得到的服务折价	Cash Calculated from Services by Unit or Employer	101.5	122.2	92.0
(三)其他	Others	1026.9	1193.1	759.3
1.住房公积金	Housing Accumulation Fund	990.0	1094.7	695.1
2.辞退金	Dismissal Costs	9.7	69.5	15.0
3.自由职业劳动所得(如稿费、翻译费)	Income on Freelance Business(Such as Remuneration or Translation Fees)	18.0	25.7	45.4
4.安家费	Settling-in Allowance	2.3	0.8	0.9
5.股票期权	Stock Options	5.5	1.6	0.0
6.其他劳动所得	Other Labor Income	1.5	0.7	3.0
二、经营净收入	Net Business Income	4420.4	4720.7	5548.1
(一)第一产业经营净收入	Primary Industry	363.1	442.5	460.6
1.农业	Farming	303.8	370.5	378.4
2.林业	Forestry	11.2	10.4	16.9
3.牧业	Animal Husbandry	43.1	56.4	53.5
4.渔业	Fishery	5.1	5.2	11.8
(二)第二产业经营净收入	Secondary Industry	859.4	914.1	1024.4
1.采矿业	Mining	-0.4	-1.3	32.6
2.制造业	Manufacturing	517.0	542.8	442.7
3.电力、热力、燃气及水生产和供应业	Production and Supply of Electricity,Gas and Water	0.0	0.0	-3.9
4.建筑业	Construction	342.8	372.6	553.0
(三)第三产业经营净收入	Tertiary Industry	3198.0	3364.0	4063.1
1.批发和零售业	Wholesale and Retail Trades	1792.9	1851.4	2152.9
2.交通运输、仓储和邮政业	Transport,Storage and Post	422.0	457.1	570.2
3.住宿和餐饮业	Hotels and Catering Services	443.5	481.1	623.2
4.房地产业	Real Estate	3.4	2.3	-2.6
5.租赁和商务服务业	Leasing and Business Services	52.9	57.0	55.7
6.居民服务、修理和其他服务业	Services to Households and Other Services	398.0	423.4	518.4
7.其他	Others	72.7	80.2	113.4
8.农林牧渔服务业	Agricultural Service	12.6	11.5	32.0
三、财产净收入	Net Property Income	2079.9	2310.9	2708.3
(一)利息净收入	Net Interest Income	19.4	31.9	-71.9

3-12 续表 2 Continued 2

项　　目	Item	2016	2017	2018
(二)红利收入	Dividend Income	43.6	54.6	105.7
1.集体分配的红利	Collective Distribution of Dividends	5.8	14.9	24.1
2.其他红利收入	Other Dividend Income	37.8	39.7	82.5
(三)储蓄性保险净收益	Net Income of Savings Insurance	10.9	5.7	3.7
(四)转让承包土地经营权租金净收入	Net Income from Transfer of Right to Contracted Management of Rural Land	14.1	7.4	21.1
(五)出租房屋财产性收入	Property Income from Rental Accommodation	491.9	463.1	533.3
(六)出租机械、专利、版权等资产的收入	Income from Rental Machinery, Patent, Copyright and the Like	6.9	7.2	29.3
(七)其他财产净收入	Other Net Property Income	1.5	3.1	1.4
(八)房屋虚拟租金	Virtual House Rent	1491.5	1737.8	2085.7
四、转移净收入	Net Transfer Income	4377.7	4852.5	5162.8
(一)转移性收入	Transfer Income	6064.5	6766.9	6922.7
1.养老金或离退休金	Pension or Retirement Pension	4513.8	4859.9	4543.6
(1)离退休金	Pensions of Retirees	4310.5	4627.7	4360.2
(2)(城镇)居民社会养老保险	Social Old-age Insurance for(Urban) Residents	122.7	141.8	74.8
(3)新型农村养老保险	New System of Old-age Insurance for Rural Residents	28.7	35.5	62.2
(4)其他养老金	Other Old-age Pension	52.0	54.9	46.4
2.社会救济和补助	Social Welfare or Aid	72.2	93.9	111.7
(1)最低生活保障费	Guaranteed Minimum Income	31.5	42.1	35.4
(2)五保户救助金	Aids to Households Enjoying the Five Guarantees	1.6	1.1	2.5
(3)扶贫款	Poverty Relief Funds	0.1	6.0	3.5
(4)救灾款	Disaster Relief Funds	0.0	3.4	0.4
(5)抚恤金	Pension	26.1	22.9	31.6
(6)医疗救助专项补贴	Special Subsidies for Medical Assistance	—	—	1.7
(7)教育救助专项补贴	Special Subsidies for Educational Assistance	—	—	1.7
(8)其他社会救济收入	Other Income from Social Welfare	12.9	0.0	34.9
3.政策性生活补贴	Policy Living Allowance	11.4	47.5	43.8
4.报销医疗费	Reimbursement of Medical Expenses	288.3	394.7	284.0
5.家庭外出从业人员寄回带回收入	Sent Back by Family Outings Employees	544.4	708.7	1092.9
6.赡养收入	Alimony Income	405.6	466.5	613.1

3-12 续表3 Continued 3

项　　目	Item	2016	2017	2018
7.其他经常转移收入	Other Regular Transfer Income	189.5	164.8	164.4
(1)失业保险金	Unemployment Insurance Benefits	13.2	8.4	13.7
(2)经常性捐赠收入	Regular Donation Income	16.8	34.5	13.8
(3)经常性赔偿收入	Regular Compensation Income	0.0	2.4	0.1
(4)社保支出专项补贴	Special Subsidy for Social Insurance Expenditure	—	—	1.5
(5)扶贫补助金孳息收入	Subsidy Yields Income from Poverty Alleviation	—	—	0.0
(6)扶贫贷款利息补助收入	Income of Interest Subsidy for Poverty Alleviation Loans	—	—	0.0
(7)其他转移性收入	Other Transfer Income	163.0	119.2	135.2
8.从政府和组织得到的实物产品和服务折价	Cash Calculated from Physical Products and Service Paid by Government and Organizations	18.2	17.2	42.4
9.现金政策性惠农补贴	Policy Agricultural Subsidies in Cash	21.1	13.7	26.9
(二)转移性支出	Transfer Expenditure	1686.8	1914.4	1760.0
1.个人所得税	Personal Income Tax	57.9	76.7	109.2
2.社会保障支出	Social Security Expenditure	1356.3	1523.9	1407.8
(1)个人缴纳的养老保险	Individual Endowment Insurance	985.3	1119.0	1002.0
(2)个人缴纳的医疗保险	Individual Medical Treatment Insurance	294.0	316.9	329.2
(3)个人缴纳的失业保险	Individual Unemployment Insurance	48.7	56.2	41.4
(4)其他社会保障支出	Other Social Security Expenditure	28.4	31.9	35.2
3.外来从业人员寄给家人的支出	Sent Home to Their Families by Migrant Workers	24.9	24.0	6.0
4.赡养支出	Alimony Expenditure	123.4	137.5	152.4
5.其他转移性支出	Other Transfer Expenditure	124.2	152.2	84.6
(1)经常性捐赠支出	Regular Donation Expenditure	19.7	8.4	5.1
(2)经常性赔偿支出	Regular Compensation Expenditure	0.0	0.0	0.1
(3)其他经常转移支出	Other Regular Transfer Expenditure	104.6	143.9	79.5
现金可支配收入	**Cash Disposable Income**	**27722.6**	**29699.6**	**32885.9**
一、现金工资性收入	Cash Income from Wages and Salaries	18147.8	19602.1	20847.7
(一)工资	Wages	17120.9	18409.0	20088.4
1.按月发放的工资	Monthly Salaries	14751.0	15617.3	15728.6
2.补发工资	Reissued Salaries	249.2	259.4	616.0
3.不按月发放的奖金、津贴、过节费等	Unmonthly Paid Bonus, Allowance and Holiday Fee	2120.7	2532.3	3743.8

3-12 续表4 Continued 4

项 目	Item	2016	2017	2018
(二)其他工资性收入	Other Income from Wages and Salaries	1026.9	1193.1	759.3
1.住房公积金	Housing Accumulation Fund	990.0	1094.7	695.1
2.辞退金	Dismissal Costs	9.7	69.5	15.0
3.自由职业劳动所得(如稿费、翻译费)	Income on Freelance Business(Such as Remuneration or Translation Fees)	18.0	25.7	45.4
4.安家费	Settling-in Allowance	2.3	0.8	0.9
5.股票期权	Stock Options	5.5	1.6	0.0
6.其他劳动所得	Other Labor Income	1.5	0.7	3.0
二、现金经营净收入	Net Cash Business Income	4914.7	5085.6	6579.3
(一)第一产业现金经营净收入	Primary Industry	333.0	381.4	940.0
1.农业	Farming	281.9	314.4	849.4
2.林业	Forestry	5.6	4.4	10.8
3.牧业	Animal Husbandry	41.0	57.5	67.2
4.渔业	Fishery	4.6	5.0	12.6
(二)第二产业现金经营净收入	Secondary Industry	1094.5	1035.2	1214.7
1.采矿业	Mining	0.0	-0.9	34.7
2.制造业	Manufacturing	646.5	599.5	506.0
3.电力、热力、燃气及水生产和供应业	Production and Supply of Electricity,Gas and Water	0.0	0.0	0.1
4.建筑业	Construction	448.0	436.6	673.9
(三)第三产业现金经营净收入	Tertiary Industry	3487.2	3669.1	4424.7
1.批发和零售业	Wholesale and Retail Trades	1940.0	2022.2	2304.7
2.交通运输、仓储和邮政业	Transport,Storage and Post	479.1	497.8	671.6
3.住宿和餐饮业	Hotels and Catering Services	474.7	514.4	659.1
4.房地产业	Real Estate	3.4	2.3	-2.6
5.租赁和商务服务业	Leasing and Business Services	59.4	67.2	59.0
6.居民服务、修理和其他服务业	Services to Households and Other Services	439.4	451.5	568.5
7.其他行业	Others	78.0	101.0	131.2
8.农林牧渔服务业	Agricultural Service	13.2	12.6	33.2
三、现金财产净收入	Net Cash Property Income	588.4	573.1	622.5
(一)利息净收入	Net Interest Income	19.4	31.9	-71.9

3-12 续表5 Continued 5

项目	Item	2016	2017	2018
(二)红利收入	Dividend Income	43.6	54.6	105.7
1.集体分配的红利	Collective Distribution of Dividends	5.8	14.9	24.1
2.其他红利收入	Other Dividend Income	37.8	39.7	81.6
(三)储蓄性保险净收益	Net Income of Savings Insurance	10.9	5.7	3.7
(四)转让承包土地经营权租金净收入	Net Income from Transfer of Right to Contracted Management of Rural Land	14.1	7.4	21.1
(五)出租房屋财产性收入	Property Income from Rental Accommodation	491.9	463.1	533.3
(六)出租机械、专利、版权等资产的收入	Income from Rental Machinery, Patent, Copyright and the Like	6.9	7.2	29.3
(七)其他财产净收入	Other Net Property Income	1.5	3.1	1.4
四、现金转移净收入	Net Cash Transfer Income	4071.7	4438.8	4836.3
(一)现金转移性收入	Cash Transfer Income	5758.1	6355.0	6596.3
1.养老金或离退休金	Pension or Retirement Pension	4513.8	4859.9	4543.6
(1)离退休金	Pensions of Retirees	4310.5	4627.7	4360.2
(2)(城镇)居民社会养老保险	Social Old-age Insurance for(Urban) Residents	122.7	141.8	74.8
(3)新型农村养老保险	New System of Old-age Insurance for Rural Residents	28.7	35.5	62.2
(4)其他养老金	Other Old-age Pension	52.0	54.9	46.4
2.社会救济和补助	Social Welfare or Aid	72.2	93.9	111.7
(1)最低生活保障费	Guaranteed Minimum Income	31.5	42.1	35.4
(2)五保户救助金	Aids to Households Enjoying the Five Guarantees	1.6	1.1	2.5
(3)扶贫款	Poverty Relief Funds	0.1	6.0	3.5
(4)救灾款	Disaster Relief Funds	0.0	3.4	0.4
(5)抚恤金	Pension	26.1	22.9	31.6
(6)医疗救助专项补贴	Special Subsidies for Medical Assistance	—	—	1.7
(7)教育救助专项补贴	Special Subsidies for Educational Assistance	—	—	1.7
(8)其他社会救济收入	Other Income from Social Welfare	12.9	18.5	34.9
3.政策性生产补贴	Policy Production Allowance	—	—	26.9
4.政策性生活补贴	Policy Living Allowance	11.4	47.5	43.8
5.家庭外出从业人员寄回带回收入	Sent Back by Family Outings Employees	544.4	708.7	1092.9
6.赡养收入	Alimony Income	405.6	466.5	613.1

3-12 续表 6 Continued 6

项 目	Item	2016	2017	2018
7.其他经常转移收入	Other Regular Transfer Income	189.5	164.8	164.4
(1)失业保险金	Unemployment Insurance Benefits	13.2	8.4	13.7
(2)经常性捐赠收入	Regular Donation Income	16.8	34.6	13.8
(3)经常性赔偿收入	Regular Compensation Income	0.0	2.4	0.1
(4)社保支出专项补贴	Special Subsidy for Social Insurance Expenditure	—	—	1.5
(5)扶贫补助金孳息收入	Subsidy Yields Income from Poverty Alleviation	—	—	0.0
(6)扶贫贷款利息补助收入	Income of Interest Subsidy for Poverty Alleviation Loans	—	—	0.0
(7)其他转移性收入	Other Transfer Income	159.5	119.4	135.2
(二)现金转移性支出	Cash Transfer Expenditure	1686.4	1916.2	1760.0
1.个人所得税	Personal Income Tax	57.9	76.7	109.2
2.个人缴纳的社会保障支出	Individual Social Security Expenditure	1356.3	1523.9	1407.8
(1)个人缴纳的养老保险	Individual Endowment Insurance	985.3	1119.0	1002.0
(2)个人缴纳的医疗保险	Individual Medical Treatment Insurance	294.0	316.9	329.2
(3)个人缴纳的失业保险	Individual Unemployment Insurance	48.7	56.2	41.4
(4)其他社会保障支出	Other Social Security Expenditure	28.4	31.9	35.2
3.外来从业人员寄给家人的支出	Sent Home to Their Families by Migrant Workers	24.9	24.0	6.0
4.赡养支出	Alimony Expenditure	123.4	137.5	152.4
5.其他转移性支出	Other Transfer Expenditure	123.9	154.0	84.6
(1)经常性捐赠支出	Regular Donation Expenditure	19.7	8.4	5.1
(2)经常性赔偿支出	Regular Compensation Expenditure	0.0	0.0	0.1
(3)其他经常转移支出	Other Regular Transfer Expenditure	104.2	145.7	79.5

3-13 居民家庭人均支出情况
Annual Expenditure per Capita of Households

单位:元 (yuan)

项　目	Item	2016	2017	2018
总支出	**Total Expenditure**	**27685.2**	**28527.6**	**30971.0**
其中:消费支出	**Consumption Expenditure**	**19606.2**	**20740.2**	**21522.7**
(一)食品烟酒	Food,Tobacco and Liquor	6381.7	6665.3	6672.1
1.食品	Food	4262.6	4383.8	4170.6
(1)谷物	Cereals	788.9	889.9	661.3
(2)薯类	Tubers	48.6	49.6	50.5
(3)豆类	Beans	73.3	71.2	66.0
(4)食用油	Edible Oil	153.2	161.8	131.4
(5)蔬菜和食用菌	Vegetables and Edible Fungus	596.9	582.1	494.3
(6)肉类	Meat	877.1	879.7	862.4
(7)禽类	Poultry	295.8	256.9	292.5
(8)水产品	Aquatic Products	281.5	297.3	289.9
(9)蛋类	Eggs	134.2	129.7	129.9
(10)奶类	Milk	332.7	345.4	403.3
(11)干鲜瓜果类	Fresh,Dried Melons and Fruits	379.4	407.8	436.3
(12)糖果糕点类	Confectioneries	156.7	156.0	183.2
(13)其他食品	Other Foods	144.2	156.4	169.7
2.烟酒	Tobacco and Liquor	860.9	902.5	894.0
(1)烟草	Tobacco	498.5	526.9	507.7
(2)酒类	Liquor	362.4	375.6	386.3
3.饮料	Drinks	144.3	164.5	150.7
4.饮食服务	Diet Service	1113.9	1214.5	1456.8
(1)食堂用餐	Cafeteria Food	124.7	146.9	97.7
(2)其他在外饮食	Dining Out	983.2	1055.7	1355.5
(3)食品加工服务费	Food Processing and Service Fee	6.0	11.8	3.7

3-13 续表 1 Continued 1

项 目	Item	2016	2017	2018
(二)衣着	Clothing	1491.0	1544.1	1661.1
1.衣类	Clothing	1181.5	1225.7	1355.5
2.鞋类	Footwear	309.5	318.4	305.6
(三)居住	Residence	3931.2	4234.6	4909.9
1.租赁房房租	Rent of Rentable Housing	212.4	215.0	238.9
2.住房维修及管理	Management and Maintenance of Housing	510.7	507.6	465.9
3.水电燃料及其他	Water,Electricity,Fuels and Others	794.1	815.3	766.0
4.自有住房折算租金	Converted Rent for Private Housing	2413.9	2696.7	3439.1
(四)生活用品及服务	Household Facilities,Articles and Service	1118.4	1215.0	1321.3
1.家具及室内装饰品	Furniture and Interior Decorations	144.9	197.1	155.5
2.家用器具	Household Facilities	323.3	338.7	377.7
3.家用纺织品	Home Textiles	75.9	76.7	98.5
4.家庭日用杂品	Daily-use Household Articles	304.6	315.0	322.8
5.个人用品	Personal Products	204.4	225.4	295.3
6.家庭服务	Household Service	65.3	62.1	71.5
(五)交通通信	Traffic and Communications	2748.4	2914.3	2630.3
1.交通	Transportation	1902.2	2020.2	1844.1
(1)交通工具	Transportation Facility	1092.8	1099.7	682.6
(2)交通费	Traffic Fare	265.5	289.7	325.2
(3)交通工具用燃料	Fuels for Vehicles	319.4	379.1	465.5
(4)交通工具使用及维修	Use and Maintenance for Vehicles	224.6	251.6	370.8
其中:车辆保险支出	Of Which:Vehicle Insurance Expenditure	88.1	99.7	146.5
2.通信	Communications	846.2	894.1	786.2
(1)通信工具	Communication Facility	242.9	286.5	284.7
(2)通信服务	Communication Services	603.3	607.6	501.5
(六)教育文化娱乐	Education,Cultural and Recreation Service	2233.3	2372.2	2372.4

3-13 续表2 Continued 2

项　目	Item	2016	2017	2018
1.教育	Education	1386.2	1489.8	1543.4
(1)学前教育	Preschool Education	130.2	129.8	217.2
(2)小学教育	Primary Education	133.9	164.8	186.1
(3)初中教育	Secondary Education	176.7	203.3	170.0
(4)高中教育	High School Education	249.4	279.2	281.4
(5)中专职高教育	Vocational Senior and Specialized Secondary Education	19.4	23.8	13.1
(6)大专及以上教育	College Education or Above	551.9	605.1	527.9
(7)成人教育	Adult Education	124.6	83.8	147.7
2.文化娱乐	Cultural and Recreation	847.2	882.4	829.1
(1)文娱耐用消费品	Cultural and Recreational Durable Consumer Goods	151.1	129.5	132.9
(2)其他文娱用品	Other Cultural Articles	127.4	134.2	208.4
(3)文化娱乐服务	Cultural and Recreation Service	568.6	618.6	487.8
(七)医疗保健	Medicine and Medical Service	1269.3	1274.5	1419.3
1.医疗器具及药品	Medical Instruments and Articles	393.8	436.6	397.7
2.医疗服务	Medical Service	875.4	837.9	1021.6
(1)门诊总费用	Outpatient Costs	255.3	237.0	392.2
(2)住院总费用	Hospitalization Expenses	620.1	600.9	629.4
(八)其他用品和服务	Miscellaneous Commodities and Services	432.9	520.1	536.3
1.其他用品	Miscellaneous Commodities	214.2	311.3	287.1
2.其他服务	Miscellaneous Services	218.8	208.8	249.2
附记指标:通过互联网购买的商品或服务	Postscript Index: Goods and Services Bought Online	329.7	417.5	—

3-14 城镇居民家庭平均每百户耐用消费品拥有量及信息化情况
Number of Durable Consumer Goods Owned and Informatization per 100 Urban Households

项　目	Item	2016	2017	2018
一、主要消费品拥有量(辆、台)	**Ownership of Major Durable Consumer Goods(unit)**			
1.家用汽车	Household Automobile	26.6	28.6	32.0
2.摩托车	Motorcycle	14.9	14.7	15.2
3.助力车	Man-drawn Vehicle	71.0	77.8	89.5
4.洗衣机	Washing Machine	95.5	97.3	97.8
5.电冰箱(柜)	Refrigerator	98.2	100.2	101.2
6.微波炉	Microwave Oven	62.7	65.9	61.6
7.彩色电视机	Color TV	129.2	133.8	132.9
8.空调	Air Conditioner	156.0	164.6	175.4
9.热水器	Water Heater	101.8	103.9	104.8
10.其中:太阳能热水器	Of Which:Solar Heater	65.1	65.5	58.7
11.洗碗机	Dishwasher	1.6	1.7	1.2
12.排油烟机	Kitchen Ventilator	69.6	72.3	77.3
13.固定电话	Telephone	41.0	37.9	25.9
14.移动电话	Mobile Telephone	221.9	229.8	246.0
15.计算机	Computer	71.2	71.2	66.2
16.照相机	Camera	20.6	20.3	14.8
17.中高档乐器	Medium Upscale Musical Instrument	4.0	4.9	7.5
18.健身器材	Fitness Equipment	3.8	5.1	7.0
19.空气净化器	Air Cleaner	—	—	4.2
20.吸尘器	Vacuum Cleaner	—	—	11.0
二、信息化调查情况	**Informatization**			
接入有线电视网络的电视机(台)	Cable Television(set)	81.9	85.2	66.5
接入互联网的移动电话(部)	Network-connected Hand Telephone(unit)	138.2	153.8	195.0
接入互联网的计算机(台)	Network-connected Computer(set)	59.5	59.9	49.7

3-15 城镇居民家庭人均主要食品消费量(含自产自用)
Per Capita Main Food Consumption of Urban Households

单位:千克 (kg)

项　　目	Item	2016	2017	2018
一、粮食消费量	Grain	109.05	106.96	118.31
(一)谷物消费量	Cereals	96.59	94.94	105.35
1.小麦	Wheat	31.55	30.16	38.35
2.稻谷	Barley	60.28	59.27	60.36
3.玉米	Corn	1.82	2.47	2.53
4.其他谷物	Other Cereals	2.93	3.03	4.11
(二)薯类消费量	Tubers	1.99	2.08	2.11
1.红薯	Sweet Potato	0.74	0.78	0.77
2.马铃薯	Potato	0.86	0.95	0.90
3.其他薯类	Other Tubers	0.39	0.36	0.44
(三)豆类消费量	Beans	10.48	9.94	10.85
1.大豆	Soybean	0.50	0.33	0.66
2.其他豆类	Other Beans	9.97	9.61	10.19
二、油脂类消费量	Oil and Fats	9.77	9.83	8.67
(一)植物油	Edible Vegetable Oil	9.32	9.40	7.94
(二)动物油	Edible Animal Oil	0.45	0.43	0.72
三、蔬菜及菜制品消费量	Vegetables and Processed Products	100.79	103.48	96.53
(一)鲜菜	Fresh Vegetables	97.08	99.82	92.92
(二)干菜及菜制品	Dried Vegetables and Processed Products	1.37	1.38	1.44
(三)鲜菌	Fresh Edible Fungus	1.98	1.97	1.88
(四)干菌及菌制品	Dried Edible Fungus and Processed Products	0.36	0.31	0.30
四、肉类	Meat and Processed Products	25.63	26.12	29.90
(一)猪肉	Pork	19.16	19.67	22.45
(二)牛肉	Beef	2.52	2.62	2.94
(三)羊肉	Mutton	1.35	1.09	1.08
(四)其他肉类及制品	Others	2.60	2.74	3.42
五、禽类	Poultry and Processed Products	12.02	10.27	12.46
(一)鸡	Chicken	7.48	6.45	7.78
(二)鸭	Duck	2.21	1.79	1.86

3-15 续表 Continued

项　目	Item	2016	2017	2018
(三)鹅	Goose	0.35	0.29	0.31
(四)其他禽类及制品	Others	1.98	1.74	2.51
六、水产品	Aquatic Products	12.81	12.44	13.21
(一)鱼类	Fish	10.08	9.54	10.03
(二)虾、贝、蟹类	Shrimps,Shells and Crabs	1.61	1.76	2.09
(三)藻类	Algae	0.56	0.56	0.47
(四)其他	Others	0.55	0.58	0.62
七、蛋类及蛋制品	Eggs and Processed Products	11.65	12.04	11.89
(一)鲜蛋	Fresh Eggs	10.91	11.32	11.31
(二)蛋制品	Egg Products	0.74	0.72	0.58
八、奶和奶制品	Milk and Dairy Products	13.57	14.10	14.31
(一)鲜奶	Fresh Milk	6.05	6.33	7.46
(二)酸奶	Yogurt	4.85	5.42	4.25
(三)奶粉	Milk Powder	0.95	0.87	1.33
(四)其他奶制品	Others	1.73	1.49	1.27
九、干鲜瓜果类	Dried, Fresh Melons and Fruits	48.32	53.36	58.55
(一)鲜瓜果	Fresh Melons and Fruits	44.30	49.17	53.72
(二)瓜果制品	Melon and Fruit Products	1.12	1.04	1.33
(三)坚果类	Nuts and Grain Products	2.90	3.15	3.50
十、糖果糕点类	Confectioneries	6.04	5.74	7.89
(一)食糖	Sugar	0.82	0.89	0.97
(二)糖果	Candy	0.65	0.57	0.89
(三)糕点	Pastry	3.58	3.45	4.65
(四)其他糖果糕点	Other Confectioneries	0.99	0.82	1.38
十一、饮料	Beverage	0.32	0.35	0.29
(一)茶叶	Tea	0.32	0.35	0.29
十二、烟叶消费量	Tobacco	24.84	24.85	26.74
十三、酒	Liquor and Drinks	7.92	7.56	9.21
(一)白酒	White Spirits	3.29	3.23	3.70
(二)啤酒	Beer	4.50	4.21	5.40
(三)果酒	Fruit Wine	0.12	0.11	0.11

3-16 城镇居民家庭居住情况(2018)
Living Conditions of Urban Households(2018)

项　目	Item	2018
现住房情况	**Housing Conditions**	
人均住房建筑面积(平方米/人)	Total Floor Space of Current Housing(sq.m/person)	41.19
(一)本住户居住类型(%)	Type of Residence	
1.普通住宅	Ordinary House	99.63
2.集体宿舍和工棚	Dormitory and Work Shed	0.30
3.工作地住宿	Accommodation at Workplace	0.03
(二)本住户居住空间样式(%)	House Styles(%)	
1.单栋楼房	Single Building	28.77
2.单栋平房	Single Bungalow	7.14
3.四居室及以上单元房	Unit with Four Rooms and Over	2.16
4.三居室单元房	Unit with Three Rooms	32.77
5.二居室单元房	Unit with Two Rooms	25.84
6.一居室单元房	Unit with One Room	1.61
7.筒子楼或连片平房	Tube-shaped Apartments or Rows of Bungalow	0.76
8.其他	Others	0.95
(三)主要建筑材料(%)	Main Architecture Materials(%)	
1.钢筋混凝土	Reinforced Concrete	63.76
2.砖混材料	Brick-concrete-structured Materials	31.25
3.砖瓦砖木	Tile and Wood	4.75
4.竹草土坯	Bamboo,Grass and Adobe	0.00
5.其他	Others	0.24
(四)现住房房屋来源(%)	Source of Current Housing(%)	
1.租赁公房	Rental Public Housing	0.64
2.租赁私房	Rental Privately Owned Housing	4.63
3.自建住房	Self Help Housing	33.40
4.购买商品房	Purchase of Commodity House	38.37
5.购买房改住房	Privately Owned House after Housing Reform	8.12
6.购买保障性住房	Purchase of Social Housing	0.61
7.拆迁安置房	Resettlement Housing	11.51

3-16 续表 1 Continued 1

项 目	Item	2018
8.继承或获赠住房	Inherited or Received Housing	0.78
9.免费借用房	Free Borrowed Housing	0.79
10.雇主提供免费住房	Free Housing Provided by Employer	0.23
11.其他来源	Others	0.91
(五)现住房建筑面积	Floor Space of Current Housing	
1.10 平方米以内	Below 10 sq.m	0.03
2.10~20 平方米	10~20 sq.m	0.10
3.20~30 平方米	20~30 sq.m	0.19
4.30~60 平方米	30~60 sq.m	10.00
5.60~90 平方米	60~90 sq.m	26.53
6.90~120 平方米	90~120 sq.m	32.23
7.120~200 平方米	120~200 sq.m	21.98
8.200 平方米以上	Above 200 sq.m	8.93
(六)住宅外道路路面情况(%)	Pavement Conditions out of the House(%)	
1.水泥或柏油路面	Cement or Asphalt Pavement	93.56
2.沙石或石板等硬质路面	Sand or Stone Pavement	5.60
3.其他	Others	0.84
(七)住宅有管道供水情况(%)	Conditions of Piped Water Supply(%)	
1.管道供水入户	Piped Water Supply into People's Homes	93.63
2.管道供水至公共取水点	Piped Water Supply to Watering Points	0.64
3.没有管道设施	No Pipeline Facilities	5.73
(八)住户主要饮用水来源情况(%)	Source of Drinking Water(%)	
1.经过净化处理的自来水	Purified Tap Water	91.35
2.受保护的井水和泉水	Protected Wells and Springs	7.72
3.不受保护的井水和泉水	Unprotected Wells and Springs	0.30
4.江河湖泊水	Rivers and Lakes	0.33
5.收集雨水	Collected Rainwater	0.00
6.桶装水	Barreled Water	0.09
7.其他水源	Others	0.22
(九)住户获取饮用水的主要困难(%)	Difficulties to Get Drinking Water(%)	

3-16 续表2 Continued 2

项　目	Item	2018
1.单次取水往返时间超过半小时	Taking More than a Half-hour to Get Water	0.04
2.间断或定时供水	Intermittent or Timing Water Supply	0.78
3.当年连续缺水时间超过16天	Longer than 16 Days of Shortage of Water	0.15
4.无上述困难	No Such Difficulties	99.03
(十)住户饮用水使用前采取的主要处理措施(%)	Treatments Before Drinking Water(%)	
1.煮沸	Boiling	91.71
2.加漂白剂/氯等	Adding Bleach/Chloride, etc.	0.75
3.使用水过滤器	Using Water Filter	3.89
4.其他处理措施	Other Treatments	0.71
5.没有任何水处理措施	No Treatments	2.94
(十一)住户厕所类型(%)	Type of Toilet(%)	
1.水冲式卫生厕所	Flush Sanitary Toilets	83.06
2.水冲式非卫生厕所	Flush Insanitary Toilets	2.49
3.卫生旱厕	Sanitary Dry Latrines	4.16
4.普通旱厕	Ordinary Dry Latrines	9.01
5.无厕所	No Toilet	1.29
(十二)住户厕所使用情况(%)	Use of Toilet(%)	
1.本住户独用	Private Toilet	96.75
2.几户合用	Toilet Shared by Several Households	1.32
3.公用厕所	Public Toilets	1.93
(十三)住户洗澡设施情况(%)	Facilities for Bathing(%)	
1.统一供热水	Unified Hot Water Supply	3.33
2.家庭自装热水器	Installation of Water Heater	92.07
3.其他	Others	1.30
4.无洗澡设施	No Facilities for Bathing	3.31
(十四)住户主要取暖设备状况(%)	Heating Equipment(%)	
1.由市政或小区集中供暖	Municipal or District Central Heating	2.66
2.自行供暖	Self Heating	83.48
3.无取暖设备	No Heating Equipment	13.86
(十五)住户主要取暖用能源状况(%)	Heating Energy(%)	

3-16 续表3 Continued 3

项 目	Item	2018
1.柴草	Firewood	2.21
2.煤炭	Coal	0.28
3.罐装液化石油气	Canned Liquified Petroleum Gas	2.10
4.管道液化石油气	Pipeline Liquified Petroleum Gas	0.33
5.管道煤气	Pipeline Gas	0.55
6.管道天然气	Pipeline Natural Gas	5.44
7.电	Electricity	79.69
8.燃料用油	Fuel Oil	0.04
9.沼气	Methane	0.00
10.其他	Others	0.69
11.无取暖行为	No Heating Behavior	8.68
(十六)主要炊用能源状况(%)	Cooking Energy(%)	
1.柴草	Firewood	3.39
2.煤炭	Coal	0.35
3.罐装液化石油气	Canned Liquified Petroleum Gas	29.30
4.管道液化石油气	Pipeline Liquified Petroleum Gas	1.82
5.管道煤气	Pipeline Gas	2.41
6.管道天然气	Pipeline Natural Gas	46.80
7.电	Electricity	15.65
8.燃料用油	Fuel Oil	…
9.沼气	Methane	0.09
10.其他	Others	…
11.无炊用行为	No Cooking Behavior	0.19

3-17 按收入等级分的城镇居民家庭人均收支情况(2018)

单元:元

项目	Item	合计 Total
家庭总收入	**Total Income**	**38470**
其中:可支配收入	Of Which: Disposable Income	34393
工资性收入	Income from Wages and Salaries	20974
经营净收入	Net Business Income	5548
财产净收入	Net Income from Properties	2708
转移净收入	Net Income from Transfer	5163
借贷性所得	Lending and Loaning Income	1295
家庭总支出	**Total Expenditures**	**30971**
其中:消费支出	Of Which: Expenditure for Consumption	21523
食品烟酒	Food, Tobacco and Liquor	6672
衣着	Clothing	1661
居住	Residence	4910
生活用品及服务	Household Facilities, Articles and Service	1321
交通和通信	Traffic and Communications	2630
教育文化娱乐	Education, Cultural & Recreation Service	2372
医疗保健	Medicine and Medical Service	1419
其他商品和服务	Miscellaneous Commodities and Services	536
财产性支出	Property Expenditure	283
转移性支出	Tranferred Expenditure	1760
#社会保障支出	#Social Security Expenditure	1408
借贷支出	Lending and Loaning Expenditure	1661
#新购住房总金额(万元)	#Total Amount of Newly Purchased House(10 thousand yuan)	0.96

Per Capita Income and Expenditure of Urban Households by Level of Income (2018)

(yuan)

按收入等级分 by Level of Households				
低收入户 Low Income Households	中低收入户 Lower Middle Income Households	中间收入户 Middle Income Households	中高收入户 Upper Middle Income Households	高收入户 High Income Households
15931	**24783**	**34131**	**46307**	**85831**
10740	22318	31360	43099	78428
6994	13603	18684	26003	48092
745	4010	5185	6597	13741
1052	1592	2217	3484	6326
1948	3113	5273	7015	10270
1171	645	1384	1986	1454
20557	**21324**	**27553**	**36130**	**57462**
12809	15731	19765	25719	39266
4359	5452	6587	7873	10356
841	1120	1545	2034	3288
2745	3618	4458	5877	9221
765	810	1101	1516	2874
1569	1708	2212	3174	5313
1446	1746	2300	2686	4283
856	963	1154	1880	2651
227	315	406	680	1279
102	167	259	315	692
887	1094	1503	1871	4121
740	923	1268	1518	3078
1131	938	1342	1811	3645
0.42	0.36	0.79	1.32	2.36

3-18 各市、县(区)城镇居民人均可支配收入
Per Capita Disposable Income of Urban Households by Region

单位:元 (yuan)

地　　区	Region	2016	2017	2018
安徽省	**Anhui**	**29156**	**31640**	**34393**
合肥市	**Hefei**	**34852**	**37972**	**41484**
瑶海区	Yaohai District	36498	39747	43415
庐阳区	Luyang District	39371	42922	47188
蜀山区	Shushan District	40307	43975	48083
包河区	Baohe District	40822	44504	48972
合肥高新区	Hefei New and High-tech Zone	32206	35104	38349
合肥经开区	Hefei Economic-tech Development Zone	32276	35204	38632
合肥新站区	Hefei New Station District	30370	32982	36228
长丰县	Changfeng	28008	30490	33386
肥东县	Feidong	29290	31868	35035
肥西县	Feixi	31034	33797	37088
庐江县	Lujiang	26515	28843	31537
巢湖市	Chaohu	28058	30522	33525
芜湖市	**Wuhu**	**32315**	**35175**	**38397**
镜湖区	Jinghu District	36365	39585	43242
弋江区	Yijiang District	33936	36921	40333
鸠江区	Jiujiang District	32153	35034	38447
三山区	Sanshan District	29423	32072	35054
芜湖县	Wuhu	30190	32835	36000
繁昌县	Fanchang	30008	32637	35783
南陵县	Nanling	29181	31708	34581
无为县	Wuwei	29411	32016	35054
芜湖经开区	Wuhu Economic-technology Development	—	—	38377
蚌埠	**Bengbu**	**28653**	**31160**	**33855**
龙子湖区	Longzihu District	35983	39005	42301
蚌山区	Bengshan District	31434	34294	37547
禹会区	Yuhui District	27840	30401	33362
淮上区	Huaishang District	28910	31454	34332
怀远县	Huaiyuan	25227	27372	29764
五河县	Wuhe	25349	27436	29807

3-18 续表 1 Continued 1

地 区	Region	2016	2017	2018
固镇县	Guzhen	25377	27635	30382
蚌埠高新区	Bengbu New and High-tech Zone	—	—	32940
淮南市	**Huainan**	**28098**	**30405**	**32852**
大通区	Datong District	31660	34248	36855
田家庵区	Tianjiaan District	32484	35173	38375
谢家集区	Xiejiaji District	28841	31112	33676
八公山区	Bagongshan District	28115	30329	32741
潘集区	Panji District	27850	30071	32719
凤台县	Fengtai	28313	30769	33216
寿县	Shouxian	20866	22635	24662
毛集实验区	Maoji Experimental District	22488	24215	26307
马鞍山市	**Maanshan**	**38142**	**41403**	**45108**
花山区	Huashan District	45742	49608	53899
雨山区	Yushan District	48948	52350	56968
博望区	Bowang District	34585	37588	41400
当涂县	Dangtu	31295	34111	37454
含山县	Henshan	26247	29042	31859
和县	Hexian	27292	30171	33098
淮北市	**Huaibei**	**27248**	**29578**	**31959**
杜集区	Duji District	26292	28572	30871
相山区	Xiangshan District	30833	33439	36299
烈山区	Lieshan District	25533	27780	30016
濉溪县	Suixi	24436	26501	28819
铜陵市	**Tongling**	**30633**	**33283**	**35995**
铜官区	Tongguan District	35901	39015	42940
义安区	Yi'an District	28925	31442	34001
郊区	Suburban District	33391	36363	39283
枞阳县	Zongyang	22071	23937	26187
安庆市	**Anqing**	**26502**	**28675**	**31187**
迎江区	Yingjiang District	32981	35834	39045

3-18 续表2 Continued 2

地区	Region	2016	2017	2018
大观区	Daguan District	32531	35248	38328
宜秀区	Yixiu District	23530	25307	27534
怀宁县	Huaining	26899	29038	31541
潜山县	Qianshan	25917	28055	30493
太湖县	Taihu	22782	24641	26755
宿松县	Susong	22024	23885	25980
望江县	Wangjiang	23702	25610	27771
岳西县	Yuexi	22158	23942	25987
桐城市	Tongcheng	26082	28234	30588
安庆开发区	Anqing Development Zone	32017	34483	37565
黄山市	**Huangshan**	**28393**	**30821**	**33551**
屯溪区	Tunxi District	31001	33654	36716
黄山区	Huangshan District	30182	32763	35643
徽州区	Huizhou District	30502	33141	36233
歙县	Shexian	26025	28250	30762
休宁县	Xiuning	26153	28394	30864
黟县	Yixian	25174	27301	29785
祁门县	Qimen	25845	28029	30602
滁州市	**Chuzhou**	**26286**	**28612**	**31230**
琅琊区	Langya District	34326	37226	40726
南谯区	Nanqiao District	29673	32270	35303
来安县	Laian	26626	29088	32215
全椒县	Quanjiao	24202	26395	29193
定远县	Dingyuan	23180	25280	27883
凤阳县	Fengyang	21272	23133	25562
滁州开发区	Chuzhou Development Zone	—	—	32360
天长市	Tianchang	27162	29566	32723
明光市	Mingguang	23515	25619	28284
阜阳市	**Fuyang**	**25483**	**27713**	**30113**
颍州区	Yingzhou District	29026	31513	34208

3-18 续表 3 Continued 3

地　区	Region	2016	2017	2018
颍东区	Yingdong District	24063	26145	28367
颍泉区	Yingquan District	25936	28218	30704
临泉县	Linquan	23372	25375	27610
太和县	Taihe	25302	27592	30023
阜南县	Funan	23496	25510	27717
颍上县	Yingshang	25022	27224	29655
界首市	Jieshou	26535	28910	31512
宿州市	**Suzhou**	**25533**	**27703**	**30100**
埇桥区	Yongqiao District	29851	32392	33082
砀山县	Dangshan	27445	29751	29075
萧县	Xiaoxian	20530	22298	28463
灵璧县	Lingbi	21204	22973	27225
泗县	Sixian	20209	21970	27217
六安市	**Lu'an**	**24728**	**26731**	**29070**
金安区	Jin'an District	27488	29632	32151
裕安区	Yu'an District	28138	30462	33038
霍邱县	Huoqiu	21800	23644	25711
舒城县	Shucheng	22983	24858	27130
金寨县	Jinzhai	21454	23096	25174
霍山县	Huoshan	24305	26289	28628
叶集区	Yeji Experimental District	22707	24546	26716
亳州市	**Bozhou**	**25053**	**27246**	**29711**
谯城区	Qiaocheng District	27209	29630	32342
涡阳县	Guoyang	22316	24257	26416
蒙城县	Mengcheng	25055	27260	29795
利辛县	Lixin	24589	26679	29080
池州市	**Chizhou**	**26261**	**28394**	**30884**
贵池区	Guichi District	27238	29458	32056
东至县	Dongzhi	25004	27030	29365
石台县	Shitai	23117	24955	27112

3-18 续表2 Continued 2

地　区	Region	2016	2017	2018
青阳县	Qingyang	26872	29053	31604
九华山风景区	Jiuhua Mountain Scenic Area	—	—	—
宣城市	**Xuancheng**	**30877**	**33548**	**36554**
宣州区	Xuanzhou District	31202	33968	37076
郎溪县	Langxi	30395	32857	35795
广德县	Guangde	33347	36349	39493
泾县	Jingxian	25119	27279	29639
绩溪县	Jixi	27509	29820	32429
旌德县	Jingde	22185	24137	26321
宁国市	Ningguo	34069	36897	40310

3-19 农村常住居民调查户基本情况(2018)
Basic Conditions of Rural Permanent Households Surveyed(2018)

指标名称	Item	单位	Unit	2018
一、期末户均调查人口	Average Household Size Surveyed	人	person	4.0
二、期末常住成员情况	Conditions of Rural Residents	—		
(一)户均常住人口	Permanent Residents per Household	人	person	3.1
其中:在校学生人数	Of Which: Enrolled Students	人	person	0.7
(二)性别	Gender	—		
1.男性	Male	%	%	49.6
2.女性	Female	%	%	50.4
(三)户口状况	Residence Registration	—		
1.农业	Agricultural Account	%	%	98.2
2.非农业	Non-agricultural Account	%	%	1.8
3.其他	Others	%	%	0.0
(四)6岁及以上常住成员受教育程度	Education Level of Residents Aged 6 and Above	—		
1.未上过学	Not Been to School	%	%	10.1
2.小学	Primary School	%	%	37.2
3.初中	Junior Secondary School	%	%	38.4
4.高中	Senior Secondary School	%	%	8.9
5.大学专科	Junior College	%	%	3.2
6.大学本科	Undergraduate College	%	%	2.0
7.研究生	Postgraduate	%	%	0.2
三、常住从业人员情况	Employment	—		
(一)户均常住从业人数	Permanent Employees per Household	人	person	1.8
(二)就业状况	Job Situation	—		
1.雇主	Employer	%	%	1.0
2.公职人员	Public Officer	%	%	1.0
3.事业单位人员	Institution Worker	%	%	1.6
4.国有企业雇员	State-owned Enterprise Employee	%	%	0.5
5.其他雇员	Other Employee	%	%	38.1

3-19 续表 1 Continued 1

指标名称	Item	单位	Unit	2018
6.农业自营	Agricultural Self-employed	%	%	45.7
7.非农自营	Non-agricultural Self-employed	%	%	12.1
(三)主要从事行业	Industries Engaged	—		
1.第一产业	Primary Industry	%	%	48.1
2.第二产业	Secondary Industry	%	%	25.0
3.第三产业	Tertiary Industry	%	%	27.0
四、调查户基本情况	Basic Conditions of Surveyed Households	—		
(一)户主文化程度	Education Level of Householder	—		
1.未上过学	Not Been to School	%	%	4.6
2.小学	Primary School	%	%	30.4
3.初中	Junior Secondary School	%	%	54.7
4.高中	Senior Secondary School	%	%	8.0
5.大学专科	Junior College	%	%	2.1
6.大学本科	Undergraduate College	%	%	0.2
7.研究生	Postgraduate	%	%	0.0
(二)农业经营户占全部户比例	Proportion of Agricultural Operation Households to the Total	%	%	34.7

3-20 农村居民家庭基本情况
Basic Conditions of Rural Households

项　目	Item	2016	2017	2018
调查户数(户)	**Number of Households Surveyed(household)**	—	—	—
户均常住人口(人)	Number of Permanent Residents per Household(person)	3.0	3.0	3.1
户均常住从业人口(人)	Permanent Employees per Household	—	—	1.8
平均每一从业人口负担人数(包括从业者本人)	Number of Dependents per Employee(Including Oneself)	—	—	1.7
农村居民家庭恩格尔系数(%)	Engel's Coefficient of Households(%)	34.25	33.50	33.01
可支配收入(元)	**Disposable Income(yuan)**	**11720.5**	**12758.2**	**13996.0**
工资性收入	Wages Income	4291.4	4624.0	5058.0
经营性收入	Net Income from Business	4596.1	5026.2	5411.5
财产性收入	Property Income	186.7	218.9	256.0
转移性收入	Transfer Income	2646.2	2889.1	3270.5
平均每人消费性支出(元)	**Per Capita Annual Living Expenditures for Consumption (yuan)**	**10287.3**	**11106.1**	**12748.1**
一、食品	Food	3523.0	3726.0	4208.3
二、衣着	Clothing	538.8	565.6	635.0
三、居住	Residence	2248.3	2618.2	3013.3
四、生活用品及服务	Household Facilities, Articles and Service	643.2	589.0	772.5
五、交通通信	Traffic and Communications	1276.3	1346.0	1556.1
六、教育文化娱乐	Education, Cultural & Recreation Service	949.1	1075.0	1271.1
七、医疗保健	Medicine and Medical Service	931.9	1006.8	1036.7
八、其他用品和服务	Miscellaneous Commodities and Services	176.8	179.5	255.2
平均每人消费性支出构成(人均消费性支出=100)(%)	**Composition of per Capita Annual Living Expenditures for Consumption(%)**			
一、食品	Food	34.2	33.5	33.0
二、衣着	Clothing	5.2	5.1	5.0
三、居住	Residence	21.9	23.6	23.6
四、生活用品及服务	Household Facilities, Articles and Service	6.3	5.3	6.1
五、交通通信	Traffic and Communications	12.4	12.1	12.2
六、教育文化娱乐	Education, Cultural and Recreation Service	9.2	9.7	10.0
七、医疗保健	Medicine and Medical Service	9.1	9.1	8.1

3-20 续表1 Continued 1

项目	Item	2016	2017	2018
八、其他用品和服务	Miscellaneous Commodities and Services	1.7	1.6	2.0
期末实际经营的土地面积(亩/人)	Land Area Dealing in Actually at the End of Term(mu/person)	3.3	3.8	4.0
耕地	Farmland	2.6	3.2	3.3
其中:有效灌溉面积	Of Which:Effective Irrigated Area	2.2	2.8	2.9
林地	Forest Land	0.4	0.4	0.5
园地	Gardening Land	0.1	0.1	0.0
牧草地面积	Area of Grassland	…	…	…
养殖水面	Aquiculture Space	0.2	0.2	0.1
拥有住房情况	**Housing Conditions at the Year-end**			
拥有住房面积(平方米/人)	Dwelling Space(sq.m/person)	49.5	51.2	54.7
住房价值(元/人)	Value of Houses(yuan/person)	53028.7	57608.1	78967.7
期内新建(购)住房情况	Newly-built Houses Within the Year			
新建(购)住房面积(平方米/人)	Newly-built House Space(sq.m/person)	1.3	1.3	0.9
新建(购)住房价值(元/人)	Value in Each Squre Meter(yuan/person)	2113.2	2505.9	3064.5
年末户均生产性固定资产(元)	Original Value of Productive Fixed Assets at Year-end(yuan/household)	5535.5	5743.8	8136.7
#农业	#Agriculture	2097.3	2047.0	2156.1
林业	Forestry	8.2	12.6	14.3
牧业	Animal Husbandry	265.7	256.7	517.2
渔业	Fishery	39.0	41.0	17.7
年末生产性固定资产拥有量(每百户)	Major Productive Fixed Assets at Year-end(per 100 Households)			
大中型农用拖拉机	Large and Medium Tractors	3.9	3.7	3.1
小型农用拖拉机	Mini and Walking Tractors	29.9	28.2	24.2
农用排灌动力机械	Power-driven Irrigation and Drainage Equipments	14.5	18.2	14.1
插秧机	Transplanter	0.1	0.2	0.4
收割机	Harvester	2.2	2.8	2.1
脱粒机	Thresher	7.3	6.7	4.3
役畜	Draught Animal	0.9	2.6	3.8
产品畜	Product Animal	—	—	68.4
其他农业机械	Other Agricultural Machinery	13.5	12.1	14.1

3-21 农村居民家庭人均收入情况(2018)
Annual Income per Capita of Rural Households (2018)

单位:元 (yuan)

项　目	Item	2018
总收入(未扣除生产费用)	**Total Income(Not Deduct the Production Cost)**	**18590.0**
工资性收入	Income from Wages and Salaries	5058.0
家庭经营收入	Household Business Income	9478.8
财产性收入	Property Income	297.8
转移性收入	Transfer Income	3755.3
现金可支配收入	**Cash Disposable Income**	**13595.2**
现金工资性收入	Cash Wages Income	5000.4
现金经营净收入	Net Cash Income from Business	5263.2
现金财产净收入	Net Cash Property Income	256.0
现金转移净收入	Net Cash Transfer Income	3075.7
总支出	**Total Expenditures**	**20988.3**
其中:消费支出	Of Which: Expenditure for Consumption	12748.1
生产经营费用支出	Expenditure for Business	3524.9
财产性支出	Property Expenditure	41.8
转移性支出	Transfer Expenditure	484.9
现金支出	**Cash Expenditure**	**18379.7**
其中:现金消费支出	Of Which: Cash Expenditure for Consumption	10193.6
生产经营费用支出	Cash Expenditure for Business	3470.7
现金财产性支出	Cash Property Expenditure	41.8
现金转移性支出	Cash Transfer Expenditure	484.9
可支配收入	**Disposable Income**	**13996.0**
一、工资性收入	Income from Wages and Salaries	5058.0
(一)工资	Wages	4948.1
1.按月发放的工资	Monthly Salaries	2570.5
2.补发工资	Reissued Salaries	205.9
3.不按月发放的奖金、津贴、过节费等	Unmonthly Paid Bonus, Allowance and Holiday Fee	2171.6
(二)实物福利	Benefits in Kind	57.6
1.从单位或雇主得到的实物产品折价	Cash Calculated from Physical Products Paid by Unit or Employer	20.0
2.从单位或雇主得到的服务折价	Cash Calculated from Services by Unit or Employer	37.7

3-21 续表1 Continued 1

项　目	Item	2018
(三)其他	Others	52.3
1.住房公积金	Housing Accumulation Fund	24.2
2.辞退金	Dismissal Costs	5.0
3.自由职业劳动所得(如稿费、翻译费)	Income on Freelance Business(Such as Remuneration or Translation Fees)	10.0
4.安家费	Settling-in Allowance	11.2
5.股票期权	Stock Options	0.0
6.其他劳动所得	Other Labor Income	1.7
二、经营净收入	Net Business Income	5411.5
(一)第一产业经营净收入	Primary Industry	3623.1
1.农业	Farming	2888.7
2.林业	Forestry	263.7
3.牧业	Animal Husbandry	309.2
4.渔业	Fishery	161.5
(二)第二产业经营净收入	Secondary Industry	356.4
1.采矿业	Mining	5.2
2.制造业	Manufacturing	167.9
3.电力、热力、燃气及水生产和供应业	Production and Supply of Electricity,Gas and Water	-2.9
4.建筑业	Construction	186.3
(三)第三产业经营净收入	Tertiary Industry	1431.9
1.批发和零售业	Wholesale and Retail Trades	909.9
2.交通运输、仓储和邮政业	Transport,Storage and Post	165.0
3.住宿和餐饮业	Hotels and Catering Services	178.2
4.房地产业	Real Estate	-1.8
5.租赁和商务服务业	Leasing and Business Services	-33.5
6.居民服务、修理和其他服务业	Services to Households and Other Services	123.1
7.其他	Others	11.4
8.农林牧渔服务业	Agricultural Service	79.7
三、财产净收入	Net Property Income	256.0
(一)利息净收入	Net Interest Income	-10.3
(二)红利收入	Dividend Income	63.5

3-21 续表 2 Continued 2

项目	Item	2018
1.集体分配的红利	Collective Distribution of Dividends	6.0
2.其他红利收入	Other Dividend Income	57.6
(三)储蓄性保险净收益	Net Income of Savings Insurance	0.7
(四)转让承包土地经营权租金净收入	Net Income from Transfer of Right to Contracted Management of Rural Land	109.7
(五)出租房屋财产性收入	Property Income from Rental Accommodation	29.7
(六)出租机械、专利、版权等资产的收入	Income from Rental Machinery, Patent, Copyright and the Like	27.1
(七)其他财产净收入	Other Net Property Income	35.6
(八)房屋虚拟租金	Virtual House Rent	…
四、转移净收入	Net Transfer Income	3270.5
(一)转移性收入	Transfer Income	3755.4
1.养老金或离退休金	Pension or Retirement Pension	590.0
(1)离退休金	Pensions of Retirees	301.6
(2)(城镇)居民社会养老保险	Social Old-age Insurance for (Urban) Residents	28.8
(3)新型农村养老保险	New System of Old-age Insurance for Rural Residents	210.9
(4)其他养老金	Other Old-age Pension	48.7
2.社会救济和补助	Social Welfare or Aid	220.5
(1)最低生活保障费	Guaranteed Minimum Income	89.3
(2)五保户救助金	Aids to Households Enjoying the Five Guarantees	12.5
(3)扶贫款	Poverty Relief Funds	35.1
(4)救灾款	Disaster Relief Funds	1.2
(5)抚恤金	Pension	32.2
(6)医疗救助专项补贴	Special Subsidies for Medical Assistance	6.1
(7)教育救助专项补贴	Special Subsidies for Educational Assistance	9.6
(8)其他社会救济收入	Other Income from Social Welfare	34.5
3.政策性生活补贴	Policy Living Allowance	61.2
4.报销医疗费	Reimbursement of Medical Expenses	153.7
5.家庭外出从业人员寄回带回收入	Sent Back by Family Outings Employees	1953.1
6.赡养收入	Alimony Income	488.4
7.其他经常转移收入	Other Regular Transfer Income	120.4
(1)失业保险金	Unemployment Insurance Benefits	1.6
(2)经常性捐赠收入	Regular Donation Income	5.8

3-21 续表3 Continued 3

项　目	Item	2018
(3)经常性赔偿收入	Regular Compensation Income	25.2
(4)社保支出专项补贴	Special Subsidy for Social Insurance Expenditure	1.7
(5)扶贫补助金孳息收入	Subsidy Yields Income from Poverty Alleviation	0.1
(6)扶贫贷款利息补助收入	Income of Interest Subsidy for Poverty Alleviation Loans	1.4
(7)其他转移性收入	Other Transfer Income	84.7
8.从政府和组织得到的实物产品和服务折价	Cash Calculated from Physical Products and Service Paid by Government and Organizations	41.1
9.现金政策性惠农补贴	Policy Agricultural Subsidies in Cash	126.9
(二)转移性支出	Transfer Expenditure	484.9
1.个人所得税	Personal Income Tax	9.2
2.社会保障支出	Social Security Expenditure	397.9
(1)个人缴纳的养老保险	Individual Endowment Insurance	177.7
(2)个人缴纳的医疗保险	Individual Medical Treatment Insurance	206.1
(3)个人缴纳的失业保险	Individual Unemployment Insurance	3.1
(4)其他社会保障支出	Other Social Security Expenditure	11.0
3.外来从业人员寄给家人的支出	Sent Home to Their Families by Migrant Workers	4.0
4.赡养支出	Alimony Expenditure	50.2
5.其他转移性支出	Other Transfer Expenditure	23.5
(1)经常性捐赠支出	Regular Donation Expenditure	0.6
(2)经常性赔偿支出	Regular Compensation Expenditure	…
(3)其他经常转移支出	Other Regular Transfer Expenditure	22.9
现金可支配收入	**Cash Disposable Income**	**13595.2**
一、现金工资性收入	Cash Income from Wages and Salaries	5000.4
(一)工资	Wages	4948.1
1.按月发放的工资	Monthly Salaries	2570.5
2.补发工资	Reissued Salaries	205.9
3.不按月发放的奖金、津贴、过节费等	Unmonthly Paid Bonus, Allowance and Holiday Fee	2171.6
(二)其他工资性收入	Other Income from Wages and Salaries	52.3
1.住房公积金	Housing Accumulation Fund	24.2
2.辞退金	Dismissal Costs	5.0
3.自由职业劳动所得(如稿费、翻译费)	Income on Freelance Business(Such as Remuneration or Translation Fees)	10.0

3-21 续表4 Continued 4

项　　目	Item	2018
4.安家费	Settling-in Allowance	11.2
5.股票期权	Stock Options	0.0
6.其他劳动所得	Other Labor Income	1.7
二、现金经营净收入	Net Cash Business Income	5263.2
(一)第一产业现金经营净收入	Primary Industry	3112.7
1.农业	Farming	2452.1
2.林业	Forestry	179.4
3.牧业	Animal Husbandry	319.1
4.渔业	Fishery	162.1
(二)第二产业现金经营净收入	Secondary Industry	458.3
1.采矿业	Mining	5.6
2.制造业	Manufacturing	229.5
3.电力、热力、燃气及水生产和供应业	Production and Supply of Electricity,Gas and Water	-0.8
4.建筑业	Construction	224.0
(三)第三产业现金经营净收入	Tertiary Industry	1692.2
1.批发和零售业	Wholesale and Retail Trades	1037.7
2.交通运输、仓储和邮政业	Transport,Storage and Post	222.3
3.住宿和餐饮业	Hotels and Catering Services	196.7
4.房地产业	Real Estate	-1.8
5.租赁和商务服务业	Leasing and Business Services	8.2
6.居民服务、修理和其他服务业	Services to Households and Other Services	129.5
7.其他行业	Others	14.1
8.农林牧渔服务业	Agricultural Service	85.6
三、现金财产净收入	Net Cash Property Income	256.0
(一)利息净收入	Net Interest Income	-10.3
(二)红利收入	Dividend Income	63.5
1.集体分配的红利	Collective Distribution of Dividends	5.9
2.其他红利收入	Other Dividend Income	57.6
(三)储蓄性保险净收益	Net Income of Savings Insurance	0.7
(四)转让承包土地经营权租金净收入	Net Income from Transfer of Right to Contracted Management of Rural Land	109.7
(五)出租房屋财产性收入	Property Income from Rental Accommodation	29.7

3-21 续表5 Continued 5

项　　目	Item	2018
（六）出租机械、专利、版权等资产的收入	Income from Rental Machinery, Patent, Copyright and the Like	27.1
（七）其他财产净收入	Other Net Property Income	35.6
四、现金转移净收入	Net Cash Transfer Income	3075.7
（一）现金转移性收入	Cash Transfer Income	3560.6
1.养老金或离退休金	Pension or Retirement Pension	590.0
（1）离退休金	Pensions of Retirees	301.6
（2）（城镇）居民社会养老保险	Social Old-age Insurance for(Urban) Residents	28.8
（3）新型农村养老保险	New System of Old-age Insurance for Rural Residents	210.9
（4）其他养老金	Other Old-age Pension	48.7
2.社会救济和补助	Social Welfare or Aid	220.5
（1）最低生活保障费	Guaranteed Minimum Income	89.3
（2）五保户救助金	Aids to Households Enjoying the Five Guarantees	12.5
（3）扶贫款	Poverty Relief Funds	35.1
（4）救灾款	Disaster Relief Funds	1.2
（5）抚恤金	Pension	32.2
（6）医疗救助专项补贴	Special Subsidies for Medical Assistance	6.1
（7）教育救助专项补贴	Special Subsidies for Educational Assistance	9.6
（8）其他社会救济收入	Other Income from Social Welfare	34.5
3.政策性生产补贴	Policy Production Allowance	126.9
4.政策性生活补贴	Policy Living Allowance	61.2
5.家庭外出从业人员寄回带回收入	Sent Back by Family Outings Employees	1953.1
6.赡养收入	Alimony Income	488.4
7.其他经常转移收入	Other Regular Transfer Income	120.4
（1）失业保险金	Unemployment Insurance Benefits	1.6
（2）经常性捐赠收入	Regular Donation Income	5.8
（3）经常性赔偿收入	Regular Compensation Income	25.2
（4）社保支出专项补贴	Special Subsidy for Social Insurance Expenditure	1.7
（5）扶贫补助金孳息收入	Subsidy Yields Income from Poverty Alleviation	0.1
（6）扶贫贷款利息补助收入	Income of Interest Subsidy for Poverty Alleviation Loans	1.4
（7）其他转移性收入	Other Transfer Income	84.7
（二）现金转移性支出	Cash Transfer Expenditure	484.9

3-21 续表6 Continued 6

项目	Item	2018
1.个人所得税	Personal Income Tax	9.2
2.个人缴纳的社会保障支出	Individual Social Security Expenditure	397.9
(1)个人缴纳的养老保险	Individual Endowment Insurance	177.7
(2)个人缴纳的医疗保险	Individual Medical Treatment Insurance	206.1
(3)个人缴纳的失业保险	Individual Unemployment Insurance	3.1
(4)其他社会保障支出	Other Social Security Expenditure	11.0
3.外来从业人员寄给家人的支出	Sent Home to Their Families by Migrant Workers	4.0
4.赡养支出	Alimony Expenditure	50.2
5.其他转移性支出	Other Transfer Expenditure	23.5
(1)经常性捐赠支出	Regular Donation Expenditure	0.6
(2)经常性赔偿支出	Regular Compensation Expenditure	…
(3)其他经常转移支出	Other Regular Transfer Expenditure	22.9

3-22 农村居民家庭居住情况(2018)
Living Conditions of Rural Households(2018)

项　目	Item	2018
现住房情况	**Housing Conditions**	
现住房建筑面积(平方米/人)	Total Floor Space of Current Housing(sq.m/person)	52.9
(一)本住户居住类型(%)	Type of Residence	
1.普通住宅	Ordinary House	100.0
2.集体宿舍和工棚	Dormitory and Work Shed	…
3.工作地住宿	Accommodation at Workplace	…
(二)本住户居住空间样式(%)	House Styles(%)	
1.单栋楼房	Single Building	66.8
2.单栋平房	Single Bungalow	24.9
3.四居室及以上单元房	Unit with Four Rooms and Over	0.6
4.三居室单元房	Unit with Three Rooms	3.1
5.二居室单元房	Unit with Two Rooms	0.8
6.一居室单元房	Unit with One Room	…
7.筒子楼或连片平房	Tube-shaped Apartments or Rows of Bungalow	1.6
8.其他	Others	2.3
(三)主要建筑材料(%)	Main Architecture Materials(%)	
1.钢筋混凝土	Reinforced Concrete	35.4
2.砖混材料	Brick-concrete-structured Materials	50.7
3.砖瓦砖木	Tile and Wood	13.6
4.竹草土坯	Bamboo,Grass and Adobe	0.1
5.其他	Others	0.2
(四)现住房房屋来源(%)	Source of Current Housing(%)	
1.租赁公房	Rental Public Housing	…
2.租赁私房	Rental Privately Owned Housing	0.6
3.自建住房	Self Help Housing	93.9
4.购买商品房	Purchase of Commodity House	1.7
5.购买房改住房	Privately Owned House after Housing Reform	0.2
6.购买保障性住房	Purchase of Social Housing	0.1
7.拆迁安置房	Resettlement Housing	3.0
8.继承或获赠住房	Inherited or Received Housing	…

3-22 续表 1 Continued 1

项　目	Item	2018
9.免费借用房	Free Borrowed Housing	0.2
10.雇主提供免费住房	Free Housing Provided by Employer	…
11.其他来源	Others	0.2
(五)现住房建筑面积	Floor Space of Current Housing	
1.10 平方米以内	Below 10 sq.m	…
2.10~20 平方米	10~20 sq.m	…
3.20~30 平方米	20~30 sq.m	0.2
4.30~60 平方米	30~60 sq.m	6.4
5.60~90 平方米	60~90 sq.m	14.4
6.90~120 平方米	90~120 sq.m	22.4
7.120~200 平方米	120~200 sq.m	33.4
8.200 平方米以上	Above 200 sq.m	23.2
(六)住宅外道路路面情况(%)	Pavement Conditions out of the House(%)	
1.水泥或柏油路面	Cement or Asphalt Pavement	75.6
2.沙石或石板等硬质路面	Sand or Stone Pavement	19.4
3.其他	Others	4.9
(七)住宅有管道供水情况(%)	Conditions of Piped Water Supply(%)	
1.管道供水入户	Piped Water Supply into People's Homes	79.7
2.管道供水至公共取水点	Piped Water Supply to Watering Points	1.7
3.没有管道设施	No Pipeline Facilities	18.6
(八)住户主要饮用水来源情况(%)	Source of Drinking Water(%)	
1.经过净化处理的自来水	Purified Tap Water	73.7
2.受保护的井水和泉水	Protected Wells and Springs	20.9
3.不受保护的井水和泉水	Unprotected Wells and Springs	3.5
4.江河湖泊水	Rivers and Lakes	1.2
5.收集雨水	Collected Rainwater	…
6.桶装水	Barreled Water	0.1
7.其他水源	Others	0.6
(九)住户获取饮用水的主要困难(%)	Difficulties to Get Drinking Water(%)	
1.单次取水往返时间超过半小时	Taking More than a Half-hour to Get Water	0.2

3-22 续表 2 Continued 2

项　目	Item	2018
2.间断或定时供水	Intermittent or Timing Water Supply	1.4
3.当年连续缺水时间超过 16 天	Longer than 16 Days of Shortage of Water	0.3
4.无上述困难	No Such Difficulties	98.1
(十)住户饮用水使用前采取的主要处理措施(%)	Treatments before Drinking Water(%)	
1.煮沸	Boiling	89.2
2.加漂白剂/氯等	Adding Bleach/Chloride, etc.	0.9
3.使用水过滤器	Using Water Filter	3.4
4.其他处理措施	Other Treatments	1.1
5.没有任何水处理措施	No Treatments	5.4
(十一)住户厕所类型(%)	Type of Toilet(%)	
1.水冲式卫生厕所	Flush Sanitary Toilets	38.6
2.水冲式非卫生厕所	Flush Insanitary Toilets	4.6
3.卫生旱厕	Sanitary Dry Latrines	17.7
4.普通旱厕	Ordinary Dry Latrines	38.4
5.无厕所	No Toilet	0.6
(十二)住户厕所使用情况(%)	Use of Toilet(%)	
1.本住户独用	Private Toilet	96.7
2.几户合用	Toilet Shared by Several Households	2.0
3.公用厕所	Public Toilets	1.4
(十三)住户洗澡设施情况(%)	Facilities for Bathing(%)	
1.统一供热水	Unified Hot Water Supply	2.4
2.家庭自装热水器	Installation of Water Heater	81.8
3.其他	Others	7.3
4.无洗澡设施	No Facilities for Bathing	8.5
(十四)住户主要取暖设备状况(%)	Heating Equipment(%)	
1.由市政或小区集中供暖	Municipal or District Central Heating	0.3
2.自行供暖	Self Heating	70.8
3.无取暖设备	No Heating Equipment	28.8
(十五)住户主要取暖用能源状况(%)	Heating Energy(%)	
1.柴草	Firewood	10.6

3-22 续表 3 Continued 3

项 目	Item	2018
2.煤炭	Coal	0.6
3.罐装液化石油气	Canned Liquified Petroleum Gas	4.1
4.管道液化石油气	Pipeline Liquified Petroleum Gas	0.2
5.管道煤气	Pipeline Gas	0.0
6.管道天然气	Pipeline Natural Gas	0.5
7.电	Electricity	66.8
8.燃料用油	Fuel Oil	…
9.沼气	Methane	0.1
10.其他	Others	1.8
11.无取暖行为	No Heating Behavior	15.4
(十六)主要炊用能源状况(%)	Cooking Energy(%)	
1.柴草	Firewood	31.5
2.煤炭	Coal	0.2
3.罐装液化石油气	Canned Liquified Petroleum Gas	43.6
4.管道液化石油气	Pipeline Liquified Petroleum Gas	0.3
5.管道煤气	Pipeline Gas	…
6.管道天然气	Pipeline Natural Gas	1.1
7.电	Electricity	22.4
8.燃料用油	Fuel Oil	0.1
9.沼气	Methane	…
10.其他	Others	0.7
11.无炊用行为	No Cooking Behavior	…

3-23 农村常住居民家庭人均支出情况(2018)
Annual Expenditure per Capita of Rural Permanent Households(2018)

单位:元 (yuan)

项　　目	Item	2018
总支出	**Total Expenditure**	**20988.3**
其中:消费支出	Consumption Expenditure	12748.1
(一)食品烟酒	Food,Tobacco and Liquor	4208.3
1.食品	Food	2894.9
(1)谷物	Cereals	506.7
(2)薯类	Tubers	54.9
(3)豆类	Beans	60.1
(4)食用油	Edible Oil	126.6
(5)蔬菜和食用菌	Vegetables and Edible Fungus	319.0
(6)肉类	Meat	644.7
(7)禽类	Poultry	209.3
(8)水产品	Aquatic Products	156.8
(9)蛋类	Eggs	105.0
(10)奶类	Milk	249.6
(11)干鲜瓜果类	Fresh,Dried Melons and Fruits	235.5
(12)糖果糕点类	Confectioneries	108.1
(13)其他食品	Other Foods	118.7
2.烟酒	Tobacco and Liquor	760.6
(1)烟草	Tobacco	447.1
(2)酒类	Liquor	313.5
3.饮料	Drinks	118.0
4.饮食服务	Diet Service	434.8
(1)食堂用餐	Cafeteria Food	40.6
(2)其他在外饮食	Dining Out	384.7
(3)食品加工服务费	Food Processing and Service Fee	9.5
(二)衣着	Clothing	635.0
1.衣类	Clothing	481.0
2.鞋类	Footwear	154.0
(三)居住	Residence	3013.3

3-23 续表 1 Continued 1

项 目	Item	2018
1.租赁房房租	Rent of Rentable Housing	56.3
2.住房维修及管理	Management and Maintenance of Housing	345.2
3.水电燃料及其他	Water, Electricity, Fuels and Others	609.7
4.自有住房折算租金	Converted Rent for Private Housing	2002.0
(四)生活用品及服务	Household Facilities, Articles and Service	772.5
1.家具及室内装饰品	Furniture and Interior Decorations	107.2
2.家用器具	Household Facilities	228.4
3.家用纺织品	Home Textiles	53.6
4.家庭日用杂品	Daily-use Household Articles	236.9
5.个人用品	Personal Products	120.3
6.家庭服务	Household Service	26.0
(五)交通通信	Traffic and Communications	1556.1
1.交通	Transportation	1052.9
(1)交通工具	Transportation Facility	435.2
(2)交通费	Traffic Fare	164.7
(3)交通工具用燃料	Fuels for Vehicles	240.0
(4)交通工具使用及维修	Use and Maintenance for Vehicles	213.0
其中:车辆保险支出	Of Which: Vehicle Insurance Expenditure	69.8
2.通信	Communications	503.2
(1)通信工具	Communication Facility	155.2
(2)通信服务	Communication Services	348.0
(六)教育文化娱乐	Education, Cultural and Recreation Service	1271.1
1.教育	Education	983.7
(1)学前教育	Preschool Education	127.3
(2)小学教育	Primary Education	128.0
(3)初中教育	Secondary Education	145.5
(4)高中教育	High School Education	206.1

3-23 续表2 Continued 2

项　目	Item	2018
(5)中专职高教育	Vocational Senior and Specialized Secondary Education	23.4
(6)大专及以上教育	College Education or Above	303.3
(7)成人教育	Adult Education	50.2
2.文化娱乐	Cultural and Recreation	287.4
(1)文娱耐用消费品	Cultural and Recreational Durable Consumer Goods	69.5
(2)其他文娱用品	Other Cultural Articles	142.4
(3)文化娱乐服务	Cultural and Recreation Service	75.5
(七)医疗保健	Medicine and Medical Service	1036.7
1.医疗器具及药品	Medical Instruments and Articles	285.0
2.医疗服务	Medical Service	751.7
(1)门诊总费用	Outpatient Costs	327.8
(2)住院总费用	Hospitalization Expenses	423.9
(八)其他用品和服务	Miscellaneous Commodities and Services	255.2
1.其他用品	Miscellaneous Commodities	152.8
2.其他服务	Miscellaneous Services	102.4

3-24 农村居民家庭人均现金支出(2018)
Per Capita Cash Expenditure and Composition of Rural Households(2018)

项　目	Item	2018
期内现金支出合计(元)	**Cash Expenditure(yuan)**	**18379.7**
生活消费支出	Consumption Expenditure	10193.6
家庭经营费用支出	Expenditure for Household Business	3470.7
第一产业生产费用支出	Primary Industry	2557.2
农业	Farming	1566.2
林业	Forestry	25.6
牧业	Animal Husbandry	812.2
渔业	Fishery	153.2
第二产业生产费用支出	Secondary Industry	391.8
采矿业	Mining	0.4
制造业	Manufacturing	254.9
电力热力燃气及水生产和供应业	Production and Supply of Electricity,Gas and Water	0.8
建筑业	Construction	135.6
第三产业生产费用支出	Tertiary Industry	521.7
批发和零售业	Wholesale and Retail Trades	259.9
交通运输仓储和邮政业	Transport,Storage and Post	95.0
住宿和餐饮业	Hotels and Catering Services	80.6
房地产业	Real Estate	2.0
租赁和商务服务业	Leasing and Business Services	2.8
居民服务修理和其他服务业	Services to Households and Other Services	39.2
其他	Others	2.9
农林牧渔服务业	Agricultural Service	39.3
现金财产性支出	Cash Property Expenditure	41.8
现金转移性支出	Cash Transfer Expenditure	484.9
部分商业保险支出	Some Commercial Insurance Expenditure	47.6
购置资产及非经常性转移支出	Acquisition of Assets and Non-recurring Transfer Expenditure	3515.6
借贷性支出	Lending and Loaning Expenditure	625.4

3-25 按收入等级分的农村居民家庭人均收入情况(2018)

单元:元

项 目	Item	总平均 Total
家庭总收入	**Total Income**	**18590**
可支配收入	**Disposable Income**	**13996**
工资性收入	Income from Wages and Salaries	5058
经营净收入	Net Business Income	5411
财产净收入	Net Income from Properties	256
转移净收入	Net Income from Transfer	3271
借贷性所得	Net Lending and Loaning Income	1164
家庭总支出	**Total Expenditures**	**20988**
其中:消费支出	**Of Which: Expenditure for Consumption**	**12748**
食品烟酒	Food, Tobacco and Liquor	4208
衣着	Clothing	635
居住	Residence	3013
生活用品及服务	Household Facilities, Articles and Service	772
交通和通信	Traffic and Communications	1556
教育文化娱乐	Education, Cultural & Recreation Service	1271
医疗保健	Medicine and Medical Service	1037
其他商品和服务	Miscellaneous Commodities and Services	255
财产性支出	Property Expenditure	42
转移性支出	Tranferred Expenditure	485
#社会保障支出	#Social Security Expenditure	398
借贷支出	Lending and Loaning Expenditure	625

Per Capita Income of Rural Households by Level of Income(2018)

(yuan)

低收入户 Low Income Households	中低收入户 Lower Middle Income Households	中间收入户 Middle Income Households	中高收入户 Upper Middle Income Households	高收入户 High Income Households
9238	**9970**	**13707**	**19138**	**45634**
2789	**7772**	**11061**	**15975**	**36783**
2066	3622	4677	5939	10047
-685	2054	3136	5447	19625
85	166	185	243	674
1322	1930	3063	4346	6437
584	1063	729	900	2777
18784	**15771**	**17558**	**20674**	**34236**
10490	**11084**	**11606**	**13507**	**18069**
3555	3706	4014	4409	5641
537	541	560	636	954
2420	2520	2553	3571	4279
635	604	740	836	1117
1191	1270	1404	1437	2657
1220	1311	1140	1142	1569
736	922	961	1207	1458
195	210	234	269	395
36	41	20	35	82
561	429	424	457	553
448	353	362	402	426
572	374	612	562	1079

3-26 农村居民家庭平均每百户耐用消费品拥有量及信息化情况(2018)
Number of Durable Consumer Goods Owned and Informatization per 100 Rural Households(2018)

项 目	Item	2018
一、主要消费品拥有量(辆、台)	**Ownership of Major Durable Consumer Goods(unit)**	
1.家用汽车	Household Automobile	22.8
2.摩托车	Motorcycle	35.0
3.助力车	Man-drawn Vehicle	111.5
4.洗衣机	Washing Machine	86.2
5.电冰箱(柜)	Refrigerator	101.1
6.微波炉	Microwave Oven	25.7
7.彩色电视机	Color TV	129.1
8.空调	Air Conditioner	108.9
9.热水器	Water Heater	91.4
10.其中:太阳能热水器	Of Which:Solar Heater	76.7
11.洗碗机	Dishwasher	1.0
12.排油烟机	Kitchen Ventilator	30.8
13.固定电话	Telephone	22.2
14.移动电话	Mobile Telephone	265.6
15.计算机	Computer	25.6
16.照相机	Camera	2.9
17.中高档乐器	Medium Upscale Musical Instrument	1.4
18.健身器材	Fitness Equipment	2.3
19.空气净化器	Air Cleaner	0.7
20.吸尘器	Vacuum Cleaner	2.2
二、信息化调查情况	**Informatization**	
接入有线电视网络的电视机(台)	Cable Television(set)	39.1
接入互联网的移动电话(部)	Network-connected Hand Telephone(unit)	177.6
接入互联网的计算机(台)	Network-connected Computer(set)	16.5

3-27 农村居民家庭户均生产性固定资产原值(2018)
Initial Value of Productive Fixed Assets in Rural Households(2018)

项　目	Item	2018
生产性固定资产原值(元/户)	Initial Value of Productive Fixed Assets(yuan/household)	25045
1.农业	Farming	6636
2.林业	Forestry	44
3.牧业	Animal Husbandry	1592
4.渔业	Fishery	55
5.采矿业	Mining	17
6.制造业	Manufacturing	2847
7.电力煤气与水的生产及供应	Production and Supply of Electricity,Gas and Water	96
8.建筑业	Construction	1744
9.交通运输业、仓储和邮政业	Transportation,Storage and Postal Services	2642
10.批发和零售贸易业	Wholesale & Retail Trade	5899
11.住宿和餐饮业	Hotels and Catering Service	854
12.房地产业	Real Estate	…
13.租赁和商务服务业	Leasing and Business Services	1926
14.居民服务修理和其他服务业	Service to Households and Other Services	298
15.其他行业	Others	125
16.农林牧渔服务业	Agricultural Services	270

3-28 农村居民家庭人均主要食品消费量(2018)
Per Capita Main Food Consumption of Rural Households(2018)

单位:千克 kg

项　　目	Item	2018
一、粮食消费量	Grain	159.73
(一)谷物消费量	Cereals	145.96
1.小麦	Wheat	58.67
2.稻谷	Barley	77.02
3.玉米	Corn	4.64
4.其他谷物	Other Cereals	5.64
(二)薯类消费量	Tubers	2.53
1.红薯	Sweet Potato	1.24
2.马铃薯	Potato	0.82
3.其他薯类	Other Tubers	0.46
(三)豆类消费量	Beans	11.24
1.大豆	Soybean	1.13
2.其他豆类	Other Beans	10.12
二、油脂类消费量	Oil and Fats	10.22
(一)植物油	Edible Vegetable Oil	9.06
(二)动物油	Edible Animal Oil	1.16
三、蔬菜及菜制品消费量	Vegetables and Processed Products	94.03
(一)鲜菜	Fresh Vegetables	91.57
(二)干菜及菜制品	Dried Vegetables and Processed Products	1.12
(三)鲜菌	Fresh Edible Fungus	1.20
(四)干菌及菌制品	Dried Edible Fungus and Processed Products	0.15
四、肉类	Meat and Processed Products	26.84
(一)猪肉	Pork	21.69
(二)牛肉	Beef	1.54
(三)羊肉	Mutton	0.80
(四)其他肉类及制品	Others	2.81
五、禽类	Poultry and Processed Products	11.62
(一)鸡	Chicken	7.86
(二)鸭	Duck	1.52

3-28 续表 1 Continued 1

项　目	Item	2018
(三)鹅	Goose	0.33
(四)其他禽类及制品	Others	1.90
六、水产品	Aquatic Products	10.92
(一)鱼类	Fish	9.45
(二)虾、贝、蟹类	Shrimps, Shells and Crabs	0.86
(三)藻类	Algae	0.33
(四)其他	Others	0.28
七、蛋类及蛋制品	Eggs and Processed Products	10.79
(一)鲜蛋	Fresh Eggs	10.38
(二)蛋制品	Egg Products	0.41
八、奶和奶制品	Milk and Dariy Products	9.21
(一)鲜奶	Fresh Milk	4.21
(二)酸奶	Yogurt	2.71
(三)奶粉	Milk Powder	0.82
(四)其他奶制品	Others	1.47
九、干鲜瓜果类	Dried and Fresh Melons and Fruits	46.94
(一)鲜瓜果	Fresh Melons and Fruits	42.93
(二)瓜果制品	Melon and Fruit Products	0.94
(三)坚果类	Nuts and Grain Products	3.07
十、糖果糕点类	Confectioneries	6.75
(一)食糖	Sugar	1.07
(二)糖果	Candy	0.65
(三)糕点	Pastry	4.07
(四)其他糖果糕点	Other Confectioneries	0.95
十一、饮料	Beverage	0.25
茶叶	Tea	0.25
十二、烟叶消费量	Tobacco	35.61
十三、酒	Liquor and Drinks	14.37
(一)白酒	White Spirits	4.37
(二)啤酒	Beer	9.95
(三)果酒	Fruit Wine	0.05

3-29 农村居民家庭年人均出售主要农副产品情况(2018)
Annual per Capita Selling of Farm and Sideline Products of Rural Households(2018)

单位:千克 kg

项　目	Item	2018
谷物	Cereals	1454.60
#小麦	#Wheat	397.58
#稻谷	#Paddy	750.25
薯类	Tubers	14.95
豆类	Beans	35.02
棉花(籽棉)	Cotton(Unginned Cotton)	1.83
油料	Oil Producer	9.68
糖料	Sugar	0.34
烟草	Tobacco	0.00
蔬菜及食用菌	Vegetables and Edible Fungus	41.33
水果	Fruits	3.58
果用瓜	Melon	49.09
茶叶(原料)	Tea(Raw Material)	4.90
猪肉(含自宰猪、猪下水)	Pork(Including Self-Slaughter and Pig's Offal)	42.30
家禽	Poultry	14.79
蛋类	Eggs	9.36
渔业产品(养殖和捕捞产品)	Aquatic Products(Aquaculture and Fishing Products)	13.73

3-30 农村居民家庭主要生活用品购买量(2018)

Annual Purchases of Articles for Daily Use of Rural Households per Capita(2018)

项 目	Item	单位	Unit	2018
粮食	Grain	千克	(kg/person)	107.5
植物油	Edible Vegetable Oil	千克	(kg/person)	7.9
动物油	Edible Animal Oil	千克	(kg/person)	1.1
蔬菜和食用菌	Vegetables and Edible Fungus	千克	(kg/person)	55.0
猪肉	Pork	千克	(kg/person)	20.8
牛肉	Beef	千克	(kg/person)	1.5
羊肉	Mutton	千克	(kg/person)	0.7
禽类	Poultry	千克	(kg/person)	10.1
#鸡	#Chicken	千克	(kg/person)	6.5
水产品	Aquatic Products	千克	(kg/person)	10.6
鱼类	Fish	千克	(kg/person)	9.2
鲜蛋	Fresh Eggs	千克	(kg/person)	7.7
奶类	Dairy Products	千克	(kg/person)	9.2
鲜瓜果	Fresh Melons and Fruits	千克	(kg/person)	41.8
卷烟	Tobacco	盒	(unit/person)	35.5
酒类	Liquor and Drinks	千克	(kg/person)	14.4
服装	Garments	元	(yuan/person)	442.2
鞋类	Shoes	双	(pairs/person)	3.0
生活用煤炭	Coal for Life	千克	(kg/person)	6.4
洗衣机	Washing Machine	台/百户	(set/100 households)	6.1
电冰箱(柜)	Refrigerator	台/百户	(set/100 households)	6.1
空调器	Air Conditioner	台/百户	(set/100 households)	8.3
非太阳能热水器	Non-Solar Water Heater	台/百户	(set/100 households)	3.5
太阳能热水器	Solar Heater	台/百户	(set/100 households)	2.2
汽车	Household Automobile	辆/百户	(unit/100 households)	1.7
摩托车	Motorcycle	辆/百户	(unit/100 households)	0.8
自行车	Bike	辆/百户	(unit/100 households)	3.0
电动自行车	Electric Bike	辆/百户	(unit/100 households)	11.4
移动电话机	Mobile Telephone	部/百户	(set/100 households)	47.7
电视机(彩色)	Color TV	台/百户	(set/100 households)	5.6

3-31 农村居民家庭固定资产投资情况(2018)
Fixed Assets Investment of Rural Households(2018)

单位:万元 (10 thousand yuan)

项　　目	Item	2018
一、本年新增固定资产原值	New Original Value of Fixed Assets	4577335.09
二、本年固定资产投资完成额	Finished Value of Investment of the Fixed Assets	5549343.61
(一)按投资来源分	According to Investment Source	
1.银行信用社贷款	Bank and Credit Loans	341328.96
2.亲友借款	Loan from Kith and Kin	24464.26
3.自筹资金	Self-raising Funds	3936385.63
4.其他资金	Others	22189.16
(二)按投资构成分	According to Constitute Sub-investment	
1.建筑工程	Construction	4392358.79
其中:水利	Of Which: Water Conservancy	5799.57
房屋	Housing	4351607.41
其中:住宅	Of Which: Residential Buildings	4087682.61
2.安装工程	Installation	
3.设备工器具购置	Purchase of Equipment and Instruments	849430.14
其中:生产设备	Of Which: Production Equipment	849430.14
4.其他	Others	166356.50
(三)按投资方向分	According to Investment Direction	
1.采矿业	Mining	—
2.制造业	Manufacturing	28657.62
3.电力热力燃气及水的生产和供应业	Production and Supply of Electricity, Gas and Water	21961.98
4.建筑业	Construction	23768.74
5.批发和零售业	Wholesale and Retail Trades	182724.12
6.交通运输.仓储和邮政业	Transport, Storage and Post	71245.09
7.住宿和餐饮业	Hotels and Catering Services	11077.61
8.房地产业	Real Estate	4087682.61
9.租赁和商务服务业	Leasing and Business Services	65732.79
10.居民服务和其他服务业	Services to Households and Other Services	66372.40
11.其他	Others	2851.66

3-31 续表 Continued

项　目	Item	2018
(四)按具体投资项目分	Based on Specific Investment Projects	
1.房屋	Housing	4351607.41
其中:住宅	Of Which: Residential Buildings	4087682.61
2.道路	Road	—
3.桥梁	Bridges	—
4.设备	Equipment	849430.14
5.水利	Water Conservancy	5799.57
6.其它	Others	342506.49
施工房屋面积(万平方米)	Floor Space of Buildings(10000 sq.m)	4677.61
其中:住宅	Of Which: Residential Buildings	4288.25
竣工房屋面积(万平方米)	Floor Space of Buildings Completed(10000 sq.m)	3561.72
其中:住宅	Of Which: Residential Buildings	3367.24
竣工房屋投资完成额	Completion Amount of Investment of Buildings Completed	3379598.89
其中:住宅	Of Which: Residential Buildings	3246755.27

注:本表数据根据农村住户固定资产投资抽样调查数据和全省乡村人口数推算得到。

3-32 各市、县(区)农村居民人均可支配收入(2018)
Per Capita Disposable Income of Rural Residents by Region(2018)

单位:元 (yuan)

地区	Region	2018
安徽省	**Anhui**	**13996**
合肥市	**Hefei**	**20389**
瑶海区	Yaohai District	—
庐阳区	Luyang District	—
蜀山区	Shushan District	—
包河区	Baohe District	—
合肥高新区	Hefei New and High-tech Zone	—
合肥经开区	Hefei Economic-tech Development Zone	—
合肥新站区	Hefei New Station District	-
长丰县	Changfeng	19515
肥东县	Feidong	21429
肥西县	Feixi	21832
庐江县	Lujiang	19080
巢湖市	Chaohu	20078
芜湖市	**Wuhu**	**20649**
镜湖区	Jinghu District	25384
弋江区	Yijiang District	—
鸠江区	Jiujiang District	22092
三山区	Sanshan District	22353
芜湖县	Wuhu	22450
繁昌县	Fanchang	22301
南陵县	Nanling	22380
无为县	Wuwei	18320
蚌埠市	**Bengbu**	**15114**
龙子湖区	Longzihu District	14336

3-32 续表1 Continued 1

地　区	Region	2018
蚌山区	Bengshan District	14884
禹会区	Yuhui District	14045
淮上区	Huaishang District	14157
怀远县	Huaiyuan	15309
五河县	Wuhe	15209
固镇县	Guzhen	15306
蚌埠高新区	Bengbu New and High-tech Zone	13970
淮南市	**Huainan**	**12926**
大通区	Datong District	14976
田家庵区	Tianjiaan District	15696
谢家集区	Xiejiaji District	14919
八公山区	Bagongshan District	15084
潘集区	Panji District	14243
凤台县	Fengtai	14531
寿县	Shou	11056
毛集实验区	Maoji Experimental District	13920
马鞍山市	**Maanshan**	**21267**
花山区	Huashan District	28823
雨山区	Yushan District	29060
博望区	Bowang District	24073
当涂县	Dangtu	24050
含山县	Hanshan	18730
和县	Hexian	18862
郑蒲港新区	Zhengpugang New Zone	23469
淮北市	**Huaibei**	**12745**
杜集区	Duji District	13488
相山区	Xiangshan District	12861
烈山区	Lieshan District	12642

3-32 续表 2 Continued 2

地 区	Region	2018
濉溪县	Suixi	12710
铜陵市	**Tongling**	**14335**
铜官区	Tongguan District	27207
义安区	Yi'an District	22610
郊区	Suburban District	26054
枞阳县	Zongyang	12198
安庆市	**Anqing**	**12990**
迎江区	Yingjiang District	16317
大观区	Daguan District	15933
宜秀区	Yixiu District	16475
怀宁县	Huaining	14789
潜山县	Qianshan	11996
太湖县	Taihu	11500
宿松县	Susong	11627
望江县	Wangjiang	11744
岳西县	Yuexi	11676
安庆开发区	Anqing Development Zone	—
桐城市	Tongcheng	15289
黄山市	**Huangshan**	**15391**
屯溪区	Tunxi District	16384
黄山区	Huangshan District	15894
徽州区	Huizhou District	16041
歙县	Shexian	15266
休宁县	Xiuning	15199
黟县	Yixian	15462
祁门县	Qimen	15202
滁州市	**Chuzhou**	**13127**

3-32 续表 3 Continued 3

地　　区	Region	2018
琅琊区	Langya District	14034
南谯区	Nanqiao District	13581
来安县	Laian	13000
全椒县	Quanjiao	13394
定远县	Dingyuan	12280
凤阳县	Fengyang	11544
天长市	Tianchang	18285
明光市	Mingguang	12163
阜阳市	**Fuyang**	**11830**
颍州区	Yingzhou District	13753
颍东区	Yingdong District	11137
颍泉区	Yingquan District	12007
临泉县	Linquan	11342
太和县	Taihe	12117
阜南县	Funan	11273
颍上县	Yingshang	11941
界首市	Jieshou	12910
宿州市	**Suzhou**	**11941**
埇桥区	Yongqiao District	12186
砀山县	Dangshan	12222
萧县	Xiaoxian	11873
灵璧县	Lingbi	11974
泗县	Sixian	11455
六安市	**Lu'an**	**11959**
金安区	Jin'an District	12882
裕安区	Yu'an District	12887
霍邱县	Huoqiu	11165

3-32 续表 4 Continued 4

地 区	Region	2018
舒城县	Shucheng	11995
金寨县	Jinzhai	11097
霍山县	Huoshan	13360
叶集区	Yeji Experimental District	11733
亳州市	**Bozhou**	**12756**
谯城区	Qiaocheng District	14160
涡阳县	Guoyang	11956
蒙城县	Mengcheng	13091
利辛县	Lixin	11828
池州市	**Chizhou**	**14709**
贵池区	Guichi District	15283
东至县	Dongzhi	14721
石台县	Shitai	10513
青阳县	Qingyang	15483
九华山风景区	Jiuhua Mountain Scenic Area	15505
宣城市	**Xuancheng**	**16013**
宣州区	Xuanzhou District	16213
郎溪县	Langxi	15542
广德县	Guangde	18159
泾县	Jingxian	14323
绩溪县	Jixi	13243
旌德县	Jingde	12858
宁国市	Ningguo	18009

3-33 全国及分省(区、市)城镇居民人均可支配收入(2018)
Per Capita Disposable Income of Urban Residents by Province and Region(2018)

单位:元 (yuan)

地 区	Region	2018
全国	**National**	**39251**
北京	Beijing	67990
天津	Tianjin	42976
河北	Hebei	32977
山西	Shanxi	31035
内蒙古	Inner Mongolia	38305
辽宁	Liaoning	37342
吉林	Jilin	30172
黑龙江	Heilongjiang	29191
上海	Shanghai	68034
江苏	Jiangsu	47200
浙江	Zhejiang	55574
安徽	**Anhui**	**34393**
福建	Fujian	42121
江西	Jiangxi	33819
山东	Shandong	39549
河南	Henan	31874
湖北	Hubei	34455
湖南	Hunan	36698
广东	Guangdong	44341
广西	Guangxi	32436
海南	Hainan	33349
重庆	Chongqing	34889
四川	Sichuan	33216
贵州	Guizhou	31592
云南	Yunnan	33488
西藏	Tibet	33797
陕西	Shaanxi	33319
甘肃	Gansu	29957
青海	Qinghai	31515
宁夏	Ningxia	31895
新疆	Xinjiang	32764

3-34 全国及分省(区、市)农村居民人均可支配收入(2018)
Per Capita Annual Disposible Income of Rural Residents by Province and Region(2018)

单位:元 (yuan)

地 区	Region	2018
全国	**National**	**14617**
北京	Beijing	—
天津	Tianjin	23065
河北	Hebei	14031
山西	Shanxi	11750
内蒙古	Inner Mongolia	13803
辽宁	Liaoning	14656
吉林	Jilin	13748
黑龙江	Heilongjiang	13804
上海	Shanghai	30375
江苏	Jiangsu	20845
浙江	Zhejiang	27302
安徽	**Anhui**	**13996**
福建	Fujian	17821
江西	Jiangxi	14460
山东	Shandong	16297
河南	Henan	13831
湖北	Hubei	14978
湖南	Hunan	14093
广东	Guangdong	17168
广西	Guangxi	12435
海南	Hainan	13989
重庆	Chongqing	13781
四川	Sichuan	13331
贵州	Guizhou	9716
云南	Yunnan	10768
西藏	Tibet	11450
陕西	Shaanxi	11213
甘肃	Gansu	8804
青海	Qinghai	10393
宁夏	Ningxia	11708
新疆	Xinjiang	11975

主要统计指标解读

Explanatory Notes on Main Statistical Indicators

一、收入

可支配收入 指调查户在调查期内获得的、可用于最终消费支出和储蓄的总和,即调查户可以用来自由支配的收入。可支配收入既包括现金,也包括实物收入。按照收入的来源,可支配收入包含四项,分别为:工资性收入、经营净收入、财产净收入和转移净收入。按居民类型划分,有居民可支配收入、城镇常住居民可支配收入、农村常住居民可支配收入,计算公式为:

可支配收入 = 工资性收入 + 经营净收入 + 财产净收入 + 转移净收入

其中:经营净收入 = 经营收入 - 经营费用 - 生产性固定资产折旧 - 生产税

财产净收入 = 财产性收入 - 财产性支出

转移净收入 = 转移性收入 - 转移性支出

工资性收入 指就业人员通过各种途径得到的全部劳动报酬和各种福利,包括受雇于单位或个人、从事各种自由职业、兼职和零星劳动得到的全部劳动报酬和福利。

经营净收入 指住户或住户成员从事生产经营活动所获得的净收入,是全部经营收入中扣除经营费用、生产性固定资产折旧和生产税之后得到的净收入。

财产净收入 指住户或住户成员将其所拥有的金融资产、住房等非金融资产和自然资源交由其他机构单位、住户或个人支配而获得的回报并扣除相关的费用之后得到的净收入。财产净收入包括利息净收入、红利收入、储蓄性保险净收益和转让承包土地经营权租金净收入、出租房屋净收入、出租其他资产净收入和自有住房折算净租金等。

转移性收入 指国家、单位、社会团体对住户的各种经常性转移支付和住户之间的经常性收入转移。包括养老金或退休金、社会救济和补助、政策性生活补贴、救灾款、经常性捐赠和赔偿以及报销医疗费等;住户之间的赡养收入、经常性捐赠和赔偿以及农村地区(村委会)在外(含国外)工作的本住户非常住成员寄回带回的收入等。

二、消费

消费支出 指住户用于满足家庭日常生活消费需要的全部支出,包括用于消费品的支出和用于服务性消费的支出。根据用途不同,消费支出可划分为食品烟酒、衣着、居住、生活用品及服务、交通通信、教育文化娱乐、医疗保健、其他用品及服务八大类。根据来源不同,消费支出可划分为现金消费支出、实物消费支出(含自产自用、来自单位、来自政府和其他社会组织)。

价格调查

PRICE SURVEY

简要说明

一、本篇资料内容主要反映生产、流通、消费与投资等环节的价格变动趋势和变动幅度。内容主要包括各种价格总指数、居民消费价格指数、商品零售价格指数、农业生产资料价格指数、工业生产者出厂价格指数、工业生产者购进价格指数、固定资产投资价格指数及房地产价格指数等。

二、价格统计调查根据国家统计局《价格统计报表制度》,由安徽调查总队组织实施。

三、消费、零售价格指数采用分层抽样调查方法编制,以样本推断总体,调查实行月报,被抽选的调查市县 19 个。

四、农产品生产者价格调查采用抽样调查和重点调查相结合的方法,调查采用月报和季报相结合的方式,目前抽选的调查县(区)为 31 个。

五、工业生产者出厂价格及工业生产者购进价格指数采用重点调查和典型调查相结合的方法,调查实行月报,调查对象包括全省 16 个市的 3100 余家工业企业。

六、固定资产投资价格调查采用重点调查与典型调查相结合的方法,调查实行季报,调查对象为全省重点建筑施工企业和建设单位。

七、房地产价格调查为非全面调查,采用重点调查与典型调查相结合的方法,调查实行月报,调查城市为 3 个。

本版责任编辑:周玉华　姚　闯　高亚奇　刘玉如　阚天宇

4-1 各种价格总指数
Price Indices

上年=100 (preceding year=100)

年 份 Year	居民消费价格指数 Consumer Price Index	城市居民消费价格指数 Urban Household	农村居民消费价格指数 Rural Household	商品零售价格指数 Retail Price Index	工业生产者出厂价格指数 Producer Price Index for Industrial Products	工业生产者购进价格指数 Purchasing Price Index for Industrial Producers	农业生产资料价格指数 Price Index of Agricultural Means of Production	固定资产投资价格指数 Price Index for Investment in Fixed Assets
1978				100.0			100.1	
1979		102.6		102.1			102.4	
1980		104.1		103.4			102.1	
1981		103.2		101.7			101.7	
1982		100.1		101.0			101.3	
1983		102.2		101.1			102.8	
1984	102.1	102.1	102.0	102.0			107.0	
1985	107.1	107.8	106.4	106.4			101.7	
1986	106.2	105.8	106.5	105.2			102.1	
1987	109.1	109.9	108.3	109.7			112.8	
1988	120.9	121.4	119.1	121.8			118.6	
1989	117.2	115.7	118.8	117.1			121.7	
1990	102.7	102.6	102.8	101.9			103.9	
1991	106.1	107.4	104.1	105.7			102.3	114.8
1992	108.2	108.8	108.0	106.6			102.5	119.8
1993	114.7	114.4	115.4	112.9	125.3	128.7	112.9	123.0
1994	126.9	127.4	126.3	123.2	120.9	122.3	122.8	120.1
1995	114.8	115.9	113.7	112.7	117.2	117.9	128.0	106.5
1996	109.9	110.1	109.7	107.1	101.5	110.0	107.2	103.4
1997	101.3	101.9	100.7	99.4	99.3	101.7	98.9	101.3
1998	100.0	100.3	99.9	98.1	96.4	96.0	94.8	100.0
1999	97.8	97.6	98.0	96.6	95.9	94.5	95.3	99.3
2000	100.7	100.9	100.5	98.0	98.9	102.6	98.2	101.6
2001	100.5	100.0	101.3	99.6	98.6	100.2	97.9	99.5
2002	99.0	99.1	98.7	99.2	99.8	98.2	99.9	101.1
2003	101.7	101.8	101.7	101.3	103.5	106.7	100.2	103.5
2004	104.5	104.3	104.8	102.7	108.2	115.0	112.0	106.1
2005	101.4	101.0	101.9	100.6	103.3	107.2	108.3	101.0
2006	101.2	101.4	100.9	100.8	103.1	103.9	100.0	101.9
2007	105.3	105.3	105.2	104.5	103.6	105.1	106.8	105.4
2008	106.2	106.0	106.4	106.3	108.4	112.4	123.9	109.4
2009	99.1	98.9	99.4	99.0	92.8	95.3	95.8	96.0
2010	103.1	103.0	103.4	103.2	109.0	111.8	102.0	105.4
2011	105.6	105.4	105.9	105.3	108.3	110.8	114.3	108.1
2012	102.3	102.2	102.4	102.1	98.3	98.2	105.3	101.0
2013	102.4	102.4	102.5	101.2	98.2	96.9	100.9	100.2
2014	101.6	101.7	101.5	100.4	97.4	97.2	99.6	100.3
2015	101.3	101.3	101.3	99.7	93.9	93.5	101.6	96.9
2016	101.8	101.8	101.6	100.8	98.5	98.4	99.4	99.2
2017	101.2	101.3	101.1	101.7	108.0	109.2	101.3	107.4
2018	102.0	102.0	102.0	101.9	103.0	105.3	101.5	105.8

4-2 各种价格定基指数

Fixed-base Price Indices

年 份 Year	居民消费价格指数 Consumer Price Index (1983=100)	城市居民消费价格指数 Urban Household Price Index (1983=100)	农村居民消费价格指数 Rural Household Price Index (1983=100)	商品零售价格指数 Retail Price Index (1978=100)	工业生产者出厂价格指数 Producer Price Index for Industrial Products (1992=100)	工业生产者购进价格指数 Purchasing Price Index for Industrial Producers (1992=100)	农业生产资料价格指数 Price Index of Agricultural Means of Production (1983=100)	固定资产投资价格指数 Price Index for Investment in Fixed Assets (1990=100)
1979		102.6		102.1			102.4	
1980		106.8		105.6			104.6	
1981		110.2		107.4			106.3	
1982		110.3		108.4			107.7	
1983		112.8		109.6			110.7	
1984	102.1	115.1	102.0	111.8			118.5	
1985	109.3	124.1	108.5	119.0			120.5	
1986	116.1	131.3	115.6	125.2			123.0	
1987	126.7	144.3	125.2	137.3			138.8	
1988	153.2	175.2	149.1	167.2			164.6	
1989	179.5	202.7	177.1	195.8			200.3	
1990	184.4	208.0	182.1	199.6			208.1	
1991	195.6	223.4	189.5	210.9			212.9	114.8
1992	211.7	243.0	204.7	224.9			218.2	137.5
1993	242.8	278.0	236.2	253.9	125.3	128.7	246.4	169.2
1994	308.1	354.2	298.3	312.8	151.5	157.4	302.5	203.2
1995	353.7	410.5	339.2	352.5	177.5	185.6	387.2	216.4
1996	388.7	451.9	372.1	377.5	180.3	204.2	415.1	223.7
1997	393.7	460.5	374.7	375.2	179.0	207.6	410.6	226.6
1998	393.7	461.9	374.4	368.1	172.5	199.2	389.2	226.6

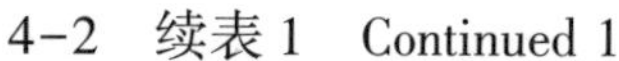

4-2 续表 1 Continued 1

年 份 Year	居民消费价格指数 Consumer Price Index (1983=100)	城市居民消费价格指数 Urban Household Price Index (1983=100)	农村居民消费价格指数 Rural Household Price Index (1983=100)	商品零售价格指数 Retail Price Index (1978=100)	工业生产者出厂价格指数 Producer Price Index for Industrial Products (1992=100)	工业生产者购进价格指数 Purchasing Price Index for Industrial Producers (1992=100)	农业生产资料价格指数 Price Index of Agricultural Means of Production (1983=100)	固定资产投资价格指数 Price Index for Investment in Fixed Assets (1990=100)
1999	385.1	450.8	366.9	355.6	165.4	188.2	370.9	225.0
2000	387.8	454.9	368.7	348.5	163.5	193.1	364.2	228.6
2001	389.7	454.9	373.5	347.1	161.3	193.4	356.6	227.5
2002	385.8	450.8	368.6	344.3	161.0	190.0	356.2	230.0
2003	392.4	458.9	374.9	348.8	166.6	202.8	356.9	238.1
2004	410.0	478.6	392.9	358.2	180.2	233.2	399.8	252.5
2005	415.8	483.4	400.4	360.4	186.2	250.0	433.0	255.1
2006	420.8	490.2	404.0	363.2	192.0	259.7	433.0	259.8
2007	443.1	516.2	425.0	379.6	199.0	273.0	462.4	273.8
2008	470.5	547.1	452.2	403.5	215.7	306.8	572.9	299.7
2009	466.3	541.1	449.5	399.5	200.2	292.3	548.9	287.6
2010	480.7	557.4	464.7	412.3	218.2	326.6	559.8	303.0
2011	507.7	587.5	492.2	434.1	236.3	361.9	639.9	327.6
2012	519.3	600.4	504.0	443.2	232.3	355.4	673.8	330.9
2013	531.8	614.8	516.6	448.5	228.1	344.4	679.9	331.5
2014	540.3	625.3	524.3	450.3	222.2	334.8	677.2	332.5
2015	547.3	633.4	531.1	448.9	208.6	313.0	688.0	322.2
2016	557.2	644.8	539.6	452.5	223.4	350.3	683.9	319.6
2017	563.9	653.2	545.5	460.2	221.9	336.3	692.8	343.3
2018	575.2	666.3	556.4	468.9	228.6	354.0		363.2

4-3 居民消费价格分类指数(2018)
Consumer Price Indices by Category (2018)

上年=100 (preceding year=100)

指　　标	Item	全省 Provincial Indices	城市 Urban Indices	农村 Rural Indices
居民消费价格总指数	**General Consumer Price Index**	**102.0**	**102.0**	**102.0**
非食品烟酒价格指数	Non-food Price Index	101.9	101.8	102.2
服务价格指数	Items of Service Price Index	101.8	101.8	101.9
工业品价格指数	Industrial Products Price Index	102.1	101.8	102.6
消费品价格指数	Consumer Goods Price Index	102.1	102.1	102.1
扣除食品和能源价格指数	Deduction Food and Energy Price Index	101.6	101.5	101.8
扣除鲜菜鲜果价格指数	Deduction Fresh Vegetables and Fruits Price Index	101.6	101.6	101.8
一、食品烟酒	**Food, Tobacco and Liquor**	**102.1**	**102.4**	**101.7**
1.食品	Food	102.1	102.4	101.5
(1)粮食	Grain	100.5	100.5	100.6
大米	Rice	100.3	100.1	100.5
面粉	Flour	100.3	101.0	99.7
(2)薯类	Tubers	111.5	113.0	109.2
(3)豆类	Beans	100.9	100.3	101.7
(4)食用油	Edible Oil	98.9	99.5	98.1
(5)菜	Vegetables	108.9	109.7	107.1
鲜菜	Fresh Vegetables	109.6	110.4	107.7
(6)畜肉类	Edible Livestock Meat	95.2	95.2	95.3
猪肉	Pork	91.6	90.8	92.9
牛肉	Beef	105.0	105.4	104.0
羊肉	Mutton	118.5	119.1	116.9
(7)禽肉类	Poultry	106.9	107.3	106.1
(8)水产品	Aquatic Products	98.5	98.4	98.7
(9)蛋类	Eggs	113.2	113.2	113.2
(10)奶类	Dairy Products	101.8	101.5	102.3
(11)干鲜瓜果类	Dried, Fresh Melons and Fruits	107.7	108.3	106.4
鲜瓜果	Fresh Melons and Fruits	110.5	111.3	108.8
(12)糖果糕点类	Confectioneries	102.4	102.2	102.6
(13)调味品	Flavoring	102.2	102.3	102.1
(14)其他食品类	Other Foods	102.0	102.0	101.9

4-3 续表 1 Continued 1

指 标	Item	全省 Provincial Indices	城市 Urban Indices	农村 Rural Indices
2.茶及饮料	Tea and Beverages	103.4	103.5	103.2
3.烟酒	Tobacco and Liquor	100.7	101.4	99.8
(1)烟草	Tobacco	99.6	99.8	99.4
(2)酒类	Liquor	102.4	103.7	100.6
4.在外餐饮	Dinning Out	102.9	102.5	104.2
二、衣着	**Clothing**	**102.0**	**101.9**	**102.4**
1.服装	Garments	102.3	102.1	102.7
(1)男式服装	Men's Clothing	102.1	101.8	102.7
(2)女式服装	Women's Clothing	102.2	102.1	102.5
(3)儿童服装	Children's Clothing	102.8	102.7	103.2
2.服装材料	Clothing Material	102.3	102.2	102.5
3.其他衣着及配件	Other Clothing and Accessories	100.9	100.9	100.7
4.衣着加工服务费	Clothing Processing	102.6	101.9	104.2
5.鞋类	Footwear	101.4	101.3	101.7
(1)鞋	Shoes	101.4	101.3	101.6
(2)鞋类加工服务	Shoes Processing	102.2	100.9	103.5
三、居住	**Residence**	**102.1**	**101.7**	**102.9**
1.租赁房房租	Tenancy	101.9	102.2	99.8
2.住房保养维修及管理	Housing Maintenance	104.0	103.6	104.5
(1)住房装潢材料	Housing Decoration Materials	103.9	103.5	104.4
(2)物业管理费	Property Management Fee	101.0	101.2	100.0
(3)住房装潢维修	Housing Decoration Maintenance	104.8	104.8	104.8
3.水电燃料	Water, Electricity and Fuels	102.9	102.1	104.3
(1)水	Water	102.1	100.2	107.5
(2)电	Electricity	100.0	100.0	100.0
(3)燃气	Gas	109.1	107.3	112.6
(4)取暖费	Heating Fee	100.0	100.0	100.0
(5)其他燃料	Other Fuels	104.7	101.6	106.1
4.自有住房	Housing	101.1	100.9	101.4
四、生活用品及服务	**Daily Necessities and Services**	**101.7**	**102.0**	**101.2**
1.家具及室内装饰品	Furniture and Interior Decorations	101.4	101.9	100.4
(1)家具	Furniture	101.4	102.1	100.4

4-3 续表 2 Continued 2

指 标	Item	全省 Provincial Indices	城市 Urban Indices	农村 Rural Indices
(2)室内装饰品	Interior Decorations	101.0	101.1	100.8
2.家用器具	Household Appliances	101.1	101.3	100.9
(1)大型家用器具	Large Household Appliances	101.1	101.3	101.0
(2)小家电	Small Home Appliances	100.9	101.2	100.3
3.家用纺织品	Household Textiles	100.6	100.6	100.6
(1)床上用品	Bed Articles	100.6	100.6	100.6
(2)窗帘门帘	Curtain	102.4	102.6	102.0
(3)其他家用纺织品	Other Household Textiles	98.7	98.8	98.4
4.家庭日用杂品	Daily-use Household Articles	101.7	101.9	101.4
(1)洗涤卫生用品	Sanitary Articles	102.1	102.7	101.2
(2)厨具餐具茶具	Kitchenware, Tableware, Tea set	101.5	101.1	102.2
(3)家用手工工具	Household Hand Tools	101.4	101.0	102.0
(4)其他家庭日用杂品	Other Daily-use Household Articles	101.0	100.8	101.3
5.个人护理用品	Personal Care Products	101.6	101.7	101.3
(1)化妆品	Cosmetics	101.9	102.1	101.3
(2)其他护理用品类	Other Care Products	101.2	101.1	101.3
6.家庭服务	Household Service	106.5	106.9	105.6
五、交通和通信	**Transportation and Communications**	**101.1**	**101.0**	**101.2**
1.交通	Transportation	101.9	101.8	102.1
(1)交通工具	Transportation Facility	96.0	95.5	96.9
(2)交通工具用燃料	Fuels for Vehicles	112.6	112.5	112.8
(3)交通工具使用和维修	Use and Maintenance for Vehicles	105.2	106.5	102.6
(4)交通费	Traffic Fare	100.1	99.4	101.3
2.通信	Communications	99.6	99.6	99.6
(1)通信工具	Communication Facility	97.4	97.4	97.3
(2)通信服务	Communication Services	100.0	100.0	100.0
(3)邮递服务	Postal Service	103.3	103.3	103.1
六、教育文化和娱乐	**Education, Culture and Recreation**	**102.2**	**102.2**	**102.3**
1.教育	Education	102.8	102.9	102.8
(1)教育用品	Teaching Materials and Reference Books	109.2	109.1	109.3
(2)教育服务	Education Services	102.6	102.7	102.6
2.文化娱乐	Cultural and Recreational Articles	101.1	101.2	100.7

4-3 续表 3 Continued 3

指　　标	Item	全省 Provincial Indices	城市 Urban Indices	农村 Rural Indices
(1)文娱耐用消费品	Cultural Articles	98.3	98.2	98.6
(2)其他文娱用品	Expenditure on Culture and Recreation	100.7	100.8	100.6
(3)文化娱乐服务	Culture and Recreation Services	102.3	102.4	102.1
(4)旅游	Touring and Outing	102.3	102.1	103.8
七、医疗保健	**Medical Care and Health**	**102.8**	**102.7**	**102.9**
1.药品及医疗器具	Medical Instruments and Articles	105.4	104.7	107.0
(1)中药	Traditional Chinese Medicine	106.8	107.5	105.4
(2)西药	Western Medicine	106.7	105.7	108.6
(3)滋补保健品	Nourishing Health Products	102.8	101.8	105.8
(4)医疗卫生器具	Medical Appliance	101.3	101.6	100.6
(5)保健器具	Health Care Appliance	101.3	101.5	100.4
2.医疗服务	Health Care Services	101.5	101.7	101.3
(1)综合医疗类	General Medical	105.2	104.3	106.4
(2)诊断类	Diagnosis	99.8	100.1	99.3
(3)治疗类	Treatment	101.0	101.2	100.8
(4)康复类	Rehabilitation	100.8	101.2	100.0
(5)中医医疗服务类	Traditional Chinese Medical Services	104.9	107.7	100.3
(6)其他医疗服务	Other Medical Services	99.2	99.5	98.7
八、其他用品和服务	**Other Articles and Services**	**100.6**	**100.8**	**100.2**
1.其他用品类	Other Articles	99.4	99.5	99.2
(1)首饰手表	Jewelry and Watches	98.4	98.7	97.6
(2)其他杂项用品	Other Sundry Articles	100.8	100.8	100.7
2.其他服务类	Other Services	101.7	101.9	101.2
(1)旅馆住宿	Hotel Accommodation	101.1	101.2	100.8
(2)美容美发洗浴	Hairdressing and Bath	103.2	103.4	102.7
(3)养老服务	Aged Care Services	103.7	104.4	101.6
(4)金融保险	Financial Insurance	100.0	100.0	100.0
(5)其他服务类	Other Services	101.9	103.0	99.1

4-4 分月居民消费价格指数(2018)

上年同月=100

指　标	Item	1月 January	2月 February	3月 March
居民消费价格总指数	**General Consumer Price Index**	**101.5**	**103.1**	**101.7**
非食品烟酒价格指数	Non-food Price Index	101.5	102.3	101.6
服务价格指数	Items of Service Price Index	100.9	102.7	101.7
工业品价格指数	Industrial Products Price Index	102.2	101.9	101.5
消费品价格指数	Consumer Goods Price Index	101.8	103.4	101.6
扣除食品和能源价格指数	Deduction Food and Energy Price Index	101.4	102.2	101.6
扣除鲜菜鲜果价格指数	Deduction Fresh Vegetables and Fruits Price Index	101.3	102.3	101.3
一、食品烟酒	**Food, Tobacco and Liquor**	**101.3**	**105.0**	**101.8**
1.食品	Food	100.7	106.3	101.5
(1)粮食	Grain	100.6	101.0	100.9
大米	Rice	100.3	100.8	100.4
面粉	Flour	100.1	100.5	100.2
(2)薯类	Tubers	110.6	115.9	113.9
(3)豆类	Beans	99.9	102.3	101.1
(4)食用油	Edible Oil	98.9	98.5	98.1
(5)菜	Vegetables	98.3	123.4	108.9
鲜菜	Fresh Vegetables	98.0	125.0	109.5
(6)畜肉类	Edible Livestock Meat	92.5	95.4	90.3
猪肉	Pork	88.3	91.1	84.1
牛肉	Beef	100.8	105.5	103.6
羊肉	Mutton	118.9	124.2	122.8
(7)禽肉类	Poultry	104.6	109.7	110.1
(8)水产品	Aquatic Products	104.6	108.4	101.1
(9)蛋类	Eggs	112.9	124.2	120.8
(10)奶类	Dairy Products	101.5	101.1	100.4
(11)干鲜瓜果类	Dried, Fresh Melons and Fruits	111.9	113.3	107.7
鲜瓜果	Fresh Melons and Fruits	116.7	118.3	111.0
(12)糖果糕点类	Confectioneries	104.4	104.3	103.7
(13)调味品	Flavoring	103.6	103.9	102.8
(14)其他食品类	Other Foods	102.2	101.7	102.0
2.茶及饮料	Tea and Beverages	106.2	106.6	106.4
3.烟酒	Tobacco and Liquor	101.4	100.9	100.7
(1)烟草	Tobacco	99.9	99.8	99.5

Consumer Price Indices by Month (2018)

(the same moth last year = 100)

4月 April	5月 May	6月 June	7月 July	8月 August	9月 September	10月 October	11月 November	12月 December
101.1	**101.2**	**101.5**	**102.1**	**102.3**	**102.6**	**102.4**	**102.3**	**102.0**
101.5	101.7	101.9	102.3	102.4	102.1	102.2	102.0	101.5
101.5	101.5	101.5	102.0	102.1	101.8	101.8	101.9	102.0
101.5	101.9	102.3	102.6	102.7	102.4	102.6	102.1	101.1
100.8	101.0	101.5	102.2	102.4	103.1	102.8	102.5	102.0
101.4	101.4	101.4	101.7	101.9	101.5	101.6	101.6	101.6
100.9	101.1	101.3	101.8	102.1	102.0	102.1	101.9	101.6
100.1	**100.0**	**100.6**	**101.7**	**102.1**	**103.8**	**103.0**	**103.0**	**102.9**
98.9	99.0	100.0	101.6	102.0	104.6	103.5	103.5	103.4
101.1	100.8	100.7	100.4	100.4	99.8	99.9	100.2	100.7
100.8	100.8	100.4	100.0	100.1	99.4	99.6	100.0	100.7
100.6	99.1	100.4	100.8	100.5	100.1	100.6	100.5	100.6
110.2	116.8	118.9	117.1	113.3	107.7	104.3	102.0	105.7
100.9	100.6	100.6	100.5	100.5	100.6	100.6	101.3	101.5
98.3	98.7	99.6	99.1	98.9	98.7	99.1	99.8	99.7
108.9	114.1	114.5	111.2	105.4	115.5	103.8	99.9	104.5
109.7	115.5	115.9	112.2	105.9	116.7	104.1	99.9	104.9
86.5	87.2	91.4	95.7	98.8	101.5	102.7	101.9	100.3
79.2	80.3	86.4	92.8	97.4	101.5	103.0	100.9	97.5
102.8	102.6	103.0	103.1	103.5	106.1	107.6	108.8	112.8
120.5	119.9	119.6	119.0	117.6	116.0	113.6	115.7	115.6
109.2	107.6	107.9	107.7	104.2	105.1	105.3	105.3	106.2
96.5	94.1	94.8	94.5	95.1	97.0	97.0	99.9	100.3
114.8	123.2	114.4	111.5	111.3	110.0	110.2	108.3	102.6
101.1	101.4	100.5	102.0	102.4	102.9	102.5	102.0	103.3
97.5	93.0	94.4	103.8	109.4	113.7	117.1	121.4	116.5
96.9	91.5	92.8	105.4	113.0	118.4	123.2	129.1	121.9
103.5	103.5	102.6	101.7	101.4	100.6	100.3	100.9	101.7
102.5	101.7	101.5	102.2	102.2	101.5	101.8	101.7	101.2
101.8	102.8	102.5	102.2	101.7	102.0	101.2	101.0	102.4
103.6	102.2	102.3	102.4	102.4	102.5	102.2	102.3	102.3
100.8	100.8	100.6	100.5	100.5	100.5	100.7	100.5	100.3
99.5	99.5	99.5	99.4	99.4	99.6	99.6	99.8	99.7

4-4 续表1

指标	Item	1月 January	2月 February	3月 March
(2)酒类	Liquor	103.9	102.7	102.6
4.在外餐饮	Dinning Out	102.5	102.8	102.8
二、衣着	**Clothing**	**102.7**	**102.4**	**102.1**
1.服装	Garments	103.0	102.5	102.5
(1)男式服装	Men's Clothing	102.2	102.0	102.3
(2)女式服装	Women's Clothing	103.2	102.6	102.2
(3)儿童服装	Children's Clothing	104.1	103.6	104.0
2.服装材料	Clothing Material	102.7	103.2	102.6
3.其他衣着及配件	Other Clothing and Accessories	101.4	101.4	101.8
4.衣着加工服务费	Clothing Processing	104.1	105.5	104.2
5.鞋类	Footwear	101.7	101.7	100.5
(1)鞋	Shoes	101.8	101.6	100.5
(2)鞋类加工服务	Shoes Processing	99.3	105.8	100.7
三、居住	**Residence**	**102.3**	**102.4**	**102.1**
1.租赁房房租	Tenancy	101.4	101.5	101.6
2.住房保养维修及管理	Housing Maintenance	104.8	106.1	104.1
(1)住房装潢材料	Housing Decoration Materials	106.1	105.7	104.8
(2)物业管理费	Property Management Fee	101.6	101.1	101.1
(3)住房装潢维修	Housing Decoration Maintenance	103.9	107.9	104.1
3.水电燃料	Water, Electricity and Fuels	102.8	102.6	102.4
(1)水	Water	103.4	103.0	102.2
(2)电	Electricity	100.0	100.0	100.0
(3)燃气	Gas	108.1	107.5	107.2
(4)取暖费	Heating Fee	100.0	100.0	100.0
(5)其他燃料	Other Fuels	105.9	106.1	106.0
4.自有住房	Housing	101.2	101.2	101.3
四、生活用品及服务	**Daily Necessities and Services**	**101.9**	**101.9**	**101.6**
1.家具及室内装饰品	Furniture and Interior Decorations	100.9	100.6	100.9
(1)家具	Furniture	100.9	100.6	100.9
(2)室内装饰品	Interior Decorations	101.2	101.1	101.0
2.家用器具	Household Appliances	101.9	101.1	101.1
(1)大型家用器具	Large Household Appliances	101.9	101.0	100.9
(2)小家电	Small Home Appliances	101.9	101.4	101.9
3.家用纺织品	Household Textiles	101.2	100.5	100.6

Continued 1

4月 April	5月 May	6月 June	7月 July	8月 August	9月 September	10月 October	11月 November	12月 December
103.1	102.9	102.5	102.4	102.2	102.0	102.4	101.7	101.2
103.0	103.0	102.2	102.4	103.3	103.4	103.1	103.1	103.0
101.5	**101.4**	**101.7**	**102.1**	**102.3**	**101.9**	**101.8**	**102.1**	**102.4**
101.9	101.7	101.8	102.3	102.4	102.0	101.9	102.3	102.7
101.6	101.5	101.3	101.7	102.1	101.7	101.9	102.6	103.9
101.8	101.7	101.8	102.4	102.4	102.4	101.9	102.1	102.1
103.0	102.5	103.1	103.2	103.2	101.8	102.1	101.9	101.9
102.7	102.2	102.6	102.5	102.3	102.3	101.2	102.0	101.8
101.5	101.5	100.2	100.2	100.3	100.2	100.7	100.7	100.6
103.8	102.7	102.2	101.7	101.7	101.2	101.3	101.3	101.7
100.0	100.2	101.4	101.7	102.3	101.8	101.5	102.0	102.0
100.0	100.2	101.4	101.7	102.2	101.8	101.5	102.0	102.0
100.7	100.7	100.7	101.9	103.4	103.4	103.4	103.2	102.9
101.9	**101.9**	**101.9**	**102.1**	**102.2**	**102.4**	**102.3**	**102.1**	**101.6**
101.4	101.6	101.8	101.7	102.4	102.3	102.2	102.2	102.4
103.8	103.5	103.5	104.3	104.3	103.7	103.8	103.5	102.1
104.1	103.6	103.6	103.6	103.7	103.5	103.7	103.3	100.9
101.1	101.0	101.0	101.0	101.0	101.0	101.0	101.0	101.0
104.1	104.1	104.1	106.0	106.0	104.6	104.6	104.5	104.0
102.6	102.7	102.7	102.8	103.1	103.9	103.7	103.1	102.1
102.2	102.2	102.2	102.1	102.2	102.2	102.2	101.1	101.1
100.0	100.0	100.0	100.0	100.0	100.0	100.0	100.0	100.0
107.7	108.5	108.5	109.0	109.8	113.1	112.3	110.7	107.0
100.0	100.0	100.0	100.0	100.0	100.0	100.0	100.0	100.0
106.1	104.8	105.7	105.7	105.4	103.5	103.1	102.6	101.5
100.9	101.0	101.0	101.0	101.0	101.0	101.1	101.0	101.0
101.4	**101.4**	**101.4**	**101.6**	**101.7**	**101.8**	**102.2**	**102.0**	**102.0**
100.9	101.0	101.1	101.1	102.0	102.0	102.5	101.6	101.7
100.8	101.0	101.1	101.2	102.2	102.1	102.7	101.8	101.9
101.4	101.1	101.3	101.0	101.0	100.9	100.8	100.5	100.6
101.1	100.6	100.4	100.3	100.8	101.2	102.0	101.5	101.4
101.0	100.6	100.3	100.3	100.8	101.3	102.3	101.8	101.6
101.7	101.1	100.6	100.2	100.7	100.4	100.6	100.4	100.2
100.1	100.1	99.8	100.7	100.5	100.2	101.2	101.6	101.1

4-4 续表 2

指　标	Item	1月 January	2月 February	3月 March
(1)床上用品	Bed Articles	101.0	100.3	100.4
(2)窗帘门帘	Curtain	103.6	103.2	102.8
(3)其他家用纺织品	Other Household Textiles	99.0	98.7	99.0
4.家庭日用杂品	Daily-use Household Articles	102.0	101.9	101.8
(1)洗涤卫生用品	Sanitary Articles	102.5	102.4	102.0
(2)厨具餐具茶具	Kitchenware, Tableware, Tea set	101.9	101.6	101.8
(3)家用手工工具	Household Hand Tools	102.1	101.1	101.6
(4)其他家庭日用杂品	Other Daily-use Household Articles	101.0	101.1	101.4
5.个人护理用品	Personal Care Products	102.4	102.4	101.4
(1)化妆品	Cosmetics	102.7	102.9	101.6
(2)其他护理用品类	Other Care Products	101.9	101.7	101.1
6.家庭服务	Household Service	103.3	108.8	105.8
五、交通和通信	**Transportation and Communications**	**99.3**	**100.7**	**99.5**
1.交通	Transportation	99.3	101.7	100.0
(1)交通工具	Transportation Facility	96.3	96.2	96.7
(2)交通工具用燃料	Fuels for Vehicles	106.4	106.6	104.4
(3)交通工具使用和维修	Use and Maintenance for Vehicles	101.3	109.9	104.8
(4)交通费	Traffic Fare	96.1	103.3	99.4
2.通信	Communications	99.1	99.0	98.7
(1)通信工具	Communication Facility	94.2	94.0	92.2
(2)通信服务	Communication Services	100.1	99.9	100.1
(3)邮递服务	Postal Service	107.0	108.5	106.8
六、教育文化和娱乐	**Education, Culture and Recreation**	**101.0**	**103.8**	**102.2**
1.教育	Education	103.5	102.8	102.9
(1)教育用品	Teaching Materials and Reference Books	103.5	102.8	102.9
(2)教育服务	Education Services	103.2	102.5	102.6
2.文化娱乐	Cultural and Recreational Articles	96.9	105.7	100.9
(1)文娱耐用消费品	Cultural Articles	99.5	98.7	98.0
(2)其他文娱用品	Expenditure on Culture and Recreation	100.5	100.6	100.2
(3)文化娱乐服务	Culture and Recreation Services	100.9	103.9	102.6
(4)旅游	Touring and Outing	92.5	112.3	102.2
七、医疗保健	**Medic-care and Health**	**102.6**	**102.6**	**102.5**
1.药品及医疗器具	Medical Instruments and Articles	106.1	105.9	105.7
(1)中药	Traditional Chinese Medicine	106.5	106.3	105.8

Continued 2

4月 April	5月 May	6月 June	7月 July	8月 August	9月 September	10月 October	11月 November	12月 December
99.9	100.0	99.7	100.6	100.4	100.1	101.4	102.0	101.2
102.5	102.4	102.8	103.2	103.3	102.4	101.0	100.6	100.8
99.2	98.2	96.8	98.2	98.0	97.9	99.9	99.5	100.1
101.2	101.5	101.8	101.9	101.6	101.9	101.6	101.6	101.9
101.5	102.0	102.3	102.6	102.2	102.3	101.6	101.9	102.2
100.9	101.8	101.7	101.4	101.1	102.1	101.7	101.2	101.0
101.6	101.9	101.0	101.7	101.5	101.0	100.6	101.3	101.4
100.8	100.3	100.8	100.8	100.9	100.9	101.5	101.1	101.8
101.4	101.4	101.1	101.6	101.3	101.0	101.6	101.8	101.7
101.9	101.7	101.1	101.7	101.9	101.4	101.9	102.4	102.1
100.7	101.0	101.2	101.5	100.6	100.6	101.2	101.2	101.3
105.7	107.0	106.2	107.1	106.8	106.8	106.3	106.9	107.4
100.2	**101.2**	**102.3**	**102.8**	**102.6**	**102.1**	**102.3**	**100.8**	**98.8**
101.0	102.2	103.6	104.6	104.6	103.7	103.7	101.0	98.0
96.5	96.2	96.7	96.7	97.8	95.2	94.8	94.3	94.4
108.6	113.3	117.6	122.0	119.2	120.7	121.9	112.6	99.9
104.9	105.5	105.3	106.1	105.5	104.8	104.7	104.4	104.7
99.5	100.1	100.9	100.4	101.0	101.3	99.8	98.9	100.2
98.9	99.6	100.1	99.9	99.4	99.5	100.0	100.5	100.0
93.3	97.4	99.8	98.8	97.5	97.9	100.5	103.4	100.8
100.1	100.1	100.1	100.1	99.8	99.8	99.8	99.8	99.8
106.1	102.0	102.0	102.0	102.0	101.6	101.8	100.1	100.1
102.0	**102.1**	**102.1**	**102.4**	**102.8**	**101.6**	**101.8**	**102.2**	**102.4**
102.9	103.0	103.0	102.9	102.9	102.6	102.6	102.5	102.5
111.6	111.7	111.7	112.0	112.0	104.7	104.7	104.7	104.7
102.6	102.7	102.7	102.5	102.6	102.6	102.5	102.4	102.5
100.4	100.6	100.4	101.6	102.7	99.8	100.4	101.7	102.1
98.3	98.6	98.0	98.2	98.3	97.1	98.2	98.3	99.0
100.2	100.7	100.6	99.8	101.4	101.5	101.5	101.4	100.5
101.3	102.1	102.6	102.9	103.0	101.9	102.5	102.2	102.1
101.3	101.0	100.8	103.6	105.5	100.0	100.4	103.6	104.7
102.4	**102.3**	**101.9**	**103.4**	**103.3**	**103.2**	**103.3**	**103.2**	**103.0**
105.4	105.9	105.9	105.4	105.3	105.1	105.1	104.8	104.4
106.3	106.6	107.6	107.8	107.3	107.4	107.3	106.5	106.1

4-4 续表 3

指　　标	Item	1 月 January	2 月 February	3 月 March
(2)西药	Western Medicine	108.0	107.8	107.9
(3)滋补保健品	Nourishing Health Products	103.4	102.6	101.7
(4)医疗卫生器具	Medical Appliance	100.1	101.1	101.1
(5)保健器具	Health Care Appliance	100.5	100.9	100.9
2.医疗服务	Health Care Services	101.0	101.0	100.9
(1)综合医疗类	General Medical	101.5	101.6	101.2
(2)诊断类	Diagnosis	100.3	100.3	100.3
(3)治疗类	Treatment	101.5	101.4	101.4
(4)康复类	Rehabilitation	101.9	101.9	101.9
(5)中医医疗服务类	Traditional Chinese Medical Services	101.1	101.2	101.0
(6)其他医疗服务	Other Medical Services	97.8	97.8	98.2
八、其他用品和服务	**Other Articles and Services**	**101.1**	**101.7**	**100.4**
1.其他用品类	Other Articles	102.1	99.9	99.1
(1)首饰手表	Jewelry and Watches	102.6	99.3	97.8
(2)其他杂项用品	Other Sundry Articles	101.3	100.7	101.0
2.其他服务类	Other Services	100.2	103.3	101.6
(1)旅馆住宿	Hotel Accommodation	99.1	102.1	100.5
(2)美容美发洗浴	Hairdressing and Bath	100.2	108.0	103.3
(3)养老服务	Aged Care Services	101.1	102.3	103.3
(4)金融保险	Financial Insurance	100.0	100.0	100.0
(5)其他服务类	Other Services	101.3	102.1	102.0

Continued 3

4月 April	5月 May	6月 June	7月 July	8月 August	9月 September	10月 October	11月 November	12月 December
107.2	107.7	107.5	106.3	106.0	105.9	105.5	105.4	105.0
101.8	102.2	102.4	102.9	103.9	102.8	104.0	103.0	102.8
101.2	101.4	101.1	101.4	101.6	101.6	102.0	101.9	101.7
100.9	101.9	101.8	101.9	101.0	101.2	101.0	101.7	101.7
101.0	100.6	99.9	102.4	102.3	102.3	102.4	102.4	102.3
101.3	100.9	100.9	109.4	109.5	109.5	109.5	109.2	108.1
100.4	100.0	99.6	99.5	99.2	99.2	99.4	99.4	99.7
101.4	100.9	99.7	100.9	100.9	100.9	100.9	101.1	101.0
101.9	101.9	100.0	100.0	100.0	100.0	100.0	100.0	100.0
101.0	100.9	100.2	108.9	108.9	108.9	108.9	108.9	108.9
98.2	99.6	99.6	99.6	100.0	100.0	100.0	100.0	100.0
100.5	**100.1**	**100.5**	**100.4**	**100.4**	**100.2**	**100.3**	**100.6**	**101.0**
99.5	98.8	99.4	99.3	99.2	98.2	98.5	99.1	99.7
98.4	97.4	98.4	98.2	98.5	96.7	97.0	97.9	98.8
101.0	100.8	100.8	100.7	100.3	100.4	100.7	100.7	100.9
101.4	101.4	101.5	101.4	101.6	102.0	102.0	102.0	102.2
100.9	100.6	100.8	101.2	101.3	101.6	101.6	102.0	101.7
102.5	102.5	102.5	102.3	102.5	103.6	103.6	103.7	103.6
104.0	103.9	104.2	103.7	104.1	104.4	104.4	104.4	104.7
100.0	100.0	100.0	100.0	100.0	100.0	100.0	100.0	100.4
101.4	101.8	101.8	101.8	102.1	102.1	101.9	101.9	102.1

4-5 各调查市县居民消费价格总指数(1984—2018)

上年=100

年 份 Year	合肥市 Hefei	庐江县 Lujiang	芜湖市 Wuhu	蚌埠市 Bengbu	淮南市 Huainan	马鞍山市 Maanshan	淮北市 Huaibei	铜陵市 Tongling	安庆市 Anqing
1984	102.0		101.7	100.5	101.3		101.0		101.5
1985	111.0		108.6	108.9	114.2		107.8		109.1
1986	107.4		106.5	106.8	106.4		104.9		107.1
1987	110.8		109.0	111.5	108.4		109.7		109.1
1988	120.5		120.1	119.4	120.9		124.1		117.6
1989	115.2		117.1	114.6	115.0	115.1	117.5		117.4
1990	103.6		105.5	101.9	102.5	102.6	103.5		105.2
1991	109.3		107.8	107.8	109.1	109.0	107.1	108.5	107.6
1992	109.7		110.1	106.8	109.1	110.6	108.5	108.5	111.0
1993	116.5		120.5	114.7	111.0	121.3	112.7	115.6	117.7
1994	127.6		131.4	124.8	126.8	125.7	124.1	132.3	129.9
1995	117.1		112.7	117.7	115.1	116.8	113.5	116.2	115.3
1996	111.5		109.6	109.1	108.7	111.0	109.2	108.5	109.9
1997	102.6		101.0	102.0	103.0	101.2	100.3	103.7	101.1
1998	99.1		101.5	101.2	101.7	100.3	99.4	99.4	100.1
1999	97.7		97.8	97.8	97.2	98.0	97.1	99.1	97.3
2000	101.3		100.8	102.0	101.6	102.5	99.6	99.8	101.1
2001	99.4		99.6	100.6	99.9	99.5	99.8	103.7	100.0
2002	99.1		99.9	98.1	99.5	100.2	98.8	99.9	99.3
2003	101.2		101.2	101.5	103.1	101.3	103.1	100.4	101.4
2004	102.2		104.5	105.2	105.1	103.8	104.5	105.1	103.6
2005	100.9		100.4	100.4	100.9	100.6	100.9	101.2	101.6
2006	100.9		101.2	102.3	100.1	102.7	101.3	100.9	102.0
2007	105.6		105.3	105.2	105.2	105.2	105.2	104.6	105.8
2008	106.4		106.6	106.6	105.0	105.2	106.2	106.1	107.2
2009	99.1		99.2	99.5	98.3	98.3	98.2	98.9	98.6
2010	102.7		103.8	103.0	102.3	103.0	102.9	103.0	103.6
2011	105.7		105.7	105.4	105.2	104.8	105.4	105.3	105.5
2012	102.2		102.4	102.2	102.2	102.0	102.2	102.5	102.1
2013	102.7		102.5	102.2	102.6	101.8	102.1	101.9	102.6
2014	102.0		101.9	102.2	101.4	101.6	101.3	101.1	101.3
2015	101.6		101.1	101.4	100.9	101.0	100.8	101.2	101.5
2016	102.6	101.5	102.0	101.6	101.2	101.9	101.3	101.1	101.8
2017	101.4	101.2	101.3	101.0	101.0	101.2	101.0	100.9	101.8
2018	102.0	101.9	102.3	102.2	101.7	101.6	102.2	102.1	102.0

General Consumer Price Index by Region(1984—2018)

(preceding year=100)

桐城市 Tongcheng	黄山市 Huangshan	歙 县 Shexian	滁州市 Chuzhou	阜阳市 Fuyang	阜南县 Funan	宿州市 Suzhou	六安市 Lu'an	金寨县 Jinzhai	亳州市 Bozhou	宣城市 Xuancheng
98.5		100.8	101.2	102.8		105.4	102.7		99.5	101.2
106.1		107.9	103.7	104.9		104.8	110.7		107.2	106.8
104.4		107.2	107.2	104.5		108.8	107.7		108.1	106.6
110.5		112.4	109.8	110.2		107.3	110.2		111.0	111.8
117.9		121.3	116.4	123.8		119.8	123.0		122.1	122.7
115.0		114.5	119.3	116.7		119.3	116.5		116.5	117.2
98.1		102.8	102.8	103.1		104.4	104.0		98.6	102.6
106.6		101.5	106.5	107.6		105.5	104.6		109.5	102.2
111.3		109.6	110.5	110.0		108.7	109.3		110.2	107.8
112.1		124.4	118.5	111.9		113.1	114.1		113.8	114.8
123.9		125.2	125.4	121.3		124.2	133.5		125.8	126.1
114.5		112.7	116.9	112.4		112.1	112.9		111.8	116.8
111.1	108.6	108.3	110.3	110.3		110.7	109.4		107.8	110.4
99.9	101.2	99.9	99.8	100.7		99.3	100.9		102.0	102.7
99.0	100.8	99.5	99.8	98.9		99.8	99.4		100.3	100.2
98.2	99.1	98.0	97.3	95.8		96.6	99.2		96.8	99.4
99.3	102.4	100.8	100.9	100.8		104.8			97.6	100.2
102.9	99.1	100.9	100.0	100.7					99.8	100.8
99.9	97.4	98.6	99.7	100.7		100.9			99.6	99.4
101.1	101.6	101.3	101.1	101.3		102.4			103.2	103.1
104.9	104.3	105.9	103.3	104.2		104.3			103.4	105.0
102.9	101.5	101.8	102.0	102.0		100.6			100.9	102.3
101.5	101.2	101.0	101.9	101.6		101.1			102.0	100.2
105.6	104.8	104.9	105.3	104.8		105.2			105.6	105.1
106.4	105.9	107.2	105.4	106.0		105.7			105.0	105.7
99.0	98.4	99.4	100.1	98.8		99.1			98.3	99.7
103.4	104.0	104.2	103.3	103.3		102.8			103.0	102.9
106.1	105.3	106.5	105.2	105.6		105.4	105.2		104.9	105.4
102.8	102.4	102.8	102.1	102.5		102.0	101.5		102.2	102.0
102.4	103.0	103.0	102.3	102.2		102.3	102.0		102.6	102.3
101.3	102.1	102.3	101.4	101.8		101.4	101.7		101.4	101.3
101.0	100.7	101.4	100.8	101.8		100.5	101.1		101.6	101.6
101.3	102.0	102.0	101.7	101.5	101.8	101.4	102.1	101.7	101.6	101.5
101.0	101.4	101.1	101.2	101.4	101.0	101.3	101.5	101.2	101.5	101.1
102.5	102.4	101.9	102.0	101.9	102.1	101.9	101.8	101.6	102.0	102.0

4-6 各市县居民消费价格分类指数(2018)

上年=100

指 标 Item	合肥市 Hefei	庐江县 Lujiang	芜湖市 Wuhu	蚌埠市 Bengbu	淮南市 Huainan	马鞍山市 Maanshan	淮北市 Huaibei
居民消费价格总指数 General Consumer Price Index	102.0	101.9	102.3	102.2	101.7	101.6	102.2
非食品烟酒价格指数 Non-food Price Index	101.7	102.2	102.1	101.5	101.8	101.8	102.0
服务价格指数 Items of Service Price Index	101.9	102.2	102.4	100.7	101.7	101.9	102.1
工业品价格指数 Industrial Products Price Index	101.4	102.2	101.8	102.4	101.9	101.6	102.0
消费品价格指数 Consumer Goods Price Index	102.0	101.8	102.2	103.0	101.8	101.4	102.2
扣除食品和能源价格指数 Deduction Food and Energy Price Index	101.3	101.6	101.7	101.5	101.4	101.3	101.8
扣除鲜菜鲜果价格指数 Deduction Fresh Vegetables and Fruits Price Index	101.5	101.7	101.9	101.7	101.4	101.4	101.9
一、食品烟酒 Food,Tobacco and Liquor	**102.7**	**101.3**	**102.6**	**103.6**	**101.7**	**101.1**	**102.5**
1.食品 Food	103.3	101.5	102.4	103.4	102.1	101.3	102.5
(1)粮食 Grain	101.4	103.2	99.4	100.5	100.7	98.3	102.4
大米 Rice	101.3	103.4	99.6	99.1	99.3	97.4	100.9
面粉 Flour	102.5	92.0	98.6	105.5	101.5	102.9	105.5
(2)薯类 Tubers	121.8	104.3	110.9	113.3	107.2	106.3	103.4
(3)豆类 Beans	102.0	98.8	99.6	99.6	99.7	99.9	100.0
(4)食用油 Edible Oil	100.1	99.0	99.8	100.9	100.3	101.2	99.8
(5)菜 Vegetables	114.8	106.5	106.7	111.7	109.6	102.8	107.9
鲜菜 Fresh Vegetables	115.8	107.1	107.2	112.8	110.3	102.9	108.9
(6)畜肉类 Edible Livestock Meat	95.9	95.2	95.9	94.9	94.2	96.9	95.2
猪肉 Pork	92.3	93.4	92.2	88.9	90.0	95.1	89.8
牛肉 Beef	108.7	101.0	104.6	108.6	102.9	102.3	103.0

Consumer Price Index by Region and Category(2018)

(preceding year=100)

铜陵市 Tongling	安庆市 Anqing	桐城市 Tongcheng	黄山市 Huangshan	歙县 Shexian	滁州市 Chuzhou	阜阳市 Fuyang	阜南县 Funan	宿州市 Suzhou	六安市 Lu'an	金寨县 Jinzhai	亳州市 Bozhou	宣城市 Xuancheng
102.1	102.0	102.5	102.4	101.9	102.0	101.9	102.1	101.9	101.8	101.6	102.0	102.0
101.9	101.8	102.4	102.2	102.2	101.6	101.6	102.4	101.8	102.0	101.8	101.7	102.0
102.4	101.8	102.7	102.0	101.5	101.2	101.8	101.4	101.4	101.2	101.1	101.7	101.7
101.3	101.9	102.0	102.4	102.9	101.9	101.5	103.3	102.2	102.8	102.5	101.8	102.3
102.0	102.1	102.4	102.7	102.1	102.4	102.0	102.5	102.2	102.1	101.9	102.2	102.1
101.9	101.5	102.3	102.0	101.8	101.2	101.6	101.9	101.4	101.8	101.3	101.9	101.8
101.8	101.7	102.2	102.2	101.7	101.7	101.5	102.0	101.5	101.6	101.3	101.6	101.7
102.7	**102.4**	**102.8**	**103.0**	**101.3**	**103.0**	**102.7**	**101.6**	**102.2**	**101.4**	**101.4**	**102.7**	**101.9**
102.1	102.5	102.2	102.8	101.0	103.2	102.6	101.4	102.5	100.9	101.5	102.1	101.3
100.6	99.4	98.5	103.9	100.0	101.0	99.4	100.5	100.3	101.8	100.1	99.8	99.9
99.9	98.8	98.1	102.4	100.0	100.8	98.9	100.7	100.0	102.5	99.6	99.6	99.5
103.1	103.3	101.2	98.4	100.0	100.3	99.4	100.4	98.8	98.4	101.4	100.0	104.1
116.1	112.1	122.0	112.1	102.0	121.1	114.5	111.6	116.4	104.7	106.9	112.7	104.0
99.0	100.3	99.9	100.0	102.3	99.4	102.0	106.5	99.0	99.3	100.7	101.5	99.5
100.0	100.7	95.9	101.2	98.2	102.4	97.7	99.1	100.0	97.0	98.5	99.0	97.0
109.6	110.1	108.0	104.8	107.0	108.6	108.0	106.9	108.7	106.9	107.5	111.7	107.4
110.2	110.3	108.6	105.1	107.7	109.2	108.8	107.3	109.6	107.5	108.2	112.3	108.2
97.0	97.7	98.2	98.7	94.7	97.2	95.6	91.7	90.8	94.1	96.5	95.1	95.0
93.7	96.1	97.8	97.8	93.0	93.3	89.7	87.2	81.8	88.8	92.5	89.9	92.4
107.8	101.5	101.9	99.2	103.1	104.8	104.5	105.8	103.9	102.1	110.1	106.9	110.6

4-6 续表1

指 标 Item	合肥市 Hefei	庐江县 Lujiang	芜湖市 Wuhu	蚌埠市 Bengbu	淮南市 Huainan	马鞍山市 Maanshan	淮北市 Huaibei
羊肉 Mutton	118.1	107.8	118.4	114.5	123.5	115.7	120.8
(7)禽肉类 Poultry	106.4	102.7	102.9	111.1	103.7	110.2	110.8
(8)水产品 Aquatic Products	97.8	98.8	100.7	102.8	99.2	97.3	100.7
(9)蛋类 Eggs	113.4	113.9	113.4	114.1	117.9	115.5	110.7
(10)奶类 Dairy Products	100.7	103.6	103.7	99.1	100.7	101.0	102.6
(11)干鲜瓜果类 Dried, Fresh Melons and Fruits	105.7	104.9	109.2	110.2	108.9	107.0	106.5
鲜瓜果 Fresh Melons and Fruits	108.5	107.1	113.5	112.9	111.7	109.3	110.1
(12)糖果糕点类 Confectioneries	102.7	103.9	102.5	100.8	103.4	99.7	101.7
(13)调味品 Flavoring	105.3	103.6	99.4	104.6	104.8	102.0	100.3
(14)其他食品类 Other Foods	101.5	102.5	105.5	101.6	105.6	100.2	101.7
2.茶及饮料 Tea and Beverages	105.5	104.4	102.3	101.4	104.1	106.2	102.7
3.烟酒 Tobacco and Liquor	101.5	99.0	103.4	102.8	100.8	99.7	100.5
(1)烟草 Tobacco	100.0	98.8	101.3	100.0	99.3	100.0	97.8
(2)酒类 Liquor	103.7	99.3	107.1	107.0	102.8	99.0	104.1
4.在外餐饮 Dinning Out	101.3	102.1	102.6	104.6	100.6	100.8	103.5
二、衣着 Clothing	**101.5**	**101.6**	**100.7**	**103.3**	**102.1**	**101.8**	**101.6**
1.服装 Garments	101.5	102.5	100.3	104.4	102.1	103.0	101.7
(1)男式服装 Men's Clothing	101.5	103.0	100.7	104.1	100.7	101.2	101.7
(2)女式服装 Women's Clothing	101.0	101.9	99.4	103.9	103.2	103.8	101.8
(3)儿童服装 Children's Clothing	103.1	103.7	102.2	107.0	101.6	104.9	101.6

Continued 1

铜陵市 Tongling	安庆市 Anqing	桐城市 Tongcheng	黄山市 Huangshan	歙 县 Shexian	滁州市 Chuzhou	阜阳市 Fuyang	阜南县 Funan	宿州市 Suzhou	六安市 Lu'an	金寨县 Jinzhai	亳州市 Bozhou	宣城市 Xuancheng
137.9	104.5	106.5	106.2	115.8	118.1	115.4	118.5	116.4	123.0	125.0	123.9	110.7
102.9	102.4	109.1	106.3	110.5	109.5	109.9	108.2	113.9	106.3	103.8	105.7	106.5
98.0	96.8	99.7	98.7	96.2	103.1	95.6	101.6	98.3	97.1	96.3	95.6	95.9
116.1	113.6	112.6	107.4	109.2	116.7	107.8	115.3	118.5	112.4	113.6	109.3	113.8
103.1	101.0	102.1	104.5	104.3	100.0	102.0	102.3	103.1	101.2	98.3	101.6	102.2
104.2	107.4	109.5	106.9	103.6	106.4	114.5	104.7	111.7	107.2	109.8	111.3	106.1
106.0	108.3	112.7	108.4	105.5	107.9	118.9	106.4	115.9	108.9	112.6	114.2	108.6
100.8	104.0	101.2	103.7	103.0	102.3	103.0	102.6	106.2	102.1	101.3	99.0	99.9
100.0	103.8	98.3	100.4	100.9	102.0	101.1	101.6	102.4	98.8	104.6	100.8	101.3
100.6	106.2	98.5	103.4	103.0	99.8	100.6	102.9	102.9	99.3	103.0	100.8	102.8
102.9	106.1	100.9	104.6	101.4	103.8	101.2	104.2	105.3	101.8	105.4	103.1	101.3
100.0	100.5	100.2	102.4	99.3	102.5	101.8	100.6	101.8	101.0	100.2	100.7	101.9
97.1	99.9	100.0	100.0	97.8	100.0	100.0	100.3	100.0	100.0	100.0	100.0	100.0
104.9	101.6	100.6	106.1	102.2	106.5	104.3	101.0	104.5	102.3	100.6	101.6	105.2
105.6	102.2	109.3	103.7	104.9	102.5	103.6	104.1	101.3	103.2	101.2	105.3	104.0
101.5	**101.7**	**101.9**	**102.1**	**104.8**	**101.6**	**101.6**	**101.9**	**101.3**	**103.7**	**102.7**	**102.3**	**102.3**
101.5	102.2	102.7	103.2	104.4	102.2	101.5	101.7	101.7	103.8	102.3	102.5	102.7
101.2	101.0	102.5	101.6	103.3	101.9	101.6	102.0	101.8	103.3	102.5	101.9	103.9
101.3	103.1	102.8	104.0	105.0	102.2	101.2	101.0	102.4	103.9	102.4	103.0	102.3
102.9	101.7	102.9	104.1	104.5	103.2	102.2	103.1	99.2	104.8	101.6	102.1	101.2

4-6 续表2

指　标 Item	合肥市 Hefei	庐江县 Lujiang	芜湖市 Wuhu	蚌埠市 Bengbu	淮南市 Huainan	马鞍山市 Maanshan	淮北市 Huaibei
2.服装材料 Clothing Material	100.4	99.2	100.0	101.5	103.1	100.0	98.5
3.其他衣着及配件 Other Clothing and Accessories	100.5	102.6	102.6	97.2	101.9	100.7	101.6
4.衣着加工服务费 Clothing Processing	103.0	102.7	101.9	100.0	101.4	105.8	100.4
5.鞋类 Footwear	101.6	98.4	101.6	100.1	102.1	96.7	101.6
(1)鞋 Shoes	101.6	98.3	101.6	100.1	102.2	96.7	101.5
(2)鞋类加工服务 Shoes Processing	100.0	103.1	103.5	100.0	100.0	100.2	105.4
三、居住 Residence	**101.2**	**102.2**	**102.7**	**101.5**	**102.1**	**101.8**	**102.5**
1.租赁房房租 Tenancy	103.5	100.6	103.5	100.0	100.9	102.0	101.6
2.住房保养维修及管理 Housing Maintenance	103.1	102.9	105.9	102.1	104.5	100.9	105.5
(1)住房装潢材料 Housing Decoration Materials	104.7	105.1	102.9	101.2	104.6	101.8	104.4
(2)物业管理费 Property Management Fee	100.3	100.0	100.0	100.0	100.0	100.0	100.0
(3)住房装潢维修 Housing Decoration Maintenance	102.1	101.0	114.6	105.2	106.9	100.0	110.8
3.水电燃料 Water, Electricity and Fuels	101.1	103.0	104.7	102.9	101.2	102.4	102.7
(1)水 Water	100.0	100.0	100.0	100.0	100.5	102.7	99.6
(2)电 Electricity	100.0	100.0	100.0	100.0	100.0	100.0	100.0
(3)燃气 Gas	104.1	109.7	117.4	109.1	104.9	107.1	110.3
(4)取暖费 Heating Fee	100.0	100.0	100.0	100.0	100.0	100.0	100.0
(5)其他燃料 Other Fuels	104.4	99.7	97.8	100.0	104.9	100.0	98.2
4.自有住房 Housing	100.3	101.5	100.9	100.6	102.0	101.7	101.6
四、生活用品及服务 Daily Necessities and Services	**101.9**	**101.5**	**101.2**	**102.5**	**103.7**	**102.4**	**101.7**
1.家具及室内装饰品 Furniture and Interior Decorations	101.8	100.4	99.2	104.2	105.4	98.9	100.4

Continued 2

铜陵市 Tongling	安庆市 Anqing	桐城市 Tongcheng	黄山市 Huangshan	歙 县 Shexian	滁州市 Chuzhou	阜阳市 Fuyang	阜南县 Funan	宿州市 Suzhou	六安市 Lu'an	金寨县 Jinzhai	亳州市 Bozhou	宣城市 Xuancheng
102.3	102.0	105.4	113.7	105.6	98.4	103.3	104.6	108.7	107.0	100.0	104.2	100.0
100.4	98.8	99.7	101.6	98.2	103.6	102.2	101.6	99.1	102.3	99.9	100.4	99.9
105.5	100.9	105.6	97.6	111.5	100.9	100.0	100.8	100.0	101.4	100.0	100.7	104.1
101.2	100.3	99.2	98.1	106.1	99.5	101.9	102.5	99.9	103.4	104.6	101.9	101.5
101.2	100.3	99.1	98.0	106.0	99.5	101.9	102.5	99.9	103.5	104.7	101.9	101.5
101.2	99.8	104.4	102.6	110.6	100.0	102.0	100.0	98.8	100.6	100.0	100.0	100.0
101.4	**102.2**	**103.9**	**101.7**	**102.9**	**102.2**	**101.3**	**103.0**	**102.5**	**101.0**	**102.8**	**101.0**	**102.4**
101.8	102.8	98.9	101.0	103.7	101.3	100.8	103.9	101.0	103.0	91.8	100.5	101.6
103.0	102.5	109.4	105.6	102.5	103.2	104.9	102.4	104.0	101.7	106.4	102.5	104.2
103.5	102.5	104.1	102.2	104.2	105.6	102.9	104.6	103.3	102.4	103.6	102.8	104.3
100.0	100.0	100.0	101.3	100.0	100.0	112.1	100.0	100.0	103.1	100.0	100.8	100.0
103.7	103.1	114.8	112.9	100.8	100.3	105.9	100.0	106.2	100.2	109.4	102.7	105.5
100.4	103.0	105.0	102.7	103.9	104.0	101.4	105.9	102.9	101.9	103.9	100.6	103.0
100.0	99.8	122.4	101.4	100.0	100.0	100.0	118.2	100.0	100.0	101.2	100.0	100.0
100.0	100.0	100.0	100.0	100.0	100.0	100.0	100.0	100.0	100.0	100.0	100.0	100.0
101.2	108.6	110.1	110.1	120.7	113.4	105.1	112.5	110.1	106.3	115.9	102.3	109.2
100.0	100.0	100.0	100.0	100.0	100.0	100.0	100.0	100.0	100.0	100.0	100.0	100.0
102.2	101.5	105.7	104.7	100.4	100.0	95.8	113.7	105.9	102.6	107.0	101.5	109.1
101.5	101.3	101.4	100.2	102.5	101.0	100.0	100.7	102.1	99.8	101.0	100.8	101.8
101.3	**101.7**	**101.1**	**103.1**	**100.7**	**102.1**	**101.9**	**101.4**	**101.9**	**102.4**	**101.3**	**101.2**	**101.6**
100.0	102.5	101.2	103.4	97.7	100.2	102.0	101.8	104.8	101.4	101.1	102.2	101.4

4-6 续表3

指标 Item	合肥市 Hefei	庐江县 Lujiang	芜湖市 Wuhu	蚌埠市 Bengbu	淮南市 Huainan	马鞍山市 Maanshan	淮北市 Huaibei
(1)家具 Furniture	101.9	100.3	99.0	104.9	106.1	99.0	100.2
(2)室内装饰品 Interior Decorations	101.1	101.0	99.8	100.4	101.1	98.1	101.8
2.家用器具 Household Appliances	100.6	101.3	101.5	102.1	102.5	99.0	101.3
(1)大型家用器具 Large Household Appliances	100.8	101.6	101.3	102.1	102.6	98.4	101.5
(2)小家电 Small Home Appliances	99.3	99.0	102.8	101.9	102.1	102.8	100.0
3.家用纺织品 Household Textiles	102.3	98.4	100.8	97.8	100.1	100.0	100.1
(1)床上用品 Bed Articles	101.9	97.3	100.8	97.4	99.8	100.2	100.1
(2)窗帘门帘 Curtain	105.1	106.2	103.3	98.8	101.6	101.7	100.4
(3)其他家用纺织品 Other Household Textiles	99.9	100.6	97.6	100.2	101.2	96.6	99.5
4.家庭日用杂品 Daily-use Household Articles	100.8	103.1	100.6	103.0	105.1	101.7	102.3
(1)洗涤卫生用品 Sanitary Articles	101.2	103.5	101.5	105.3	107.7	99.2	103.4
(2)厨具餐具茶具 Kitchenware, Tableware, Tea set	99.8	105.6	102.7	104.2	104.1	105.1	102.3
(3)家用手工工具 Household Hand Tools	97.8	103.1	98.2	99.1	98.5	103.5	100.3
(4)其他家庭日用杂品 Other Daily-use Household Articles	100.9	101.5	98.1	98.1	101.4	105.4	100.0
5.个人护理用品 Personal Care Products	100.5	101.0	102.1	102.9	101.4	107.7	101.2
(1)化妆品 Cosmetics	101.0	100.7	103.3	104.6	100.9	112.1	101.1
(2)其他护理用品类 Other Care Products	99.8	101.2	100.4	100.5	102.0	102.0	101.2
6.家庭服务 Household Service	109.5	101.8	103.6	102.8	111.3	109.6	107.8
五、交通和通信 Transportation and Communications	**101.8**	**100.8**	**100.8**	**100.4**	**100.5**	**100.8**	**101.1**
1.交通 Transportation	102.7	101.4	101.5	100.8	101.3	101.5	102.4
(1)交通工具 Transportation Facility	95.0	96.4	95.9	94.8	95.3	95.7	96.2

Continued 3

铜陵市 Tongling	安庆市 Anqing	桐城市 Tongcheng	黄山市 Huangshan	歙 县 Shexian	滁州市 Chuzhou	阜阳市 Fuyang	阜南县 Funan	宿州市 Suzhou	六安市 Lu' an	金寨县 Jinzhai	亳州市 Bozhou	宣城市 Xuancheng
100.4	102.5	101.3	104.4	97.5	100.0	102.1	101.8	104.8	101.0	101.2	102.3	102.0
98.1	102.2	99.8	99.3	100.4	100.6	101.6	102.4	104.8	103.1	100.7	101.4	98.4
100.7	100.7	100.8	100.7	100.9	103.4	100.8	100.7	103.0	103.4	100.6	99.1	101.9
100.9	100.8	100.7	100.3	100.6	103.5	100.5	100.8	102.7	104.1	101.0	98.8	102.0
100.2	100.0	101.9	102.6	102.9	102.8	102.0	100.4	104.0	100.0	98.8	100.8	101.2
102.5	100.0	100.1	103.4	101.3	100.4	101.2	103.0	97.7	100.8	100.5	101.9	101.1
103.4	100.5	100.1	104.5	101.1	100.3	101.5	103.9	96.6	100.7	100.9	102.4	100.4
103.0	101.3	103.1	107.3	103.2	100.5	98.9	101.0	106.1	106.0	98.6	100.1	104.4
93.4	94.1	96.9	86.9	100.6	101.0	99.3	94.4	99.9	97.5	99.5	98.7	101.8
102.5	102.5	99.2	100.8	101.3	102.9	101.1	101.1	101.7	102.9	101.7	101.2	101.3
104.3	104.2	98.3	102.0	101.7	104.4	101.4	100.7	104.3	103.8	101.1	101.5	100.2
100.0	100.2	100.6	98.4	99.8	101.1	99.8	102.7	97.6	99.2	101.2	101.6	102.1
98.6	101.3	100.4	96.4	103.0	100.2	104.2	102.1	102.8	104.1	100.2	103.3	106.1
100.7	100.4	100.0	100.1	101.1	100.5	101.1	101.0	98.8	103.1	103.3	100.1	102.8
100.3	100.1	101.0	99.8	100.4	100.7	103.2	103.2	101.0	101.5	100.8	101.0	101.6
100.8	99.6	100.5	100.7	98.8	100.7	103.6	105.3	100.5	102.1	100.6	100.7	100.6
99.5	100.8	101.4	98.7	101.7	100.7	102.7	101.3	101.6	100.7	101.1	101.5	102.9
101.8	105.5	112.7	122.3	107.5	102.9	108.2	100.8	99.8	102.1	107.7	109.3	102.7
100.8	**100.8**	**101.2**	**100.7**	**100.9**	**100.4**	**100.3**	**101.3**	**101.3**	**100.8**	**102.0**	**101.0**	**100.9**
101.4	101.5	102.2	101.2	101.8	100.9	100.9	102.7	102.5	101.7	103.6	101.9	101.4
95.2	95.9	97.1	95.7	96.8	95.3	95.8	97.9	97.3	95.2	97.1	96.2	95.6

4-6 续表4

指 标 Item	合肥市 Hefei	庐江县 Lujiang	芜湖市 Wuhu	蚌埠市 Bengbu	淮南市 Huainan	马鞍山市 Maanshan	淮北市 Huaibei
(2)交通工具用燃料 Fuels for Vechicles	112.4	112.8	112.6	112.6	112.5	112.6	112.6
(3)交通工具使用和维修 Use and Maintenance for Vehicles	113.5	98.7	101.2	102.8	104.2	102.7	111.3
(4)交通费 Traffic Fare	99.8	100.6	98.3	99.0	98.8	99.7	99.9
2.通信 Communications	99.7	99.7	99.4	99.7	99.5	99.3	99.7
(1)通信工具 Communication Facility	97.4	97.3	97.4	97.5	97.2	97.4	97.5
(2)通信服务 Communication Services	100.0	100.0	99.9	100.0	100.0	99.7	99.7
(3)邮递服务 Postal Service	103.7	109.1	101.7	103.4	101.3	102.4	107.0
六、教育文化和娱乐 Education,Culture and Recreation	**102.1**	**104.0**	**102.3**	**100.8**	**101.6**	**102.0**	**103.2**
1.教育 Education	103.7	104.8	103.6	102.3	102.1	102.0	104.0
(1)教育用品 Teaching Materials and Reference Books	110.3	110.0	109.5	106.5	108.8	107.2	107.8
(2)教育服务 Education Services	103.4	104.7	103.4	102.2	101.8	101.9	103.9
2.文化娱乐 Cultural and Recreational Articles	100.4	101.3	101.1	98.6	101.0	102.1	101.9
(1)文娱耐用消费品 Cultural Articles	98.0	98.7	98.4	98.1	97.9	98.5	99.3
(2)其他文娱用品 Expenditure on Culture and Recreation	102.0	100.9	99.5	99.2	99.7	98.9	101.3
(3)文化娱乐服务 Culture and Recreation Services	103.6	103.2	102.3	104.2	101.8	103.2	101.4
(4)旅游 Touring and Outing	99.8	104.0	101.8	95.9	102.6	103.6	103.6
七、医疗保健 Medic-care and Health	**102.1**	**102.7**	**105.3**	**102.1**	**102.1**	**102.5**	**101.7**
1.药品及医疗器具 Medical Instruments and Articles	102.6	105.9	104.9	105.4	104.0	104.3	104.6
(1)中药 Traditional Chinese Medicine	109.1	106.4	105.1	110.7	106.1	104.8	104.7
(2)西药 Western Medicine	101.1	106.5	104.7	106.3	104.6	106.5	105.5

Continued 4

铜陵市 Tongling	安庆市 Anqing	桐城市 Tongcheng	黄山市 Huangshan	歙 县 Shexian	滁州市 Chuzhou	阜阳市 Fuyang	阜南县 Funan	宿州市 Suzhou	六安市 Lu'an	金寨县 Jinzhai	亳州市 Bozhou	宣城市 Xuancheng
112.7	112.6	112.8	112.4	112.7	112.5	112.6	112.6	112.5	112.6	112.8	112.6	112.6
102.3	103.6	99.4	101.3	107.5	97.9	100.5	100.9	108.9	106.2	111.5	105.7	101.4
99.9	99.3	102.7	98.5	99.5	101.1	98.4	102.4	99.2	99.9	101.5	99.6	99.4
99.6	99.7	99.5	99.8	99.5	99.5	99.6	99.6	99.6	99.4	99.6	99.5	100.0
97.5	97.4	97.2	97.3	97.2	97.8	97.7	97.5	97.3	97.6	97.7	97.2	97.4
100.1	100.0	100.0	100.3	100.0	100.0	100.0	100.0	100.0	100.0	100.0	100.0	100.0
101.7	104.9	101.7	103.4	101.3	101.7	101.8	100.0	101.7	101.2	100.0	102.8	115.4
102.9	**102.8**	**102.9**	**102.7**	**101.3**	**101.6**	**102.7**	**101.6**	**101.5**	**102.3**	**100.4**	**102.9**	**102.3**
102.0	103.4	103.4	104.3	101.8	102.9	103.1	101.7	102.7	102.4	100.6	103.1	101.1
109.0	108.3	108.8	111.3	109.9	107.5	110.8	108.6	106.7	109.7	108.8	110.5	108.2
101.7	103.2	103.3	104.1	101.6	102.8	102.9	101.4	102.6	102.1	100.2	102.8	100.8
104.4	101.6	101.2	100.0	99.6	99.3	101.9	101.3	99.4	102.3	100.0	102.7	104.2
98.3	99.5	100.0	97.7	97.8	97.4	97.8	98.7	97.4	99.2	97.7	98.3	97.9
101.1	100.5	101.2	101.7	100.8	100.9	101.5	99.9	100.5	100.9	100.4	100.8	102.1
98.2	101.0	102.2	100.4	100.6	100.3	101.2	102.8	101.7	104.4	100.7	100.7	100.1
110.3	103.3	102.3	100.1	101.3	99.2	104.0	107.5	98.9	103.2	103.7	106.2	109.1
103.0	**101.8**	**102.0**	**104.5**	**102.9**	**102.0**	**102.9**	**105.2**	**102.5**	**104.0**	**101.4**	**102.8**	**102.9**
104.1	103.8	102.4	109.5	108.8	102.7	104.1	111.0	106.4	108.0	106.4	106.7	106.5
104.9	103.6	100.7	109.2	105.2	103.2	115.6	109.2	107.0	106.6	103.5	106.8	109.1
107.1	103.9	104.0	113.2	108.9	103.2	102.2	114.5	108.7	114.4	108.1	109.5	108.1

4-6 续表 5

指 标 Item	合肥市 Hefei	庐江县 Lujiang	芜湖市 Wuhu	蚌埠市 Bengbu	淮南市 Huainan	马鞍山市 Maanshan	淮北市 Huaibei
(3)滋补保健品 Nourishing Health Products	100.5	106.3	106.9	100.5	103.2	100.0	104.0
(4)医疗卫生器具 Medical Appliance	104.6	100.6	100.0	103.6	97.8	100.0	100.3
(5)保健器具 Health Care Appliance	102.1	101.8	106.6	96.9	103.1	102.5	100.7
2.医疗服务 Health Care Services	101.8	101.5	105.5	100.1	100.9	101.4	100.1
(1)综合医疗类 General Medical	102.9	111.1	103.0	102.6	103.2	100.0	102.9
(2)诊断类 Diagnosis	100.0	97.5	102.7	98.6	100.5	101.5	98.1
(3)治疗类 Treatment	101.4	100.3	108.2	100.0	100.0	102.3	100.0
(4)康复类 Rehabilitation	100.0	100.0	111.1	100.0	100.0	100.0	100.0
(5)中医医疗服务类 Traditional Chinese Medical Services	120.1	100.0	115.3	102.4	102.4	102.4	102.4
(6)其他医疗服务 Other Medical Services	100.0	100.0	100.0	100.0	100.0	100.0	100.0
八、其他用品和服务 Other Articles and Services	**101.5**	**101.5**	**99.2**	**100.8**	**100.6**	**101.5**	**100.7**
1.其他用品类 Other Articles	100.7	101.6	98.1	101.7	100.0	100.2	100.3
(1)首饰手表 Jewelry and Watches	100.8	99.4	96.5	100.3	98.2	99.8	100.0
(2)其他杂项用品 Other Sundry Articles	100.5	104.1	100.9	103.1	102.5	101.4	100.9
2.其他服务类 Other Services	102.2	101.3	100.1	100.0	101.1	102.5	101.1
(1)旅馆住宿 Hotel Accommodation	102.7	100.1	104.9	100.2	100.0	99.6	100.5
(2)美容美发洗浴 Hairdressing and Bath	104.2	103.5	95.9	100.1	100.5	106.8	101.2
(3)养老服务 Aged Care Services	99.5	100.0	106.7	100.0	108.1	102.7	103.9
(4)金融保险 Financial and Insurance	100.0	100.0	100.1	100.0	100.0	100.0	100.0
(5)其他服务类 Other Services	107.5	100.0	100.0	100.0	101.3	104.4	103.9

Continued 5

铜陵市 Tongling	安庆市 Anqing	桐城市 Tongcheng	黄山市 Huangshan	歙 县 Shexian	滁州市 Chuzhou	阜阳市 Fuyang	阜南县 Funan	宿州市 Suzhou	六安市 Lu' an	金寨县 Jinzhai	亳州市 Bozhou	宣城市 Xuancheng
98.4	104.6	99.1	104.4	116.8	102.0	100.1	101.1	100.9	99.6	105.5	101.1	105.5
100.1	102.6	101.1	101.3	101.4	100.9	104.5	100.0	103.2	100.2	100.0	99.7	99.2
99.3	102.1	99.8	94.4	98.6	99.6	103.4	100.7	99.4	97.9	100.0	104.7	99.4
102.4	100.4	101.9	101.5	100.6	101.6	102.4	102.9	100.0	101.6	99.6	100.8	101.3
106.2	101.6	107.5	105.5	102.7	108.2	110.0	105.8	105.9	107.7	103.6	104.8	103.3
101.0	100.0	100.0	101.0	100.0	100.0	100.9	101.6	98.1	100.0	97.8	99.5	100.0
102.1	100.0	100.9	100.0	100.0	100.0	100.4	103.8	98.6	100.0	98.5	99.0	100.0
100.0	100.0	100.0	100.0	100.0	100.0	100.0	100.0	100.0	100.0	100.0	100.0	100.0
100.6	101.2	100.8	100.0	100.0	101.6	100.0	100.7	100.0	101.9	100.0	114.7	114.7
101.3	100.0	100.0	100.0	100.0	100.0	100.0	93.2	100.0	100.0	100.0	92.2	100.0
105.0	**101.3**	**99.7**	**102.1**	**100.1**	**100.0**	**100.5**	**99.1**	**98.9**	**100.3**	**100.1**	**101.5**	**100.1**
100.0	99.1	96.8	100.0	98.8	98.9	97.4	98.1	96.8	99.9	99.9	99.5	99.5
98.7	100.2	96.3	98.2	97.0	98.1	96.6	95.9	96.3	98.6	98.6	98.0	100.4
102.0	97.9	97.4	103.6	100.4	100.2	99.0	99.9	100.0	101.5	101.0	101.0	98.5
108.9	103.4	102.9	103.9	101.5	100.9	103.4	100.2	100.8	100.7	100.3	103.2	100.6
98.1	100.7	101.4	100.9	100.7	103.4	101.4	100.8	100.0	98.5	101.2	100.8	101.9
127.5	105.0	105.4	111.4	103.8	100.9	108.1	100.4	100.5	100.9	100.8	104.8	100.6
102.1	105.8	107.2	100.0	100.0	102.3	106.5	100.0	105.7	103.9	101.9	116.1	100.0
100.1	100.1	100.2	100.1	100.0	100.0	100.1	100.0	100.0	100.0	100.0	100.1	100.0
100.0	114.8	100.0	100.0	100.0	100.0	100.0	100.0	100.0	103.3	96.1	100.5	102.3

4-7 商品零售价格分类指数(2018)
Retail Price Indices by Category (2018)

上年=100 (preceding year=100)

指 标	Item	全省 Anhui	城市 Cities	农村 Rural Areas
商品零售价格总指数	**General Retail Price Index**	**101.9**	**101.9**	**102.1**
一、食品	Food	102.4	102.5	102.0
1.粮食	Grain	100.6	100.6	100.5
2.薯类	Tubers	113.1	114.5	108.7
3.豆类	Beans	100.6	100.4	101.1
4.食用油	Edible Oil	99.3	99.8	98.0
5.菜	Vegetables	109.9	110.6	107.1
6.畜肉类	Edible Livestock Meat	95.4	95.5	95.3
7.禽肉类	Poultry	107.0	107.0	106.7
8.水产品	Aquatic Products	98.6	98.6	98.6
9.蛋类	Eggs	113.3	113.5	113.0
10.奶类	Dairy Products	101.5	101.3	102.2
11.干鲜瓜果类	Dried, Fresh Melons and Fruits	107.5	107.7	106.5
12.糖果糕点类	Confectioneries	102.3	102.3	102.5
13.调味品	Flavoring	102.7	102.9	102.1
14.其他食品类	Other Food	102.0	102.1	101.9
15.在外餐饮	Dinning Out	102.6	102.3	104.5
二、饮料、烟酒	Tobacco,Liquor and Drinks	101.6	102.0	100.3
1.茶及饮料	Tea and Other Drinks	103.8	103.9	102.9
2.烟草	Tobacco	99.7	99.8	99.3
3.酒类	Liquor	103.2	103.8	100.6
三、服装、鞋帽	Garments,Shoes and Hats	101.9	101.8	102.4
1.服装	Garments	102.1	101.9	102.7
(1)男士服装	Men's Clothing	101.9	101.7	102.7
(2)女士服装	Women's Clothing	101.9	101.8	102.6
(3)儿童服装	Children's Clothing	102.9	102.9	103.2
2.鞋帽袜	Footwear,Socks and Hats	101.2	101.1	101.7
(1)鞋	Shoes	101.3	101.2	101.8
(2)袜子	Socks	100.4	100.6	99.9
(3)帽子	Hats	100.2	99.9	101.8
3.其他衣着配件	Others	101.3	101.5	100.3
四、纺织品	Textiles	100.9	101.0	100.8
1.服装材料	Clothing Material	101.9	101.7	102.7
2.床上用品	Bed Articles	100.7	100.8	100.3
五、家用电器及音像器材	Electric Household Appliance and Audio-Video Apparatus	100.0	99.9	100.3

4-7 续表 Continued

指 标	Item	全省 Anhui	城市 Cities	农村 Rural Areas
1.家庭设备	Household Facilities	101.1	101.2	101.0
2.文娱用耐用消费品	Durable Consumer Goods for Entertainment	98.4	98.2	99.3
3.专业音像器材	Audio-video Apparatus	99.0	99.2	97.8
六、文化办公用品	Cultural and Office Goods	99.1	99.1	98.9
七、日用品	Articles for Daily Use	101.2	101.2	101.1
1.日用百货	General Merchandise for Daily Use	101.0	101.1	100.9
2.厨具餐具茶具	Kitchenware,Tableware,Tea set	101.2	101.0	102.0
3.清洗用品	Washing and Cleaning Goods	102.5	102.8	101.1
4.其他日用品	Other Daily-use Goods	100.6	100.6	100.9
八、体育娱乐用品	Sports and Entertainment Goods	99.6	99.5	100.1
1.体育户外用品	Sports Goods	99.1	98.9	100.3
2.娱乐用品	Recreational Goods	99.7	99.6	100.0
九、交通、通信用品	Traffic and Communication Goods	97.5	97.6	97.2
1.交通运输机械	Traffic and Transport Machinery	97.5	97.6	97.2
2.通信器材	Communication Apparatus	97.5	97.5	97.3
十、家具	Furniture	101.9	102.1	100.6
十一、化妆品	Cosmetics	101.6	101.7	101.5
十二、金银饰品	Gold and Silver Jewels	98.4	98.7	96.9
十三、中西药品及医疗保健用品	Chinese and Western Medicines and Health Supplies	104.5	104.0	106.6
1.医疗卫生器具	Medical Appliance	102.1	102.4	100.6
2.中药	Traditional Chinese Medicine	107.2	107.7	105.0
3.西药	Western Medicine	105.1	104.3	108.1
4.保健器具及用品	Health Care Appliance and Articles	102.1	101.6	105.0
十四、书报杂志及电子出版物	Books,Magazines and Electronic Publications	106.7	106.6	106.7
1.教材及参考书	Texts and Reference Books	109.2	109.2	109.2
2.书报杂志	Newspapers and Magazines	105.0	105.1	104.6
3.计算机办公软件	Office Softwares	97.5	97.6	96.9
十五、燃料	Fuels	109.0	108.5	110.9
1.煤炭及制品	Coal and Its Products	104.9	104.5	106.0
2.石油及制品	Oil and Its Products	110.0	109.4	112.8
十六、建筑材料及五金电料	Building Materials and Hardwares	103.6	103.5	103.8
1.建筑装潢材料	Building Decoration Materials	103.8	103.6	104.4
2.五金水暖	Hardware and Plumbing	102.7	103.0	101.3

4-8 各市县商品零售价格总指数(1984—2018)

上年=100

年 份 Year	合肥市 Hefei	庐江县 Lujiang	芜湖市 Wuhu	蚌埠市 Bengbu	淮南市 Huainan	马鞍山市 Maanshan	淮北市 Huaibei	铜陵市 Tongling	安庆市 Anqing
1984	100.6		101.4	100.3	101.3		101.1		101.3
1985	111.4		108.4	108.8	112.5		108.1		109.5
1986	105.9		106.5	106.2	106.4		105.0		107.2
1987	110.3		108.9	111.0	108.1		109.2		109.2
1988	122.1		121.2	120.7	121.9		125.5		118.9
1989	115.0		115.9	114.8	114.6	115.3	116.2		116.6
1990	101.7		103.6	100.6	102.0	100.6	101.2		102.6
1991	109.5		107.7	108.1	108.8	108.6	107.3	108.1	107.1
1992	108.8		108.5	106.2	108.1	108.6	107.2	106.6	108.7
1993	115.0		118.9	112.3	107.4	118.3	109.5	124.0	114.3
1994	120.5		126.0	119.9	121.3	123.9	117.8	124.0	127.9
1995	113.8		115.5	111.7	112.0	111.4	112.8	112.7	113.7
1996	107.1		106.9	106.7	107.0	106.6	106.5	106.7	107.0
1997	100.9		100.0	100.1	101.1	100.7	99.2	101.0	98.8
1998	98.2		98.9	99.1	97.8	98.3	98.6	98.1	98.3
1999	96.5		96.2	95.8	97.0	97.6	96.8	97.2	96.6
2000	97.2		98.1	98.7	98.3	99.0	98.8	97.9	98.3
2001	97.7		98.9	98.5	99.3	99.9	99.3	98.7	98.3
2002	99.3		98.9	98.8	99.2	100.3	99.6	99.9	99.5
2003	101.4		100.3	100.9	101.1	101.7	103.1	99.4	99.4
2004	100.8		102.3	103.4	102.3	103.0	102.6	102.9	102.5
2005	99.7		99.2	99.8	99.8	100.2	101.4	99.9	100.7
2006	100.6		100.6	101.9	99.8	101.8	101.1	100.2	101.4
2007	104.6		104.1	104.6	104.9	104.9	104.4	103.3	104.2
2008	106.3		106.2	106.4	105.6	106.6	106.3	105.6	106.8
2009	99.8		98.1	98.7	98.1	98.7	99.0	98.5	98.8
2010	102.1		102.7	102.7	101.8	103.1	103.4	102.4	103.2
2011	105.1		105.0	105.4	104.9	103.9	104.9	105.5	105.1
2012	101.9		102.2	102.1	102.2	101.9	102.0	102.2	101.8
2013	101.2		101.3	101.5	101.4	101.2	101.1	101.1	101.5
2014	100.3		100.6	100.9	100.0	100.4	99.9	99.9	100.4
2015	99.5		100.1	99.4	99.5	99.7	99.3	99.9	99.9
2016	100.8	100.6	100.9	101.0	100.8	100.7	100.5	100.9	101.2
2017	102.3	100.8	100.7	101.1	101.8	101.4	101.1	101.2	102.6
2018	101.7	101.8	101.8	102.5	102.0	101.3	102.1	101.5	101.9

General Retail Price Index by Region (1984—2018)

(preceding year = 100)

桐城市 Tongcheng	黄山市 Huangshan	歙 县 Shexian	滁州市 Chuzhou	阜阳市 Fuyang	阜南县 Funan	宿州市 Suzhou	六安市 Lu'an	金寨县 Jinzhai	亳州市 Bozhou	宣城市 Xuancheng
98.3		100.5	101.3	102.3		104.8	102.5		98.7	100.5
106.2		108.3	103.2	105.2		103.4	109.2		105.0	106.6
104.1		107.4	104.7	104.0		107.6	105.1		108.2	105.7
111.0		113.2	109.4	110.1		111.5	110.7		111.2	112.2
118.1		122.5	117.5	123.8		116.7	123.1		123.3	123.7
115.9		114.7	118.5	115.5		116.8	116.9		115.7	115.6
98.2		101.4	100.5	102.2		103.7	103.0		97.8	102.1
106.6		101.5	106.8	107.5		104.4	104.1		109.9	102.6
109.8		107.3	107.2	110.0		106.1	107.4		109.6	104.4
109.5		115.6	118.8	109.6		112.1	112.2		110.4	115.7
116.4		122.9	122.2	117.9		122.5	127.8		125.3	124.3
113.2		111.4	114.5	111.0		112.6	112.6		108.1	112.1
107.4	106.8	107.8	107.3	107.7		107.7	107.1		106.7	106.9
98.8	98.1	98.4	99.4	99.2		98.5	98.9		97.9	99.8
97.9	99.9	98.2	98.7	97.7		96.8	98.3		99.4	98.7
96.2	96.8	96.1	96.8	95.5		95.1	96.6		97.3	98.4
98.6	99.7	97.0	97.3	97.7		96.5			96.3	98.5
99.6	99.4	98.9	99.1	98.0					100.1	101.9
98.9	98.4	98.3	99.0	98.3					98.3	102.0
101.4	102.5	100.6	100.6	100.2		102.0			103.1	102.2
104.2	103.8	104.6	101.4	102.4		102.4			101.8	103.5
102.3	99.9	101.3	100.7	100.6		99.9			99.4	101.8
101.4	100.4	100.7	101.0	101.3		101.0			101.3	100.7
105.2	103.9	104.7	104.2	103.9		104.9			105.5	104.2
106.3	105.6	106.3	105.2	105.5		106.1			105.0	106.3
97.8	98.9	98.9	99.6	97.9		99.0			98.4	100.0
103.9	104.2	104.5	102.7	103.1		102.6			103.9	103.9
106.4	105.4	107.0	104.6	105.4		105.1	104.8		104.4	105.6
102.5	101.8	102.8	101.9	102.5		101.6	101.0		102.1	101.9
101.4	101.8	101.7	101.3	101.0		101.3	101.1		101.1	101.3
100.5	100.9	101.1	100.4	100.7		100.3	100.8		99.8	100.2
99.4	99.3	100.3	98.9	99.6		99.2	99.4		100.0	100.0
100.7	100.5	101.0	101.0	100.6	100.9	100.5	101.5	100.9	101.2	100.8
102.1	101.4	100.9	100.7	101.3	101.3	101.9	102.1	101.6	102.0	101.1
101.9	102.4	102.3	101.8	101.9	102.6	102.2	102.3	102.1	102.4	102.4

4-9 各市县商品零售价格分类指数(2018)

上年=100

指标 Item	合肥市 Hefei	庐江县 Lujiang	芜湖市 Wuhu	蚌埠市 Bengbu	淮南市 Huainan	马鞍山市 Maanshan	淮北市 Huaibei
商品零售价格总指数 General Retail Price Index	**101.7**	**101.8**	**101.8**	**102.5**	**102.0**	**101.3**	**102.1**
一、食品 Food	102.8	101.4	102.5	103.7	101.7	101.2	102.8
1.粮食 Grain	101.4	102.2	99.4	100.5	100.7	98.3	102.4
2.薯类 Tubers	121.8	104.3	110.9	113.3	107.2	106.3	103.4
3.豆类 Beans	102.0	98.9	99.6	99.6	99.7	99.9	100.0
4.食用油 Edible Oil	100.1	98.7	99.8	100.9	100.3	101.2	99.8
5.菜 Vegetables	114.8	106.2	106.7	111.7	109.6	102.8	107.9
6.畜肉类 Edible Livestock Meat	95.9	95.5	95.9	94.9	94.2	96.9	95.2
7.禽肉类 Poultry	106.4	102.9	102.9	111.1	103.7	110.2	110.8
8.水产品 Aquatic Products	97.8	97.5	100.7	102.8	99.2	97.3	100.7
9.蛋类 Eggs	113.4	114.0	113.4	114.1	117.9	115.5	110.7
10.奶类 Dairy Products	100.7	103.7	103.7	99.1	100.7	101.0	102.6
11.干鲜瓜果类 Dried, Fresh Melons and Fruits	105.7	105.2	109.2	110.2	108.9	107.0	106.5
12.糖果糕点类 Confectioneries	102.7	103.9	102.5	100.8	103.4	99.7	101.7
13.调味品 Flavoring	105.3	103.6	99.4	104.6	104.8	102.0	100.3
14.其他食品类 Other Food	101.5	103.1	105.5	101.6	105.6	100.2	101.7
15.在外餐饮 Dinning Out	101.3	102.1	102.6	104.6	100.6	100.8	103.5

Retail Price Index by Region and Category (2018)

(preceding year = 100)

铜陵市 Tongling	安庆市 Anqing	桐城市 Tongcheng	黄山市 Huangshan	歙 县 Shexian	滁州市 Chuzhou	阜阳市 Fuyang	阜南县 Funan	宿州市 Suzhou	六安市 Lu'an	金寨县 Jinzhai	亳州市 Bozhou	宣城市 Xuancheng
101.5	**101.9**	**101.9**	**102.4**	**102.3**	**101.8**	**101.9**	**102.6**	**102.2**	**102.3**	**102.1**	**102.4**	**102.4**
103.0	102.4	103.4	103.0	101.6	103.0	102.8	101.7	102.2	101.5	101.8	102.9	102.0
100.6	99.4	98.5	103.9	100.0	101.0	99.4	100.7	100.3	101.8	100.7	99.8	99.9
116.1	112.1	122.0	112.1	102.0	121.1	114.5	111.6	116.4	104.7	106.9	112.7	104.0
99.0	100.3	99.9	100.0	102.3	99.4	102.0	106.3	99.0	99.3	100.6	101.5	99.5
100.0	100.7	95.9	101.2	98.2	102.4	97.7	98.6	100.0	97.0	99.2	99.0	97.0
109.6	110.1	108.0	104.8	107.0	108.6	108.0	106.9	108.7	106.9	107.7	111.7	107.4
97.0	97.7	98.2	98.7	94.7	97.2	95.6	90.3	90.8	94.1	97.2	95.1	95.0
102.9	102.4	109.1	106.3	110.5	109.5	109.9	109.5	113.9	106.3	104.2	105.7	106.5
98.0	96.8	99.7	98.7	96.2	103.1	95.6	103.1	98.3	97.1	96.0	95.6	95.9
116.1	113.6	112.6	107.4	109.2	116.7	107.8	115.4	118.5	112.4	113.7	109.3	113.8
103.1	101.0	102.1	104.5	104.3	100.0	102.0	101.5	103.1	101.2	98.4	101.6	102.2
104.2	107.4	109.5	106.9	103.6	106.4	114.5	104.7	111.7	107.2	109.6	111.3	106.1
100.8	104.0	101.2	103.7	103.0	102.3	103.0	102.5	106.2	102.1	101.4	99.0	99.9
100.0	103.8	98.3	100.4	100.9	102.0	101.1	101.6	102.4	98.8	104.6	100.8	101.3
100.6	106.2	98.5	103.4	103.0	99.8	100.6	102.7	102.9	99.3	102.8	100.8	102.8
105.6	102.2	109.3	103.7	104.9	102.5	103.6	104.1	101.3	103.2	101.2	105.3	104.0

4-9 续表1

指 标 Item	合肥市 Hefei	庐江县 Lujiang	芜湖市 Wuhu	蚌埠市 Bengbu	淮南市 Huainan	马鞍山市 Maanshan	淮北市 Huaibei
二、饮料、烟酒 Tobacco, Liquor and Drinks	102.3	99.8	103.2	102.5	101.5	101.1	100.9
1.茶及饮料 Tea and Other Drinks	105.5	104.5	102.3	101.4	104.1	106.2	102.7
2.烟草 Tobacco	100.0	98.8	101.3	100.0	99.3	100.0	97.8
3.酒类 Liquor	103.7	99.2	107.1	107.0	102.8	99.0	104.1
三、服装、鞋帽 Garments, Shoes and Hats	101.5	101.6	100.6	103.4	102.1	101.7	101.7
1.服装 Garments	101.5	102.5	100.3	104.4	102.1	103.0	101.7
(1)男士服装 Men's Clothing	101.5	103.0	100.7	104.1	100.7	101.2	101.7
(2)女士服装 Women's Clothing	101.0	101.9	99.4	103.9	103.2	103.8	101.8
(3)儿童服装 Children's Clothing	103.1	103.7	102.2	107.0	101.6	104.9	101.6
2.鞋帽袜 Footwear, Socks and Hats	101.4	98.6	101.6	99.7	102.1	97.0	101.6
(1)鞋 Shoes	101.6	98.3	101.6	100.1	102.2	96.7	101.5
(2)袜子 Socks	100.2	101.1	101.8	95.2	103.1	100.7	101.6
(3)帽子 Hats	99.5	107.5	102.0	97.9	96.5	102.3	105.0
3.其他衣着配件 Others	101.9	102.5	104.7	101.2	103.3	99.7	99.1
四、纺织品 Textiles	101.6	97.7	100.6	98.2	100.4	100.2	99.8
1.服装材料 Clothing Material	100.4	99.2	100.0	101.5	103.1	100.0	98.5
2.床上用品 Bed Articles	101.9	97.3	100.8	97.4	99.8	100.2	100.1

Continued 1

铜陵市 Tongling	安庆市 Anqing	桐城市 Tongcheng	黄山市 Huangshan	歙 县 Shexian	滁州市 Chuzhou	阜阳市 Fuyang	阜南县 Funan	宿州市 Suzhou	六安市 Lu'an	金寨县 Jinzhai	亳州市 Bozhou	宣城市 Xuancheng
100.5	101.9	100.3	102.9	99.8	102.8	101.7	101.1	102.5	101.2	100.8	101.2	101.8
102.9	106.1	100.9	104.6	101.4	103.8	101.2	104.5	105.3	101.8	104.2	103.1	101.3
97.1	99.9	100.0	100.0	97.8	100.0	100.0	100.3	100.0	100.0	100.0	100.0	100.0
104.9	101.6	100.6	106.1	102.2	106.5	104.3	100.9	104.5	102.3	100.6	101.6	105.2
101.4	101.7	101.8	102.1	104.5	101.7	101.6	101.9	101.3	103.7	102.9	102.3	102.3
101.5	102.2	102.7	103.2	104.4	102.2	101.5	101.7	101.7	103.8	102.3	102.5	102.7
101.2	101.0	102.5	101.6	103.3	101.9	101.6	102.0	101.8	103.3	102.5	101.9	103.9
101.3	103.1	102.8	104.0	105.0	102.2	101.2	101.0	102.4	103.9	102.4	103.0	102.3
102.9	101.7	102.9	104.1	104.5	103.2	102.2	103.1	99.2	104.8	101.6	102.1	101.2
101.1	100.1	99.1	98.4	105.2	99.9	101.9	102.5	99.9	103.4	104.4	101.8	101.3
101.2	100.3	99.1	98.0	106.0	99.5	101.9	102.5	99.9	103.5	104.7	101.9	101.5
100.2	99.0	99.4	102.1	97.1	103.2	102.5	101.9	101.0	103.4	100.1	99.6	99.9
99.0	97.1	103.4	105.2	99.1	106.0	101.0	101.1	96.3	102.4	98.6	101.2	99.5
101.8	99.5	97.7	98.0	99.9	103.0	102.3	101.3	96.6	99.9	100.3	101.7	100.2
103.2	100.7	101.0	106.8	102.1	100.0	101.8	104.1	99.2	101.8	100.8	102.7	100.3
102.3	102.0	105.4	113.7	105.6	98.4	103.3	104.6	108.7	107.0	100.0	104.2	100.0
103.4	100.5	100.1	104.5	101.1	100.3	101.5	103.9	96.6	100.7	100.9	102.4	100.4

4-9 续表 2

指 标 Item	合肥市 Hefei	庐江县 Lujiang	芜湖市 Wuhu	蚌埠市 Bengbu	淮南市 Huainan	马鞍山市 Maanshan	淮北市 Huaibei
五、家用电器及音像器材 Electric Household Appliance and Audio-video Apparatus	99.3	100.7	100.1	100.5	100.4	98.8	100.8
1.家庭设备 Household Facilities	100.6	101.5	101.5	102.1	102.5	99.0	101.3
2.文娱用耐用消费品 Durable Consumer Goods for Entertainment	97.7	99.4	98.5	98.3	97.9	98.7	100.4
3.专业音像器材 Audio-Video Apparatus	101.5	97.7	97.9	97.8	98.0	97.7	97.8
六、文化办公用品 Cultural and Office Goods	99.8	98.9	98.3	98.5	98.7	99.2	98.6
七、日用品 Articles for Daily Use	100.0	101.7	102.0	102.7	103.3	101.5	102.1
1.日用百货 General Merchandise for Daily Use	100.1	101.6	103.1	99.4	101.0	101.6	102.4
2.厨具餐具茶具 Kitchenware,Tableware,Tea set	99.8	105.6	102.7	104.2	104.1	105.1	102.3
3.清洗用品 Washing and Cleaning Goods	99.4	98.2	102.7	109.7	110.4	99.5	102.8
4.其他日用品 Other Daily-use Goods	100.3	102.8	99.4	101.2	102.7	101.5	100.8
八、体育娱乐用品 Sports and Entertainment Goods	100.0	100.7	99.0	97.3	98.4	97.7	100.8
1.体育户外用品 Sports Goods	100.1	100.7	97.9	91.0	96.4	99.6	99.1
2.娱乐用品 Recreational Goods	100.0	100.7	99.1	98.3	98.8	97.3	101.2
九、交通、通信用品 Traffic and Communication Goods	97.8	96.6	96.8	97.1	98.2	97.6	97.8
1.交通运输机械 Traffic and Transport Machinery	97.8	96.4	96.7	97.0	98.5	97.7	98.0
2.通信器材 Communication Apparatus	97.6	97.3	97.7	97.5	97.2	97.5	97.2
十、家具 Furniture	101.9	100.3	99.0	104.9	106.1	99.0	100.2

Continued 2

铜陵市 Tongling	安庆市 Anqing	桐城市 Tongcheng	黄山市 Huangshan	歙　县 Shexian	滁州市 Chuzhou	阜阳市 Fuyang	阜南县 Funan	宿州市 Suzhou	六安市 Lu'an	金寨县 Jinzhai	亳州市 Bozhou	宣城市 Xuancheng
99.8	100.7	100.9	99.5	99.8	100.8	99.7	100.2	100.4	101.9	99.6	98.9	100.4
100.7	100.7	100.8	100.7	100.9	103.4	100.8	100.9	103.0	103.4	100.7	99.1	101.9
98.7	101.2	101.3	97.7	98.0	96.8	97.7	99.2	96.8	99.5	97.8	98.5	97.9
97.9	98.0	97.7	97.8	98.0	97.8	97.7	97.9	97.8	97.8	97.7	97.8	97.9
98.8	98.5	98.8	98.6	98.6	98.5	99.5	99.5	99.0	99.0	98.3	99.1	99.6
101.4	101.8	99.8	101.2	101.4	101.4	100.4	101.4	103.3	101.1	101.2	101.0	100.2
101.1	101.6	99.7	101.4	100.5	99.6	100.7	101.4	104.6	100.4	101.8	101.5	101.2
100.0	100.2	100.6	98.4	99.8	101.1	99.8	102.7	97.6	99.2	101.2	101.6	102.1
102.5	107.1	101.4	102.0	105.6	106.3	102.0	101.6	107.1	102.6	99.7	99.9	97.8
101.8	99.4	98.7	101.2	100.7	100.7	99.3	100.7	100.6	101.8	101.4	100.9	99.6
100.2	99.3	100.5	100.4	99.9	100.8	100.2	99.0	99.2	101.5	100.3	99.7	100.8
99.1	98.7	100.5	99.1	99.9	101.8	99.2	100.7	100.2	100.9	99.4	100.7	101.4
100.4	99.4	100.5	100.6	99.9	100.6	100.4	98.8	99.0	101.6	100.4	99.5	100.7
97.3	97.8	97.1	96.6	98.4	95.7	97.6	97.5	96.5	97.9	96.4	98.0	98.2
97.2	98.0	97.1	96.4	98.7	95.0	97.4	97.6	96.3	98.0	96.1	98.2	98.5
97.4	97.4	97.2	97.4	97.2	98.0	98.1	97.3	97.2	97.6	97.4	97.5	97.3
100.4	102.5	101.3	104.4	97.5	100.0	102.1	101.8	104.8	101.0	101.2	102.3	102.0

4-9 续表 3

指标 Item	合肥市 Hefei	庐江县 Lujiang	芜湖市 Wuhu	蚌埠市 Bengbu	淮南市 Huainan	马鞍山市 Maanshan	淮北市 Huaibei
十一、化妆品 Cosmetics	100.7	100.8	102.1	103.0	101.2	108.7	101.1
十二、金银饰品 Gold and Silver Jewels	99.6	98.9	95.5	99.6	97.7	99.8	100.2
十三、中西药品及医疗保健用品 Chinese and Western Medicines and Health Supplies	102.6	106.0	104.9	105.4	104.0	104.3	104.6
1.医疗卫生器具 Medical Appliance	104.6	100.6	100.0	103.6	97.8	100.0	100.3
2.中药 Traditional Chinese Medicine	109.1	106.4	105.1	110.7	106.1	104.8	104.7
3.西药 Western Medicine	101.1	106.5	104.7	106.3	104.6	106.5	105.5
4.保健器具及用品 Health Care Appliance and Articles	100.7	105.9	106.9	100.2	103.2	100.2	103.7
十四、书报杂志及电子出版物 Books, Magazines and Electronic Publications	107.8	106.8	105.1	105.9	105.5	105.3	106.0
1.教材及参考书 Texts and Reference Books	110.3	110.0	109.5	106.5	108.8	107.2	107.8
2.书报杂志 Newspapers and Magazines	106.9	102.5	102.2	107.3	102.5	105.1	105.9
3.计算机办公软件 Office Softwares	98.7	96.9	96.9	96.9	96.9	96.9	96.9
十五、燃料 Fuels	107.5	109.7	111.1	109.8	107.5	106.7	110.5
1.煤炭及制品 Coal and Its Products	104.4	102.8	103.0	101.6	102.3	100.0	116.5
2.石油及制品 Oil and Its Products	107.9	112.0	112.1	111.5	109.9	108.2	108.4
十六、建筑材料及五金电料 Building Materials and Hardwares	104.5	104.3	102.9	101.1	104.7	102.9	103.4
1.建筑装潢材料 Building Decoration Materials	104.7	105.1	102.9	101.2	104.6	101.8	104.4
2.五金水暖 Hardware and Plumbing	103.7	101.0	103.1	100.9	104.9	105.5	100.8

Continued 3

铜陵市 Tongling	安庆市 Anqing	桐城市 Tongcheng	黄山市 Huangshan	歙 县 Shexian	滁州市 Chuzhou	阜阳市 Fuyang	阜南县 Funan	宿州市 Suzhou	六安市 Lu'an	金寨县 Jinzhai	亳州市 Bozhou	宣城市 Xuancheng
100.3	100.3	101.4	100.4	100.4	100.7	103.4	103.8	100.3	101.4	101.0	100.7	101.6
98.6	100.7	95.8	97.8	96.5	97.8	95.5	95.4	96.2	98.4	98.5	97.5	100.3
104.1	103.8	102.4	109.5	108.8	102.7	104.1	110.4	106.4	108.0	106.5	106.7	106.5
100.1	102.6	101.1	101.3	101.4	100.9	104.5	100.0	103.2	100.2	100.0	99.7	99.2
104.9	103.6	100.7	109.2	105.2	103.2	115.6	109.2	107.0	106.6	103.5	106.8	109.1
107.1	103.9	104.0	113.2	108.9	103.2	102.2	114.5	108.7	114.4	108.1	109.5	108.1
98.5	104.4	99.2	102.5	115.2	101.7	100.8	101.1	100.7	99.3	105.1	101.5	104.5
106.2	106.5	106.5	107.3	106.9	104.8	107.9	106.8	104.3	106.8	106.6	107.3	106.7
109.0	108.3	108.8	111.3	109.9	107.5	110.8	108.6	106.7	109.7	108.8	110.5	108.2
102.5	105.7	105.1	103.2	105.1	102.5	105.8	105.1	102.8	103.5	105.1	104.1	105.8
96.9	96.9	96.9	96.9	96.9	96.9	96.9	96.9	96.9	96.9	96.9	96.9	96.9
106.1	108.5	109.7	108.6	110.3	110.2	107.5	113.2	110.5	108.8	112.2	110.8	111.0
102.2	100.7	105.2	102.8	101.4	100.0	98.7	114.3	109.3	102.6	107.0	112.4	108.8
107.4	109.9	111.7	109.9	114.6	112.1	109.5	112.8	111.0	110.8	114.0	109.7	111.5
102.5	102.6	103.0	101.5	103.5	103.8	103.4	104.5	103.2	102.4	103.2	102.2	104.2
103.5	102.5	104.1	102.2	104.2	105.6	102.9	104.6	103.3	102.4	103.6	102.8	104.3
100.1	102.9	99.9	99.6	101.0	100.0	105.3	104.2	102.8	102.2	101.3	100.7	103.5

4-10 农业生产资料价格分类指数
Price Indices of Means of Agricultural Production by Category

上年=100 (preceding year=100)

指标	Item	2015	2016	2017	2018
农业生产资料价格指数	**Price Index of Means of Agricultural Production**	**101.6**	**99.4**	**101.3**	**101.5**
一、农用手工工具	Agricultural Craft Tool	102.3	103.7	103.1	102.8
二、饲料	Forage	97.4	94.5	102.4	100.8
三、仔畜幼禽及产品畜	Young Animal, Poult and Animal Products	117.2	132.3	81.3	77.0
四、半机械化农具	Semi-mechanized Farm Tools	99.2	99.7	101.2	101.2
五、机械化农具	Mechanized Farm Machinery	99.9	101.9	101.4	100.3
六、化学肥料	Chemical Fertilizer	100.6	94.8	105.5	108.3
氮肥	Nitrogenous Fertilizer	103.0	89.6	115.5	115.1
磷肥	Phosphatic Fertilizer	99.6	96.5	99.8	103.7
钾肥	Potassic Fertilizer	97.5	94.4	99.7	103.4
复合肥料	Complex Fertilizer	99.2	97.3	102.5	106.1
七、农药及农药器械	Pesticide and Its Appliances	100.5	98.9	100.3	101.3
1.化学农药	Chemical Pesticide	100.6	99.0	100.4	101.3
2.农药器械	Pesticide Appliances	100.0	98.7	98.7	101.2
八、农机用油	Oil for Farm Machinery	91.0	95.3	110.9	113.1
九、其他农业生产资料	Other Means of Agricultural Productions	101.1	100.1	102.5	99.8
1.农用种子	Agricultural Seeds	102.2	101.1	102.9	99.6
2.其他	Others	98.9			
十、农业生产服务	Agricultural Production Service	104.5	102.4	100.7	100.4

注：1."仔畜幼禽及产品畜"2016年以前为"产品畜"。
2."农机用油"2016年以前为"农用机油"。

4-11 各调查市县农业生产资料分类指数(2018)

Price Indices of Means of Agricultural Production by Region and Category(2018)

上年=100 (preceding year=100)

指标 Item	庐江县 Lujiang	桐城市 Tongcheng	歙县 Shexian	阜南县 Funan	金寨县 Jinzhai
农业生产资料价格指数 Price Index of Means of Agricultural Production	**101.1**	**101.3**	**101.0**	**100.9**	**103.6**
一、农用手工工具 Agricultural Craft Tool	101.4	100.5	112.0	103.7	100.2
二、饲料 Forage	103.9	94.8	101.3	98.3	104.3
三、仔畜幼禽及产品畜 Young Animal,Poult and Animal Products	74.6	79.2	75.8	75.4	82.7
四、半机械化农具 Semi-mechanized Farm Tools	100.0	99.8	109.1	101.4	98.8
五、机械化农具 Mechanized Farm Machinery	99.9	97.3	106.6	98.7	101.9
六、化学肥料 Chemical Fertilizer	107.6	110.1	105.3	107.7	109.8
氮肥 Nitrogenous Fertilizer	111.6	119.6	110.0	113.9	118.9
磷肥 Phosphatic Fertilizer	107.4	100.0	99.9	108.3	100.0
钾肥 Potassic Fertilizer	100.0	100.0	97.7	104.2	115.3
复合肥料 Complex Fertilizer	106.5	108.0	104.4	104.8	105.8
七、农药及农药器械 Pesticide and Its Appliances	101.0	103.1	101.9	101.0	98.1
1.化学农药 Chemical Pesticide	101.1	103.0	102.1	101.3	97.6
2.农药器械 Pesticide Appliances	99.2	103.6	100.0	97.9	104.9
八、农机用油 Oil for Farm Machinery	113.0	113.0	112.5	112.8	113.7
九、其他农业生产资料 Other Means of Agricultural Productions	99.7	99.4	99.8	98.7	102.3
1.农用种子 Agricultural Seeds	99.5	99.2	99.4	98.4	102.0
2.其他 Others					
十、农业生产服务 Agricultural Production Service	100.0	104.6	97.4	100.0	100.7

注:1.“仔畜幼禽及产品畜”2016 年以前为“产品畜”。
2.“农机用油”2016 年以前为“农用机油”。

4-12 分月农业生产资料价格指数（2018）

上年同月=100

指　标	Item	1月 January	2月 February
农业生产资料价格指数	**Price Index of Agricultural Means of Production**	**101.8**	**100.9**
一、农用手工工具	Agricultural Craft Tool	103.7	104.4
二、饲料	Forage	101.6	100.6
三、仔畜幼禽及产品畜	Young Animal, Poult and Animal Products	80.9	73.6
四、半机械化农具	Semi-mechanized Farm Tools	102.0	102.4
五、机械化农具	Mechanized Farm Machinery	102.2	102.5
六、化学肥料	Chemical Fertilizer	107.8	107.6
氮肥	Nitrogenous Fertilizer	114.2	112.2
磷肥	Phosphatic Fertilizer	104.5	104.5
钾肥	Potassic Fertilizer	103.6	104.3
复合肥料	Complex Fertilizer	105.5	106.0
七、农药及农药器械	Pesticide and Its Appliances	101.0	101.0
1.化学农药	Chemical Pesticide	101.2	101.2
2.农药器械	Pesticide Appliances	98.8	98.8
八、农机用油	Oil for Farm Machinery	106.7	107.0
九、其他农业生产资料	Other Means of Agricultural Production	101.9	101.5
1.农用种子	Agricultural Seeds	102.2	101.6
2.其他	Others		
十、农业生产服务	Agricultural Production Service	100.6	100.6

注：1.“仔畜幼禽及产品畜”2016年以前为“产品畜”。
2.“农机用油”2016年以前为“农用机油”。

Price Indices of Means of Agricultural Production by Month (2018)

(the same month last year = 100)

3月 March	4月 April	5月 May	6月 June	7月 July	8月 August	9月 September	10月 October	11月 November	12月 December
100.1	**100.4**	**101.2**	**101.4**	**101.5**	**101.8**	**102.1**	**102.7**	**102.4**	**101.4**
103.5	102.9	102.8	102.8	102.8	102.5	101.8	101.5	102.0	103.0
99.6	100.5	100.8	100.7	100.7	99.8	100.3	100.8	101.9	101.7
69.5	65.8	69.8	73.6	76.8	82.3	81.8	85.0	87.7	86.4
101.9	100.8	101.0	101.2	101.1	101.5	101.0	100.6	100.6	100.5
102.2	102.0	100.5	99.6	99.4	99.3	99.1	98.9	98.9	98.9
108.0	109.0	110.0	109.6	108.3	109.1	109.5	108.4	107.0	105.6
113.3	116.0	119.6	117.6	115.1	117.0	117.3	115.6	113.6	110.2
105.3	104.9	102.9	102.2	102.2	102.2	103.6	104.0	105.0	103.6
104.1	103.9	103.3	103.3	103.1	103.0	103.2	103.4	102.8	102.6
106.2	106.7	107.1	107.5	106.2	106.8	107.1	105.8	104.3	103.6
100.9	100.9	100.8	100.8	101.2	101.2	101.7	102.1	102.1	102.0
101.1	100.9	100.8	100.7	101.1	101.1	101.7	102.1	102.0	102.0
98.8	101.1	101.9	101.9	101.9	101.9	102.4	102.4	102.4	101.7
104.6	109.0	113.8	118.3	122.8	119.9	121.4	122.7	113.0	99.8
100.5	99.6	99.7	98.8	98.8	98.8	99.2	99.9	99.7	99.7
100.4	99.3	99.3	98.2	98.2	98.2	98.8	99.7	99.4	99.4
100.6	100.6	99.7	99.3	99.3	99.6	99.9	101.7	101.7	101.7

4-13 工业生产者出厂价格分类指数(1993—2018)
Producer Price Indices for Industrial Products by Category(1993—2018)

上年=100 (preceding year=100)

年份 Year	工业生产者出厂价格指数 Producer Price Indices for Industrial Products	轻工业 Light Industry	以农产品为原料 Agricultural Products as Raw Materials	以非农产品为原料 Non-agricultural Products as Raw Materials	重工业 Heavy Industry	采掘 Mining & Quarrying Industry	原料 Raw Materials Industry	加工 Processing Industry	生产资料 Means of Production	生活资料 Consumer Goods
1993	125.3	109.1	109.3	108.3	143.6	135.1	161.7	121.5	140.0	109.0
1994	120.9	125.3	129.0	113.2	116.3	117.3	112.6	120.1	116.9	125.7
1995	117.2	124.0	126.4	115.7	110.1	116.0	104.4	115.0	113.2	121.9
1996	101.5	99.9	100.3	99.0	103.5	113.8	103.1	101.9	102.7	100.5
1997	99.3	99.1	99.4	98.7	99.4	99.3	100.2	98.5	98.9	100.1
1998	96.4	96.4	96.7	96.1	96.1	92.1	96.0	97.0	95.7	97.1
1999	95.9	94.4	94.1	96.4	97.3	94.2	97.9	97.2	96.9	94.5
2000	98.9	95.7	95.4	97.6	102.1	101.0	106.1	97.7	102.1	93.7
2001	98.6	96.9	96.9	97.1	100.2	105.2	99.0	100.2	99.8	96.3
2002	99.8	97.5	97.1	98.7	101.6	115.4	99.2	100.0	100.1	99.3
2003	103.5	101.7	102.7	100.7	104.9	102.4	107.2	103.8	105.3	98.9
2004	108.2	104.6	106.5	102.7	110.9	116.7	115.6	106.5	110.9	101.4
2005	103.3	99.0	99.6	98.5	106.3	112.2	111.3	101.3	105.0	98.7
2006	103.1	99.8	99.7	99.8	105.1	98.0	115.2	99.9	104.6	98.4
2007	103.6	103.4	103.8	103.0	103.8	104.2	102.9	104.3	103.7	103.3
2008	108.4	105.4	107.1	103.8	110.1	119.0	104.9	111.7	109.3	105.4
2009	92.8	97.0	97.9	96.2	90.5	95.4	90.3	89.5	91.4	97.8
2010	109.0	104.8	106.4	103.2	111.4	111.0	116.6	108.1	110.9	103.0
2011	108.3	107.7	109.9	103.6	108.5	104.8	110.9	107.7	109.2	105.6
2012	98.3	101.4	101.3	101.5	97.1	96.9	99.3	96.1	97.0	101.7
2013	98.2	101.5	102.2	100.1	96.9	92.9	96.9	97.4	96.9	101.5
2014	97.4	100.4	100.8	99.8	96.3	90.1	95.9	97.2	96.2	100.7
2015	93.9	99.6	99.5	100.0	91.8	81.1	91.2	93.3	91.7	100.2
2016	95.5	99.1	99.4	98.6	98.2	98.8	96.3	98.8	98.1	99.4
2017	108.0	101.8	102.2	101.3	110.7	126.4	114.4	108.0	110.8	101.1
2018	103.0	100.9	101.0	100.8	103.9	99.6	106.5	103.5	103.9	100.7

4-14 分月工业生产者出厂价格指数(2018)
Producer Price Indices for Industrial Products by Month(2018)

上年同月=100 (the same month last year=100)

类 别	Item	全 年 Total	1月 January	2月 February	3月 March	4月 April	5月 May	6月 June
工业生产者出厂价格指数	**Producer Price Indices for Industrial Products**	**103.0**	**104.3**	**103.6**	**103.2**	**103.6**	**103.9**	**104.3**
轻工业	Light Industry	100.9	101.0	100.9	101.0	101.1	101.2	101.1
以农产品为原料	Using Farm Produces as Raw Materials	101.0	101.1	101.0	101.3	101.3	101.3	101.2
以非农产品为原料	Using Non-farm Produces as Raw Materials	100.8	101.0	100.9	100.6	100.9	101.0	101.0
重工业	Heavy Industry	103.9	105.7	104.8	104.1	104.5	105.1	105.7
采掘	Mining and Quarrying	99.6	92.9	95.5	98.5	98.3	98.1	100.8
原料	Raw Material	106.5	108.9	107.3	106.2	107.6	109.0	110.0
加工	Processing	103.5	106.1	105.1	104.1	104.3	104.6	104.7
生产资料	Means of Production	103.9	105.7	104.7	104.2	104.6	105.2	105.7
采掘	Mining and Quarrying	99.6	92.9	95.5	98.5	98.3	98.1	100.8
原料	Raw Material	106.7	109.1	107.3	106.4	107.8	109.2	110.2
加工	Processing	103.5	106.1	105.0	104.2	104.4	104.7	104.8
生活资料	Consumer Goods	100.7	100.7	100.7	100.6	100.7	100.6	100.7
食品	Food	99.8	100.1	99.9	100.1	99.9	99.7	99.6
衣着	Clothing	103.2	102.0	102.6	102.6	102.8	103.4	103.6
一般日用品	Articles for Daily Use	101.0	101.0	101.2	100.7	100.9	100.8	101.0
耐用消费品	Durable Consumer Goods	100.8	101.0	101.0	100.5	101.0	101.0	101.1

4-14 续表 Continued

类 别	Item	7月 July	8月 August	9月 September	10月 October	11月 November	12月 December
工业生产者出厂价格指数	**Producer Price Indices for Industrial Products**	**103.9**	**103.1**	**102.5**	**102.3**	**101.6**	**100.1**
轻工业	Light Industry	101.3	101.3	100.9	100.7	100.4	100.3
以农产品为原料	Using Farm Produces as Raw Materials	101.2	101.2	101.0	100.8	100.4	100.3
以非农产品为原料	Using Non-farm Produces as Raw Materials	101.3	101.4	100.9	100.7	100.3	100.3
重工业	Heavy Industry	105.0	103.8	103.2	102.9	102.1	100.0
采掘	Mining and Quarrying	104.3	100.1	102.0	103.3	101.3	100.9
原料	Raw Material	108.7	107.1	106.0	104.7	102.7	100.1
加工	Processing	103.8	103.1	102.4	102.3	102.0	99.9
生产资料	Means of Production	105.0	103.9	103.2	102.9	102.1	100.0
采掘	Mining and Quarrying	104.3	100.1	102.0	103.3	101.3	100.9
原料	Raw Material	109.0	107.4	106.3	105.1	103.0	100.3
加工	Processing	103.8	103.2	102.3	102.2	101.9	99.8
生活资料	Consumer Goods	100.9	100.9	100.8	100.6	100.4	100.3
食品	Food	99.7	99.6	99.8	99.8	99.9	99.8
衣着	Clothing	103.8	103.7	103.5	103.7	103.2	102.9
一般日用品	Articles for Daily Use	101.6	101.6	101.3	100.8	100.6	100.4
耐用消费品	Durable Consumer Goods	101.2	101.2	100.9	100.7	100.2	100.3

4-15 分行业工业生产者出厂价格指数(2018)

上年同月=100

类 别	Item	全 年 Total	1月 January
总指数	**General Index**	**103.0**	**104.3**
煤炭开采和洗选业	Coal Mining and Selecting Industry	102.5	94.1
烟煤和无烟煤开采洗选	Bituminous Coal, Anthracite Coal Mining and Dressing	102.5	94.1
黑色金属矿采选业	Ferrous Metal Mineral Mining and Selecting Industry	93.6	90.8
铁矿采选	Iron Mineral Mining and Selecting	93.6	90.8
有色金属矿采选业	Non-ferrous Metal Mineral Mining and Selecting Industry	104.3	108.4
常用有色金属矿采选	Regular Non-ferrous Metal Mineral Mining and Selecting	104.8	109.1
贵金属矿采选	Precious Metal Mineral Mining and Selecting Industry	99.5	101.6
非金属矿采选业	Non-Metal Mineral Mining and Selecting Industry	111.4	112.1
土砂石开采	Gravel Mining and Selecting	111.9	112.2
化学矿开采	Chemical Mineral Mining and Selecting	117.5	126.1
采盐	Salt Mining	109.9	120.7
石棉及其他非金属矿采选	Asbestos and Other Non-Metal Mineral Mining and Selecting	101.5	99.7
农副食品加工业	Agricultural Byproducts Processing Industry	99.2	99.3
谷物磨制	Grinding Grain	98.0	99.5
饲料加工	Forage Processing	101.1	101.1
植物油加工	Planting-Oil Processing	98.0	96.7
屠宰及肉类加工	Meat Slaughtering and Processing	101.4	99.3
水产品加工	Fishery Products Processing	112.7	108.4
蔬菜、水果和坚果加工	Vegetable, Fruit and Nut Processing	97.0	96.1
其他农副食品加工	Other Agricultural Byproducts Processing	99.5	99.0
食品制造业	Food Manufacturing Industry	103.0	102.2
焙烤食品制造	Baked Food Manufacturing	101.6	101.5
糖果、巧克力及蜜饯制造	Candy, Chocolate and Preserved Fruit Manufacturing	99.1	99.8
方便食品制造	Convenient Food Manufacturing	107.2	105.6
乳制品制造	Dairy Products Manufacturing	101.9	100.9
罐头食品制造	Canning Food Manu Facturing	104.3	100.2
调味品、发酵制品制造	Condiment, Ferments Products Manufacturing	98.2	99.6
其他食品制造	Other Food Manufacturing	101.3	102.8
酒、饮料和精制茶制造业	Beverage Manufacturing Industry	99.6	100.9
酒的制造	Wine Manufacturing	99.6	101.8
饮料制造	Beverage Manufacturing	102.0	101.6
精制茶加工	Refinedtea Processing	95.8	96.5
烟草制品业	Tobacco Products Industry	100.0	100.0

Producer Price Indices for Industrial Products by Sector (2018)

(the same month last year = 100)

2月 February	3月 March	4月 April	5月 May	6月 June	7月 July	8月 August	9月 September	10月 October	11月 November	12月 December
103.6	**103.2**	**103.6**	**103.9**	**104.3**	**103.9**	**103.1**	**102.5**	**102.3**	**101.6**	**100.1**
97.8	103.4	105.3	103.8	107.1	111.7	105.5	104.0	101.2	98.4	100.2
97.8	103.4	105.3	103.8	107.1	111.7	105.5	104.0	101.2	98.4	100.2
88.0	83.9	82.8	86.6	91.8	94.3	93.9	99.6	104.1	108.0	104.4
88.0	83.9	82.8	86.6	91.8	94.3	93.9	99.6	104.1	108.0	104.4
107.3	105.4	105.6	106.0	106.2	103.8	102.0	102.0	102.0	101.6	101.4
108.2	106.2	106.2	106.6	106.7	104.3	102.4	102.4	102.3	101.9	101.4
99.2	98.2	99.2	100.0	100.9	99.7	97.5	97.6	99.2	98.9	102.1
112.1	111.3	111.2	111.5	110.7	111.3	111.5	112.4	112.2	110.7	109.9
112.6	111.8	111.8	111.9	111.0	111.8	112.1	113.2	112.8	111.2	110.6
119.6	118.5	115.3	122.9	122.6	120.4	120.5	119.8	116.7	110.2	102.0
115.1	110.1	110.4	107.0	107.5	107.4	106.4	107.1	107.2	109.3	111.8
99.4	100.3	100.7	101.6	101.9	101.7	101.1	100.5	102.8	103.9	104.3
99.2	99.7	99.8	99.3	99.0	98.9	99.3	99.3	99.2	98.9	98.3
99.3	99.8	99.4	98.8	97.9	97.3	97.8	97.3	96.7	96.3	96.1
101.1	103.3	104.1	102.3	100.5	99.7	99.9	100.6	101.3	101.3	97.6
96.4	96.8	98.1	98.4	98.2	98.9	98.8	98.7	98.6	98.6	98.1
99.7	99.6	99.7	100.2	101.3	101.9	102.6	103.5	103.2	103.1	102.9
108.4	108.7	108.4	111.4	119.4	119.8	117.1	113.1	112.7	113.0	111.4
95.8	95.7	95.7	93.8	94.7	96.6	97.4	98.4	100.5	100.1	99.7
99.2	99.4	99.3	99.2	98.6	99.4	99.4	99.9	100.1	100.2	100.9
102.0	102.7	102.1	102.4	102.5	103.2	103.3	103.5	103.7	104.0	104.0
101.3	101.6	101.2	102.2	101.8	101.8	101.8	101.4	101.5	101.6	101.6
99.8	98.2	98.4	98.4	99.0	98.7	98.8	98.9	99.1	99.5	100.2
105.8	106.7	106.2	107.4	107.4	108.1	107.8	107.6	107.8	108.3	107.8
100.1	101.6	99.8	99.6	99.9	101.1	102.5	103.7	103.8	104.7	104.7
100.5	103.1	102.7	104.6	104.9	105.2	105.7	105.7	106.0	105.9	107.1
98.5	98.7	98.8	95.9	98.5	99.2	98.0	97.8	97.6	98.1	97.9
102.5	101.8	101.0	100.3	99.6	100.8	100.5	101.6	101.8	101.7	101.3
100.7	100.7	100.1	99.3	99.4	100.0	98.6	98.9	98.9	99.1	99.1
101.5	101.1	100.7	99.6	99.8	100.0	97.8	97.9	98.1	98.5	98.3
101.7	102.4	102.2	102.1	102.1	102.2	102.2	102.2	102.0	101.8	101.8
96.1	96.5	94.1	93.6	93.4	95.8	95.1	97.4	96.9	96.9	97.6
100.0	100.0	100.0	100.0	100.0	100.0	100.0	100.0	100.0	100.0	100.0

4-15 续表 1

类别	Item	全年 Total	1月 January
烟叶复烤	Tobacco Redrying	100.3	100.0
卷烟制造	Cigarette Manufacturing	100.0	100.0
其他烟草制品制造	Other Tobacco Products Manufacturing	100.2	100.2
纺织业	Textile Industry	101.9	101.4
棉纺织及印染精加工	Cotton Textile and Refined Processing	101.2	100.4
毛纺织及染整精加工	Wool Textile and Refined Processing	105.1	106.5
麻纺织及染整精加工	Hemp Textile and Refined Processing	111.7	102.4
丝绢纺织及印染精加工	Silk Textile and Refined Processing	111.7	112.4
化纤织造及印染精加工	Chemical Fiber and Refined Processing	99.4	102.2
针织或钩针编织物及其制品制造	Knitted Fabric and Its Products Manufacturing	107.0	104.0
家用纺织制成品制造	Household Textile Products Manufacturing	101.4	100.2
产业用纺织制成品制造	Industrial Textiles Products Manufacturing	95.1	97.6
纺织服装、服饰业	Textile and Clothing Industry	103.0	101.9
机织服装制造	Woven Clothing Manufacturing	103.1	101.9
针织或钩针编织服装制造	Knitted Clothing Manufacturing	102.4	103.0
服饰制造	Textile Clothing Manufacturing	103.1	101.1
皮革、毛皮、羽毛及其制品和制鞋业	Leather, Furriery, Feather and Its Products Industry & Shoe Industry	103.4	104.7
皮革鞣制加工	Leather Processing	101.7	104.9
皮革制品制造	Leather Product Manufacturing	102.1	102.5
羽毛(绒)加工及制品制造	Feather Processing and Its Products Manufacturing	104.2	106.9
制鞋业	Shoe Industry	102.8	101.6
木材加工和木、竹、藤、棕、草制品业	Timber Processing, Bamboo, Cane, Palm Fiber and Straw Products	101.0	101.3
木材加工	Wood Processing	101.2	99.7
人造板制造	Artificial Panel Manufacturing	101.2	101.8
木制品制造	Timber Product Manufacturing	99.7	100.5
竹、藤、棕、草等制品制造	Bamboo, Cane, Palm Fiber and Straw Product Manufacturing	102.3	101.7
家具制造业	Furniture Manufacturing Industry	102.6	102.1
木质家具制造	Timber Furniture Manufacturing	101.4	101.1
竹、藤家具制造	Bamboo and Cane Furniture Manufacturing	106.3	102.4
金属家具制造	Metal Furniture Manufacturing	101.1	101.0
其他家具制造	Other Furniture Manufacturing	107.0	107.6
造纸和纸制品业	Paper Making and Paper Products Industry	105.0	106.6
造纸	Paper Making	106.4	108.3
纸制品制造	Paper Products Manufacturing	102.7	103.7
印刷和记录媒介复制业	Printing and Record Medium Reproduction Industry	102.9	103.9

Continued 1

2月 February	3月 March	4月 April	5月 May	6月 June	7月 July	8月 August	9月 September	10月 October	11月 November	12月 December
100.0	100.0	100.0	100.0	100.0	100.0	100.0	100.0	100.0	100.0	104.2
100.0	100.0	100.0	100.0	100.0	100.0	100.0	100.0	100.0	100.0	100.0
100.2	100.2	100.2	100.2	100.2	100.2	100.2	100.2	100.3	100.1	100.2
101.7	101.6	101.7	102.0	102.2	102.4	102.9	102.2	102.0	101.5	101.2
100.1	100.1	100.4	100.7	100.9	101.7	102.7	101.6	101.5	101.9	102.3
106.4	104.5	101.3	101.9	105.1	105.8	106.4	106.1	106.8	107.0	103.6
105.9	106.6	106.2	111.6	113.9	113.3	113.5	114.8	116.4	118.0	117.8
113.9	113.1	114.5	116.2	116.6	114.6	112.3	110.2	108.6	105.5	103.6
102.4	101.6	101.6	100.1	99.0	99.6	98.9	99.0	96.8	96.1	96.1
106.0	106.7	105.9	108.0	108.8	110.0	109.3	108.8	107.3	104.0	105.0
100.5	100.5	100.5	100.3	101.5	101.4	101.7	102.2	102.7	103.0	102.7
98.2	97.4	96.7	95.1	94.7	94.0	94.7	94.6	95.0	92.7	90.4
102.2	102.1	102.5	103.1	103.5	103.6	103.6	103.4	103.8	103.5	103.1
102.1	102.1	102.4	103.1	103.6	103.6	103.6	103.4	104.1	103.7	103.3
103.0	102.8	102.9	102.8	102.5	103.1	103.3	103.1	101.0	101.2	100.3
102.0	102.3	103.5	103.0	103.7	104.1	103.6	103.8	103.6	103.8	102.9
104.4	105.5	105.1	104.8	104.4	103.5	103.0	102.0	101.3	101.4	101.7
102.8	103.6	101.8	100.8	101.2	100.8	100.9	101.0	101.0	101.1	100.8
102.7	102.6	102.7	102.3	102.0	102.7	102.3	101.8	101.9	101.3	101.0
105.6	107.4	106.7	106.5	106.0	104.3	103.6	101.5	100.8	101.0	101.6
103.0	103.9	103.6	103.4	103.0	102.9	102.6	103.4	102.2	102.2	102.3
100.9	101.4	101.4	101.3	101.2	100.9	100.8	100.8	100.7	100.7	100.4
100.2	100.2	99.9	100.5	101.2	101.0	101.2	101.7	102.1	102.9	103.6
101.0	101.8	102.0	101.7	101.5	101.0	101.0	100.9	100.8	100.6	100.3
100.7	100.4	100.0	99.8	99.9	99.5	99.2	99.4	98.9	99.4	98.8
101.3	101.8	102.3	102.2	101.9	102.7	103.2	103.2	102.8	102.7	102.3
101.7	101.7	101.8	102.0	101.9	103.1	103.4	103.4	103.6	103.2	103.2
100.3	100.2	100.7	100.8	100.5	101.7	102.2	102.7	102.1	101.8	102.1
102.5	102.5	102.5	103.1	105.2	108.9	109.0	107.9	112.1	110.0	109.6
100.9	101.5	101.4	101.3	100.8	101.0	101.9	100.6	100.9	100.9	101.3
107.8	107.5	106.8	107.5	106.9	107.2	106.5	106.9	107.2	107.0	105.6
105.1	105.4	106.0	108.9	108.9	108.2	106.3	104.2	101.7	98.5	101.0
105.8	106.5	107.3	112.0	112.4	111.2	108.8	106.3	102.2	97.3	100.6
103.8	103.6	103.9	103.9	103.4	103.6	102.3	101.0	100.9	100.5	101.5
104.0	103.7	104.1	103.6	103.4	103.1	102.7	102.4	102.0	101.1	101.0

4-15 续表2

类　别	Item	全　年 Total	1月 January
印刷	Printing	102.9	103.9
装订及印刷相关服务	Binding and Other Printing Service	101.9	103.1
文教、工美、体育和娱乐用品制造业	Culture, Education, Sports and Entertainment Manufacturing Industry	102.2	101.3
文教办公用品制造	Office & School Supplies Manufacturing	100.9	101.1
工艺美术品制造	Arts and Crafts Manufacturing	102.9	101.7
体育用品制造	Sporting Goods Manufacturing	102.6	101.3
玩具制造	Toy Manufacturing	101.2	100.6
游艺器材及娱乐用品制造	Recreational Products Manufacturing	99.6	100.0
石油加工、炼焦和核燃料加工业	Petroleum Processing, Coking and Nuclear Fuel Processing Industry	122.2	117.2
精炼石油产品制造	Refineed Petroleum Products Manufacturing	123.9	118.8
煤炭加工	Coal Processing	108.4	104.0
化学原料和化学制品制造业	Chemical Material and Chemical Product Manufacturing	106.2	108.1
基础化学原料制造	Basic Chemical Material Manufacturing	110.6	110.4
肥料制造	Fertilizer Manufacturing	107.4	111.9
农药制造	Pesticide Manufacturing	108.3	114.6
涂料、油墨、颜料及类似产品制造	Coating, Printing Ink, Pigment and Other Similar Products Manufacturing	100.0	100.6
合成材料制造	Synthetic Material Manufacturing	106.7	109.1
专用化学产品制造	Specialty Chemicals Manufacturing	103.0	106.3
炸药、火工及焰火产品制造	Explosive and Firework Products Manufacturing	101.6	99.4
日用化学产品制造	Daily Chemicals Manufacturing	101.5	100.1
医药制造业	Pharmaceutical Manufacturing Industry	101.1	101.6
化学药品原料药制造	Bulk Drug of Chemical Medicine Manufacturing	97.7	99.3
化学药品制剂制造	Chemical Medicine Agents Manufacturing	104.0	101.0
中药饮片加工	TCM Decoction Pieces Processing	100.1	103.4
中成药生产	Chinese Patent Medicine Manufacturing	101.6	102.0
兽用药品制造	Veterinary Medicine Manufacturing	95.9	100.0
生物药品制造	Biopharmaceuticals Manufacturing	101.7	101.6
卫生材料及医药用品制造	Hygienic Material and Medical Products Manufacturing	101.4	103.9
药用辅料及包装材料	Pharmaceutical Excipients and Packaging Materials Manufacturing	101.4	103.9
化学纤维制造业	Chemaical Fiber Manufacturing Industry	100.8	96.2
纤维素纤维原料及纤维制造	Cellulose Fiber Material and Fiber Manufacturing	99.8	99.3
合成纤维制造	Synthetic Fiber Manufacturing	101.4	94.7
生物基材料制造	Bio-based Materials Manufacturing	99.8	99.3
橡胶和塑料制品业	Rubber and Plastic Products Industry	101.6	101.7
橡胶制品业	Rubber Products Industry	99.3	100.4

Continued 2

2月 February	3月 March	4月 April	5月 May	6月 June	7月 July	8月 August	9月 September	10月 October	11月 November	12月 December
104.0	103.7	104.1	103.6	103.4	103.1	102.7	102.5	102.1	101.1	101.0
103.1	103.1	103.1	103.1	103.1	101.8	105.3	101.8	101.8	98.7	95.5
102.1	102.0	102.5	102.8	102.8	103.1	102.8	102.4	102.0	101.7	101.4
100.7	100.5	98.4	99.3	98.9	100.7	100.9	101.4	102.7	103.2	102.7
102.5	102.0	103.5	103.6	103.9	104.0	104.0	103.2	102.6	102.4	101.9
102.2	101.5	102.6	102.9	103.2	103.2	103.0	103.3	103.3	102.6	102.5
101.9	103.3	102.8	103.4	102.4	102.3	101.1	100.6	99.3	98.7	98.5
100.0	98.6	98.6	98.6	100.0	100.0	100.0	100.0	100.0	100.0	100.0
118.3	115.2	119.5	125.4	126.2	130.9	129.1	130.1	132.6	121.5	103.9
120.0	116.5	121.6	127.3	128.2	133.1	130.8	132.4	135.7	122.4	103.6
105.0	105.6	102.5	108.1	108.9	112.8	114.5	110.9	108.2	113.6	107.6
106.6	106.1	106.1	107.2	107.1	107.4	108.0	107.1	106.5	104.0	100.8
107.0	106.7	109.4	112.8	113.1	115.7	117.7	114.8	114.2	107.0	100.2
109.6	109.3	108.4	109.5	109.2	107.8	107.1	107.7	105.9	103.7	99.5
116.2	113.6	111.9	108.4	108.2	105.1	105.1	104.2	105.7	104.3	104.2
100.8	101.1	100.5	100.1	99.8	100.4	100.4	99.2	98.4	99.1	100.3
106.9	105.8	104.6	106.5	107.2	106.8	108.7	107.2	107.7	106.3	103.3
106.2	104.9	103.8	103.4	103.4	103.1	102.4	102.2	101.3	100.3	98.7
99.1	100.5	100.6	100.5	101.2	101.8	101.5	103.7	103.7	103.7	103.8
100.3	100.2	100.5	100.6	100.3	101.7	103.0	103.0	102.9	103.0	102.9
101.5	99.8	101.0	100.6	101.2	101.9	101.2	101.3	100.5	101.6	100.8
99.3	94.7	100.4	97.0	99.9	101.9	103.0	102.1	91.5	91.7	91.7
103.2	101.0	101.7	101.9	102.2	106.4	106.3	106.0	106.7	106.3	104.9
101.2	100.6	99.5	97.9	99.4	98.5	99.2	99.6	100.6	101.1	100.8
101.8	99.8	101.7	103.1	102.7	100.6	98.0	99.4	101.4	105.3	103.7
100.6	101.7	101.0	101.4	94.6	97.2	93.5	92.1	92.2	87.7	88.3
101.3	102.1	101.5	102.0	101.8	103.9	102.0	100.6	101.3	101.2	101.2
103.9	103.9	103.2	101.8	101.9	101.0	99.3	99.9	99.2	99.5	100.1
103.9	103.9	103.2	101.8	101.9	101.0	99.3	99.9	99.2	99.5	100.1
95.7	97.3	98.6	99.2	99.7	100.7	103.6	104.9	104.8	104.9	104.8
98.9	99.7	99.7	99.7	99.4	99.8	99.8	99.9	100.5	100.4	100.4
94.2	96.1	98.1	99.0	99.8	101.2	105.5	107.3	107.0	107.2	107.0
98.9	99.7	99.7	99.7	99.4	99.8	99.8	99.9	100.5	100.4	100.4
101.6	100.9	100.3	101.1	101.8	102.6	102.5	101.7	101.7	101.3	101.3
100.1	99.3	98.2	98.8	99.0	99.4	99.4	98.5	99.2	99.1	100.0

4-15 续表3

类　别	Item	全　年 Total	1月 January
塑料制品业	Plastic Products Industry	102.3	102.1
非金属矿物制品业	Non-metal Mineral Products Industry	116.8	121.4
水泥、石灰和石膏制造	Cement, Lime and Gypsum Manufacturing	127.4	141.4
石膏、水泥制品及类似制品制造	Cement & Gypsum Products and Other Similar Products Manufacturing	120.9	124.3
砖瓦、石材等建筑材料制造	Brick, Stone Material and Other Building Materials Manufacturing	107.6	103.8
玻璃制造	Glass Manufacturing	97.4	103.2
玻璃制品制造	Glass Products Manufacturing	103.2	101.8
玻璃纤维和玻璃纤维增强塑料制品制造	Fiberglass and Reinforced Plastic Products Manufacturing	106.7	120.6
陶瓷制品制造	Ceramics Manufacturing	100.4	99.2
耐火材料制品制造	Refractory Products Manufacturing	111.2	111.7
石墨及其他非金属矿物制品制造	Graphite and Other Non-metal Mineral Products Manufacturing	100.8	106.8
黑色金属冶炼和压延加工业	Ferrous Metal Smelting and Rolling Processing Industry	104.5	109.3
炼铁	Ironmaking	108.2	106.4
炼钢	Steelmaking	107.0	115.9
钢压延加工	Steel Rolling Processing	104.4	109.1
铁合金冶炼	Ferroalloy Smelting	100.1	102.3
有色金属冶炼和压延加工业	Non-ferrous Metal Smelting and Rolling Processing Industry	104.1	115.6
常用有色金属冶炼	Common Non-ferrous Metal Smelting	106.2	123.7
贵金属冶炼	Precious Metal Smelting	98.1	104.0
有色金属合金制造	Non-ferrous Metal Alloy Manufacturing	103.6	108.6
有色金属压延加工	Non-ferrous Metal Rolling Processing	102.1	109.2
金属制品业	Metal Products Industry	105.7	107.2
结构性金属制品制造	Structural Metal Products Manufacturing	107.1	110.2
金属工具制造	Metal Tools Manufacturing	110.3	106.2
集装箱及金属包装容器制造	Container and Metal Packing Container Manufacturing	102.5	102.8
金属丝绳及其制品制造	Metal Silk Rope and Its Products Manufacturing	111.6	117.2
建筑、安全用金属制品制造	Metal Products for Building and Safety Manufacturing	104.7	108.8
金属表面处理及热处理加工	Metal Finishing and Heat Treatment	101.4	104.6
金属制日用品制造	Stainless Steel and Similar Daily Metal Products Manufacturing	103.7	108.7
锻造及其他金属制品制造	Other Metal Products Manufacturing	104.0	102.9
通用设备制造业	General Equipment Manufacturing Industry	101.9	101.0
锅炉及原动设备制造	Boiler and Prime Mover Manufacturing	100.6	100.3
金属加工机械制造	Metalworking and Machinery Manufacturing	104.4	103.1
物料搬运设备制造	Material Handing Equipment Manufacturing	100.7	100.3

Continued 3

2月 February	3月 March	4月 April	5月 May	6月 June	7月 July	8月 August	9月 September	10月 October	11月 November	12月 December
102.1	101.4	101.1	101.9	102.8	103.7	103.6	102.9	102.6	102.1	101.8
120.0	117.0	116.1	116.4	115.4	116.3	118.0	116.3	116.2	117.5	112.5
134.3	123.5	119.6	120.8	123.8	128.2	132.7	128.4	127.4	133.3	118.7
124.0	123.3	125.0	125.1	118.8	118.7	118.9	117.9	119.0	119.6	118.3
106.9	106.5	106.5	106.9	107.5	106.8	109.9	110.2	110.6	107.7	107.9
103.3	102.6	97.1	97.0	97.2	95.8	95.4	95.5	94.2	94.6	93.7
101.6	102.7	103.5	104.4	104.0	103.4	103.7	103.8	103.5	103.5	102.9
116.8	114.2	112.9	109.5	106.8	107.9	106.1	103.1	100.1	95.6	91.1
99.5	100.1	99.5	99.5	100.4	101.0	100.9	100.9	100.9	101.7	101.7
111.8	112.1	112.8	112.6	112.3	110.1	111.0	110.6	109.7	109.5	110.0
107.4	106.7	106.1	104.9	102.8	100.5	100.0	94.8	93.0	95.0	93.6
105.2	103.0	106.0	106.3	107.4	105.3	104.1	104.1	106.2	103.5	94.3
105.4	105.2	106.1	108.7	109.4	108.5	109.5	110.7	109.9	110.1	108.3
117.2	106.7	114.0	111.5	110.9	109.3	106.1	101.6	103.3	98.6	93.6
104.8	102.9	105.8	106.2	107.3	105.2	104.0	104.2	106.3	103.6	94.2
100.6	100.0	100.0	100.3	100.6	99.7	100.0	99.2	98.9	99.7	100.6
110.5	107.8	108.6	111.0	113.5	105.1	100.5	97.2	96.2	94.2	92.9
115.6	111.0	111.9	114.6	118.3	105.7	101.1	98.0	96.1	93.7	92.2
100.1	97.7	96.2	96.6	96.0	98.8	95.9	95.5	97.9	99.0	100.3
107.0	107.9	108.7	107.9	108.8	104.7	101.0	99.8	98.2	95.8	96.7
106.4	104.8	105.7	107.9	109.7	104.6	99.8	96.1	95.9	94.5	93.1
106.8	106.3	105.8	106.3	106.3	106.0	106.0	105.4	104.8	104.2	103.4
109.3	109.0	107.7	108.6	107.9	107.1	107.4	106.1	105.0	104.2	103.3
106.7	107.8	108.9	109.7	110.8	111.1	112.2	113.0	112.8	112.1	111.6
103.2	103.0	102.8	102.2	101.8	102.4	103.3	103.0	103.1	102.3	100.6
115.9	114.4	113.7	113.7	113.4	112.8	109.8	109.5	108.0	107.5	105.1
108.1	106.6	106.2	106.3	106.4	105.5	103.3	102.4	102.3	101.2	100.4
102.3	100.2	98.7	98.8	100.1	100.8	102.2	103.1	102.8	102.4	101.0
109.4	108.2	108.1	106.1	103.6	101.9	101.4	99.4	99.2	100.7	99.8
103.5	103.2	103.7	104.0	104.6	104.7	104.5	104.3	104.3	104.1	104.0
101.0	101.6	101.7	102.0	102.0	101.8	102.3	102.4	102.6	102.4	101.8
100.5	100.3	100.4	100.3	100.2	100.3	100.9	100.7	100.8	101.0	101.4
101.3	102.1	102.8	104.4	105.4	106.6	105.6	105.6	107.2	106.0	103.3
100.6	100.7	100.5	100.3	100.4	100.7	100.9	101.0	101.2	101.2	100.7

4-15 续表4

类别	Item	全年 Total	1月 January
泵、阀门、压缩机及类似机械制造	Pump, Valve, Compressor and Other Similar Mechanical Manufacturing	100.5	99.9
轴承、齿轮和传动部件制造	Bearing, Gear and Drive Component Manufacturing	104.0	102.0
烘炉、风机、包装等设备制造	Oven, Fan Blower and Packing Equipments Manufacturing	102.0	101.1
通用零部件制造	General Machine Components Manufacturing	103.7	102.9
其他通用设备制造	Other General Equipments Manufacturing	99.9	97.9
专用设备制造业	Special Equipment Manufacturing Industry	101.9	101.4
采矿、冶金、建筑专用设备制造	Mining, Metallurgy, Building Equipments Manufacturing	102.0	102.5
化工、木材、非金属加工专用设备制造	Chemical Engineering, Timber, Non-Metal Processing Equipments Manufacturing	98.5	100.5
食品、饮料、烟草及饲料生产专用设备制造	Food, Beverage, Tobacco and Foddar Production Equipments Manufacturing	99.9	99.7
印刷、制药、日化及日用品生产专用设备制造	Printing, Pharmacy, Daily Chemical Products and Commoditys Production Equipments Manufacturing	102.6	101.2
纺织、服装和皮革加工专用设备制造	Textile, Clothing and Leather Processing Equipments Manufacturing	105.1	100.0
电子和电工机械专用设备制造	Electronics and Electrical Machinery Equipments Manufacturing	100.4	101.2
农、林、牧、渔专用机械制造	Agriculture, Forestry, Animal Husbandry and Fishery Machinery Manufacturing	101.9	103.2
医疗仪器设备及器械制造	Medical Instruments Manufacturing	99.4	101.3
环保、社会公共服务及其他专用设备制造	Environment Protection, Public Social Service and Other Specific Equipments Manufacturing	100.0	99.0
汽车制造业	Automobile Manufacturing Industry	100.6	100.5
汽车整车制造	Integrated Automobiles Manufacturing	100.0	99.7
汽车用发动机制造	Automotive Engines Manufacturing	100.0	99.7
改装汽车制造	Refit Vehicle Manufacturing	99.2	101.9
电车制造	Electric Vehicle Manufacturing	100.5	100.0
汽车车身、挂车制造	Vehicle Body and Trailer Manufacturing	101.1	101.3
汽车零部件及配件制造	Auto Parts Manufacturing	101.2	101.0
铁路、船舶、航空航天和其他运输设备制造业	Railway, Ship, Aerospace and Other Transport Equipments Manufacturing Industry	100.9	101.3
铁路运输设备制造	Railway Transport Equipment Manufacturing	100.5	102.1
船舶及相关装置制造	Ship and Related Equipment Manufacturing	101.0	100.9
摩托车制造	Motorcycle Manufacture	103.1	101.2
助动车制造	Moped Manufacturing	99.5	103.8
电气机械和器材制造业	Electric Machinery and Equipment Manufacturing	101.4	102.9
电机制造	Electric Motor Manufacturing	98.1	99.3
输配电及控制设备制造	Electric Transmission, Distribution and Control Equipments Manufacturing	96.7	98.6

Continued 4

2月 February	3月 March	4月 April	5月 May	6月 June	7月 July	8月 August	9月 September	10月 October	11月 November	12月 December
100.1	100.4	100.1	100.1	100.2	100.8	100.7	101.0	101.1	100.8	100.9
102.2	103.0	104.0	104.4	104.6	104.6	104.3	105.0	104.7	104.6	104.1
102.0	103.0	103.0	103.7	102.0	98.3	102.3	101.7	102.5	102.7	101.6
102.3	104.1	104.4	104.4	104.3	103.8	103.9	104.2	103.4	103.4	103.0
98.1	98.2	98.4	100.8	100.6	100.8	100.6	100.8	100.7	100.8	101.1
101.5	101.6	102.1	101.8	101.8	102.0	102.2	102.0	102.0	102.1	102.5
102.3	101.7	102.0	101.7	102.0	102.2	101.6	101.8	102.1	102.3	102.1
100.0	100.0	100.1	98.5	95.5	97.0	97.7	96.9	98.4	98.7	98.6
99.2	101.5	101.7	100.5	101.7	100.7	99.7	98.1	99.0	98.5	98.2
101.5	102.0	102.8	102.7	102.6	102.8	103.5	103.1	102.9	102.8	103.5
100.0	106.1	106.1	106.1	106.1	106.1	106.1	106.1	106.7	104.9	106.7
101.2	100.2	99.0	99.4	100.5	100.0	99.7	99.7	100.4	101.5	101.4
103.8	102.4	102.6	100.7	101.1	102.1	102.1	102.0	101.1	101.2	101.2
101.2	101.6	101.2	98.5	98.8	99.9	99.7	97.5	98.5	98.0	96.1
99.7	99.4	99.6	99.5	99.7	100.0	100.0	100.2	99.9	101.2	101.9
101.2	100.9	100.8	100.8	100.6	100.7	100.3	100.3	100.2	100.3	100.0
99.4	99.6	100.0	100.0	100.2	100.3	100.1	100.0	100.1	100.2	100.1
99.4	99.6	100.0	100.0	100.2	100.3	100.1	100.0	100.1	100.2	100.1
100.8	100.4	99.1	99.1	98.7	99.1	98.9	98.6	98.3	97.8	98.3
100.3	100.6	100.6	100.6	100.6	100.6	100.7	100.6	100.7	100.6	100.6
101.8	101.7	100.3	100.5	101.2	101.4	101.4	101.2	101.0	100.6	100.6
102.8	102.0	101.8	101.9	101.3	101.3	100.6	100.7	100.6	100.7	100.2
102.0	100.7	100.9	100.9	100.7	101.1	100.9	100.9	100.5	100.4	100.3
103.0	100.3	102.3	101.3	99.8	100.4	100.2	100.5	99.6	99.5	97.4
101.9	100.8	100.9	100.9	100.7	101.2	101.0	101.0	100.8	100.8	100.8
101.3	101.3	102.5	103.4	104.3	104.2	104.2	103.9	104.2	102.9	103.5
102.0	99.9	99.2	99.2	100.0	99.2	98.6	98.9	97.9	97.7	97.5
102.6	101.9	102.5	102.8	102.9	102.0	101.3	100.3	100.0	99.2	99.2
99.5	98.9	98.1	97.7	97.2	96.9	97.1	98.1	97.4	98.1	99.1
97.9	98.2	98.2	98.2	97.4	96.4	95.9	95.1	95.1	94.9	94.5

4-15 续表 5

类别	Item	全年 Total	1月 January
电线、电缆、光缆及电工器材制造	Wire,Cable,Fiber Optic Cable and Electrical Equipments Manufacturing	104.0	109.1
电池制造	Battery Manufacturing	102.4	99.8
家用电力器具制造	Household Electrical Appliance Manufacturing	101.5	101.2
非电力家用器具制造	Non-electrical Household Appliance	100.3	99.8
照明器具制造	Luminaires Manufacturing	99.6	99.8
其他电气机械及器材制造	Other Electric Machinery and Device Manufacturing	110.0	107.2
计算机、通信和其他电子设备制造业	Tele-communication Equipment,Computer and Other Electronic Equipments Manufacturing Industry	93.2	99.2
计算机制造	Computer Manufacturing	85.3	99.2
通信设备制造	Tele-communication Equipment Manufacturing	101.1	98.3
雷达及配套设备制造	Radar and Associated Equipments Manufacturing	100.0	100.0
视听设备制造	Audio-visual Equipment Manufacturing	96.4	99.3
智能消费设备制造	Intelligent Consumer Equipment Manufacturing	100.7	102.8
电子器件制造	Electron Devices Manufacturing	91.3	97.1
电子元件及电子专用材料制造	Electronic Components and Special Electronic Materials Manufacturing	99.1	99.2
其他电子设备制造	Other Electronic Equipments Manufacturing	102.3	100.9
仪器仪表制造业	Instruments and Apparatuses Manufacturing Industry	100.6	100.0
通用仪器仪表制造	General Instruments Manufacturing	101.4	100.2
专用仪器仪表制造	Special Instruments Manufacturing	100.0	100.0
其他仪器仪表制造业	Other Instruments Manufacturing	98.3	97.5
其他制造业	Other Manufacturing Industry	103.3	102.9
日用杂品制造	Daily Groceries Manufacturing	101.8	101.1
其他未列明制造业	Other Not Specified Manufacturing	105.0	104.9
废弃资源综合利用业	Comprehensive Utilization of Waste Resources	117.6	118.4
金属废料和碎屑加工处理	Metal Scrap Processing	122.4	123.9
非金属废料和碎屑加工处理	Non-metal Scrap Processing	104.9	104.1
电力、热力生产和供应业	Electricing,Heat Production and Supply Industry	99.4	100.5
电力生产	Electric Power Production	99.8	101.6
电力供应	Electric Power Supply	99.1	99.7
热力生产和供应	Heat Production and Supply	102.1	104.7
燃气生产和供应业	Gas Production and Supply Industry	103.0	104.9
燃气生产和供应业	Gas Production and Supply	103.0	104.9
生物质燃气生产和供应业	Biomass Gas Production and Supply	103.0	104.9
水的生产和供应业	Water Production and Supply Industry	100.2	99.8
自来水生产和供应	Tap Water Production and Supply	100.4	100.3
污水处理及其再生利用	Sewage Treatment and Recycling	99.9	98.7

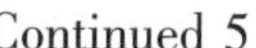
Continued 5

2月 February	3月 March	4月 April	5月 May	6月 June	7月 July	8月 August	9月 September	10月 October	11月 November	12月 December
107.6	106.0	106.9	107.8	108.2	104.8	102.5	100.4	99.9	98.5	98.3
99.7	99.8	100.2	101.6	103.6	104.2	106.4	104.0	103.9	102.7	103.5
101.7	100.9	101.8	101.9	102.0	102.2	102.0	101.6	101.3	100.5	100.5
98.5	100.3	100.3	100.3	100.4	100.5	100.7	100.7	100.9	100.7	100.7
99.2	99.4	98.7	99.3	99.3	99.3	99.1	99.1	99.9	100.8	100.9
107.9	108.3	108.5	109.3	110.5	113.2	113.5	111.9	110.9	109.0	109.5
98.3	97.3	94.5	93.9	93.5	92.0	91.2	90.0	88.0	90.1	89.9
98.2	95.3	89.5	89.4	86.5	85.0	81.0	77.2	70.9	77.6	74.1
97.8	97.6	96.8	96.8	98.9	102.6	104.4	104.4	105.4	105.4	105.7
100.0	100.0	100.0	100.0	100.0	100.0	100.0	100.0	100.0	100.0	100.0
97.3	96.5	95.7	95.8	95.2	95.9	96.1	95.9	96.0	96.2	96.9
100.9	100.9	100.9	100.7	101.1	100.9	100.4	100.1	99.8	99.8	99.7
97.0	96.5	92.2	90.5	91.5	87.6	88.6	88.2	87.6	87.9	90.6
98.6	98.6	99.0	98.4	98.8	98.8	98.7	100.0	99.7	99.3	100.0
101.1	101.2	101.1	101.3	102.8	103.0	103.2	103.3	103.3	103.2	103.6
100.2	100.5	100.6	100.5	100.7	101.0	100.9	100.8	100.7	100.9	100.6
100.7	101.2	101.3	101.2	101.5	102.3	102.0	101.7	101.8	102.0	101.5
100.0	100.0	100.0	100.0	100.0	100.0	100.0	100.0	100.0	100.0	100.0
97.7	97.6	99.3	98.9	100.0	98.1	98.5	99.4	97.3	98.3	96.7
103.0	103.8	103.8	103.4	103.8	104.1	103.2	102.9	103.2	103.5	102.6
101.1	102.0	102.6	101.8	101.9	101.8	101.9	101.8	102.0	101.9	101.2
105.1	105.7	105.2	105.1	105.9	106.5	104.6	104.0	104.4	105.2	103.9
117.6	117.7	117.4	120.0	123.8	119.3	113.9	117.1	118.0	118.2	111.2
123.1	123.4	122.6	126.1	132.1	124.8	117.1	121.0	122.7	122.4	112.8
103.2	103.2	103.9	104.5	103.5	104.9	105.0	106.8	105.7	107.0	107.3
100.4	100.4	100.3	100.1	98.6	98.7	98.6	99.1	98.6	98.8	98.8
101.9	101.9	101.9	102.1	98.9	98.8	98.6	98.2	97.4	98.0	98.1
99.3	99.4	99.1	98.7	98.3	98.5	98.5	99.7	99.3	99.3	99.2
103.8	102.1	103.0	101.7	101.6	101.9	102.2	101.5	101.2	100.8	101.0
104.2	104.0	102.8	102.1	101.8	101.8	102.1	101.8	101.8	103.1	105.2
104.2	104.0	102.8	102.1	101.8	101.8	102.1	101.8	101.8	103.1	105.2
104.2	104.0	102.8	102.1	101.8	101.8	102.1	101.8	101.8	103.1	105.2
100.2	100.6	100.6	100.7	100.6	100.3	100.1	100.1	100.1	99.9	99.9
100.7	100.8	100.8	100.8	100.9	100.4	100.2	100.2	100.1	99.8	99.8
98.9	100.1	100.1	100.3	100.1	100.0	100.0	100.1	100.1	100.0	100.0

4-16　工业生产者购进价格指数

上年=100

年　份 Year	总指数 General Index	燃料、动力类 Fuels and Power	黑色金属材料类 Ferrous Metals		有色金属材料和电线类 Non-ferrous Metals and Wires
				钢材 Rolled Steel	
1993	128.7	129.6	169.4	167.3	127.3
1994	122.3	119.9	101.9	99.6	109.6
1995	117.9	107.4	94.4	94.1	129.3
1996	110.0	114.2	99.7	100.3	93.8
1997	101.7	106.5	95.4	94.6	100.7
1998	96.0	100.5	95.4	94.4	86.0
1999	94.5	96.9	94.8	94.5	89.0
2000	102.6	103.2	102.9	102.3	110.5
2001	100.2	101.6	98.7	97.3	95.8
2002	98.2	101.7	99.1	98.8	96.3
2003	106.7	105.9	108.9	111.7	104.8
2004	115.0	113.9	122.2	118.7	128.4
2005	107.2	115.0	108.4	106.7	116.4
2006	103.9	105.7	99.2	99.5	135.1
2007	105.1	102.4	105.8	105.7	106.2
2008	112.4	116.7	119.4	118.8	97.5
2009	95.3	98.5	86.9	88.2	84.3
2010	111.8	110.9	113.5	105.3	124.9
2011	103.4	108.0	102.0	103.0	101.4
2012	98.2	100.1	94.0	94.7	95.4
2013	96.9	91.6	96.9	95.4	93.8
2014	97.2	93.3	95.9	96.1	95.6
2015	93.5	89.4	88.2	90.3	90.6
2016	98.4	95.7	97.1	97.4	101.6
2017	109.2	114.5	114.1	114.1	122.2
2018	105.3	110.1	106.8	107.8	103.1

Purchasing Price Indices for Industrial Producers

(preceding year = 100)

化工原料类 Chemical Raw Materials	木材及纸浆类 Timber and Paper Pulp	建筑材料及非金属矿类 Building Materials and Non-metal Ores	其他工业原材料及半成品类 Other Industrial Raw Materials and Semi-finished Products	农副产品类 Agriculture and Sideline Products	纺织原料类 Textile Materials
120.3	122.2	145.6	112.7	103.1	112.5
121.1	132.4	106.3	113.5	139.5	150.1
127.7	121.1	115.2	107.1	146.0	117.5
95.6	107.0	99.9	104.3	128.1	93.4
97.7	104.9	99.7	95.3	100.7	96.1
91.3	95.3	99.9	88.8	92.9	93.7
94.8	93.4	98.7	92.5	91.9	93.8
109.0	100.2	95.2	100.8	94.3	104.0
98.5	99.1	95.8	99.5	100.1	100.3
97.1	97.8	99.5	97.5	94.2	95.8
105.2	100.5	100.6	103.3	111.0	110.7
112.7	103.9	107.1	112.6	116.5	107.5
107.2	103.2	106.2	104.5	98.1	95.4
102.1	102.1	100.7	102.6	102.8	102.6
104.4	104.3	103.3	106.4	110.6	100.1
107.8	110.5	110.3	110.7	114.9	102.2
90.5	99.3	100.2	94.2	96.1	97.0
111.3	103.9	106.9	105.9	110.1	108.5
100.8	112.2	98.5	100.5	108.0	99.5
97.1	104.4	98.3	98.1	103.1	96.2
97.9	99.6	95.7	98.7	103.4	100.3
98.3	100.4	99.8	98.4	100.8	99.1
94.0	99.7	98.7	97.4	96.7	96.9
96.8	99.5	96.1	99.7	98.5	100.8
109.1	104.8	105.6	104.5	101.4	104.6
106.9	104.1	107.1	104.1	100.0	103.3

4-17 分月工业生产者购进价格指数(2018)

上年同月=100

类　别	Item	累计 Total	1月 January	2月 February
总指数	**General Index**	**105.3**	**107.1**	**106.8**
燃料、动力类	Fules and Power	110.1	108.4	111.5
黑色金属材料类	Ferrous Metals	106.8	109.1	107.2
#钢材	#Rolled Steel	107.8	111.8	110.3
其他	Others	104.4	103.1	100.5
有色金属材料及电线类	Non-ferrous Metals and Wires	103.1	110.2	107.8
化工原料类	Chemical Raw Materials	106.9	109.5	107.6
木材及纸浆类	Timber and Paper Pulp	104.1	105.4	105.5
建筑材料及非金属类	Building Materials and Non-metal Ores	107.1	112.5	111.9
其他工业原材料及半成品类	Other Industrial Raw Materials and Semi-finished Products	104.1	105.3	105.0
农副产品类	Agriculture and Sideline Products	100.0	101.8	102.1
纺织原料类	Textile Materials	103.3	102.2	102.5

4-18 分月工业生产者购进价格环比指数(2018)

上月=100

类　别	Item	1月 January	2月 February
总指数	**General Index**	**100.8**	**100.3**
燃料、动力类	Fules and Power	101.6	101.5
黑色金属材料类	Ferrous Metals	100.6	100.1
#钢材	#Rolled Steel	100.5	100.0
其他	Other	101.0	100.4
有色金属材料及电线类	Non-ferrous Metals and Wires	101.0	100.1
化工原料类	Chemical Raw Materials	100.6	100.1
木材及纸浆类	Timber and Paper Pulp	100.5	100.1
建筑材料及非金属类	Building Materials and Non-metal Ores	101.0	99.6
其他工业原材料及半成品类	Other Industrial Raw Materials and Semi-finished Products	100.4	100.1
农副产品类	Agriculture and Sideline Products	100.6	99.7
纺织原料类	Textile Materials	100.1	100.4

Purchasing Price Indices for Industrial Producer by Month (2018)

(the same month last year = 100)

3月 March	4月 April	5月 May	6月 June	7月 July	8月 August	9月 September	10月 October	11月 November	12月 December
106.5	**105.5**	**105.9**	**106.7**	**106.5**	**105.4**	**104.5**	**103.6**	**103.0**	**102.0**
111.7	109.1	109.0	111.2	112.8	112.2	112.2	109.2	106.6	107.6
105.9	105.1	106.4	109.5	109.4	107.5	106.3	106.7	106.0	103.0
109.4	108.9	110.0	110.5	109.9	107.4	106.0	105.2	103.8	101.7
98.1	96.8	98.4	107.0	108.0	107.8	107.1	110.1	111.4	106.2
106.8	106.9	108.6	108.6	105.4	99.4	97.1	95.7	97.0	95.8
106.6	106.2	107.4	108.7	109.5	108.8	107.1	106.1	104.9	101.2
105.2	105.4	105.8	106.2	105.5	104.6	103.5	101.4	100.4	100.7
110.6	109.1	108.0	108.1	107.2	107.9	104.1	103.2	103.6	100.5
105.5	104.6	104.5	104.1	104.1	103.7	103.3	103.2	103.2	102.6
101.9	100.5	99.8	99.9	99.1	99.9	99.2	99.0	98.5	98.6
102.3	102.6	103.5	104.0	103.8	103.8	104.6	104.3	103.8	102.5

Purchasing Price Indices for Industrial Producer on a Month-over-month Basis (2018)

(last month = 100)

3月 March	4月 April	5月 May	6月 June	7月 July	8月 August	9月 September	10月 October	11月 November	12月 December
100.2	**99.1**	**100.0**	**100.5**	**100.4**	**100.4**	**100.4**	**100.3**	**99.8**	**99.9**
100.5	98.2	99.4	100.4	102.2	101.9	101.5	99.9	98.5	101.8
100.4	99.3	100.0	100.7	100.2	101.0	101.1	100.6	100.2	98.8
100.6	99.8	100.6	100.3	100.2	100.2	100.4	100.0	99.7	99.3
99.8	98.2	98.7	101.7	100.1	103.0	102.6	101.8	101.4	97.5
99.2	98.2	100.3	101.0	98.7	97.7	100.6	100.7	99.3	99.0
99.5	99.2	100.3	100.8	100.7	100.3	100.5	100.9	100.4	97.8
99.8	100.3	100.5	100.3	99.8	100.2	100.1	99.7	99.5	100.0
99.3	99.7	100.1	100.3	99.5	99.9	97.6	100.8	102.0	100.6
100.8	99.6	100.1	100.5	100.3	100.3	100.1	100.3	100.0	100.1
99.7	98.8	99.6	100.3	99.8	100.5	99.6	100.0	99.5	100.5
100.4	100.5	100.4	100.3	100.1	100.1	100.5	100.0	100.1	99.5

4-19 合肥市住宅销售价格指数(2018)

指　标	Item		1月 January
定基价格指数 the Year 2010=100	新建住宅价格指数	Price Indices of Newly Constructed Residential Buildings	
	新建商品住宅	Newly Commercial Residential Buildings	148.3
	一、90m^2 及以下	90m^2 and Below	146.5
	二、90~144m^2	90~144m^2	148.8
	三、144m^2 以上	Above 144m^2	148.8
	二手住宅价格指数	Price Indices of Second-hand Housing	151.4
	一、90m^2 及以下	90m^2 and Below	152.6
	二、90~144m^2	90~144m^2	149.9
	三、144m^2 以上	Above 144m^2	153.4
同比价格指数 the same month last year=100	新建住宅价格指数	Price Indices of Newly Constructed Residential Buildings	
	新建商品住宅	Newly Commercial Residential Buildings	99.7
	一、90m^2 及以下	90m^2 and Below	98.5
	二、90~144m^2	90~144m^2	100.0
	三、144m^2 以上	Above 144m^2	100.4
	二手住宅价格指数	Price Indices of Second-hand Housing	99.3
	一、90m^2 及以下	90m^2 and Below	99.3
	二、90~144m^2	90~144m^2	99.3
	三、144m^2 以上	Above 144m^2	99.7
环比价格指数 last month=100	新建住宅价格指数	Price Indices of Newly Constructed Residential Buildings	
	新建商品住宅	Newly Commercial Residential Buildings	99.9
	一、90m^2 及以下	90m^2 and Below	99.8
	二、90~144m^2	90~144m^2	99.9
	三、144m^2 以上	Above 144m^2	100.2
	二手住宅价格指数	Price Indices of Second-hand Housing	100.0
	一、90m^2 及以下	90m^2 and Below	99.9
	二、90~144m^2	90~144m^2	100.1
	三、144m^2 以上	Above 144m^2	100.1

Sales Price Indices of Residential Buildings in Hefei (2018)

2月 February	3月 March	4月 April	5月 May	6月 June	7月 July	8月 August	9月 September	10月 October	11月 November	12月 December
148.1	148.0	147.7	147.9	148.1	149.0	151.3	152.8	153.6	154.2	154.8
146.5	146.8	146.9	147.8	147.6	147.9	150.2	151.6	152.4	152.2	153.6
148.5	148.3	147.7	147.7	148.0	149.2	151.3	152.6	153.5	154.5	155.0
149.0	149.0	149.0	149.2	149.1	149.9	153.4	155.3	155.9	156.1	156.0
151.3	151.4	151.7	151.7	152.6	152.9	154.3	155.5	156.0	155.8	156.1
152.6	152.5	153.0	152.9	153.5	152.8	154.4	155.7	156.4	156.3	156.5
149.7	150.0	150.1	150.2	151.2	152.4	153.7	154.8	155.1	154.8	155.2
153.3	153.6	153.9	154.1	155.0	155.3	156.8	157.8	158.1	157.8	158.4
99.7	99.6	99.4	99.7	99.8	100.1	101.8	102.9	103.5	103.8	104.2
98.7	98.8	99.4	100.4	100.2	100.3	101.9	103.0	103.4	103.6	104.4
99.7	99.6	99.0	99.1	99.3	99.8	101.4	102.4	103.2	103.4	103.9
101.6	100.7	101.3	101.1	100.9	101.0	103.6	105.1	105.3	105.7	104.9
100.0	100.1	100.5	100.6	101.6	101.3	101.9	102.7	103.2	103.1	103.1
100.1	100.1	100.6	100.6	101.3	100.3	100.9	101.8	102.5	102.4	102.4
99.9	100.0	100.2	100.5	101.6	102.1	102.5	103.3	103.8	103.8	103.7
100.5	100.8	101.0	101.0	102.2	101.6	102.3	103.0	103.4	103.2	103.4
99.7	100.0	99.8	100.2	100.1	100.6	101.6	100.9	100.6	100.4	100.4
99.9	100.2	100.1	100.6	99.9	100.2	101.6	100.9	100.5	99.9	100.9
99.6	99.9	99.6	100.0	100.2	100.8	101.4	100.9	100.6	100.6	100.3
100.1	100.0	100.0	100.1	100.0	100.5	102.3	101.2	100.4	100.1	99.9
99.9	100.1	100.2	100.0	100.6	100.2	100.9	100.8	100.3	99.9	100.2
100.0	99.9	100.3	100.0	100.4	99.5	101.0	100.9	100.4	100.0	100.1
99.9	100.2	100.1	100.0	100.7	100.8	100.8	100.7	100.2	99.8	100.2
99.9	100.2	100.2	100.1	100.6	100.2	101.0	100.7	100.2	99.8	100.4

4-20 蚌埠市住宅销售价格指数(2018)

指 标	Item		1月 January
定基价格指数 the Year 2010=100	新建住宅价格指数	Price Indices of Newly Constructed Residential Buildings	
	新建商品住宅	Newly Commercial Residential Buildings	117.2
	一、$90m^2$ 及以下	$90m^2$ and Below	117.8
	二、$90 \sim 144m^2$	$90 \sim 144m^2$	117.3
	三、$144m^2$ 以上	Above $144m^2$	111.6
	二手住宅价格指数	Price Indices of Second-hand Housing	112.3
	一、$90m^2$ 及以下	$90m^2$ and Below	112.6
	二、$90 \sim 144m^2$	$90 \sim 144m^2$	112.2
	三、$144m^2$ 以上	Above $144m^2$	111.7
同比价格指数 the same month last year=100	新建住宅价格指数	Price Indices of Newly Constructed Residential Buildings	
	新建商品住宅	Newly Commercial Residential Buildings	108.4
	一、$90m^2$ 及以下	$90m^2$ and Below	109.0
	二、$90 \sim 144m^2$	$90 \sim 144m^2$	108.5
	三、$144m^2$ 以上	Above $144m^2$	104.0
	二手住宅价格指数	Price Indices of Second-hand Housing	107.1
	一、$90m^2$ 及以下	$90m^2$ and Below	107.1
	二、$90 \sim 144m^2$	$90 \sim 144m^2$	107.0
	三、$144m^2$ 以上	Above $144m^2$	107.4
环比价格指数 last month=100	新建住宅价格指数	Price Indices of Newly Constructed Residential Buildings	
	新建商品住宅	Newly Commercial Residential Buildings	99.9
	一、$90m^2$ 及以下	$90m^2$ and Below	100.9
	二、$90 \sim 144m^2$	$90 \sim 144m^2$	99.5
	三、$144m^2$ 以上	Above $144m^2$	99.7
	二手住宅价格指数	Price Indices of Second-hand Housing	100.0
	一、$90m^2$ 及以下	$90m^2$ and Below	100.0
	二、$90 \sim 144m^2$	$90 \sim 144m^2$	100.0
	三、$144m^2$ 以上	Above $144m^2$	100.1

Sales Indices of Residential Buildings in Bengbu（2018）

2月 February	3月 March	4月 April	5月 May	6月 June	7月 July	8月 August	9月 September	10月 October	11月 November	12月 December
117.1	116.7	116.7	116.9	116.6	119.1	121.2	123.3	124.1	125.6	126.3
116.4	116.4	116.5	116.5	116.0	119.2	121.5	123.3	123.7	125.9	126.7
117.7	117.3	117.3	117.5	117.2	119.4	121.4	123.7	124.6	125.9	126.6
111.9	111.0	110.0	111.1	111.6	113.7	116.3	118.3	119.5	119.5	120.1
112.3	112.4	112.6	112.9	113.0	114.9	117.4	118.3	119.1	119.7	120.3
112.9	113.0	113.3	113.5	113.7	115.6	118.2	119.2	119.9	120.5	121.2
111.6	111.6	111.6	112.1	112.3	114.1	116.3	117.2	117.8	118.4	118.9
111.8	111.9	111.9	111.9	112.0	113.8	117.3	118.3	119.5	121.0	121.5
107.6	107.0	104.7	101.5	99.2	100.1	102.3	104.3	105.5	106.8	107.7
106.9	107.1	105.1	102.2	100.2	101.8	104.0	105.4	105.8	107.8	109.8
108.1	107.1	104.7	101.2	98.7	99.3	101.6	103.8	105.4	106.4	106.9
104.3	104.5	102.5	100.5	100.0	100.0	102.7	104.5	106.2	106.2	107.3
106.5	106.0	104.9	103.4	101.6	102.6	104.6	105.3	105.9	106.5	107.2
106.8	106.3	105.1	103.4	101.7	102.8	104.9	105.7	106.3	106.9	107.6
106.0	105.5	104.7	103.2	101.2	102.3	104.0	104.7	105.2	105.6	106.5
107.3	106.6	105.2	103.8	102.1	103.1	105.8	106.1	107.0	108.4	108.9
100.0	99.7	100.0	100.2	99.7	102.1	101.8	101.8	100.6	101.2	100.6
99.9	99.9	100.1	100.0	99.6	102.8	101.9	101.5	100.3	101.7	100.7
99.9	99.7	100.0	100.2	99.7	101.8	101.7	101.9	100.7	101.1	100.6
100.3	99.2	99.1	101.0	100.4	101.9	102.3	101.7	101.0	100.0	100.5
100.2	100.1	100.2	100.3	100.1	101.6	102.2	100.8	100.6	100.5	100.5
100.3	100.1	100.3	100.2	100.1	101.7	102.2	100.8	100.6	100.5	100.5
100.0	100.0	100.0	100.4	100.2	101.5	102.0	100.8	100.6	100.5	100.4
100.1	100.1	100.0	100.0	100.0	101.6	103.0	100.9	101.0	101.3	100.4

4-21 安庆市住宅销售价格指数(2018)

指　标	Item		1月 January
定基价格指数 the Year 2010=100	新建住宅价格指数	Price Indices of Newly Constructed Residential Buildings	
	新建商品住宅	Newly Commercial Residential Buildings	113.5
	一、$90m^2$ 及以下	$90m^2$ and Below	114.4
	二、$90\sim144m^2$	$90\sim144m^2$	113.5
	三、$144m^2$ 以上	Above $144m^2$	112.0
	二手住宅价格指数	Price Indices of Second-hand Housing	113.2
	一、$90m^2$ 及以下	$90m^2$ and Below	113.0
	二、$90\sim144m^2$	$90\sim144m^2$	113.8
	三、$144m^2$ 以上	Above $144m^2$	111.9
同比价格指数 the same month last year=100	新建住宅价格指数	Price Indices of Newly Constructed Residential Buildings	
	新建商品住宅	Newly Commercial Residential Buildings	105.7
	一、$90m^2$ 及以下	$90m^2$ and Below	105.8
	二、$90\sim144m^2$	$90\sim144m^2$	105.7
	三、$144m^2$ 以上	Above $144m^2$	105.0
	二手住宅价格指数	Price Indices of Second-hand Housing	105.9
	一、$90m^2$ 及以下	$90m^2$ and Below	105.6
	二、$90\sim144m^2$	$90\sim144m^2$	106.4
	三、$144m^2$ 以上	Above $144m^2$	105.3
环比价格指数 last month=100	新建住宅价格指数	Price Indices of Newly Constructed Residential Buildings	
	新建商品住宅	Newly Commercial Residential Buildings	100.5
	一、$90m^2$ 及以下	$90m^2$ and Below	100.2
	二、$90\sim144m^2$	$90\sim144m^2$	100.6
	三、$144m^2$ 以上	Above $144m^2$	100.2
	二手住宅价格指数	Price Indices of Second-hand Housing	99.9
	一、$90m^2$ 及以下	$90m^2$ and Below	99.9
	二、$90\sim144m^2$	$90\sim144m^2$	99.9
	三、$144m^2$ 以上	Above $144m^2$	100.1

Sales Price Indices of Residential Buildings in Anqing (2018)

2月 February	3月 March	4月 April	5月 May	6月 June	7月 July	8月 August	9月 September	10月 October	11月 November	12月 December
113.6	113.6	113.3	113.2	114.4	115.1	117.3	119.1	121.7	122.3	122.9
114.9	115.4	114.4	114.5	115.4	116.3	118.8	120.5	123.7	123.8	124.0
113.5	113.4	113.3	113.2	114.6	115.1	117.3	119.0	121.6	122.3	123.1
112.1	111.8	111.3	111.1	112.2	112.6	114.8	117.3	119.1	119.9	120.0
113.9	113.9	113.6	113.8	114.6	115.4	118.0	119.7	121.9	122.4	122.2
113.7	113.7	113.5	113.6	114.4	115.0	117.6	119.1	121.3	122.0	121.8
114.5	114.4	114.1	114.4	115.1	116.1	118.8	120.6	122.9	123.1	123.0
112.7	112.8	112.6	112.8	113.6	114.5	117	118.7	120.9	121.6	121.5
105.3	103.9	102.5	102.2	103.0	103.9	105.8	106.5	108.5	109.1	109.0
105.5	104.5	102.8	102.2	102.7	103.6	105.1	106.3	108.4	108.9	108.6
105.4	103.9	102.5	102.5	103.3	104.4	106.3	106.7	108.8	109.2	109.4
104.7	102.9	101.8	100.8	101.8	102.0	104.1	105.6	107.4	108.4	107.7
105.9	105.0	103.3	102.4	102.7	102.5	104.3	105.5	107.6	108.2	107.8
105.8	104.9	103.4	102.4	102.7	102.4	104.2	105.3	107.3	108.0	107.5
106.2	105.2	103.2	102.5	102.8	102.6	104.4	105.8	108.0	108.3	107.9
105.4	104.7	103.0	102.4	102.7	102.7	104.6	105.9	108.1	109.0	108.7
100.3	100.0	99.7	99.9	101.1	100.5	101.9	101.6	102.2	100.4	100.5
100.4	100.4	99.2	100.0	100.8	100.8	102.1	101.4	102.7	100.1	100.2
100.3	100.0	99.9	99.9	101.2	100.5	101.9	101.5	102.2	100.6	100.6
100.4	99.8	99.5	99.8	101.0	100.4	101.9	102.2	101.5	100.7	100.1
100.5	100.0	99.8	100.1	100.7	100.7	102.3	101.4	101.9	100.4	99.8
100.4	100.0	99.8	100.1	100.7	100.6	102.2	101.3	101.8	100.6	99.8
100.6	99.9	99.7	100.2	100.7	100.9	102.3	101.5	101.9	100.2	99.8
100.7	100.1	99.8	100.1	100.8	100.8	102.2	101.4	101.9	100.6	99.9

4-22 固定资产投资价格指数(2018)

Price Indices of Investment in Fixed Assets (2018)

上年同期=100 (same period of preceding year=100)

项目名称	Item	一季度指数 First Quarter	二季度指数 Second Quarter	三季度指数 Third Quarter	四季度指数 Fourth Quarter	全年指数 Annual Year
固定资产投资	**General Index**	**107.3**	**105.8**	**105.8**	**104.4**	**105.8**
建筑安装、装饰工程	Construction and Installation	110.7	108.4	108.4	106.5	108.5
设备、工器具购置	Purchase of Equipment and Instruments	101.3	101.2	100.9	100.4	101.0
其他费用	Others	100.8	100.8	101.0	100.5	100.8

4-23 历年固定资产投资价格指数

Price Indices of Investment in Fixed Assets over the Years

上年=100 (preceding year=100)

年份 Year	固定资产投资 Investment in Fixed Assets	建筑安装工程 Construction and Installation	设备、工器具购置 Purchase of Equipment and Instruments	其他费用 Others
1991	114.8	114.7	114.4	117.4
1992	119.8	118.9	113.0	153.2
1993	123.0	124.4	119.6	122.2
1994	120.1	119.2	120.7	124.3
1995	106.5	102.4	107.7	131.1
1996	103.4	104.3	101.8	102.1
1997	101.3	101.1	101.6	101.4
1998	100.0	100.3	99.3	99.7
1999	99.3	100.8	96.1	100.1
2000	101.6	102.8	100.1	98.2
2001	99.5	99.6	98.8	100.5
2002	101.1	102.1	98.7	100.4
2003	103.5	105.8	98.3	101.1
2004	106.1	108.1	100.1	105.6
2005	101.0	101.0	100.3	102.3
2006	101.9	100.9	101.3	105.9
2007	105.4	107.4	100.4	103.7
2008	109.4	113.7	101.2	103.8
2009	96.0	94.4	97.1	101.1
2010	105.4	107.5	101.2	101.5
2011	108.1	111.0	101.9	104.0
2012	101.0	101.3	99.2	102.3
2013	100.2	100.3	99.0	101.2
2014	100.3	100.4	99.6	101.0
2015	96.9	95.5	99.3	100.8
2016	99.2	99.3	98.5	100.2
2017	107.4	109.9	100.6	100.8
2018	105.8	108.5	101.0	100.8

4-24 农产品生产者价格指数
Producers Price Indices for Farm Products

上年=100 (preceding year=100)

指标	Item	2015	2016	2017	2018
总指数	**General Index**	**99.8**	**101.0**	**98.4**	**99.04**
农业产品	**Crop Products**	**97.8**	**97.6**	**102.5**	**99.36**
谷物	Cereals	98.3	95.1	104	96.92
稻谷	Rice	99.3	99.3	101.1	95.59
小麦	Wheat	97.9	91.4	108.5	97.5
玉米	Corn	92.5	85.7	96.7	103.31
薯类	Tubers	101.2	106.3	92.9	105.25
油料	Oil-bearing Crops	96.5	98.4	112.7	102.61
豆类	Beans	95.6	95.4	99.9	92.24
棉花(籽棉)	Cotton	87.1	104.9	102.4	101.79
蔬菜	Vegetables	100.0	106.2	92.9	105.18
茶叶	Tea	96.0	96.7	103	100.43
绿茶	Green Tea	95.8	96.8	103.1	100.34
林业产品	**Forestry Products**	**95.3**	**94.9**	**96.6**	**100.96**
苗木类	Seedlings	92.4	95.2	98.5	101.29
木材采伐产品	Felling and Transport of Wood	97.4	94.2	95.1	101.88
原木	Log	97.4	94.2	95.1	101.88
竹材采伐产品	Felling and Transport of Bamboo	93.0	90.1	97.6	97.26
饲养动物及其产品	**Animal Husbandry Products**	**105.1**	**109.4**	**88.7**	**96.19**
活牲畜	Live Animals	108.5	115.9	86.1	88.33
猪	Hogs	112.4	120.7	82.5	83.32
活牛	Cattle and Buffaloes	98.3	95.2	101.6	105.91
活羊	Sheep and Goats	80.9	92.7	104.3	118.03
活家禽	Live Poultry	101.4	97.6	95	107.15
活鸡	Chicken	101.6	97.2	94.3	106.29
活鸭	Duck	100.0	100.9	103	115.26
畜禽产品	Livestock and Poultry Products	94.2	94.7	92.6	117.99
禽蛋	Poultry Eggs	94.2	93.9	90	120.42
渔业产品	**Fishery Products**	**99.6**	**101.3**	**101.2**	**103.19**
淡水养殖产品	Freshwater Aquaculture Products	99.6	101.3	101.2	103.19
养殖淡水鱼	Freshwater Fish	100.5	99.8	103.6	103.29
淡水养殖虾	Freshwater Shrimps	103.5	101.5	100.6	101.61
淡水养殖蟹	Freshwater Crab	90.2	114.9	83.2	103.87
其他淡水养殖产品	Other Freshwater Aquaculture Products	94.8	99.8	95	103.52

4-25 分季农产品生产者价格指数(2018)
Producers Price Indices for Farm Products by Ouarter(2018)

上年=100 (preceding year=100)

指标	Item	全年 Annual Year	1季度 First Quarter	2季度 Second Quarter	3季度 Third Quarter	4季度 Fourth Quarter
总指数	**General Index**	**99.0**	**99.1**	**97.8**	**98.9**	**98.5**
农业产品	**Crop products**	**99.4**	**100.1**	**99.4**	**98.2**	**97.6**
谷物	Cereals	96.9	102.1	95.5	93.0	93.9
稻谷	Rice	95.6	99.5	99.1	91.3	90.9
小麦	Wheat	97.5	109.5	93.3	94.6	94.0
玉米	Corn	103.3	103.1	104.8	97.2	108.8
大麦	Barley					
薯类	Tubers	105.3	100.0		104.2	114.4
油料	Oil-bearing Crops	102.6	95.4	104.6	102.6	97.8
花生	Peanuts	98.6	95.1	98.9	103.1	97.8
油菜籽	Rapeseeds	103.8		105.0	102.5	
芝麻	Sesames	97.2	96.8	95.8	98.0	98.6
油茶籽	Camellia Seeds	99.6				94.9
豆类	Beans	92.2	95.9	82.9	87.2	104.0
大豆	Soybean	92.2	95.9	82.9	87.2	104.0
黄大豆	Yellow Soybean	92.2	95.9	82.9	87.2	104.0
棉花	Cotton	101.8	90.5	101.3	109.1	106.9
籽棉	Unginned Cotton	101.8	90.5	101.3	109.1	106.9
未加工烟草	Unmanufactured Tobacco	98.5		94.0	102.6	
蔬菜及食用菌	Vegetables and Edible Fungus	105.3	101.2	114.4	113.8	93.5
蔬菜	Vegetables	105.2	101.0	114.6	113.8	93.4
食用菌	Edible Fungus	107.4	109.6	111.0		98.4
水果及坚果	Fruits and Nuts	111.6	91.4	90.5	115.1	111.7
水果(园林水果)	Fruits	113.8		90.5	109.3	114.4
食用坚果	Edible Nuts	104.4	91.4		132.1	101.9
茶及饮料原料	Materials of Tea and Beverage	100.4	98.9	100.7	101.7	101.7
茶叶	Tea	100.4	98.9	100.7	101.7	101.7

4-25 续表 Continued

指　标	Item	全年 Annual Year	1季度 First Quarter	2季度 Second Quarter	3季度 Third Quarter	4季度 Fourth Quarter
红茶	Black Tea	102.9	102.0	101.1	104.4	102.7
绿茶	Green Tea	100.3	98.8	100.7	101.5	101.6
中草药材	Chinese Herbal Medicine Materials	97.7	92.6	101.4	95.3	100.9
林业产品	**Forestry Products**	**101.0**	**102.9**	**99.2**	**98.5**	**100.4**
育种及苗木	Seedlings	101.3	103.6	97.8	95.3	102.9
木材采伐产品	Felling and Transport of Wood	101.9	103.9	102.8	98.4	101.5
原木	Log	101.9	103.9	102.8	98.4	101.5
竹材采伐产品	Felling and Transport of Bamboo	97.3	95.6	96.1	100.2	97.1
饲养动物及其产品	**Animal Husbandry Products**	**96.2**	**96.8**	**92.7**	**99.7**	**98.1**
活牲畜	Live Animals	88.3	85.4	77.9	96.1	92.8
猪	Hogs	83.3	80.1	72.6	93.9	87.3
其他活猪	Other Live Pigs	83.3	80.1	72.6	93.9	87.3
牛	Cattle and Buffaloes	105.9	106.3	103.3	106.9	107.0
黄牛	Cattle	105.9	106.3	103.3	106.9	107.0
羊	Sheep and Goats	118.0	117.6	112.3	118.9	123.2
山羊	Goats	118.0	117.6	112.3	118.9	123.2
活家禽	Live Poultry	107.2	114.4	106.0	101.6	106.3
活鸡	Chicken	106.3	114.4	105.5	100.5	105.4
活鸭	Duck	115.3	108.9	114.7	127.1	110.8
畜禽产品	Livestock and Poultry Products	118.0	137.0	129.0	118.2	104.1
禽蛋	Poultry Eggs	120.4	137.0	135.6	120.1	107.3
鸡蛋	Hen Eggs	119.8	137.9	136.5	111.0	106.4
鸭蛋	Duck Eggs	126.0	118.9	128.8	141.8	115.5
渔业产品	**Fishery Products**	**103.2**	**102.7**	**101.0**	**105.1**	**102.1**
淡水养殖产品	Freshwater Aquaculture Products	103.2	102.7	101.0	105.1	102.1
养殖淡水鱼	Freshwater Fish	103.3	102.7	101.5	104.5	102.4
淡水养殖虾	Freshwater Shrimps	101.6	102.5	99.3	105.9	99.2
淡水养殖蟹	Freshwater Crab	103.9			105.8	102.1
其他淡水养殖产品	Other Freshwater Aquaculture Products	103.5	99.8	100.5	107.9	105.9

4-26 分月农村集贸市场农副产品价格(2018)

单位:元/公斤

指　　标	Item	省平均价 Average Price	1月 January	2月 February
一、粮食	**Grain**			
籼稻	Nonglutinous Rice	2.57	2.62	2.62
粳稻	Japonica Rice	2.77	2.79	2.79
小麦	Wheat	2.23	2.31	2.31
玉米	Corn	2.02	1.95	1.97
大豆	Soybean	5.00	5.08	5.05
籼米	Long-shaped Rice	4.40	4.54	4.49
粳米	Polished Round-grained Rice	4.96	5.01	5.02
二、经济作物类	**Economic Crops**			
棉花(籽棉)	Cotton	7.35	7.52	7.44
花生仁	Peanut	10.93	11.39	11.37
油菜籽	Rapeseed	5.48	5.40	5.40
三、畜产品	**Livestock Products**			
活猪	Live Hogs	13.13	15.43	14.04
仔猪	Piglet	30.88	33.85	33.20
猪肉	Pork	21.96	24.70	24.38
活牛	Live Cattle	27.99	27.88	27.92
牛肉	Beef	62.59	62.50	62.63
活羊	Live Sheep	28.26	28.67	28.50
羊肉	Mutton	60.21	62.13	62.25
活鸡	Live Chicken	15.22	15.10	15.90
鸡蛋	Eggs	9.71	10.24	9.82
四、水产品	**Aquatic Products**			
草鱼	Grass Carp	14.90	15.20	15.41
鲤鱼	Carp	10.21	10.45	10.80
鲢鱼	Silver Carp	8.58	8.53	8.90
带鱼	Hairtail	23.09	23.67	23.83
五、蔬菜	**Vegetables**			
大白菜	Chinses Cabbage	2.61	2.08	2.14
黄瓜	Cucumber	5.76	6.75	7.91
西红柿	Tomato	5.88	5.53	6.11
菜椒	Sweet Pepper	5.92	8.07	8.86
四季豆	Kidney Bean	9.42	10.72	12.76
六、水果	**Fruits**			
红富士苹果	Red Fuji Apple	8.39	8.19	8.33
香蕉	Banana	6.09	5.81	6.16
橙子	Orange	8.98	9.00	8.96

Prices of Agricultural Products by Month in Rural Market (2018)

(yuan/kg)

3月 March	4月 April	5月 May	6月 June	7月 July	8月 August	9月 September	10月 October	11月 November	12月 December
2.60	2.60	2.58	2.58	2.57	2.57	2.54	2.53	2.52	2.50
2.81	2.81	2.77	2.77	2.77	2.79	2.78	2.74	2.70	2.68
2.29	2.28	2.21	2.17	2.19	2.19	2.19	2.21	2.21	2.23
2.00	2.01	2.05	2.05	2.04	2.01	2.02	2.03	2.05	2.07
5.09	5.03	5.01	4.99	4.96	4.92	4.90	4.97	4.98	5.03
4.48	4.46	4.44	4.41	4.39	4.37	4.32	4.29	4.31	4.30
5.02	5.00	4.99	4.94	4.96	4.96	4.94	4.92	4.90	4.89
7.36	7.40	7.40	7.40	7.44	6.80	7.24	7.18	7.48	7.48
11.32	11.18	10.88	10.74	10.60	10.65	10.75	10.60	10.80	10.90
5.45	5.45	5.40	5.42	5.50	5.53	5.53	5.55	5.55	5.55
12.03	10.84	10.44	11.23	12.68	14.12	14.63	14.94	13.53	13.59
31.70	29.80	28.80	29.94	31.60	31.10	31.82	30.30	29.20	29.20
21.40	19.60	18.70	19.20	20.10	22.10	23.50	23.70	23.30	22.80
27.60	27.60	27.60	27.52	27.32	27.80	28.20	28.20	28.84	29.44
62.13	61.75	61.25	61.14	60.57	62.29	62.29	62.29	65.43	66.75
27.40	27.60	27.00	27.00	27.60	27.60	28.20	28.60	29.80	31.17
58.33	58.17	58.20	58.50	58.25	58.25	59.50	60.67	62.17	66.13
14.96	15.40	14.72	14.16	14.55	15.25	15.80	15.35	15.70	15.70
8.86	8.91	8.90	8.70	9.12	10.94	10.78	9.95	10.08	10.22
15.33	15.33	15.17	15.07	15.00	15.00	15.11	14.61	13.80	13.76
10.25	10.16	10.08	10.07	10.07	10.14	10.39	10.05	9.92	10.15
8.40	8.40	8.55	8.54	8.66	8.50	8.75	8.60	8.56	8.54
23.50	22.60	22.67	22.33	22.67	22.67	23.17	23.25	23.50	23.17
1.90	2.11	2.58	2.88	3.16	3.70	3.81	3.14	2.10	1.68
7.30	5.82	4.26	3.06	4.24	6.00	7.05	5.30	4.99	6.43
5.17	5.91	4.89	3.87	4.96	6.06	7.30	7.40	6.32	7.08
7.30	6.40	4.98	3.46	4.30	5.21	6.70	6.00	5.06	4.70
11.27	10.50	7.93	6.34	7.87	8.97	10.37	8.70	8.27	9.33
8.15	8.20	8.22	7.96	7.85	8.33	8.81	8.70	8.71	9.18
5.89	5.78	5.69	5.48	5.45	5.91	6.66	6.56	6.86	6.77
8.52	8.40	9.22	8.40	9.03	9.40	9.65	8.92	8.76	9.54

4-27 全国及分省(区、市)居民消费价格指数
Consumer Price Indices by Province and Region

上年=100 (preceding year=100)

地区	Region	2015	2016	2017	2018
全国平均	**National Average**	**101.4**	**102.0**	**101.6**	**102.1**
北京	Beijing	101.8	101.4	101.9	102.5
天津	Tianjin	101.7	102.1	102.1	102.0
河北	Hebei	100.9	101.5	101.7	102.4
山西	Shanxi	100.6	101.1	101.1	101.8
内蒙古	Inner Mongolia	101.1	101.2	101.7	101.8
		0.0			
辽宁	Liaoning	101.4	101.6	101.4	102.5
吉林	Jilin	101.7	101.6	101.6	102.1
黑龙江	Heilongjiang	101.1	101.5	101.3	102.0
		0.0			
上海	Shanghai	102.4	103.2	101.7	101.6
江苏	Jiangsu	101.7	102.3	101.7	102.3
浙江	Zhejiang	101.4	101.9	102.1	102.3
安徽	**Anhui**	**101.3**	**101.8**	**101.2**	**102.0**
福建	Fujian	101.7	101.7	101.2	101.5
江西	Jiangxi	101.5	102.0	102.0	102.1
山东	Shandong	101.2	102.1	101.5	102.5
河南	Henan	101.3	101.9	101.4	102.3
湖北	Hubei	101.5	102.2	101.5	101.9
湖南	Hunan	101.4	101.9	101.4	102.0
广东	Guangdong	101.5	102.3	101.5	102.2
广西	Guangxi	101.5	101.6	101.6	102.3
海南	Hainan	101.0	102.8	102.8	102.5
重庆	Chongqing	101.3	101.8	101.0	102.0
四川	Sichuan	101.5	101.9	101.4	101.7
贵州	Guizhou	101.8	101.4	100.9	101.8
云南	Yunnan	101.9	101.5	100.9	101.6
西藏	Tibet	102.0	102.5	101.6	101.7
陕西	Shaanxi	101.0	101.3	101.6	102.1
甘肃	Gansu	101.6	101.3	101.4	102.0
青海	Qinghai	102.6	101.8	101.5	102.5
宁夏	Ningxia	101.1	101.5	101.6	102.3
新疆	Xinjiang	100.6	101.4	102.2	102.0

4-28 全国及分省(区、市)商品零售价格指数
Retail Price Indices by Province and Region

上年=100 (preceding year=100)

地 区	Region	2015	2016	2017	2018
全国平均	**National Average**	**100.1**	**100.7**	**101.1**	**101.9**
北 京	Beijing	98.5	98.1	99.2	101.1
天 津	Tianjin	100.3	100.5	100.8	101.6
河 北	Hebei	100.2	101.2	101.4	102.2
山 西	Shanxi	99.3	100.5	101.3	101.7
内蒙古	Inner Mongolia	100.5	100.6	101.2	101.6
辽 宁	Liaoning	100.5	101.0	100.7	101.4
吉 林	Jilin	99.8	101.3	101.4	102.4
黑龙江	Heilongjiang	100.1	101.1	99.9	101.1
上 海	Shanghai	101.1	100.8	100.9	101.6
江 苏	Jiangsu	100.6	100.8	101.9	102.6
浙 江	Zhejiang	99.9	101.0	101.4	102.1
安 徽	**Anhui**	**99.7**	**100.8**	**101.7**	**101.9**
福 建	Fujian	99.9	100.7	100.6	101.5
江 西	Jiangxi	100.5	100.6	101.0	101.0
山 东	Shandong	100.2	101.3	100.8	102.2
河 南	Henan	99.8	100.3	101.3	102.9
湖 北	Hubei	100.5	100.8	100.3	101.2
湖 南	Hunan	99.9	101.0	101.3	102.3
广 东	Guangdong	99.6	100.8	101.6	102.1
广 西	Guangxi	100.1	100.4	101.2	101.6
海 南	Hainan	99.8	101.0	102.0	102.5
重 庆	Chongqing	100.2	101.3	100.8	101.2
四 川	Sichuan	100.2	100.8	100.5	101.4
贵 州	Guizhou	100.1	100.2	100.9	101.8
云 南	Yunnan	100.8	100.7	101.3	101.5
西 藏	Tibet	101.4	102.1	101.4	101.5
陕 西	Shaanxi	99.8	100.3	101.3	102.1
甘 肃	Gansu	101.0	100.9	101.4	101.7
青 海	Qinghai	101.0	100.4	101.2	102.1
宁 夏	Ningxia	100.1	100.7	101.8	102.9
新 疆	Xinjiang	99.6	100.5	100.9	100.9

4-29 36个大中城市居民消费价格指数
Consumer Price Indices in 36 Large-scale and Medium-scale Cities

上年=100 (preceding year=100)

地 区	Region	2015	2016	2017	2018
全国平均	**National Average**	**101.7**	**102.2**	**101.8**	**102.2**
北 京	Beijing	101.8	101.4	101.9	102.5
天 津	Tianjin	101.7	102.1	102.1	102.0
石家庄	Shijiazhuang	101.0	101.6	101.4	102.3
太 原	Taiyuan	100.4	101.2	101.8	101.8
呼和浩特	Hohhot	101.8	101.4	101.4	102.1
沈 阳	Shenyang	101.2	101.7	101.4	103.0
大 连	Dalian	101.6	101.9	102.1	103.0
长 春	Changchun	101.3	101.4	101.3	102.0
哈尔滨	Harbin	101.4	101.8	101.6	102.5
上 海	Shanghai	102.4	103.2	101.7	101.6
南 京	Nanjing	102.0	102.7	101.9	102.4
杭 州	Hangzhou	101.8	102.6	102.5	102.3
宁 波	Ningbo	101.8	102.1	101.8	102.2
合 肥	**Hefei**	**101.6**	**102.6**	**101.4**	**102.0**
福 州	Fuzhou	101.4	102.5	101.4	101.5
厦 门	Xiamen	101.7	101.7	102.0	101.8
南 昌	Nanchang	101.6	102.1	102.1	102.3
济 南	Jinan	101.9	102.7	102.0	102.6
青 岛	Qingdao	101.2	102.5	102.0	102.1
郑 州	Zhengzhou	101.1	102.3	101.8	102.4
武 汉	Wuhan	101.4	102.4	101.9	101.9
长 沙	Changsha	101.1	101.9	101.3	102.0
广 州	Guangzhou	101.7	102.7	102.3	102.4
深 圳	Shenzhen	102.2	102.4	101.4	102.8
南 宁	Nanning	101.9	101.4	102.3	102.5
海 口	Haikou	101.2	103.0	103.3	102.4
重 庆	Chongqing	101.3	101.8	101.0	102.0
成 都	Chengdu	101.1	102.2	102.0	101.4
贵 阳	Guiyang	102.3	101.1	101.0	101.7
昆 明	Kunming	102.4	101.7	100.5	101.7
拉 萨	Lhasa	102.2	102.6	101.4	101.1
西 安	Xi'an	100.7	100.9	102.0	101.9
兰 州	Lanzhou	101.3	100.8	101.5	101.7
西 宁	Xining	102.5	102.1	101.8	102.7
银 川	Yinchuan	101.6	101.7	101.7	102.2
乌鲁木齐	Urumqi	100.7	101.5	102.8	102.2

4-30 36个大中城市商品零售价格指数
Retail Price Indices in 36 Large-scale and Medium-scale Cities

上年=100 (preceding year=100)

地 区	Region	2015	2016	2017	2018
全国平均	**National Average**	**99.8**	**100.7**	**100.9**	**101.7**
北 京	Beijing	98.5	98.1	99.2	101.1
天 津	Tianjin	100.3	100.5	100.8	101.6
石家庄	Shijiazhuang	100.2	101.7	100.9	101.9
太 原	Taiyuan	98.6	100.8	101.7	101.7
呼和浩特	Hohhot	99.5	101.1	101.2	101.6
沈 阳	Shenyang	100.0	100.6	101.0	101.7
大 连	Dalian	99.5	102.0	101.5	101.5
长 春	Changchun	99.1	101.2	101.2	102.9
哈尔滨	Harbin	100.2	101.6	99.7	100.7
上 海	Shanghai	101.1	100.8	100.9	101.6
南 京	Nanjing	100.6	100.5	101.6	102.8
杭 州	Hangzhou	100.2	101.5	101.0	102.0
宁 波	Ningbo	100.4	101.8	101.1	102.1
合 肥	**Hefei**	**99.5**	**100.8**	**102.3**	**101.7**
福 州	Fuzhou	99.4	100.7	100.3	101.5
厦 门	Xiamen	100.0	100.0	100.8	101.8
南 昌	Nanchang	100.5	100.4	101.0	100.8
济 南	Jinan	100.3	100.8	101.0	102.6
青 岛	Qingdao	100.0	102.0	100.8	101.8
郑 州	Zhengzhou	99.0	100.2	101.7	103.6
武 汉	Wuhan	100.0	101.3	100.1	101.4
长 沙	Changsha	99.6	100.9	101.4	102.5
广 州	Guangzhou	99.1	101.2	102.0	102.2
深 圳	Shenzhen	99.7	100.3	101.5	102.0
南 宁	Nanning	100.4	99.8	100.9	101.1
海 口	Haikou	100.2	100.9	101.7	102.4
重 庆	Chongqing	100.2	101.3	100.8	101.2
成 都	Chengdu	99.5	100.8	99.4	100.7
贵 阳	Guiyang	99.7	99.5	101.4	102.3
昆 明	Kunming	100.7	100.8	101.3	101.1
拉 萨	Lhasa	101.5	102.4	101.2	101.1
西 安	Xi' an	99.7	100.1	101.7	102.2
兰 州	Lanzhou	100.6	100.7	101.8	101.7
西 宁	Xining	100.2	100.6	101.4	102.0
银 川	Yinchuan	100.2	100.8	101.5	102.7
乌鲁木齐	Urumqi	99.4	100.6	100.7	100.5

4-31 全国及分省(区、市)工业生产者出厂价格指数
Producer Price Indices for Industrial Products by Province and Region

上年同月=100 (the same month last year=100)

地 区	Region	2015	2016	2017	2018
全 国	**National**	**94.8**	**98.6**	**106.3**	**103.5**
北 京	Beijing	96.9	98.1	100.7	100.0
天 津	Tianjin	90.3	97.9	108.4	105.4
河 北	Hebei	89.1	99.9	115.0	106.2
山 西	Shanxi	87.7	96.8	119.4	106.7
内蒙古	Inner Mongolia	94.0	98.9	110.6	103.2
辽 宁	Liaoning	93.9	98.8	108.1	104.8
吉 林	Jilin	95.3	98.4	103.1	102.8
黑龙江	Heilongjiang	86.0	95.1	109.3	109.0
上 海	Shanghai	96.1	98.8	103.5	101.7
江 苏	Jiangsu	95.3	98.1	104.8	102.8
浙 江	Zhejiang	96.4	98.3	104.8	103.4
安 徽	**Anhui**	**93.9**	**98.5**	**108.0**	**103.0**
福 建	Fujian	97.0	99.1	104.1	102.8
江 西	Jiangxi	93.7	98.6	107.9	104.2
山 东	Shandong	95.2	98.5	105.5	103.7
河 南	Henan	95.4	99.0	106.8	103.6
湖 北	Hubei	96.7	99.0	105.6	104.2
湖 南	Hunan	96.3	98.9	105.8	103.2
广 东	Guangdong	96.8	99.4	103.3	101.8
广 西	Guangxi	97.0	99.1	107.6	103.2
海 南	Hainan	89.8	96.0	108.8	108.2
重 庆	Chongqing	97.2	98.6	104.1	102.1
四 川	Sichuan	96.4	98.9	106.5	103.6
贵 州	Guizhou	96.1	97.9	107.2	101.8
云 南	Yunnan	94.9	97.6	105.2	102.4
西 藏	Tibet	93.2	102.9	110.0	100.1
陕 西	Shaanxi	93.2	102.9	110.0	100.1
甘 肃	Gansu	87.0	94.9	114.5	109.5
青 海	Qinghai	93.1	98.5	116.7	104.8
宁 夏	Ningxia	93.7	99.1	112.1	107.3
新 疆	Xinjiang	82.4	94.5	113.7	111.2

4-32 全国及分省(区、市)工业生产者购进价格指数
Purchasing Price Indices for Industrial Producer by Province and Region

上年同月=100 (the same month last year=100)

地 区	Region	2015	2016	2017	2018
全 国	**National**	**93.9**	**98.0**	**108.1**	**104.1**
北 京	Beijing	93.7	98.5	104.4	100.8
天 津	Tianjin	92.4	98.3	111.1	106.2
河 北	Hebei	90.3	98.3	114.5	104.0
山 西	Shanxi	93.1	98.1	115.2	105.5
内蒙古	Inner Mongolia	95.9	97.4	106.3	102.4
辽 宁	Liaoning	93.5	97.9	108.0	104.5
吉 林	Jilin	96.6	97.8	103.4	103.5
黑龙江	Heilongjiang	88.2	96.0	110.2	109.0
上 海	Shanghai	90.6	97.7	108.9	105.2
江 苏	Jiangsu	92.1	98.0	109.7	104.6
浙 江	Zhejiang	94.5	97.8	109.6	105.1
安 徽	**Anhui**	**93.5**	**98.4**	**109.2**	**105.3**
福 建	Fujian	96.1	98.0	105.3	102.8
江 西	Jiangxi	93.6	97.7	107.2	103.2
山 东	Shandong	95.0	98.0	107.3	103.6
河 南	Henan	95.4	99.2	107.3	104.0
湖 北	Hubei	92.8	98.3	108.3	104.8
湖 南	Hunan	94.5	98.0	107.2	103.5
广 东	Guangdong	95.3	98.0	105.3	102.5
广 西	Guangxi	95.7	98.3	106.5	103.4
海 南	Hainan	88.5	94.8	112.4	110.8
重 庆	Chongqing	97.1	98.4	104.4	102.5
四 川	Sichuan	96.7	98.8	108.3	105.3
贵 州	Guizhou	97.5	98.5	109.7	103.4
云 南	Yunnan	96.9	95.9	106.2	104.4
西 藏	Tibet				
陕 西	Shaanxi	95.2	95.9	106.4	104.2
甘 肃	Gansu	87.0	94.6	115.5	109.8
青 海	Qinghai	97.7	96.2	108.0	104.5
宁 夏	Ningxia	92.1	96.9	112.9	106.5
新 疆	Xinjiang	84.3	95.5	112.8	109.2

4-33 全国及分省(区、市)固定资产投资价格分类指数(2018)
Price Indices of Investment in Fixed Assets by Region and Catagory(2018)

地 区	Region	固定资产投资 Investment in Fixed Assets	建筑工程 Construction and Installation	设备、工器具购置 Purchase of Equipment and Instruments	其他费用 Others
全 国	**National**	**105.4**	**107.2**	**101.0**	**101.2**
北 京	Beijing	103.8	108.2	100.4	100.6
天 津	Tianjin	104.5	106.9	101.0	100.5
河 北	Hebei	105.0	106.7	101.3	100.6
山 西	Shanxi	104.5	106.5	101.0	100.9
内 蒙	Inner Mongolia	103.6	104.6	101.0	100.8
辽 宁	Liaoning	103.5	104.4	100.8	101.2
吉 林	Jilin	104.6	107.8	100.8	100.9
黑龙江	Heilongjiang	103.3	104.4	100.8	100.4
上 海	Shanghai	105.6	109.2	100.8	101.0
江 苏	Jiangsu	106.0	109.6	100.7	102.3
浙 江	Zhejiang	105.7	108.8	100.7	101.9
安 徽	**Anhui**	**105.8**	**108.5**	**101.0**	**100.8**
福 建	Fujian	104.9	106.7	100.8	100.4
江 西	Jiangxi	106.4	109.2	100.1	101.0
山 东	Shandong	106.1	108.7	101.5	101.5
河 南	Henan	105.4	107.4	101.5	101.0
湖 北	Hubei	106.6	108.8	101.1	102.3
湖 南	Hunan	104.8	105.8	100.7	102.6
广 东	Guangdong	106.2	108.4	101.1	101.3
广 西	Guangxi	104.5	106.3	100.6	100.3
海 南	Hainan	106.2	108.0	101.0	101.7
四 川	Sichuan	106.4	109.0	101.0	103.7
贵 州	Guizhou	105.2	106.0	101.7	101.1
云 南	Yunnan	104.9	105.7	100.9	100.6
重 庆	Chongqing	105.0	106.3	101.0	100.5
陕 西	Shaanxi	105.4	107.1	100.6	103.1
甘 肃	Gansu	104.6	105.4	101.8	101.5
青 海	Qinghai	104.3	105.2	101.0	102.2
宁 夏	Ningxia	103.5	104.7	100.9	100.0
新 疆	Xinjiang	103.7	104.5	101.1	100.2

4-34 全国及分省(区、市)固定资产投资价格指数(2015—2018)

Price Indices of Investment in Fixed Assets by Province and Region(2015—2018)

地 区	Region	2015	2016	2017	2018
全 国	**National**	**98.2**	**99.4**	**105.8**	**105.4**
北 京	Beijing	97.6	99.7	104.7	103.8
天 津	Tianjin	99.9	99.4	104.3	104.5
河 北	Hebei	98.0	99.4	106.7	105.0
山 西	Shanxi	98.2	100.0	106.3	104.5
内 蒙	Inner Mongolia	98.0	99.5	103.4	103.6
辽 宁	Liaoning	97.9	99.2	104.0	103.5
吉 林	Jilin	97.6	98.7	104.7	104.6
黑龙江	Heilongjiang	99.0	99.4	103.4	103.3
上 海	Shanghai	97.0	99.6	106.7	105.6
江 苏	Jiangsu	96.2	98.8	107.6	106.0
浙 江	Zhejiang	97.4	99.5	105.8	105.7
安 徽	**Anhui**	**96.9**	**99.2**	**107.4**	**105.8**
福 建	Fujian	98.3	100.0	105.6	104.9
江 西	Jiangxi	96.8	100.0	106.1	106.4
山 东	Shandong	97.7	99.1	105.8	106.1
河 南	Henan	97.6	99.2	107.4	105.4
湖 北	Hubei	99.4	100.1	105.9	106.6
湖 南	Hunan	100.4	100.4	105.7	104.8
广 东	Guangdong	99.0	100.3	105.3	106.2
广 西	Guangxi	98.8	99.5	104.4	104.5
海 南	Hainan	99.4	100.1	104.1	106.2
四 川	Sichuan	97.9	99.8	107.7	106.4
贵 州	Guizhou	98.4	98.6	106.1	105.2
云 南	Yunnan	99.1	100.1	104.9	104.9
重 庆	Chongqing	98.2	98.9	105.3	105.0
陕 西	Shaanxi	98.8	99.9	105.3	105.4
甘 肃	Gansu	97.7	98.7	105.9	104.6
青 海	Qinghai	98.2	99.6	106.1	104.3
宁 夏	Ningxia	97.5	99.6	105.9	103.5
新 疆	Xinjiang	98.3	99.9	103.5	103.7

主要统计指标解读

Explanatory Notes on Main Statistical Indicators

居民消费价格指数 是反映一定时期内居民所消费商品及服务项目的价格水平变动趋势和变动程度。居民消费价格水平的变动率在一定程度上反映了通货膨胀(或紧缩)的程度。编制居民消费价格指数的目的,是了解全国各地价格变动的基本情况,分析研究价格变动对社会经济和居民生活的影响,满足各级政府制定政策和计划、进行宏观调控的需要,以及为国民经济核算提供参考依据。

城市居民消费价格指数 是反映一定时期内城市居民家庭所购买的生活消费品价格和服务项目价格变动趋势和程度的相对数。该指数可以观察和分析消费品的零售价格和服务项目价格变动对城镇职工货币工资的影响,作为研究职工生活和确定工资政策的依据。

农村居民消费价格指数 是反映一定时期内农村居民家庭所购买的生活消费品价格和服务项目价格变动趋势和程度的相对数。该指数可以观察农村消费品的零售价格和服务项目价格变动对农村居民生活消费支出的影响,直接反映农民生活水平的实际变化情况,为分析和研究农村居民生活问题提供依据。

商品零售价格指数 是反映一定时期内城乡商品零售价格变动趋势和程度的相对数。商品零售价格的变动直接影响城乡居民的生活支出和国家的财政收入,影响居民购买力和市场供需的平衡,影响消费与积累的比例关系。因此,该指数可以从一个侧面对上述经济活动进行观察和分析。

农业生产资料价格指数 是工业、商业及其他单位和个人向农民出售农业生产资料(包括主要生产性服务)的价格的变动趋势和变动程度。其目的在于掌握农业生产资料的平均价格水平,为国家制定经济政策提供依据;同时,为研究城乡市场流通状况和国民经济核算提供参考依据。

农产品生产者价格指数 是反映一定时期内,农产品生产者出售农产品价格水平变动趋势及幅度的相对数。该指数可以客观反映全国农产品生产者价格水平和结构变动情况,满足农业与国民经济核算需要。其中某代表品生产者价格指数是通过对全部有出售该产品行为的调查单位的个体指数进行几何平均求得的,类价格指数是通过对其所属的类(或代表品)的价格指数进行加权平均求得的。季度累计价格指数的计算方法与分季指数的计算方法相同。

工业生产者价格 包括工业企业产品第一次出售时的出厂价格(简称工业生产者出厂价格)和企业作为中间投入的原材料、燃料、动力购进价格(简称工业生产者购进价格)。工业生产者价格调查的目的在于及时、准确、科学地反映各工业行业产品价格水平及其变动趋势和幅度,为国民经济核算、计算工业发展速度、宏观经济分析和调控、理顺价格体系等提供科学、准确的依据。

固定资产投资价格指数 是反映一定时期内固定资产投资品及项目的价格变动趋势和程度的相对数。固定资产投资额是由建筑安装工程投资完成额、设备工器具购置投资完成额和其他费用投资完成额三部分组成的。编制固定资产投资价格指数应首先分别编制上述三部分投资的价格指数,然后采用加权算术平均法求出固定资产投资价格总指数。

该指数可以准确地反映固定资产投资中涉及的各类投资品和取费项目价格变动趋势和变动幅度,消除按现价计算的固定资产投资指标中的价格变动因素,真实地反映固定资产投资的规模、速度、结构和效益,为国家科学地制定、检查固定资产投资计划并提高宏观调控水平,为完善国民经济核算体系提供科学的、可靠的依据。

房地产价格指数 是反映一定时期内房地产价格变动趋势和程度的相对数,包括房屋销售价格指数、房屋租赁价格指数、土地交易价格指数和物业管理价格指数。这四套指数的计算方法相似,均采用由下到上逐级汇总的方法。

专项调查

SPECIAL SURVEY

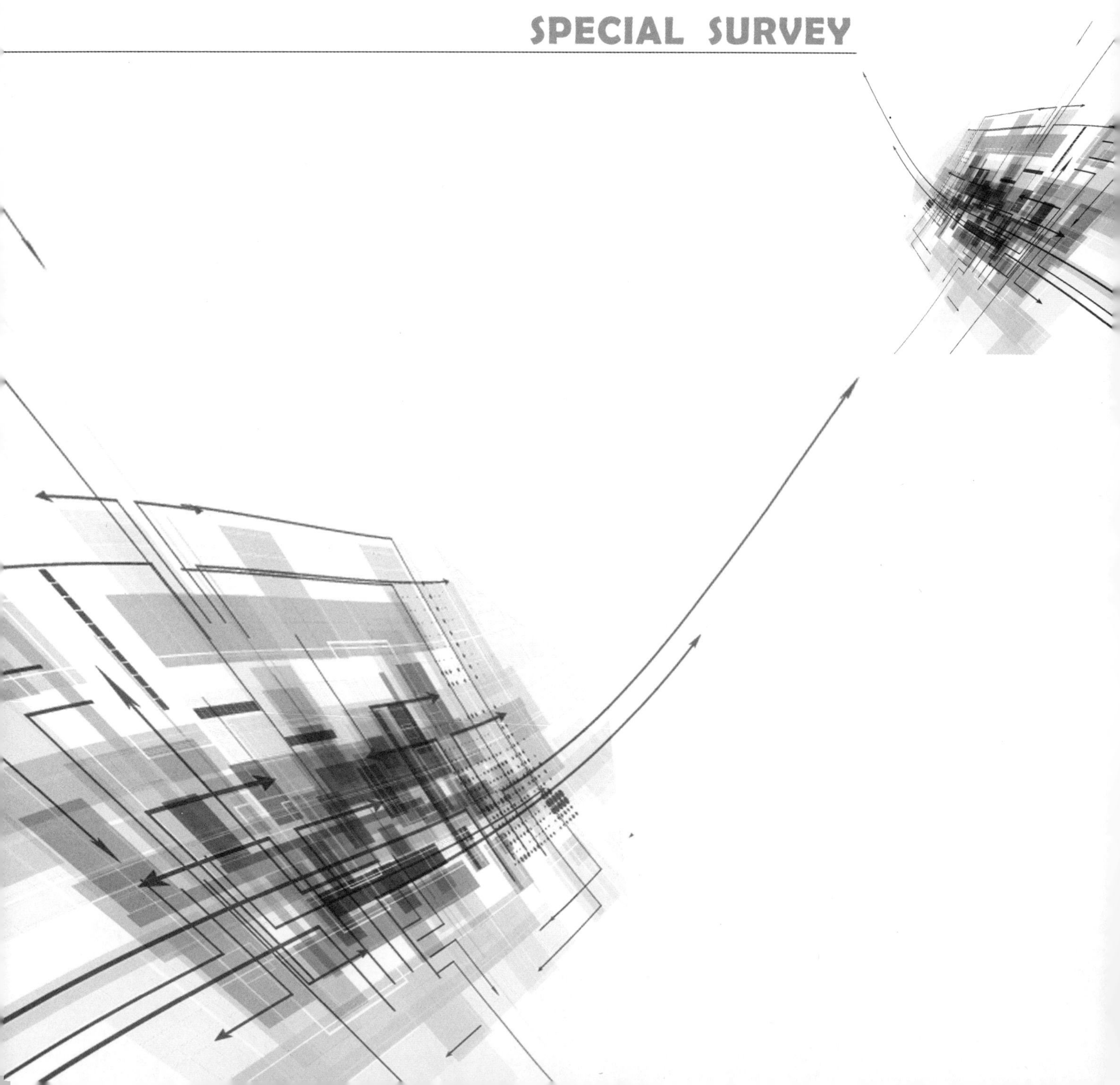

简 要 说 明

农民工调查简介:农民工是指户籍仍在农村,在本地从事非农产业或外出从业6个月及以上的农村劳动力,包括举家外出的农村劳动力。农民工监测调查是根据国家统计局《农民工监测调查方案》,由安徽调查总队组织实施。

本版责任编辑:王　方

5-1 农民工监测情况
Situation of Migrant Workers

（全省抽样调查数） （A Sample Survey in Anhui Province）

指标名称	Item	单位	Unit	2017 年	2018 年
住户成员基本情况	**Basic Conditions of Household Member**	—			
一、调查人口基本情况	Basic Conditions	—			
（一）期内住户成员数	Household Members During the Period	人	person	13176	12849
（二）期末住户成员数	Household Members at the End of Period	人	person	13176	12849
（三）期内住户常住成员数	Permanent Household Members During the Period	人	person	10881	10530
（四）期内增加的住户成员数	Increased Household Members During the Period	人	person	28	201
（五）期内减少的住户成员数	Reduced Household Members During the Period	人	person	60	347
二、住户成员情况	Basic Conditions of Household Members	—			
（一）住户成员与户主关系	Relationship with the Householder				
1.户主	Householder	人	person	3576	3290
2.配偶	Spouse	人	person	3219	3030
3.子女	Child	人	person	3619	3606
4.父母	Parent	人	person	386	488
5.岳父母或公婆	Parent-in-law	人	person	12	17
6.祖父母	Grandparent	人	person	9	7
7.媳婿	Daughter-in-law or Son-in-law	人	person	862	847
8.孙子女	Grandchild	人	person	1455	1523
9.兄弟姐妹	Sibling	人	person	17	18
10.其他	Others	人	person	21	23
（二）性别	Gender				
1.男性	Male	人	person	6905	6730
2.女性	Female	人	person	6271	6119
（三）年龄	Age				
1.5 岁及以下	Aged 5 and Below	人	person	735	916
2.6—15 岁	Aged 6—15	人	person	1618	1646
3.16—19 岁	Aged 16—18	人	person	536	499
4.20—24 岁	Aged 19—22	人	person	805	724
5.25—29 岁	Aged 23—25	人	person	1164	1158
6.30—34 岁	Aged 26—30	人	person	751	899
7.35—40 岁	Aged 31—40	人	person	934	853
8.41—50 岁	Aged 41—50	人	person	2327	2097
9.51—60 岁	Aged 51—60	人	person	1986	2049
10.61—65 岁	Aged 61—65	人	person	950	729
11.66 岁及以上	Aged 66 and Over	人	person	1370	1279
（四）民族	Nationality				
1.汉族	Han Nationality	人	person	13078	12718
2.壮族	Zhuang Nationality	人	person	5	3

5-1 续表 1 Continued 1

指标名称	Item	单位	Unit	2017 年	2018 年
3.回族	Hui Nationality	人	person	78	107
4.苗族	Miao Nationality	人	person	5	10
5.维吾尔族	Uigur Nationality	人	person	1	1
6.蒙古族	Mongolian Nationality	人	person	0	2
7.藏族	Tibetan Nationality	人	person	0	2
8.其他民族	Other Nationality	人	person	8	6
(五)户口登记地	Registered Permanent Residence				
1.本村(居委会)	Village	人	person	12496	12013
2.村外乡(镇、街道)内	Other Village of this Town	人	person	351	392
3.乡外县(区)内	Other Town of this County	人	person	142	221
4.县外市内	Other County of this City	人	person	79	78
5.市外省内	Other City of this Province	人	person	59	58
6.省外	Other Provinces	人	person	42	73
7.其他(如户口待定)	Others(Eg. Remain to be Confirmed)	人	person	7	14
(六)户口性质	Household Registration				
1.农业	Rural	人	person	12456	12355
2.非农业	Non-rural	人	person	711	483
3.其他	Others	人	person	9	3
(七)健康状况	Health Condition				
1.健康	Health	人	person	12032	11876
2.基本健康	Basically Healthy	人	person	748	578
3.不健康,但生活能自理	Unhealthy but Could Look After by Oneself	人	person	341	348
4.生活不能自理	Unable to Look After by Oneself	人	person	55	47
(八)参加医疗保险情况	Conditions of Medical Insurance				
1.新型农村合作医疗	New Rural Cooperative Medical Service	人	person	12026	11758
2.城镇职工基本医疗保险	Basic Medical Insurance for Urban Employees	人	person	388	344
3.(城镇)居民基本医疗保险	Basic Medical Insurance for (Urban) Residents	人	person	670	641
4.公费医疗	Free Medical Care	人	person	22	10
5.商业医疗保险	Commercial Medical Insurance	人	person	23	44
6.其他医疗保险	Other Medical Insurance	人	person	29	128
7.没有参加任何医疗保险	Not Having Medical Insurance	人	person	69	56
(九)是否在校学生(6周岁及以上填写)	School Student(Aged 6 and Over)				
1.由本户供养的在校学生	Supported by this Household	人	person	2240	2153
2.不由本户供养的在校学生	Not Supported by this Household	人	person	19	21
3.非在校学生	Non-student	人	person	10180	9758
(十)6周岁及以上住户成员受教育程度	Education Level of Household Members Aged 6 and Over				
1.未上过学	Without School	人	person	1061	928

5-1 续表2 Continued 2

指标名称	Item	单位	Unit	2017年	2018年
2.小学	Primary School	人	person	3791	3523
3.初中	Junior Secondary School	人	person	5558	5335
4.高中	Senior Secondary School	人	person	1158	1274
5.大学专科	Junior College	人	person	526	528
6.大学本科	Undergraduate	人	person	313	311
7.研究生	Postgraduate	人	person	32	33
(十一)15周岁及以上住户成员婚姻状况	Marital Status of Household Members Aged 15 and Over				
1.未婚	Single	人	person	1811	1589
2.有配偶	Married	人	person	8613	8319
3.离婚	Divorced	人	person	123	136
4.丧偶	Widowed	人	person	423	374
(十二)过去三个月在本住宅居住的时间(月)	Length of Residence in This House in the Past 3 Months				
1.一个半月以下(<1.5)	Less Than One and a Half Months	人	person	1788	2254
2.一个半月及以上(≥1.5)	Longer than One and a Half Months	人	person	10001	9642
3.从未在本住宅居住(=0)	Never Lived in this House	人	person	1387	953
农村劳动力全年从业情况	**Annual Employment Situation of Rural Labor**	—			
(一)本年度主要从业地区	Working Area	人	person		
1.乡内	Town	人	person	5526	4958
2.乡外县内	Other Town of this County	人	person	603	677
3.县外省内	Other County of this Province	人	person	552	712
4.省外国内	Other Provinces	人	person	1911	1930
5.国外及港澳台地区	Abroad and Hong Kong, Macao and Taiwan Regions of China	人	person	5	4
(二)本年度从事主要行业	Industries Involved				
1.第一产业	Primary Industry	人	person	3182	2579
(1)农、林、牧、渔业	Agriculture, Forestry, Animal Husbandry and Fishery	人	person	3182	2579
2.第二产业	Secondary Industry	人	person	2810	2854
(2)采矿业	Mining	人	person	58	60
(3)制造业	Manufacturing	人	person	1402	1390
(4)电力、热力、燃气及水的生产和供应业	Production and Supply of Electricity, Gas and Water	人	person	73	79
(5)建筑业	Construction	人	person	1277	1325
3.第三产业	Tertiary Industry	人	person	2609	2848
(6)批发和零售业	Wholesale and Retail Trades	人	person	670	672
(7)交通运输、仓储和邮政业	Transport, Storage and Post	人	person	377	369
(8)住宿和餐饮业	Hotels and Catering Services	人	person	380	410

5-1 续表3 Continued 3

指标名称	Item	单位	Unit	2017年	2018年
(9)信息传输、软件和信息技术服务业	Information Transmission, Software and Infomation Technology Services	人	person	80	96
(10)金融业	Financial Industry	人	person	20	38
(11)房地产业	Real Estate	人	person	17	28
(12)租赁和商务服务业	Leasing and Business Services	人	person	51	65
(13)科学研究和技术服务	Scientific Research and Technical Services	人	person	21	8
(14)水利、环境和公共设施管理业	Management of Water Conservancy, Environment and Public Facilities	人	person	28	33
(15)居民服务、修理和其他服务业	Resident, Repair and Other Services	人	person	580	662
(16)教育	Education	人	person	121	103
(17)卫生、社会工作	Health and Social Work	人	person	90	120
(18)文化、体育和娱乐业	Culture, Sports and Entertainment	人	person	54	44
(19)公共管理、社会保障和社会组织	Public Management, Social Security and Social Organizations	人	person	120	200
(20)国际组织	International Organizations	人	person	0	0
(三)本年度从事主要职业	Occupation				
1.国家机关、党群组织、企业、事业单位负责人	Principal of Govemment Organs, Party and Mass Organizations, Enterprises and Public Institutions	人	person	53	74
2.专业技术人员	Professional and Technical Personnel	人	person	866	604
3.办事人员和有关人员	Clerk and Related Workers	人	person	373	501
4.商业、服务业人员	Business and Service Workers	人	person	1290	1303
5.农、林、牧、渔、水利业生产人员	Agriculture, Forestry, Animal Husbandry, Fishery and Water Conservancy Production Personnel	人	person	3164	2547
6.生产、运输设备操作人员及有关人员	Operators of Production and Transport Equipment	人	person	1787	1857
7.军人	Solider	人	person	3	0
8.不便分类的其他从业人员	Others	人	person	1065	1395
(四)本年度本地务农	Local Farming Activity				
1.从事过本地务农的人数	Number of People Engaged in Local Agriculture	人	person	4266	
2.从事本地务农的时间(合计)	Total Time Spent in Local Agriculture	月	month	20292	
(五)本年度本地非农自营	Local Non-farming Self-employed Activity				
1.从事过本地非农自营的人数	Number of Local Non-farming Self-employers	人	person	775	889
2.从事本地非农自营的时间(合计)	Total Time Spent in Local Non-farming Self-employed Activity	月	month	6657	7504.1
3.从事本地非农自营的收入(合计)	Total Income from Local Non-Farming Self-employed Activity	元	yuan	30273893	41266250
(六)本年度本地非农务工	Local Off-farm Worker				

5-1 续表 4 Continued 4

指标名称	Item	单位	Unit	2017 年	2018 年
1.从事过本地非农务工的人数	Number of Local Off-farm Workers	人	person	1897	1897
2.从事本地非农务工的时间(合计)	Total Work Time of Local Off-farm Workers	月	month	15189	13647.1
3.从事本地非农务工的收入(合计)	Total Income of Local Off-Farm Workers	元	yuan	47516929	46603984
(七)本年度外出务工	Working Outside				
1.从事过外出务工的人数	Number of Migrant Workers	人	person	2894	3076
2.外出务工的时间(合计)	Total Work Time of Migrant Workers	月	month	27263	27926.1
3.外出务工的收入(合计)	Total Income of Migrant Workers	元	yuan	112506494	129080169
4.寄带回金额(合计)	Total Amount of Money Sent or Brought Home	元	yuan	58278425	75791351
5.生活消费总支出(合计)	Total Consumption Expenditure	元	yuan	29713126	36028263
#确定收入的人数	#Number of People with Certain Income	人	person	2894	3074
(八)本年度外出自营	Self-employed Outside				
1.从事过外出自营的人数	Number of Self-emplayed Migrant Workers	人	person	304	339
2.外出自营的时间(合计)	Total Time Spent in Self-employed Outside	月	month	2823	3194.5
3.外出自营的收入(合计)	Total Income from Self-employed Outside	元	yuan	14463060	23151400
4.寄带回金额(合计)	Total Amount of Money Sent or Brought Home	元	yuan	7576950	14065160
5.生活消费总支出(合计)	Total Consumption Expenditure	元	yuan	3652560	6405960
#确定收入的人数	#Number of People with Certain Income	人	person	568	339
(九)外出从业情况	Situation of Working Outside				
1.上年外出人数	Working Outside Last Year	人	person	2799	2977
其中:本年未继续外出人数	Of Which: Not Working Outside in this Year	人	person	123	121
2.本年新增外出人数	Initially Working Outside this Year	人	person	433	559
3.连续两年外出人数	Working Outside for Two Consecutive Years	人	person	2765	2856
4.外出时间不足 1 个月人数	Working Outside Less than One Month	人	person		10
(十)上年外出而本年未继续外出的原因	Causes for Not Continuing to Work Outside in this Year				
1.找不到工作	Cannot Find a Job	人	person	4	3
2.在外生活条件差	Poor Living Condition Outside	人	person	8	0
3.收入没有在家稳定	Unstable Income	人	person	24	0
4.受歧视	Discrimination	人	person	0	
5.疾病或伤残	Illness or Disability	人	person	7	1
6.家中农业生产缺乏劳动力	Short of Agricultural Labor Force at Home	人	person	39	10
7.回家结婚、生育	Going Home to Get Married or Have a Baby	人	person	5	49
8.其他原因	Others	人	person	36	24
(十一)曾经外出情况	Once Worked Outside				
1.有外出从业经历的人数	Number of People Who having Worked Outside	人	person	4323	4966
2.距离初次外出时间(合计)	Total Time Since Working Outside for the first time	月	month	104142202	81076767
(十二)当前就业状况	Current Work Situation				

5-1 续表5 Continued 5

指标名称	Item	单位	Unit	2017年	2018年
1.本地务农	Local Farmer	人	person	2995	2075
2.本地非农自营	Local Non-farming Self-employer	人	person	672	755
3.本地非农务工	Local Off-farm Worker	人	person	1526	1376
4.外出从业	Migrant Worker	人	person	2921	3110
5.其他从业	Other Employed	人	person	110	303
6.未从业	Non-employment	人	person	177	564
(十三)技能培训情况	Skills Training				
1.接受过农业技术培训人数	Number of People Who Got Agro-technical Trainings	人	person	919	
2.接受过非农技术培训人数	Number of People Who Got Non-agricultural Technical Trainings	人	person	1675	
外出从业人员情况	**Conditions of Migrant Workers**	—			
(一)外出地区	Working Area	人	person		
1.本省	In the Province	人	person	1198	1412
(1)乡外县内	Other Town of this County	人	person	617	676
(2)县外省内	Other County of this Province	人	person	581	736
2.省外	Outside the Province	人	person	1921	2002
(1)东部地区	The Eastern Areas	人	person	1783	1859
北京	Beijing	人	person	45	43
天津	Tianjin	人	person	33	14
河北	Hebei	人	person	9	11
辽宁	Liaoning	人	person	8	8
上海	Shanghai	人	person	352	297
江苏	Jiangsu	人	person	593	584
浙江	Zhejiang	人	person	627	717
福建	Fujian	人	person	15	60
山东	Shandong	人	person	29	29
广东	Guangdong	人	person	76	94
海南	Hainan	人	person	4	10
(2)中部地区	The Central Areas	人	person	61	70
山西	Shanxi	人	person	4	8
吉林	Jilin	人	person	2	4
黑龙江	Heilongjiang	人	person	7	3
安徽	Anhui	人	person	1198	1412
江西	Jiangxi	人	person	11	14
河南	Henan	人	person	19	24
湖北	Hubei	人	person	15	18
湖南	Hunan	人	person	11	6
(3)西部地区	The Western Areas	人	person	52	54
内蒙古	Inner Mongolia	人	person	7	5
广西	Guangxi	人	person	4	2

5-1 续表 6 Continued 6

指标名称	Item	单位	Unit	2017 年	2018 年
重庆	Chongqing	人	person	1	4
四川	Sichuan	人	person	4	6
贵州	Guizhou	人	person	7	7
云南	Yunnan	人	person	3	7
西藏	Tibet	人	person	4	1
陕西	Shaanxi	人	person	6	7
甘肃	Gansu	人	person	8	6
青海	Qinghai	人	person	0	2
宁夏	Ningxia	人	person	1	0
新疆	Xinjiang	人	person	7	7
(4)其他地区	Other Areas	人	person	8	4
港澳台	Hong Kong, Macao or Taiwan	人	person	0	0
国外	Abroad	人	person	8	4
(二)外出地区类型	Type of Migrant Areas				
1.直辖市	Municipal City	人	person	425	345
2.省会城市	Provincial Capital	人	person	570	637
3.地级市	Prefecture-Level City	人	person	1165	1309
4.县市城区	County-Level City	人	person	763	808
5.建制镇	Designated Town	人	person	222	277
6.村委会	Village	人	person	35	35
7.其他地区	Other Areas	人	person	4	4
(三)外出方式	Kind of Woking Outside				
1.政府(单位)组织	Organized by Government or Unit	人	person	38	26
2.中介组织介绍	Introduced by Intermediary Organization	人	person	39	33
3.亲朋好友介绍	Introduced by Kith and Kin	人	person	1658	1424
4.自发	Spontaneously	人	person	1314	1725
5.其他	Others	人	person	135	207
(四)本年度从事主要行业	Industries Involved				
1.第一产业	Primary Industry	人	person	49	37
(1)农、林、牧、渔业	Agriculture, Forestry, Animal Husbandry and Fishery	人	person	49	37
2.第二产业	Secondary Industry	人	person	1762	1891
(2)采矿业	Mining	人	person	23	26
(3)制造业	Manufacturing	人	person	907	952
(4)电力、热力、燃气及水的生产和供应业	Production and Supply of Electricity, Gas and Water	人	person	45	50
(5)建筑业	Construction	人	person	787	863
3.第三产业	Tertiary Industry	人	person	1373	1487
(6)批发和零售业	Wholesale and Retail Trades	人	person	302	245
(7)交通运输、仓储和邮政业	Transport, Storage and Post	人	person	221	246

5-1 续表7 Continued 7

指标名称	Item	单位	Unit	2017年	2018年
(8)住宿和餐饮业	Hotels and Catering Services	人	person	234	253
(9)信息传输、软件和信息技术服务业	Information Transmission, Software and Information Technoloyogy Services	人	person	72	87
(10)金融业	Financial Industry	人	person	14	32
(11)房地产业	Real Estate	人	person	14	27
(12)租赁和商务服务业	Leasing and Business Services	人	person	38	49
(13)科学研究和技术服务	Scientific Research and Technological Services	人	person	17	8
(14)水利、环境和公共设施管理业	Management of Water Conservancy, Environment and Public Facilities	人	person	5	15
(15)居民服务、修理和其他服务业	Resident, Repair and Other Services	人	person	339	392
(16)教育	Education	人	person	37	41
(17)卫生、社会工作	Health and Social Work	人	person	29	38
(18)文化、体育和娱乐业	Culture, Sports and Entertainment	人	person	28	34
(19)公共管理、社会保障和社会组织	Public Management ,Social Security and Social Organizations	人	person	23	20
(20)国际组织	International Organizations	人	person	0	0
(五)本年度从事主要职业	Occupation				
1.国家机关、党群组织、企业、事业单位负责人	Principal of Government Organs, Party and Mass Organizations, Enterprises and Public Institutions	人	person	11	15
2.专业技术人员	Professional and Technical Personnel	人	person	545	397
3.办事人员和有关人员	Clerk and Related Workers	人	person	187	242
4.商业、服务业人员	Business and Service Workers	人	person	646	690
5.农、林、牧、渔、水利业生产人员	Agriculture, Forestry, Animal Husbandry, Fishery and Water Conservancy Production Personnel	人	person	49	58
6.生产、运输设备操作人员及有关人员	Operators of Production and Transport Equipment	人	person	1097	1275
7.军人	Solider	人	person	2	0
8.不便分类的其他从业人员	Others	人	person	647	738
(六)外出从业住所类型	Type of Accommodation				
1.单位宿舍	Unit Dormitory	人	person	676	739
2.工地工棚	Work Shed	人	person	289	317
3.生产经营场所	Production or Business Premises	人	person	115	110
4.与人合租住房	Shared Accommodation	人	person	505	390
5.独立租赁住房	Single Rent Apartment	人	person	795	969
6.务工地自购房	Purchasing House in the Migrant Areas	人	person	48	109
7.乡外从业但回家居住(老家)	Living at Home While Woking Outside the Hometown	人	person	584	600
8.其他	Others	人	person	84	181

5-1 续表 8 Continued 8

指标名称	Item	单位	Unit	2017 年	2018 年
(七)外出从业时间	Working Time				
1.从事当前工作的时间	Engaged in the Job	月	month		
其中:1 年以下	Of Which: Less than One Year	人	person	490	716
1—2 年	1—2 Years	人	person	488	536
2—5 年	2—5 Years	人	person	985	1076
5 年及以上	5 Years and Over	人	person	1226	1087
2.每月平均工作的天数	Average Working Days in One Month	天	day	78196	85836
其中:15 天以下	Of Which:Less than 15 Days	人	person	147	46
15—22 天	15—22 Days	人	person	443	593
22—26 天	22—26 Days	人	person	1495	1734
26 天以上	More than 26 Days	人	person	1104	1042
3.每天平均工作的小时数	Average Working Hours in a Day	小时	hour	27534	30187
其中:6 小时以下	Of Which:Less than 6 Hours	人	person	11	19
6—8 小时	6—8 Hours	人	person	40	69
8—10 小时	8—10 Hours	人	person	1956	2158
其中:8 小时	Of Which:8 Hours	人	person	1558	1765
10—12 小时	10—12 Hours	人	person	986	1022
12 小时及以上	More than 12 Hours	人	person	103	147
(八)外出月收支情况	Income and Expenditure				
1.每月平均收入(合计)	Average Monthly Income	元	yuan	12492341	15755825
其中:800 元以下	Of Which:Less Than 800 Yuan	人	person	4	0
800—1000 元	800—1000 Yuan	人	person	4	1
1000—1500 元	1000—1500 Yuan	人	person	44	26
1500—2000 元	1500—2000 Yuan	人	person	99	50
2000—3000 元	2000—3000 Yuan	人	person	467	371
3000—5000 元	3000—5000 Yuan	人	person	1735	1652
5000 元及以上	5000 Yuan and Over	人	person	743	1315
#明确收入水平的人数	#Number of People Who Knowing Their Own Income	人	person	3096	3415
#不清楚收入水平的人数	#Number of People Who Not Knowing Their Own Income	人	person		0
(九)社会保障与福利情况	Social Welfare and Social Security				
1.外出从业的劳动关系	Employment Relations				
①无固定期限劳动合同工	Labor Contracts Without a Fixed Period	人	person	365	299
②一年及以上劳动合同工	Labor Contracts with One-year and Over	人	person	451	572
③一年以下劳动合同工	Labor Contracts Less than One-year	人	person	38	85
④没有劳动合同	Without Labor Contracts	人	person	1862	1865
⑤自营	Self-employed	人	person	342	417
⑥其他	Others	人	person	38	177
2.单位或雇主提供伙食情况	Meals Supplied by Employer or Unit				
①每天提供三顿	Three Meals Everyday	人	person	394	450

5-1 续表 9 Continued 9

指标名称	Item	单位	Unit	2017 年	2018 年
②每天提供两顿	Two Meals Everyday	人	person	380	308
③每天提供一顿	One Meal Everyday	人	person	617	685
④不提供,但补贴部分伙食费	No Meals, but Having Food Allowance	人	person	136	139
⑤不提供,也没有补贴	Neither Meals nor Food Allowance	人	person	1189	1239
3.单位或雇主提供住宿情况	Accommodation Supplied by Employer or Unit				
①提供住宿	Accommodation Supplied	人	person	1001	1180
②不提供住宿,但住房有补贴	No Accommodation, but Having Rental Allowance	人	person	200	135
③不提供住宿,也没有住房补贴	Neither Accommodation nor Rental Allowance	人	person	1515	1506
4.单位或雇主拖欠工资情况	Arrears of Wage				
①被拖欠工资人数	Number of Employees Without Pay	人	person	22	16
②被拖欠工资的金额(合计)	Total Amount of Unpaid Wages	元	yuan	290500	329000
5.五险一金缴纳情况	Five Insurances and One Fund				
①缴纳养老保险	Employer or Unit Providing Endowment Insurance for Workers	人	person	366	476
②缴纳工伤保险	Employer or Unit Providing Work-Related Injury Insurance for Workers	人	person	666	726
③缴纳医疗保险	Employer or Unit Providing Medical Insurance for Workers	人	person	395	490
④缴纳失业保险	Employer or Unit Providing Unemployment Insurances for Workers	人	person	243	388
⑤缴纳生育保险	Employer or Unit Providing Maternity Insurance for Workers	人	person	208	325
⑥缴纳住房公积金	Employer or Unit Paying Housing Fund for Workers	人	person	159	234
(十)务工期间更换工作人数	Changing Jobs				
1.更换工作的次数	Frequency of Changing Jobs	人	person	480	695
2.更换过工作的人数	Number of People Who Having Changed Jobs	人	person	0	0
其中:换过 1 次工作	Of Which: Once	人	person	0	0
换过 2 次工作	Twice	人	person	0	0
换过超 3 次以上工作	More than Three Times	人	person	0	0
本地非农务工人员情况	**Conditions of Local Off-farm Workers**	—			
(一)本年度非农务工主要行业	Industries Involved				
1.第一产业	Primary Industry	人	person	0	0
(1)农、林、牧、渔业	Agriculture, Forestry, Animal Husbandry and Fishery	人	person	0	0
2.第二产业	Secondary Industry	人	person	813	649
(2)采矿业	Mining	人	person	28	32
(3)制造业	Manufacturing	人	person	383	307
(4)电力、热力、燃气及水的生产和供应业	Production and Supply of Electricity, Gas and Water	人	person	24	23

5-1 续表 10 Continued 10

指标名称	Item	单位	Unit	2017 年	2018 年
(5)建筑业	Construction	人	person	378	287
3.第三产业	Tertiary Industry	人	person	509	494
(6)批发和零售业	Wholesale and Retail Trades	人	person	45	39
(7)交通运输、仓储和邮政业	Transport, Storage and Post	人	person	54	40
(8)住宿和餐饮业	Hotels and Catering Services	人	person	66	49
(9)信息传输、软件和信息技术服务业	Information Transmission, Software and Information Technology Services	人	person	6	9
(10)金融业	Financial Industry	人	person	5	2
(11)房地产业	Real Estate	人	person	2	0
(12)租赁和商务服务业	Leasing and Business Services	人	person	8	6
(13)科学研究和技术服务	Scientific Research and Technical Services	人	person	4	0
(14)水利、环境和公共设施管理业	Management of Water Conservancy, Environment and Public Facilities	人	person	16	10
(15)居民服务、修理和其他服务业	Resident, Repair and Other Services	人	person	149	150
(16)教育	Education	人	person	48	34
(17)卫生、社会工作	Health and Social Work	人	person	36	49
(18)文化、体育和娱乐业	Culture, Sports and Entertainment	人	person	9	5
(19)公共管理、社会保障和社会组织	Public Management, Social Security and Social Organizations	人	person	61	101
(20)国际组织	International Organizations	人	person	0	0
(二)本年度从事主要职业	Occupation				
1.国家机关、党群组织、企业、事业单位负责人	Principal of Government Organs, Party and Mass Organizations, Enterprises and Public Institutions	人	person	22	14
2.专业技术人员	Professional and Technical Personnel	人	person	195	121
3.办事人员和有关人员	Clerk and Related Workers	人	person	122	151
4.商业、服务业人员	Business and Service Workers	人	person	214	154
5.农、林、牧、渔、水利业生产人员	Agriculture, Forestry, Animal Husbandry, Fishery and Water Conservancy Production Personnel	人	person	16	22
6.生产、运输设备操作人员及有关人员	Operators of Production and Transport Equipment	人	person	493	397
7.军人	Solider	人	person	0	0
8.不便分类的其他从业人员	Others	人	person	260	284
(三)外出从业时间	Working Time				
1.从事当前工作的时间	Engaged in the Job				
其中:1 年以下	Of Which: Less than One Year	人	person	87	131
1—2 年	1—2 Years	人	person	190	188
2—5 年	2—5 Years	人	person	404	298

5-1 续表 11 Continued 11

指标名称	Item	单位	Unit	2017 年	2018 年
5 年及以上	5 Years and Over	人	person	641	526
2.每月平均工作的天数	Average Working Days per Month				
其中:15 天以下	Of Which: Less than 15 Days	人	person	35	23
15—22 天	15—22 Days	人	person	320	251
22—26 天	22—26 Days	人	person	647	519
26 天以上	More than 26 Days	人	person	320	350
3.每天平均工作的小时数	Average Working Hours in a Day				
其中:6 小时以下	Of Which: Less than 6 Hours	人	person	23	40
6—8 小时	6—8 Hours	人	person	59	57
8—10 小时	8—10 Hours	人	person	867	792
其中:8 小时	Of Which:8 Hours	人	person	747	614
10—12 小时	10—12 Hours	人	person	339	225
12 小时及以上	More than 12 Hours	人	person	34	29
(四)外出月收支情况	Income and Expenditure				
1.每月平均收入	Average Monthly Income				
其中:500 元以下	Of Which: Less Than 500 Yuan	人	person	4	4
500—1000 元	500—1000 Yuan	人	person	41	38
1000—1500 元	1000—1500 Yuan	人	person	75	51
1500—2000 元	1500—2000 Yuan	人	person	184	114
2000—3000 元	2000—3000 Yuan	人	person	382	297
3000 元及以上	3000 Yuan and Over	人	person	636	639
#明确收入水平的人数	#Number of People Who Knowing Their Own Income	人	person	1322	1143
#不清楚收入水平的人数	#Number People Who Not Knowing Their Own Income	人	person		0
(五)社会保障与福利情况	Social Welfare and Social Security	人	person		
1.外出从业的劳动关系	Employment Relations				
①无固定期限劳动合同工	Labor Contracts Without a Fixed Period	人	person	213	130
②一年及以上劳动合同工	Labor Contracts with One-year and Over	人	person	162	219
③一年以下劳动合同工	Labor Contracts Less than One-year	人	person	16	19
④没有劳动合同	Without Labor Contracts	人	person	871	690
⑤其他	Others	人	person	60	85
2.单位或雇主提供伙食情况	Meals Supplied by Employer or Unit				
①每天提供三顿	Three Meals Everyday	人	person	43	37
②每天提供两顿	Two Meals Everyday	人	person	87	71
③每天提供一顿	One Meal Everyday	人	person	380	314
④不提供,但补贴部分伙食费	No Meals, but Having Food Allowance	人	person	54	48
⑤不提供,也没有补贴	Neither Meals nor Food Allowance	人	person	758	673
3.单位或雇主提供住宿情况	Accommodation Supplied by Employer or Unit				
①提供住宿	Accommodation Supplied	人	person	56	56
②不提供住宿,但住房有补贴	No Accommodation, but Having Rental Allowance	人	person	43	41

5-1 续表 12 Continued 12

指标名称	Item	单位	Unit	2017 年	2018 年
③不提供住宿,也没有住房补贴	Neither Accommodation nor Rental Allowance	人	person	1222	1046
4.单位或雇主拖欠工资情况	Arrears of Wage				
①被拖欠工资人数	Number of Employees Without Pay	人	person	15	4
②被拖欠工资的金额(合计)	Total Amount of Unpaid Wages	人	person	190200	130400
5.五险一金缴纳情况	Five Insurances and One Fund				
①缴纳养老保险	Employer or Unit Providing Endowment Insurance for Workers	人	person	180	207
②缴纳工伤保险	Employer or Unit Providing Work-Related Injury Insurance for Workers	人	person	206	217
③缴纳医疗保险	Employer or Unit Providing Medical Insurance for Workers	人	person	175	186
④缴纳失业保险	Employer or Unit Providing Unemployment Insurance for Workers	人	person	133	161
⑤缴纳生育保险	Employer or Unit Providing Maternity Insurance for Workers	人	person	98	151
⑥缴纳住房公积金	Employer or Unit Paying Housing Fund	人	person	97	98
本地非农自营人员情况	**Conditions of Local Non-farming Self-employers**	—			
(一)本年度非农自营主要行业	Industries Involved				
1.第一产业	Primary Industry	人	person	0	8
(1)农、林、牧、渔业	Agriculture, Forestry, Animal Husbandry and Fishery	人	person	0	8
2.第二产业	Secondary Industry	人	person	98	104
(2)采矿业	Mining	人	person	2	2
(3)制造业	Manufacturing	人	person	53	65
(4)电力、热力、燃气及水的生产和供应业	Production and Supply of Electricity, Gas and Water	人	person	1	3
(5)建筑业	Construction	人	person	42	34
3.第三产业	Tertiary Industry	人	person	494	565
(6)批发和零售业	Wholesale and Retail Trades	人	person	257	322
(7)交通运输、仓储和邮政业	Transport, Storage and Post	人	person	73	66
(8)住宿和餐饮业	Hotels and Catering Services	人	person	74	83
(9)信息传输、软件和信息技术服务业	Information Transmission, Software and Information Technology Services	人	person	1	0
(10)金融业	Financial Industry	人	person	0	0
(11)房地产业	Real Estate	人	person	0	0
(12)租赁和商务服务业	Leasing and Business Services	人	person	3	4
(13)科学研究和技术服务	Scientific Research and Technical Services	人	person	0	0
(14)水利、环境和公共设施管理业	Management of Water Conservancy, Environment and Public Facilities	人	person	0	2

5-1 续表 13 Continued 13

指标名称	Item	单位	Unit	2017 年	2018 年
(15)居民服务、修理和其他服务业	Resident, Repair and Other Services	人	person	65	74
(16)教育	Education	人	person	0	0
(17)卫生、社会工作	Health and Social Work	人	person	8	9
(18)文化、体育和娱乐业	Culture,Sports and Entertainment	人	person	13	5
(19)公共管理、社会保障和社会组织	Public Management,Social Security and Social Organizations	人	person	0	0
(20)国际组织	International Organizations	人	person	0	0
(二)从事当前自营工作的时间(合计)	Total Working Time	月	month		
其中:1 年以下	Of Which: Less than One Year	人	person	25	30
1—2 年	1—2 Years	人	person	35	55
2—5 年	2—5 Years	人	person	130	169
5 年及以上	More than 5 Years	人	person	402	423
(三)非农自营活动性质	Nature of Non-farming Self-employed Activity				
1.注册企业	Registered Enterprise	人	person	12	23
2.个体经营	Individual Operation	人	person	447	383
3.小摊小贩	Vendor	人	person	133	48
(四)雇工人数	Number of Employees				
1.没有雇工	None	人	person	373	595
2.3 人以下	Less than 3 Employees	人	person	64	60
3.4—9 人	4—9 Employees	人	person	13	16
4.10—19 人	10—19 Employees	人	person	6	4
5.20—49 人	20—49 Employees	人	person	3	2
6.50 人及以上	More than 50 Employees	人	person	0	0
(五)初始资金来源	Source of Initial Funding				
1.全部自筹	Self-raised	人	person	415	466
2.与其他人合伙	Partnership	人	person	9	10
3.金融机构贷款	Loans to Financial Institutions	人	person	14	15
4.其他	Others	人	person	21	15
(六)初始投资是否得到政府支持	Whether Having the Support of Government				
1.是	Yes	人	person	23	11
2.否	No	人	person	436	495
(七)希望政府给予的支持	Wanting Supports from the Government				
1.贷款	Loan	人	person	73	95
2.税收优惠	Tax Incentives	人	person	34	28
3.生产技术指导	Technical Direction	人	person	29	21
4.销售服务	Marketing Service	人	person	66	64

5-1 续表 14 Continued 14

指标名称	Item	单位	Unit	2017 年	2018 年
5.不需要	Unwanted	人	person	257	95
（八）是否曾经外出务工	Whether Having Worked Outside				
1.是	Yes	人	person	84	134
2.否	No	人	person	375	543
（九）原外出务工的主要行业	Industries Involved During Working Outside				
1.第一产业	Primary Industry	人	person	1	4
（1）农、林、牧、渔业	Agriculture, Forestry, Animal Husbandry and Fishery	人	person	1	4
2.第二产业	Secondary Industry	人	person	47	66
（2）采矿业	Mining	人	person	0	1
（3）制造业	Manufacturing	人	person	22	43
（4）电力、热力、燃气及水的生产和供应业	Production and Supply of Electricity, Gas and Water	人	person	0	0
（5）建筑业	Construction	人	person	25	22
3.第三产业	Tertiary Industry	人	person	36	
（6）批发和零售业	Wholesale and Retail Trades	人	person	14	16
（7）交通运输、仓储和邮政业	Transport, Storage and Post	人	person	7	13
（8）住宿和餐饮业	Hotels and Catering Services	人	person	5	19
（9）信息传输、软件和信息技术服务业	Information Transmission, Software and Information Technology Services	人	person	1	1
（10）金融业	Financial Industry	人	person	0	
（11）房地产业	Real Estate	人	person	0	0
（12）租赁和商务服务业	Leasing and Business Services	人	person	1	0
（13）科学研究和技术服务	Scientific Research and Technical Services	人	person	0	
（14）水利、环境和公共设施管理业	Management of Water Conservancy, Environment and Public Facilities	人	person	0	1
（15）居民服务、修理和其他服务业	Resident, Repair and Other Services	人	person	7	9
（16）教育	Education	人	person	0	0
（17）卫生、社会工作	Health and Social Work	人	person	1	2
（18）文化、体育和娱乐业	Culture, Sports and Entertainment	人	person	0	3
（19）公共管理、社会保障和社会组织	Public Management, Social Security and Social Organizations	人	person	0	
（20）国际组织	International Organizations	人	person	0	0
举家外出情况	**Conditions of Migrant Families**	—			

5-1 续表 15 Continued 15

指标名称	Item	单位	Unit	2017 年	2018 年
调查村数目	Number of Villages Surveyed	个	unit	377	329
(一)调查小区户籍住户、人口与劳动力情况	Household, Population and Labors in the Area Surveyed	—			
1.调查小区总户数	Number of Households	户	household	41572	56102
2.调查小区总人口	Total Population	人	person	157523	216463
3.调查小区总劳动力	Number of Labors	人	person	95246	129847
(二)调查小区举家在外情况	Migrant Families	—			
1.举家在外户数	Number of Migrant Families	户	household	6621	8256
2.举家在外人口	Number of People in Migrant Families	人	person	24270	30977
其中:劳动力	Of Which: Labors	人	person	15769	20105
(三)调查小区新增举家外出情况	New Migrant Families	—			
1.举家外出户数	Number of Migrant Families	户	household	169	227
2.举家外出人口	Number of People in Migrant Families	人	person	566	723
其中:劳动力	Of Which: Labors	人	person	366	479
(四)调查小区住户举家返回情况	Returning Families	—			
1.举家返回户数	Number of Returning Families	人	person	88	176
2.举家返回人口	Number of People in Returning Families	人	person	297	538
其中:劳动力	Of Which: Labors	人	person	190	345

主要统计调查指标解读

Explanatory Notes on Main Statistical Indicators

农民工 是指户籍仍在农村,在本地从事非农产业或外出从业6个月及以上的农村劳动力;还包括举家外出的农村劳动力。

本地农民工 指在户籍所在乡镇地域以内从业的农民工。

外出农民工 指在户籍所在乡镇地域外从业的农民工。

举家外出 指农村劳动力及家人离开原居住地,到户籍所在乡镇以外的区域居住。